Kunst-Reiseführer in der Reihe DuMont Dokumente

In der Umschlagklappe: Übersichtskarte Deutsche Demokratische Republik

Gerd Baier · Elmar Faber · Eckhard Hollmann

DEUTSCHE DEMOKRATISCHE REPUBLIK

Geschichte und Kunst von der Romanik
bis zur Gegenwart

*Brandenburg · Mecklenburg · Sachsen-Anhalt
Sachsen · Thüringen*

DuMont Buchverlag Köln

Einbandvorderseite: Eisenach. Ansicht der Wartburg von Südosten
Einbandrückseite: Meißen. Blick über die Elbe auf Burgberg und Dom
Vordere Einbandinnenklappe: Naumburg. Dom von Südosten

Zeichnungen: Egbert Herfurth
Landkarten: Edith Bretschneider
Stadtpläne: Inge Brüx

4. Ausgabe 1989 für die Bundesrepublik Deutschland,
Berlin (West), Schweiz und Österreich DuMont Buchverlag Köln
Printed in the German Democratic Republic
ISBN 3-7701-0851-5

Inhalt

Die Bezirke Neubrandenburg, Rostock und Schwerin (ehemals Mecklenburg)

Die Bezirke Halle und Magdeburg (ehemals Sachsen-Anhalt)

Die Bezirke Dresden, Karl-Marx-Stadt und Leipzig (ehemals Sachsen)

Die Bezirke Erfurt, Gera und Suhl (ehemals Thüringen)

Vorwort

Der Kunst-Reiseführer DDR will beim Gang durch den reichen Bestand an Kunstdenkmälern dieses Landes begleiten, ihre Entstehung beschreiben und ihre Nutzung zeigen. Das Buch ist kein Verzeichnis, es legt seine Ehre nicht in ein lückenloses Inventarisieren. Unter kunstwissenschaftlichen Aspekten ist es sogar unvollständig. Nur richtete sich von vornherein die Auswahl nicht allein nach kunst- und architekturgeschichtlichen Interessen, sondern es war angestrebt, reizvolle Landschaften – Reiserouten – abzugehen, in oder an denen die Kunst Bemerkenswertes hinterlassen hat. Das geschieht der Übersichtlichkeit halber im Rahmen der ehemaligen Länder Brandenburg, Mecklenburg, Sachsen-Anhalt, Sachsen und Thüringen, die seit 1952 in vierzehn Bezirke aufgeteilt sind. Es war auch der touristische Aspekt zu bedenken, der das Küstengebiet, den Tieflandstreifen und den Mittelgebirgsgürtel von der Rhön bis zum Zittauer Gebirge zur Geltung zu bringen hat. Dabei durfte nicht vergessen werden, auch über die Grenzen der einzelnen Bezirke und Länder hinweg auf vergleichbare künstlerische Leistungen aufmerksam zu machen, wenn es im kunstgeschichtlichen Sinne notwendig erschien.

Der Benutzer unseres Buches ist gut beraten, wenn er das Ausgewählte als das Bemerkenswerte aufnimmt und empfindet, obgleich auf die Bearbeitung einzelner Landstriche verzichtet werden mußte, um einer bloßen Aneinanderreihung der Denkmäler und Sehenswürdigkeiten vorzubeugen. Hier bieten die Erläuterungen zu den Landkarten, die sich am Anfang jedes Kapitels befinden, einen Ausgleich, da sie alle wesentlichen Kunstdenkmäler in kürzester Form beschreiben, unabhängig davon, ob sie von den vorgeschlagenen Reiserouten berührt werden.

Es darf an dieser Stelle auch darauf hingewiesen werden, daß die Abbildungen bis auf wenige gekennzeichnete Ausnahmen den gegenwärtigen Erhaltungszustand wiedergeben. Dank schulden wir den Fotografen, die für die Bebilderung des Werkes sorgten, vor allem Klaus G. Beyer, Weimar, und Renate und Roger Rössing, Leipzig.

Dresden Das Kronentor des Zwingers.

Einführung

Diese Gegend »ist so rein und ruhig wie eine große, schöne Seele, wenn sie sich am wohlsten befindet«, schrieb Johann Wolfgang von Goethe in einem enthusiastischen Brief einst an Frau von Stein. Er lobte damit das Thüringer Land, in das er auf Einladung des Weimarer Herzogs Karl August 1775 übersiedelt war. Jahre später regte ihn wiederum ein Platz dieser reizvollen Mittelgebirgslandschaft, der Kickelhahn bei Ilmenau, mit dem Zauber und der Einsamkeit seiner Wälder zu dem Gedicht »Über allen Gipfeln ist Ruh« an.

Muß man dem großen Dichter nicht heute noch recht geben, wenn man die Täler und Höhen dieses Gebietes durchstreift? Hier findet man mitunter noch die unberührte Natur vergangener Tage, wie sie den großen Nachfahren und Widersacher Goethes, Gerhart Hauptmann, an einem anderen Platz dieses Landes, auf der Insel Hiddensee rund um das verträumte Dörfchen Kloster, gefesselt hat.

Überhaupt ist dem Land zwischen der Insel Rügen und dem Fichtelberg von vielen Dichtern gehuldigt worden. Den kleinen Städten und Dörfern an Bode und Ilse setzte Heinrich Heine mit seiner liebenswert-ironischen »Harzreise« ein Denkmal, zu »Wanderungen durch die Mark Brandenburg« inspirierte Theodor Fontane nun schon mehrere Generationen, die Märkische Schweiz ist mit Bertolt Brechts »Buckower Elegien« verbunden, Mecklenburg lebt in den niederdeutschen Versen des Stavenhagener Bürgermeistersohnes Fritz Reuter. Wer an den Brocken denkt, erinnert sich an die Blocksberggeschichten und die Walpurgisnacht, und mit dem jungen Frankfurter Bürgersohn Goethe lobt man noch immer Leipzig als ein Klein-Paris, das seine Leute bildet. Von Alfred Döblins Berliner Alexanderplatz allerdings ist kaum mehr übriggeblieben als der Name, nicht einmal das äußere Erscheinungsbild, und auch die Hinterhöfe der Berliner Armenviertel mit den bedrückenden Schicksalen ihrer kleinen Leute, wie sie Hans Fallada in seinen Romanen gestaltet hat, gehören mehr und mehr der Vergangenheit an.

Es ließe sich die Aufzählung mühelos fortsetzen, wie die Literatur mit diesem Land verwoben ist und was alles vom mittelalterlichen Sängerkrieg auf der Wartburg an und der Bibelübersetzung Martin Luthers, über die Flugschriften von Thomas Müntzer, Johann

Gottlieb Fichtes Berliner »Reden an die deutsche Nation« oder Joseph von Eichendorffs bezaubernden Liedern bis zu Thomas Manns Goethe- und Schilleransprachen in Weimar mit Städte- und Flurnamen dieses Landes verknüpft ist und das Kulturbewußtsein des Volkes mit geprägt hat.

Der Kunst-Reiseführer DDR will zeigen – allerdings ohne den Anspruch, eine regionale Kunstgeschichte zu bieten –, wie die Landschaft zwischen Ostsee und Thüringer Wald an den wichtigen Entwicklungen der verschiedenen Kunstepochen teilgenommen hat und Werke hervorbrachte, die häufig europäischen Rang besitzen, in ihrer Zeit künstlerisch revolutionierend oder für eine weitere Umgebung vorbildhaft gewirkt haben.

Die ottonische und romanische Kunst bringen in den Randgebieten des Reiches – im Harz, dem Harzvorland und in der Altmark – bemerkenswerte baukünstlerische Leistungen hervor: die Stiftskirchen in Gernrode, Frose, Hamersleben und Quedlinburg, dann die Liebfrauenkirche in Halberstadt und im Norden die Backsteinkirchen von Jerichow und Lehnin.

Das Gebiet zwischen Elbe und Oder ist Königsland geworden. Daher rührt das Interesse der Ottonen an den östlichen und nördlichen Marken, was eine rege Bautätigkeit zur Folge hat. Neben den wehrhaften Klöstern und Stiften, die sowohl zum Ruhme Gottes als auch zur Manifestation und Bewahrung eigenen Machtanspruchs errichtet wurden, entstehen die königlichen Pfalzen und markgräflichen Burgen. Sie sind ein wichtiger Faktor in der Auseinandersetzung, die sich im 11. Jh. zwischen Königshaus und Partikulargewalten anbahnt.

Prunkvolle landesherrliche Bauten, vor allem im südlichen Teil der DDR, sind in jener Zeit entstanden, so die Wartburg und die Neuenburg, die den königlichen Wehrbauten in keiner Form nachstanden.

Die Gotik kommt in den ersten Jahrzehnten des 13. Jh. aus Frankreich. Doch nicht im Westen des Reiches entsteht der erste deutsche Kirchenbau nach gotischem Plan, sondern an seiner Ostgrenze, in Magdeburg. Die Dome von Magdeburg, Halberstadt und Naumburg, zum Teil auf den Grundmauern ottonischer Vorgängerbauten errichtet, kennzeichnen die Entwicklung der frühen deutschen Gotik im 13. Jh., in der auch die Plastik eine neue Qualität erreicht. Die Chorschranken-Reliefs in der Halberstädter Liebfrauenkirche, die Goldene Pforte in Freiberg/Sachsen mit ihrem eindrucksvollen ikonographischen Programm, der Naumburger Westchor mit seinen hervorragenden Skulpturen und schließlich die Klugen und Törichten Jungfrauen am Nordportal des Magdeburger Domes in ihrer bewegt-realistischen Ausprägung von Freude und Schmerz bezeichnen in großen Zügen diese künstlerische Entwicklung.

Im ausklingenden 15. Jh. erleben Architektur und Plastik im obersächsischen Gebiet nochmals eine Blütezeit, die in ihrer künstlerischen Qualität und Vielgestaltigkeit der frühen Gotik vergleichbar ist. Die reichen, phantasievollen Gewölbe der Spätgotik – am reinsten ausgeprägt in der Annenkirche zu Annaberg –, die Schöne Tür am gleichen Bauwerk sowie die feingearbeitete Tulpenkanzel des Hans Witten im Freiberger Dom bezeichnen den geradezu barocken Überschwang der spätgotischen Architektur und Plastik.

Eine realistisch-diesseitige Tendenz spätester Gotik vertritt Konrad von Einbeck. Bestes Beispiel seiner ausdrucksstarken, fast drastischen Formsprache sind die Skulpturen in der Hallenser Moritzkirche. Die realistischen Diesseitsbezüge dieser Zeit sind schon Ausdruck der Erlebnis- und Interessenwelt des erstarkten Bürgertums.

Ein wichtiger Beitrag zum gotischen Baustil ist in den großen Hallenkirchen zu sehen, wie sie im obersächsischen Raum verbreitet sind (Annaberg-Buchholz, Freiberg, Pirna, Schneeberg).

Im Norden, bis hin zu den alten Hansestädten an der Ostseeküste, werden die Hallenkirchen in der dort gebräuchlichen Backsteinbauweise errichtet. In Mecklenburg und Brandenburg erfährt die Gotik noch eine besonders warme und schmuckvolle Variation durch die Verwendung des Backsteins. Das Doberaner Münster, die Klosterkirche in Chorin, in ihrer klassischen Ausgeglichenheit in der Mark Brandenburg wohl nicht wieder erreicht, die Stadtbefestigung mit den herrlichen gotischen Tortürmen in Neubrandenburg oder Salzwedel, die Rathäuser mit den filigranen Backsteingiebeln in Brandenburg und Frankfurt an der Oder zeigen die breite Auffächerung dieser Baukunst im sakralen und profanen Bereich.

In den aufstrebenden Städten entstehen öffentliche und private Bauten, die den neuen Lebensformen und dem Selbstbewußtsein des Bürgertums Rechnung tragen: Pfarrkirchen, Rathäuser, Schulen, Zunfthäuser, Handelshöfe, in zunehmendem Maße steinerne Wohnhäuser und zum Schutz der Gemeinwesen Befestigungsanlagen mit ihren Toren und Türmen.

Auch die Renaissance wird zuerst in den Städten wirksam. Es entstehen die schönen Rathäuser von Leipzig, Gera, Altenburg und Görlitz, die wiederum in kleineren Provinzstädten mannigfaltig als Vorbilder wirken. Aber auch eine Reihe von Burgen, die ihre Wehrfunktion mehr und mehr verlieren, wird zu Renaissanceschlössern umgestaltet, nachdem der Territorialadel durch die Reformation und die damit verbundene Verweltlichung größeren Kirchenbesitzes bzw. durch die Niederlage der frühbürgerlichen Revolution und die Erhebung neuer Steuern in Stadt und Land zu Geld gekommen war. Auf unserem Gebiet können stellvertretend für solche Anlagen die Albrechtsburg in Meißen, das Schloß Hartenfels in Torgau, die Augustusburg, das Schloß Bernburg/Saale und weiter nördlich Schloß Güstrow genannt werden.

Der Dreißigjährige Krieg unterbricht neben der allgemein bewirkten Stagnation auch die Entwicklung der Künste. Erst Jahrzehnte später führt auf der Grundlage gewonnener absolutistischer Macht einzelner Landesherren der Barock die Baukunst zu neuer Blüte. Architektur, Plastik und Malerei vereinen sich in den barocken Kirchen und Schloßbauten noch einmal zum Gesamtkunstwerk.

Besonders Dresden wird zum Inbegriff barocker Baukunst; es ist vor allem die kurfürstliche Maxime Augusts des Starken, »Fürsten werden unsterblich durch ihre Bauten«, die

Dresden zur Kunststadt und seine Kunstsammlungen weltberühmt gemacht hat. Heute noch künden der Zwinger und die Schloßbauten in der Umgebung Dresdens vom einstmals großartigen barocken Glanz dieser Stadt, von dem in den Schreckensnächten des Februar 1945 vieles in Schutt und Asche versank.

Der berühmte Baumeister jener Dresdener Zeit war Matthäus Daniel Pöppelmann. Ihm ebenbürtig ist der zur gleichen Zeit in Berlin arbeitende Andreas Schlüter, der das Berliner Zeughaus mit den ergreifenden Kriegermasken im Innenhof schuf.

Aber auch im thüringischen Raum erreichte unter dem Mäzenatentum des Weimarer Herzogs Ernst August ein Künstler besonderen Ruhm: Gottfried Heinrich Krohne. Mit seinem Namen sind nicht nur die reizvollen Lust- und Jagdschlösser in und um Weimar verknüpft, sondern eine weitere Zahl von bedeutenden Anlagen in anderen Fürstentümern des Landes, die Rudolstädter Heidecksburg, Schloß Molsdorf und die Gothaer Orangerie, Bauwerke, die den spielerischen dekorativen Stil des Rokoko in diesem Gebiet prägen.

Die einzige erhaltene barocke Stadtanlage auf dem Gebiet der DDR ist die kleine mecklenburgische Residenz Ludwigslust, die Herzog Friedrich von Mecklenburg-Schwerin seit 1764 errichten ließ.

Indessen versuchte Friedrich II. in Potsdam-Sanssouci es Versailles gleichzutun im Prunk und im Bemühen um das Zusammenspiel von gestalteter Landschaft und Architektur. Knobelsdorff baut nach den Vorstellungen des Preußenkönigs 1745–1747 Schloß Sanssouci, dem mit den Neuen Kammern, der Bildergalerie und dem Neuen Palais rasch weitere Repräsentationsbauten folgen. Sie stehen bereits am Ende der feudalen Kunst des Barock und des Rokoko. Schon sind Repräsentanten dieser Kunstperiode selbst, wie G. W. von Knobelsdorffs Kolonnaden in Sanssouci zeigen, von den klassizistischen Gedanken und Einflüssen betroffen, die Johann Joachim Winckelmann 1755 in seinen »Gedanken über die Nachahmung der griechischen Werke in der Malerei und Bildhauerkunst« und knapp zehn Jahre darauf in seiner zweibändigen »Geschichte der Kunst des Altertums« darlegen wird und die später auch zum ästhetischen Programm der klassischen deutschen Literatur werden.

In unserem Gebiet sind es wesentlich zwei Zentren, in denen der Klassizismus zu einer geschlossenen künstlerischen Leistung gefunden hat, in Berlin-Potsdam und dem kleinen Fürstentum Anhalt-Dessau. In Wörlitz entsteht, umgeben von einem Landschaftspark im englischen Stil, der erste klassizistische Schloßbau in Deutschland. Die intime Verbindung romantisch-klassizistischer Architektur und großzügig gestalteter Landschaft entspricht dem klassizistischen Schönheitsgefühl, dem Streben nach Klarheit, Ausgewogenheit und Harmonie.

Der Künstler, der den Wörlitzer Anlagen Gestalt gab, hieß Friedrich Wilhelm von Erdmannsdorff. Er kann zusammen mit Karl Friedrich Schinkel, dem Meister des Berliner Klassizismus, beispielhaft für diese Kunstrichtung stehen. Die Neue Wache Unter den Linden, errichtet 1816–1818, in Berlin und das Alte Museum, 1825 begonnen und 1830 eröffnet, sind Schinkels volkstümlichste Werke.

Wörlitz Der früheste klassizistische Schloßbau in Deutschland (1765–1773) zeichnet sich durch die Klarheit und Ausgewogenheit aller Bauteile aus.

Das Schauspielhaus und das Brandenburger Tor von Karl Friedrich Schinkel und Carl Gotthard Langhans belegen den bewußten Rückgriff auf die klaren Formen der Antike und zugleich deren Einordnung in den individuellen, schöpferischen Gestaltungswillen begabter Architekten. Darüber hinaus gibt es aus dieser Zeit zwischen Oder und Elbe nur wenige qualitätvolle Schöpfungen. Genannt zu werden verdienen noch die von Goethe beeinflußten Bauten des Weimarer Klassizismus.

Einzelleistungen charakterisieren im wesentlichen auch die Baukunst der 2. Hälfte des 19. Jh.; sie teilt das Schicksal anderer Künste, die in den Sog eines nun weitgehend bürgerlich-kapitalistischen Kunstbetriebes geraten, und zerfällt in viele Stilrichtungen. Dabei mag allerdings der Baukunst dieser Zeit von der Kunstgeschichte nicht immer recht getan worden sein, wenn man beispielsweise an die bedeutenden Gesellschaftsbauten der zweiten Jahrhunderthälfte und ihre mannigfache Wirkung denkt, an Bürgerhäuser und Bahnhöfe, Kaufhallen und Theater, an die Semperoper in Dresden etwa oder an den Umbau des Schweriner Schloßkomplexes nach den Plänen Sempers und Stülers oder an das Rote Rathaus in Berlin und das ehem. Reichsgericht in Leipzig.

Europäischen Einfluß allerdings gewinnt erst wieder das von Walter Gropius geleitete Bauhaus in Weimar und Dessau, dessen architekturtheoretische und praktische Arbeit bis heute weiterwirkt.

Diese Rückblende auf historische Entwicklungsetappen der Architektur innerhalb der Kunstlandschaft DDR wird in den folgenden Kapiteln noch mit vielfältigen Beispielen belegt. Dabei ist zu bedenken, daß die erfaßten baukünstlerischen Zeugen vergangener Jahrhunderte mitunter in größeren territorialen Zusammenhängen gesehen werden müssen. Schließlich ist das Land in den Verlauf der deutschen Geschichte eingebunden und auf vielfältige Weise mit Ereignissen der gesamteuropäischen Historie verknüpft gewesen, was auch in den Leistungen von Architektur und bildender Kunst zum Ausdruck kommt.

1 *Berlin* Palast der Republik und Dom von Südosten.

2 *Berlin* Marx-Engels-Brücke und Zeughaus.

3 *Potsdam-Sanssouci* Schloß mit Terrassen.

4 *Potsdam* Holländisches Viertel. Eingangstür.

5 *Potsdam* Schloß Cecilienhof.

6 *Rheinsberg* Renaissance-Wasserschloß.

7 *Prenzlau* Marienkirche von Osten.

8 *Chorin* Zisterzienser-Klosterkirche von Westen.

9 *Greifswald* Ostseite des Marktplatzes mit spätgotischem Backsteinhaus und Marienkirche.

10 *Wismar* Heiliggeist-Spitalkirche. Glasmalereien.

11 *Schwerin* Schloß.

12 *Schwerin* Schloß. Thronsaal.

13 *Friedrichsmoor* Ehemaliges Jagdschloß. Tapete.

14 *Jerichow* Prämonstratenser Klosterkirche. Innenraum nach Osten.

15 *Wörlitz* Gotisches Haus. Glasgemälde im Rittersaal.

16 *Leipzig* Altes Rathaus.

17 *Leipzig* Gewandhaus. Gemälde im Foyer und Teil des Mende-Brunnens im Vordergrund.

18 *Freiberg* Dom. Stuckdecke in der Fürstengruft.

19 *Dresden* Semper-Oper. Blick in den Zuschauerraum.

20 *Dresden* Zwinger. Kronentor.

21 *Pillnitz* Schloßanlage.

22 *Moritzburg* Jagdschloß.

23 *Rudolstadt* Heidecksburg. Roter Salon.

24 *Erfurt* Dom. Jungfrauenportal.

25 *Großkochberg* Wasserschloß.

26 *Paulinzella* Benediktiner-Klosterkirche.

27 *Weimar* Zentralbibliothek der deutschen Klassik. Rokokosaal.

28 *Eisenach* Wartburg.

29 *Eisenach* Wartburg. Elisabeth-Kemenate.

30 *Wernigerode* Rathaus.

Berlin und die Bezirke Cottbus, Frankfurt/Oder, Potsdam

(ehemals Brandenburg)

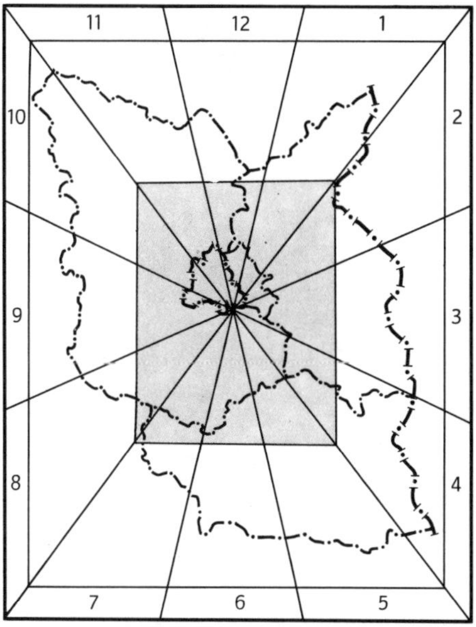

Erläuterung des Suchsystems

Jede Karte ist im Sinne eines »Uhrzifferblattes« unterteilt. Auf jeder Karte denke man sich also 24 kleine Felder. Jedes Feld läßt sich kurz bezeichnen, z. B. Innen 9 oder Außen 12.

Die Bezeichnung erfolgt in den Kartenerläuterungen nach Signaturen. Für »Innen« steht ■, für »Außen« □. So ergeben sich die Felderbezeichnungen, z. B. 9 ■ oder 12 □.

Stellen Sie sich beim Suchen eines Ortes also immer das »Uhrzifferblatt« über die Karte gelegt vor, dann ist jeder Ort leicht aufzufinden.

Bezirk Neubrandenburg
Bezirk Schwerin
Bezirk Potsdam
Bezirk Frankfurt
Bezirk Magdeburg
Freyenstein
Wulfersdorf
Alt Krüssow
Wittstock
Pritzwalk
Heiligengrabe
Rheinsberg
Fürstenberg
Ravensbrück
Gransee
Kyritz
Altruppin
Neuruppin
Löwenberg
Liebenwalde
Bückwitz
Rhinow
Friesack
Briesen
Sachsenhausen
Kremmen
Oranienburg
Rathenow
Nauen
Wustermark
Premnitz
Ketzür
Tremmen
Ketzin
Paretz
Pritzerbe
BRANDENBURG
POTSDAM
Sanssouci
Teltow
BERLIN
Gartz
Vierraden
Greifenberg
Schwedt
Angermünde
Joachimsthal
Chorin
Eberswalde-Finow
Biesenthal
Bernau
Bad Freienwalde
Wriezen
Werneuchen
Seelow
Müncheberg
Lebus
FRANKFURT
Fürstenwalde
Oder
Havel
Spree
Gr. Müggelsee

Ziesar
Lehnin
Berliner Ring
Schönefelder Kreuz
Königs Wusterhausen
Storkow
Scharmützelsee
Müllrose
Mittenwalde
Trebbin
Beelitz
Zossen
Brück
Belzig
Wiesenburg
Beeskow
Eisenhüttenstadt
Märkisch Buchholz
Friedland
Neuzelle
Treuenbrietzen
Luckenwalde
Baruth
Schwielochsee
Wilhelm-Pieck-Stadt
Guben
Zauche
Kloster Zinna
Lieberose
Jüterbog
Golßen
Lübben
Spree
Straupitz
Bezirk Halle
Dahme
Luckau
Lübbenau Lehde
Peitz
Neiße
Stolzenhain
Schweinitz
Jessen
Klöden
Annaburg
Schlieben
Vetschau
COTTBUS
Forst
Drehna
Calau
Sonnewalde
Herzberg
Prettin
Elbe
Doberlug-Kirchhain
Finsterwalde
Altdöbern
Drebkau
Döbern
Großräschen
Spremberg
Bad Muskau
Bezirk Cottbus
Lausitz
Bad Liebenwerda
Senftenberg
Weißwasser
Martinskirchen
Mühlberg
Elsterwerda
Lauta
HOYERSWERDA
Bezirk Leipzig
Groß Kmehlen
Bernsdorf
Bezirk Dresden
Zeichenerklärung
Staatsgrenze im Wasserlauf
Staatsgrenze
Bezirksgrenze
Autobahn mit Abfahrt
198 Fernverkehrsstraße mit Nummer
Sonstige Straße
POTSDAM Chorin Ort mit Sehenswürdigkeit
Flugplatz
Grenzübergang

Altdöbern 5 □ Schloß: erbaut 1717, umgestaltet Mitte 18. Jh. und 1880–1883. Wand- und Deckengemälde 18. Jh.

Alt Krüssow 11 □ Dorfkirche: geweiht 1520. Zwei Schnitzaltäre frühes 16. Jh.

Angermünde 1 □ Marienkirche: 13. und 15. Jh. Taufe 14. Jh.
Rathaus: 1822, Anbauten 1923
Stadtbefestigung: Mauerteile und Rundturm erhalten

Belzig 8 ■ Burg Eisenhardt: im Kern 13. Jh., Umbauten im 16./17. Jh.

Berlin 1 ■ Marienkirche: im Kern um 1270, nach 1380 Ausbau zur Halle, Gruftkapelle im Chor 1659–1663, Westturm frühes 15. Jh., neugotischer Helm 1789/90. Wandmalerei der Turmhalle um 1484, Schlüterkanzel 1703
Nikolaikirche: vollendet um 1470, 1945 ausgebrannt, Außenbau 1983/84 wiederhergestellt
Franziskanerkirche: Ende 13. Jh., Chor 14. Jh., 1945 ausgebrannt
Hedwigskirche: 1747–1773, ausgebrannt 1943, Rekonstruktion (Inneres modern) 1952–1963
Sophienkirche: 1712, Inneres 1892, Turm 1723–1734
Friedrichswerdersche Kirche: 1824–1830 von Schinkel erbaut, 1945 schwer beschädigt
Dom: 1893–1905, schwere Beschädigung 1945, seit 1975 Wiederherstellung. Prachtsarkophage von A. Schlüter
Zeughaus: 1695–1706, Kriegermasken von A. Schlüter im Innenhof
Staatsoper: 1741–1743, nach schweren Kriegszerstörungen Wiederaufbau 1952–1955
Altes Palais: 1834–1837, Ausbau 1854
Humboldt-Universität: 1748–1766, Nordflügel 1913–1919, Wiederherstellung 1949–1967
Ehem. Prinzessinnenpalais: 1733–1737, zerstört 1943, Wiederaufbau 1962/63
Ehem. Kronprinzenpalais: 1732, Umbau 1857/58, Wiederaufbau nach Kriegszerstörung 1968/69
Ehem. Königliche Bibliothek: 1774–1780
Neue Wache: 1816–1818
Ehem. Singakademie (Maxim-Gorki-Theater): 1827
Staatsratsgebäude: 1962–1964, Portal vom Stadtschloß 1707–1713
Altes Museum: 1825–1830
Neues Museum: 1843–1855, zerstört 1945
Nationalgalerie: 1866–1876
Pergamon-Museum: 1909–1930
Bode-Museum: erb. 1904
Deutsche Staatsbibliothek: 1903–1914
Brandenburger Tor: 1788–1791
Schadowhaus: 1805
Ermelerhaus: 16. Jh., heutige Fassade um 1760, klassizistische Umbauten, 1969 Umsetzung an das Märkische Ufer
Ribbeckhaus: 1624
Ehem. Gendarmenmarkt: Deutscher Dom 1701–1708, Französischer Dom 1701–1705, Türme 1780–1785, Schauspielhaus 1818–1821, 1945 zerstört, Rekonstruktion 1984 abgeschlossen
Neptunbrunnen: 1891
Rotes Rathaus: 1861–1868
Märkisches Museum: 1901–1907
Stadthaus: 1902–1911
Stadtgericht Mitte: 1896–1905
Volksbühne: 1913/14
Synagoge: 1859–1866, geplündert und zerstört 1938
Schloß Köpenick (Kunstgewerbe-Museum): 1674–1682

Bernau 1 ■ Marienkirche: Hauptbauzeit 2. Hälfte 15. Jh.–1519, Westturm 1846, Hauptaltar aus der Cranachwerkstatt um 1520, Triumphkreuz 1520, Gemeindegestühl 17. Jh.

Rathaus: 1805
Stadtbefestigung: beachtl. Mauerteile, Steintor (um 1450) und Pulverturm

Brandenburg 9 □ Dom: Baubeginn um 1165, gotischer Umbau im 14./15. Jh.
Reiche gotische Ausstattung
Nikolaikirche: frühes 13. Jh., Westgiebel 1467, 1945 zerstört und nach 1950 erneuert
Paulikirche: um 1330–1340, Glockenturm 1469, seit 1945 Ruine, Klostergebäude wiederaufgebaut
Katharinenkirche: 1401–1434, Turm 1585, Haube 1592, Gewölbebemalung aus der Bauzeit, Hauptaltar 1474, Hedwigsaltar 1457, Wandgrab Schulenburg Anfang 17. Jh.
St. Gotthardtkirche: Westbau 2. Hälfte 12. Jh., Aufsatz und Laterne 1767, Innenraum spätgotisch, begonnen 1456. Spätgotischer Altarbehang (Einhornjagd)
Altstädtisches Rathaus: 1470–1480, Ordonnanzhaus spätgotisch
Mühltorturm: 1411

Caputh 9 ■ Schloß: im wesentl. 1673–1689, neubarocker Hofflügel 1908/09. Einige Räume 17. Jh., darunter der Fliesenkeller

Chorin 1 ■ Kloster: 1273–1334, seit dem 16. Jh. Verfall, ab 1828 Sicherung der Ruine

Cottbus 4 □ Nikolaikirche: Turm 1. Hälfte 15. Jh., Halle 2. Hälfte 15. Jh., Turmabschluß 17./18. Jh., Altar um 1660
Theater: 1908
Schloß Branitz: 18. Jh., Freitreppe um 1850

Doberlug 6 □ Ehem. Zisterzienserkirche: Apsis, Chor und Querschiff Ende 12. Jh., Nebenapsiden um 1200, Weihe 1228. Restaurierung 1905–1909

Drehna 5 □ Schloß: 1. Hälfte 16. Jh.

Eberswalde 2 □ Maria-Magdalena-Kirche: 2. Hälfte 13. Jh., Georgskapelle 15. Jh. Taufe 14. Jh., Hochaltar 1606

Frankfurt/Oder 3 □ Marienkirche: Baubeginn 2. Hälfte 13. Jh., Ausbau 14.–16. Jh., Nordkapelle um 1376, nach 1830 renoviert, seit 1945 Ruine
Ehem. Franziskanerkirche: begonnen um 1270, Langhaus 1516–1525, seit 1967 Konzerthalle
Friedenskirche: 13.–15. Jh., Türme 1880–1893
Rathaus: hauptsächl. 13./14. Jh., Schaugiebel 1. Hälfte 15. Jh.

Freyenstein 11 □ Altes Schloß: 1556

Fürstenwalde 3 □ Marienkirche: im wesentl. 15. Jh., Westturm 1769–1771

Gransee 12 □ Marienkirche: Hallenchor 1370–1380, sonst 15. Jh. Spätgotische Triumphkreuzgruppe und Schnitzaltar

Großkmehlen 6 □ Schloß: 16. Jh. Stuckdecken Ende 17. Jh.

Heiligengrabe 11 □ Klosterkirche: 15. Jh., nach 1719 verändert, Kapelle des Hl. Grabes: geweiht 1512, Ausstattung neugotisch

Herzberg 6 □ Nikolaikirche: begonnen 2. Hälfte 14. Jh., um 1430 vollendet, Turm 1562. Gotische Gewölbeausmalung erhalten (Chor um 1415, Langhaus nach 1430)

Jüterbog 7 ■ Nikolaikirche: im wesentl. 15. Jh. Urspr. Malerei in der südl. Sakristei, Flügelaltar der Nordkapelle L. Cranach d. Ä. zugeschrieben
Rathaus: 1478–1506
Dammtor: um 1480, Unterbau 13./14. Jh.

Ketzür 9 ■ Dorfkirche: 15./16. Jh., Turmabschluß 1793

Klöden 7 □ Dorfkirche: 12. Jh., Kruzifix Mitte 12. Jh.

Kloster Zinna 6 ■ Klosterkirche: 15. Jh., Gewölbe hauptsächl. 15. Jh., Siechenhaus 14./15. Jh., Neue Abtei um 1450

Königs Wusterhausen 3 ■ Schloß: im Kern 16. Jh., 1718 erweitert

Lehde 4 □ Freiland-Museum:
Bauernhäuser 18. Jh.
Lehnin 9 ■ Klosterkirche: 1192–1262,
Restaurierung 1872–1877,
Triumphkreuz um 1230,
Kalvarienberg 2. Hälfte 15. Jh.
Lieberose 4 □ Schloß: im Kern 16. Jh.,
Wiederherstellung 1658–1695, Südflügel
und Turm 18. Jh., Teilverluste 1945
Lübbenau 4 ■ Schloß: 1817–1820 und 1839,
Landschaftspark nach 1817,
Spreewaldmuseum
Luckau 5 ■ Nikolaikirche: hauptsächl. 14. Jh.,
Gewölbe 2. Hälfte 15. Jh.,
Wiederherstellung 1656–1674,
bedeutende barocke Ausstattung
Ehem. Georgenkapelle: im Kern 13. Jh.,
um 1500 und 2. Hälfte 17. Jh., verändert,
»Hausmannsturm« Mitte 17. Jh.
Bürgerhäuser: Markt 13, 30 und 32
barock um 1700
Martinskirchen 6 □ Schloß: 1754–1756
Mühlberg 6 □ Kloster Güldenstern:
Querschiff um 1230, Chor Mitte 13. Jh.,
Langhaus 1330–1350 umgebaut,
Westteil 2. Hälfte 15. Jh.
Spätere Veränderungen. Flügelaltar 1569,
Kanzel 1621
Muskau 4 □ Landschaftspark: 1815–1845,
Schloß 1863–1866
unter Benutzung älterer Teile
Neuruppin 11 ■ Ehem. Dominikanerkirche:
Chor Mitte 13. Jh., Langhaus um 1280–1290,
Chorschluß um 1300, Restaurierung unter
Mitwirkung Schinkels 1836–1841.
Altarretabel und Pietà frühes 15. Jh.
Lazaruskapelle: um 1490,
Südportal mit Modelplatten geschmückt
Marienkirche: 1801–1804
Neuzelle 3 □ Stiftskirche: Baubeginn nach
1281,
westl. Halle und Glockenturm 1380–1395,
tiefgreifende Umbauten nach 1648 und
1703–1741, Hochaltar 1740,
Wandgemälde von Neunherz,
reiche Barockausstattung
Heiligkreuzkirche: im Kern Mitte 14. Jh.,
1728–1734 barock umgestaltet,
Westtürme um 1850
Oranienburg 12 ■ Schloß: 1652–1695
Paretz 10 ■ Dorfkirche: 1797/98
neugotischer Umbau
Potsdam 9 ■ Nikolaikirche: 1831–1848
Französische Kirche: 1751/52
Ehem. Rathaus: 1753/54
Marstall: 1675 und 1746
Stall für Kutschpferde: 1787–1789
Alte Wache: 1795–1797
Brandenburger Tor: 1770
Nauener Tor: 1755
Holländisches Viertel
(Mittelstraße) 1737–1742
Ehem. Militärwaisenhaus:
in 3 Etappen 1722–1778
Marmorpalais: nach 1787 gleichzeitig mit
der Anlage des Neuen Gartens,
Innenausbau nach 1790, Hofflügel 1797,
ausgebaut 1845
Schloß Cecilienhof: 1913–1916
Einsteinturm: 1920/21
Bürgerhäuser: Barock und Klassizismus,
vor allem Wilhelm-Staab-Straße, Am Kanal,
Wilhelm-Pieck-Straße, Schloßstraße,
Gutenbergstraße und Hermann-Elflein-
Straße
Potsdam-Babelsberg 9 ■ Schloß:
neugotisch 1834 von Schinkel begonnen,
vollendet 1849, Inneres nach 1850
Englischer Park 1833–1843
Potsdam-Sanssouci 9 ■ Schloß: 1745–1747,
verlängerte Seitenflügel 1841
Neue Kammern: 1747, umgebaut 1771–1774
Bildergalerie: 1755–1763,
Holländischer Garten: 1763–1766
Neues Palais: 1763–1769
Communs: 1765–1769
Freundschaftstempel: 1768
Chinesisches Teehaus: 1754–1757

Schloß Charlottenhof: 1826–1828
Römische Bäder: 1829–1836
Orangerie: 1851–1857
Friedenskirche: 1845–1854
Prettin 7 □ Schloß Lichtenburg: urspr. 1565–1582, mehrfach verändert (Zuchthaus und KZ)
Rathenow 10 □ Stadtkirche: im Kern 13. Jh., Erweiterungen 15./16. Jh., Westturm 1824–1828, nach 1945 restauriert. Hauptaltar um 1380
Ravensbrück 12 □ Nationale Mahn- und Gedenkstätte: nach 1938 größtes Frauenkonzentrationslager. Plastiken von W. Lammert und F. Cremer
Rheinsberg 11 ■ Schloß: im Kern 1566, erweitert und umgebaut 1734–1740
Sachsenhausen 12 ■ Nationale Mahn- und Gedenkstätte: nach 1936 Konzentrationslager. Plastiken von W. Grzimek und R. Graetz
Stolzenhain 6 ■ Dorfkirche: Altartriptychon um 1480
Straupitz 4 □ Dorfkirche: 1828–1832 nach Entwurf von Schinkel
Tremmen 10 ■ Dorfkirche: 1. Hälfte 15. Jh., im Südturm Wandmalerei aus der Bauzeit, Turmhelme 1800–1802
Treuenbrietzen 8 ■ Marienkirche: 1. Hälfte 13. Jh., Westturm um 1500
Wiesenburg 8 □ Schloß: Bergfried 15. Jh., Neubau der Vierflügelanlage nach 1550, Restaurierung 1864
Wittstock 11 □ Marienkirche: Begonnen nach 1248, Erweiterung zur fünfschiffigen Halle 1451, Nord- und Südkapelle Ende 15. Jh., 1495–1519 einh. Ausbau, Turmhaube 1704. Doppelaltar 1484 und 1535
Wulfersdorf 11 □ Dorfkirche: Staffelgiebel frühes 16. Jh.
Zaue 4 □ Dorfkirche: Wandmalereien 1. Hälfte 15. Jh.
Ziesar 9 □ Burg: Hauptbauzeit 2. Hälfte 15. Jh., Burgkapelle 1470 geweiht (Wandmalereien), Votivrelief 1470

In der Hauptstadt der DDR

Die Stadt und ihre Sehenswürdigkeiten · Die Berliner Museen
Theaterbauten und Theaterleben

Berlin ist keine Stadt, die sich auf einen einfachen Nenner bringen läßt. Sie gehört weder zu den tausendjährigen Metropolen des Kontinents noch zu den supermodernen. Man hat sie bewundernd »Spreeathen« genannt und dabei an die antiken Kapitelle, Mosaike und Friese in ihren berühmten Museen und die klassizistischen Säulen an den Gebäuden ihrer Prachtstraßen gedacht. Sie war landesfürstliche und königliche Residenz über Jahrhunderte hinweg, Heimat großer Künstler, Gelehrter und Literaten. Sie hat Schlüter, Schinkel und Schadow verehrt, Weber, Lortzing und Zelter bejubelt, Leibniz und Jablonski gelehrte Dispute führen sehen. Ihre literarischen Salons beherrschten so berühmte Leute wie Jean Paul und E.T.A. Hoffmann, die Schlegels und Ludwig Tieck, Heinrich Heine und Gerhart Hauptmann.

Max Reinhardt und Otto Brahm feierten hier ihre großen Bühnenerfolge, in dieser Stadt malte Max Liebermann seine impressionistisch leuchtenden Bilder. Heinrich Zille schuf hier seine treffsicheren sozialkritischen Zeichnungen und Karikaturen. Das politisch-literarische Kabarett der zwanziger Jahre war in Berlin zu Hause, und die Operette feierte hier ihren »zweiten Frühling«. Berlin war seit jeher vertraut mit dem Auf und Ab deutschen Kunst- und Literaturlebens, es war aber ebenso eine Stadt voller sozialer Widersprüche. Um 1900 schon eine der dichtbesiedelsten Städte der Welt, hatte Berlin die Gründerjahre hinter sich, ebenso die ersten Bankkrachs, Bismarck und den Kulturkampf und die Verfolgungen während der Zeit des Sozialistengesetzes. Vor sich noch Krieg und Revolution, Krise und wieder Krieg, Zeiten also, die der Kunst nicht eben förderlich waren und die doch nicht verhindern konnten, daß Berlin lebendig geblieben ist, als Zeuge einer prachtliebenden Vergangenheit, als Experimentierfeld modernen städtebaulichen Gestaltens, literatur- und theaterliebend wie eh und je und Bewahrer von vielem Schönen, das die Weltkultur hervorgebracht hat.

Fragen wir also danach, was es so lohnenswert macht, Berlin zu sehen: der historische Glanz oder die modernen Plätze, die märkischen Sandhügel oder die Berliner Seen und Wasserstraßen, die reichen Museen oder die weiten Parks, der »verwegene Menschenschlag«, wie ihn Goethe gesehen und der Hauptmann von Köpenick aller Welt vorexerziert hat, das immer noch allerwärts Berlinernde oder die fremden Einflüsse in der Stadt, oder ist es einfach alles zusammengenommen, was das besondere Fluidum dieser Stadt ausmacht?

Betrachten wir zunächst ein wenig Berliner Geschichte. Erst vor Jahren ist beim Bau des Palastes der Republik auf dem Marx-Engels-Platz ein Stück der mittelalterlichen Stadtmauer von Cölln wiederentdeckt worden, der Schwesterstadt Berlins am westlichen Ufer der Spree. Die Datierungsergebnisse für diese gewaltigen Feldsteinblöcke, die schon einige Meter unter der heutigen Straßenoberfläche verschwunden waren, zeigen in die 2. Hälfte des 13. Jh. und festigen die Annahme, daß die Doppelstadt etwa um 1200 entstanden ist. Erstmals urkundlich erwähnt wird Berlin allerdings erst 1241, nachdem Colonia, also Cölln, schon ein paar Jahre früher, 1237, in den Akten erschienen war. Es ist also eine relativ späte Stadtgründung, auch wenn archäologische Funde aus dem Besitz des Märkischen Museums belegen, daß lange vor dieser Zeit germanische, später slawische Stämme die Höhen des Barnim und Teltow besiedelt hatten und bis in die Spreeniederungen des heutigen Stadtgebietes und an die Ufer der Dahme (Köpenick) vorgedrungen waren.

Die Entstehung Berlins geschieht also im Rahmen einer ausgedehnteren Siedlungsbewegung im Havel-Spree-Gebiet, und die günstige Wahl des Ortes mag ebensoviel zur raschen Entwicklung der Doppelsiedlung beigetragen haben wie die Tatsache, daß die Askanier immer mehr auch das märkische Hinterland erschlossen.

So begegnen wir den Zwillingsorten Berlin und Cölln (zwischen Mühlendamm und Molkenmarkt) schon im 14. Jh. als wichtigen Handelszentren, die seit 1307 gemeinsam verwaltet werden und am Ende des Jahrhunderts die märkischen Städte schon im Bund der Hanse repräsentieren. Aus dem Jahrhundert der Gründung sind nur wenige Denkmale erhalten geblieben.

Neben der aus Findlingen aufgetürmten imposant-wehrhaften *Stadtmauer*, von der – wie erwähnt – einige Teile wieder freigelegt werden konnten, sind es einige Sakralbauten, die Belagerungen und Brände, Machtkämpfe und Kriege überdauert haben und in denen sich der früh errungene Wohlstand der Bürgerschaft manifestierte. Dazu gehört die *Marienkirche* am Neuen Markt (Abb. 36). Der gotische Hallenbau wurde um 1270 errichtet, ist 1380 abgebrannt und im 15. Jh. wiederaufgebaut worden, wobei allerdings wichtige Teile der frühgotischen Anlage in den Neubau übernommen werden konnten. Später hinzugekommen sind Kapellenanbauten am südlichen Langhaus sowie der Turmhelm, der nach mehrfachen Veränderungen sein endgültiges Gesicht 1789/90 durch Carl Gotthard Langhans erhielt und in eigenwilliger Weise klassizistische mit neugotischen Formen zu verknüpfen sucht. Das Innere des Baues ist einfach, wir finden Stern- und Kreuzrippengewölbe und schlichte Bündelpfeiler mit schmucklosen Kapitellen. Um so reichhaltiger ist die Ausstattung, von der neben dem von vier Drachen getragenen bronzenen *Taufkessel* von 1437 vor allem der figurenreiche *Totentanz*, ein eindrucksvolles Wandgemälde in der Turmhalle, erwähnt werden muß. Das Fresko wird unterschiedlich datiert, am wahrscheinlichsten ist aber, daß den Anstoß zur Stiftung die Pestepidemie von 1484 gab. Jedenfalls fand das Thema des »memento mori«, des »Gedenke des Todes«, in dieser sozialen Deutlichkeit in Deutschland bis dahin kaum künstlerischen Ausdruck. Hier heißt es, daß der Tod unerbittlich ist und zwischen Rang und Stand nicht unterscheidet.

Von barocker Schönheit ist die 1703 von Andreas Schlüter geschaffene *Kanzel* (Abb. 40), und in dem marmornen *Grabmal* des Feldmarschalls von Sparr, angefertigt von dem Niederländer Artus Quellinus, begegnet uns eine feinsinnige und wertvolle Arbeit.

Noch älter als die Marienkirche ist die *Nikolaikirche*, die inmitten der Berliner Altstadt nach den Zerstörungen von 1945 zunächst als Ruine erhalten blieb und deren historischer Außenkörper erst in den Jahren 1983/84 wiederhergestellt wurde (Abb. 44). Ihre ältesten Teile (granitener Westbau) gehen bis in die Gründungszeit der Stadt zurück, auch wenn die Kirche nach mancherlei Umbauten erst zwischen 1460 und 1470 vollendet worden ist.

Auch von der *Franziskaner-Klosterkirche* (Klosterstraße), die ausgangs des 13. Jh. entstand, ist eine Ruine vorhanden. In der dreischiffigen Backsteinbasilika, die auf eine massive Feldsteinkirche dieses Bettelordens zurückgeht, beeindrucken die ausladenden Arkaden mit sehr niedrigen Bündelpfeilern.

Die *Heiliggeistkapelle* in der Spandauer Straße gehört ebenfalls zu den frühen Kirchen der Altstadt. Der kleine, urspr. einschiffige gotische Backsteinbau ist heute in den Komplex der Wirtschaftswissenschaftlichen Fakultät der Humboldt-Universität eingeschlossen und wird als Mensa genutzt. 1313 erstmals urkundlich erwähnt, 1476 mit spätgotischen Sterngewölben versehen, weist er einen fein gegliederten Ostgiebel und schöne Maßwerkfenster auf.

Die zum Teil recht aufwendigen Kirchenbauten waren durch den Reichtum der Stadt begünstigt worden, der allerdings in nachaskanischer Zeit (nach 1320) vielfach in Gefahr geriet. Zermürbende Machtkämpfe um die Herrschaft über die Stadt entbrannten, bis schließlich die Hohenzollern, die 1415 mit dem Kurfürstentum Brandenburg belehnt worden waren, der Stadt die Unabhängigkeit entzogen und sie gegen den sog. Berliner Unwillen 1448 ihren Gesetzen unterwarfen.

Von da an entwickelte sich die vereinigte Doppelstadt Berlin/Cölln zur kurfürstlichen Residenz und entfaltete vornehmlich unter Kurfürst Joachim II., der 1539 auch der Reformation die Tore öffnete, einen gewissen Prunk. Es entstanden das Berliner Stadtschloß und die ersten bürgerlichen Renaissancehäuser, die gleichsam den neugewachsenen Kunst- und Lebensstil manifestierten. In diese Zeit geht die Gründung der nahe dem Alexanderplatz gelegenen Gaststätte *»Zur letzten Instanz«* (Waisenstr. 14–16) zurück, die als Herberge entstand und noch heute alte Berliner Schankwirtschafts-Atmosphäre vermittelt, dann auch das sog. *Ermelerhaus*, das als Patrizierbau schon im 16. Jh. nachgewiesen ist, später barock erneuert, mit schönem Geländer, Puttenfiguren und lebensfrohen Deckengemälden ausgestattet wurde und sich heute am Märkischen Ufer befindet, wohin es im Rahmen verkehrstechnischer Überlegungen aus der Breiten Straße umgesetzt wurde. In der Breiten Straße finden wir noch das *Ribbeckhaus* (Nr. 35), ein schönes dreigeschossiges Wohnhaus mit schmuckvollem Sandsteinportal und vier Zwerchhäusern, für den Kurfürstlichen Kammerrat Hans Georg von Ribbeck erbaut, der übrigens mit Herrn von

Ribbeck auf Ribbeck im Havelland in dem bekannten Fontaneschen Gedicht identisch ist.

Das Baudatum (1624) fällt schon in die Zeit des Dreißigjährigen Krieges, der auch Berlin wirtschaftlich schwer zurückgeworfen und teilweise verwüstet hatte, andererseits aber durch den Westfälischen Frieden dem brandenburgischen Kurfürsten nicht unbeträchtliche Gebietsgewinne sicherte (Hinterpommern, die Bistümer Halberstadt und Minden), die den späteren preußischen Aufstieg begünstigen. Schon unter Friedrich Wilhelm, dem Großen Kurfürsten, verzeichnete man in der 2. Hälfte des 17. Jh. wieder eine gewisse Prosperität, die auch Kunst und Architektur neue Anstöße gab und städtebaulich insofern Bedeutung erlangte, als neue Stadtteile errichtet oder begonnen wurden: Friedrichswerder (um den Werderschen Markt), die Dorotheenstadt (das Gelände um die heutige Clara-Zetkin-Straße) und der südlich angrenzende Stadtteil Friedrichstadt, die schließlich alle im Jahre 1710 in der Stadt Berlin vereinigt werden. Zu dieser Zeit hatte die Königskrönung Friedrichs I. schon stattgefunden (1701 in Königsberg), und Preußen schickte sich an, zur europäischen Großmacht emporzuwachsen. Macht und Glanz des Hauses Hohenzollern, dessen absolutistische Herrschaft auf stehendem Heer und einer staatstreuen Beamtenschaft aufgebaut war, verkörperte das umgebaute bzw. zum Teil neuerrichtete Berliner *Stadtschloß,* ein wichtiges Werk des norddeutschen Barock. Es entstand unter wesentlichem Einfluß des Architekten Andreas Schlüter, der zugleich seine bildhauerischen Fähigkeiten an dem wuchtigen *Standbild des Großen Kurfürsten* nachwies, einem Reiterdenkmal, das heute im Charlottenburger Schloßhof in Berlin (West) steht. Außerdem war an dem Neubau führend Eosander von Göthe beteiligt. Das Schloß stand auf dem heutigen Marx-Engels-Platz, es wurde 1945 zerstört und die Ruine später abgetragen. Das *Portal* IV seines Lustgartenflügels befindet sich jetzt am Gebäude des Staatsrates der DDR (Abb. 35) und vermittelt noch einen räumlichen Eindruck vom monumentalen Charakter der ehem. königlichen Residenz, die nach der kurzen Regierungszeit des sog. Soldatenkönigs Friedrich Wilhelm I. 1740 schließlich von Friedrich II. übernommen wurde. Unter seiner Regentschaft vergrößerte sich der Drang nach Prunk und Repräsentation, und mehrere erfolgreich geführte Expansionskriege (die beiden ersten Schlesischen Kriege sowie der Siebenjährige Krieg) ermöglichen nicht nur einen Zuwachs an Macht, sondern auch einen wachsenden Zufluß finanzieller Mittel, die zur Errichtung weiterer Berliner und Potsdamer Prachtbauten benutzt wurden. Kunstgeschichtlich gesehen, schöpften die verbleibenden Dezennien des Jahrhunderts dabei aus der Kraft genialer Baumeister wie von Knobelsdorff, K. von Gontard, C. G. Langhans, F. Gilly oder dem Bildhauer G. Schadow, die den Berliner Hochbarock und den Berliner Klassizismus zu europäischer Geltung führten und ihre Kunst in der Prachtstraße Unter den Linden (vom Opernhaus bis zum Brandenburger Tor) sowie an anderen markanten Plätzen der Stadt zur Geltung brachten.

Unauffälliger als Kunst und Architektur entwickelte sich die Industrie. Freilich waren zum Ende des 18. Jh. aus den Gewerbezünften schon ansehnliche Manufakturen hervorgewachsen, die hauptsächlich mit der Wolltuchfabrikation, der Baumwoll- und Seidenweberei sowie der Waffenproduktion beschäftigt waren und die militärischen Unternehmungen

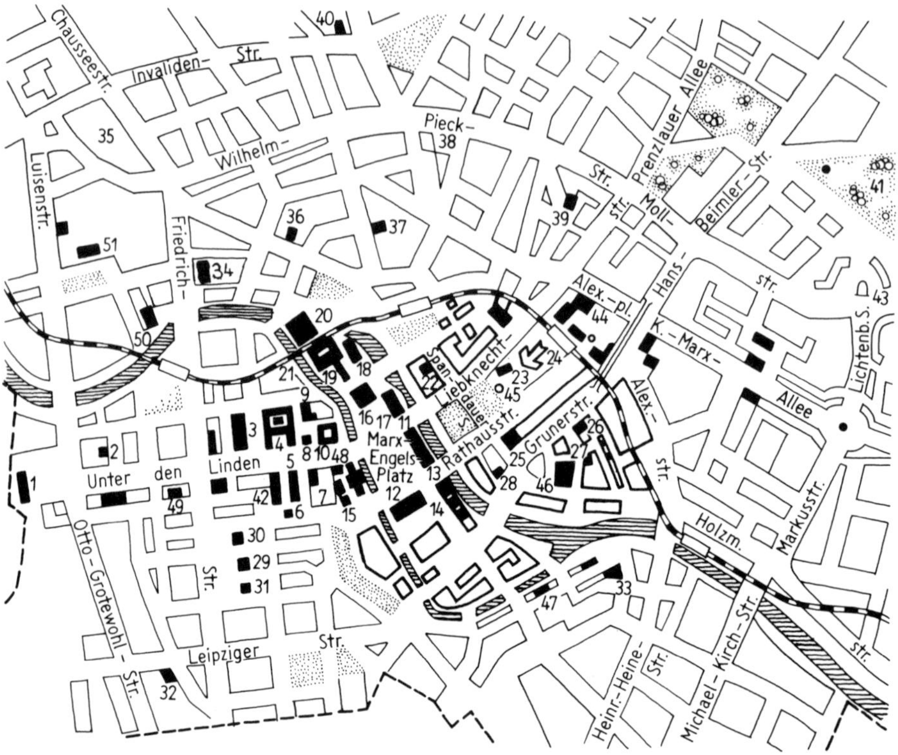

1 Brandenburger Tor 2 Schadowhaus 3 Deutsche Staatsbibliothek 4 Humboldt-Universität 5 Deutsche Staatsoper 6 Hedwigskathedrale 7 Ehem. Prinzessinnenpalais (Operncafé) 8 Neue Wache 9 Ehem. Singakademie (Maxim-Gorki-Theater) 10 Ehem. Zeughaus (Museum für Deutsche Geschichte) 11 Palast der Republik 12 Staatsratsgebäude 13 Alter und Neuer Marstall 14 Ribbeckhaus 15 Friedrichswerdersche Kirche 16 Altes Museum 17 Dom 18 Nationalgalerie 19 Pergamonmuseum 20 Bode-Museum 21 Magnushaus 22 Heilig-Geist-Kapelle 23 Marienkirche 24 Fernsehturm 25 Rathaus 26 Klosterkirche 27 Parochialkirche 28 Nikolaikirche 29 Schauspielhaus 30 Französischer Dom 31 Deutscher Dom 32 Postmuseum 33 Märkisches Museum 34 Friedrichstadt-Palast 35 Französischer und Dorotheenstädtischer Friedhof 36 Synagoge 37 Sophienkirche 38 Alter Garnisonsfriedhof 39 Volksbühne 40 Elisabethkirche 41 Volkspark Friedrichshain 42 Alte Bibliothek 43 Lenindenkmal 44 Hotel »Stadt Berlin« 45 Neptunbrunnen 46 Stadthaus 47 Ermelerhaus 48 Altes Palais 49 Komische Oper 50 Berliner Ensemble 51 Kammerspiele und Deutsches Theater

Preußens zu versorgen hatten. Ihren stürmischen und explosionsartigen Aufschwung erlebte die Berliner Industrie aber erst im 19. Jh. Es war notwendig, daß sich dazu auch die Wissenschaft zu Wort meldete. Diese hatte sich ja mit der von Leibniz leidenschaftlich betriebenen und am 11. Juli 1700 stattgefundenen Akademiegründung einen ersten Platz – aber im Gebäude eines Pferdestalles auf dem Gelände der heutigen Staatsbibliothek noch lange keinen ersten Rang – erobert, war dann im Aufklärungszeitalter zu gewissem Glanz gelangt und begann nun, sich über die geisteswissenschaftlich-philosophischen Richtungen hinaus auch mehr und mehr für naturwissenschaftliche und technische Experimente zu interessieren. Ein Gelehrter ganz universeller Bildung, der den Naturwissenschaften vielerlei Impulse gab, war Alexander von Humboldt. Sein Bruder Wilhelm von Humboldt, ebenfalls Wissenschaftler von Rang und damals Sektionschef im preußischen Kulturdepartement, gründete 1810 die Berliner Universität, die ein humanistisches bürgerliches Bildungsideal zu verwirklichen suchte und auf die Einheit von Lehre und Forschung drängte. Im Prinz-Heinrich-Palais Unter den Linden, einem von J. Boumann d. Ä. ab 1748 errichteten, dreiflügeligen Gebäude, wo die Universität untergebracht wurde, versammelten sich im Laufe der Zeit viele bekannte Wissenschaftler. Von hier empfing nicht nur die klassische deutsche Philosophie mächtige neue Anstöße (Fichte, Hegel und Schleiermacher), wurden nicht nur Sprachwissenschaft und Märchenforschung wesentlich bereichert (Jacob und Wilhelm Grimm), sondern auch in Medizin, Physik und Chemie gelangen an der Berliner Universität gravierende Entdeckungen (Rudolf Virchow, Robert Koch, später Max Planck), so daß sie gegen Ende des 19. Jh. eine der angesehensten Bildungs- und Forschungsstätten Europas darstellte.

Ihr erster Rektor, Johann Gottlieb Fichte, hatte 1808 mit seinen »Reden an die deutsche Nation« das Volk zur Befreiung von der napoleonischen Fremdherrschaft aufgerüttelt und mit anderen bedeutenden Männern seiner Zeit für ein neues Nationalbewußtsein gewirkt. Die 1807 erfolgte Agrarreform, die Steinsche Städteordnung, die durch Scharnhorst initiierte Heeresreform und die Humboldtschen Volksbildungsbestrebungen erwiesen sich nach Beendigung der Befreiungskriege als zusätzliche Katalysatoren der wirtschaftlichen Entwicklung. So konnte Berlin in einem einzigartigen Anlauf innerhalb weniger Jahre der Sprung zur größten deutschen Industriestadt gelingen. Es waren vor allem der Maschinenbau und die Elektroindustrie, feinmechanische Werkstätten und Textilbetriebe, die das Heer von Zuwanderern aufnahmen, das in die Stadt strömte und die Bevölkerungszahl sprunghaft erhöhte. Innerhalb eines reichlichen Jahrhunderts wuchs die Stadt von etwa 150 000 Einwohnern (1786) über 322 000 (1840) und 825 000 (1871) auf 1 880 000 Einwohner im Jahre 1900 an. Die sozialen Folgen dieser beschleunigten Industrialisierung waren fehlender Wohnraum und mangelnde Sozialeinrichtungen, überbelegte Mietskasernen und Not und Elend leidende Menschen, die in der Märzrevolution von 1848 einen ersten Versuch unternahmen, ihre wirtschaftliche und soziale Lage zu verbessern. Der »Friedhof der Märzgefallenen« im Berliner Friedrichshain erinnert an die erfolglos gebliebenen Barrikadenkämpfer.

Die Reichsgründung von 1871 und die Krönung Wilhelms I. zum deutschen Kaiser machten Berlin zur Hauptstadt und zum politischen Mittelpunkt des Reiches. Die Kriegsgewinne aus dem Deutsch-Französischen Krieg versetzten Berlin in den Rausch der Gründerzeit. Neue Industrien, Börsen und Banken schossen wie Pilze aus der Erde, und es entfaltete sich eine rege Bautätigkeit. Die schönen und schlichten klassizistischen Bauwerke der ersten Jahrhunderthälfte gerieten dabei in die Nachbarschaft protziger Fassaden, die unbekümmert und bis zur Sinnentstellung historische Formen nachahmten und damit Aufstieg und Reichtum der Wilhelminischen Ära dokumentieren sollten.

Doch die Folgen des ersten Weltkrieges setzten dieser Entwicklung ein Ende. Die Novemberrevolution von 1918 stürzte die Monarchie, und Karl Liebknecht rief vom nordwestlichen Balkon des Berliner Stadtschlosses die freie sozialistische Republik Deutschland aus.

1920 schied Berlin aus dem Verband des Landes Brandenburg aus und wurde zur selbständigen Großgemeinde mit nahezu vier Millionen Einwohnern. Die nach den schlimmen Nachkriegsjahren und der Inflation einsetzende kurze wirtschaftliche Erholung führte in Berlin zu einem weiteren Ausbau der Randgebiete und zur Einordnung zahlloser neuer Verwaltungs- und Gesellschaftsbauten in das Bild des Zentrums. Ebensowenig wie unzählige hervorragende Baudenkmäler der Hauptstadt überstanden diese die verheerenden Zerstörungen der Luftangriffe von 1943–1945. Der Hitlerfaschismus, dem in der Weimarer Republik nicht energisch genug gewehrt wurde, ließ den Bücherverbrennungen vor der Universität und den Triumphmärschen der Nazis durch das Brandenburger Tor den Untergang der Stadt folgen. Was übrigblieb, war ein Trümmerfeld mit mehr als 70 Millionen Kubikmetern Schutt.

Als neues städtebauliches Zentrum der DDR-Hauptstadt präsentiert sich heute der *Alexanderplatz,* auf dem aus der Zeit seiner Namensgebung – sie erfolgte 1805 nach Zar Alexander I. – kein einziges Bauwerk mehr vorhanden ist. *Berolinahaus* und älteres *Centrum-Warenhaus,* vor dem jetzt die sog. *Urania-Säule* mit der Weltzeituhr steht, sind die ältesten Gebäude des Platzes. Sie wurden erst nach 1930 von Peter Behrens, dem Schöpfer vieler progressiver Industrie- und Verwaltungsbauten, errichtet und ordnen sich harmonisch in die jüngeren Baukomplexe ein. Von den bedrückenden Milieustudien rund um das weitläufige Areal, wie sie 1929 Alfred Döblin in seinem berühmt gewordenen Gesellschaftsroman »Berlin Alexanderplatz« aufgezeichnet hat, ist nichts mehr zu finden. Der Platz, der vom Interhotel *Stadt Berlin* überragt wird, öffnet sich nach der Nordostseite hin in die Karl-Marx-Allee. Eine äußere Dominante bildet dabei das *Haus des Lehrers* mit der Kongreßhalle. Das 1964 eröffnete Gebäude, das sich an derselben Stelle befindet, wo schon das alte Berliner Lehrervereinshaus stand, schmückt ein 7 m hoher und 120 m langer *Wandfries* von Walter Womacka.

Der jüngere Abschnitt der Karl-Marx-Allee, erst nach 1960 gebaut, führt bis zum Straußberger Platz und geht dort geradewegs in den älteren, Anfang der fünfziger Jahre entstandenen Teil dieser traditionsreichen Straße über, während der nördliche Abzweig zum neugestalteten Leninplatz führt. Ein mehrfach abgestuftes, großzügig geschwungenes *Hochhausensemble* schafft hier die optische Räumlichkeit, aus der sich das 17 m hohe *Lenindenkmal* des bekannten sowjetischen Bildhauers Nikolai Tomski erhebt. Berlin-Friedrichshain als ausgesprochener Arbeiterbezirk, der seinen Namen dem 1846–1848 angelegten Volkspark Friedrichshain verdankt (mit Friedhof der Märzgefallenen, dem Deutsch-Polnischen Denkmal, dem Denkmal für die Spanienkämpfer und den beliebten Wasserspielen des Märchenbrunnens am Königstor), hat sich mit der großzügigen Bebauung der West-Ost-Magistrale Karl-Marx-Allee und angrenzender Nebenstraßen von der stickigen Hinterhofromantik vergangener Zeit weit entfernt. Seine Wohnhochhäuser, Hotel- und Gaststättenkomplexe, Geschäfte und Kinos gehören ebenso zum neuen städtebaulichen Gesicht Berlins wie die großen Verwaltungsbauten am Alexanderplatz (Haus des Reiseverkehrs, Haus des Berliner Verlages, Haus der Elektroindustrie u. a. m.) oder die sich südwestlich an den Alexanderplatz anschließenden vielstöckigen Wohnhäuser der Karl-Liebknecht- und der Rathausstraße mit meist intim gestalteten Ladenpassagen.

Das Berliner *Rathaus* (Abb. 36) mit seinem mächtigen Geviert und dem 74 m hohen Turm behält innerhalb dieser abwechslungsreichen Formen eine dominierende Wirkung. Es heißt seiner Backsteinfassaden wegen das Rote Rathaus. Erbaut wurde es in den Jahren 1861 bis 1868 nach Plänen von H. F. Waesemann im Stil der Neurenaissance, sein Terrakottenfries zeigt Bilder aus der Berliner Geschichte.

Aus der Geschichte Berlins schöpft auch der *Altberliner Brunnen* in der Rathauspassage, eine Arbeit des Fritz-Cremer-Schülers Gerhard Thieme. Die Figurengruppe Bierkutscher, Putzfrau sowie Mann mit Schirm, aus deren Utensilien Bierfaß, Scheuertuch und Regenschirm das Wasser nur tröpfchenweise herunterfällt, offenbart zudem eine Vorliebe des Berliners für die erzählende Plastik und für die Brunnenanlage schlechthin. Vom *Märchenbrunnen* im Volkspark Friedrichshain war schon die Rede. Ein *Bärenbrunnen* nahe der Friedrichswerderschen Kirche stellt das Berliner Wappentier inmitten spielender Bärenkinder dar, und der *Neptunbrunnen* auf der großen Freifläche zwischen Rathaus- und Karl-Liebknecht-Straße ist ein Werk neubarocken Formenüberschwangs (Abb. 32). Er wurde 1891 von dem Berliner Künstler Reinhold Begas geschaffen und vor dem Stadtschloß aufgestellt; heute leitet er gewissermaßen in den Erholungsbereich vor dem neuen Fernsehturm über, zu dem auch die stündlich wechselnden Wasserbilder gehören, die von einer Schaltzentrale im Fernsehturm aus in den Wasserbecken des Platzes erzeugt werden.

Im Jahre 1987 wurde der Wiederaufbau des historischen Nikolaiviertels am Marx-Engels-Forum abgeschlossen. Hier ist es gelungen, die Sprache der alten Stadt mit den architektonischen Vokabeln der Gegenwart zu wiederholen.

Der *Fernsehturm* (Abb. 36) erreichte die beeindruckende Höhe von 365 m im Jahre 1969. Seitdem dreht sich auch das in der Turmkugel befindliche und über 200 m hoch gelegene Tele-Café und zeigt seinen Gästen Berlin in allen Himmelsrichtungen.

Der Marx-Engels-Platz wird auf der Südostseite vom *Gebäude des Staatsrates der DDR* flankiert, das jenes schon erwähnte Portal des ehemaligen Berliner Stadtschlosses aufnahm.

Weitere Ereignisse aus der Geschichte der deutschen Arbeiterbewegung veranschaulichen die von W. Womacka entworfenen Glasfenster im Treppenhaus sowie ein aus Meißner Porzellan hergestellter Fries im Festsaal des Gebäudes. Auch der *Marstall,* der gegenüberliegend in die Breite Straße hineinführt, in der wir neben dem schon erwähnten *Ribbeckhaus* die variantenreich geschmiedeten Türflügel der *Stadtbibliothek* und das frühbarocke *Alte Marstallgebäude* finden, hat eine revolutionäre Tradition. Hier leistete während der Novemberrevolution eine Volksmarinedivision der anrückenden Reichswehr erbittert Widerstand.

Die Südwestseite des Marx-Engels-Platzes schließt das *Gebäude des Ministeriums für Auswärtige Angelegenheiten,* während an der Spreeseite seit Frühjahr 1976 der *Palast der Republik* vollendet ist, der in einem Trakt die Volkskammer der DDR aufgenommen hat. Mittelpunkt des Hauses, in dem roter Granit und weißer Marmor sowie Naturhölzer vorherrschen, ist der sechseckige Große Saal, der sich durch schwenkbare Parkette und senkbare Deckenelemente beträchtlich verwandeln läßt. Die übersichtlich gegliederte Fassade steht in deutlichem Kontrast zum gegenüberliegenden *Dom,* einem neubarocken Bau aus wilhelminischer Zeit (1893 bis 1905), der nach starken Kriegsbeschädigungen

Berlin An der Friedrichswerderschen Kirche zeigt sich das Bemühen Schinkels, klassizistische Bauauffassung mit der Neugotik zu vereinen.

außen wieder vollständig restauriert ist (Abb. 1). In der Domgruft befinden sich prunkvolle Sarkophage. Hier liegt auch der Große Kurfürst begraben.

Vom Dom aus gelangt man über eine der schönsten Brücken Berlins, über die von Karl Friedrich Schinkel entworfene ehem. Schloßbrücke, die heutige Marx-Engels-Brücke (Abb. 2), die seit einiger Zeit wieder die marmornen Statuen nach Motiven der griechischen Mythologie trägt, in die Straße Unter den Linden. Es gibt kaum eine andere Straße in Deutschland, die so berühmt geworden ist wie diese.

Der beliebte Boulevard wurde ursprünglich als kurfürstlicher Jagdweg benutzt, der vom Schloß zum Tiergarten führte, und erst ausgangs des Dreißigjährigen Krieges (1647) erhielt die Straße ihren heutigen Alleecharakter, als sie der Große Kurfürst verbreitern und nach holländischem Muster anlegen und bepflanzen ließ. Ihr bauliches Gesicht formierte sich im 18. und 19. Jh. Der erste Repräsentationsbau der mehr als kilometerlangen Promenade, das *Zeughaus* (Unter den Linden Nr. 2), wurde 1695 begonnen und ist im Abschnitt über die Berliner Museen ausführlich beschrieben (Abb. 34). Daneben (Nr. 4) steht die ehem. *Neue Wache.* In diesem Bauwerk Karl Friedrich Schinkels von 1818 fand (neben Altem Museum und Schauspielhaus) der Berliner Klassizismus seine vollendete Ausprägung. In dem kubischen Baukörper, der an der Straßenseite durch einen dorischen Portikus geöffnet wird, versuchte Schinkel den Geist der Antike mit den stilbildenden Mitteln seiner Zeit zur Wirkung zu bringen. Das Innere wurde im Ergebnis eines Architektenwettbewerbs 1931 in einen einzigen Raum umgestaltet. Heute brennt in der 1969 neugestalteten Halle in einem funkelnden Kristallwürfel die Ewige Flamme für die Opfer des Faschismus und Militarismus.

Das angrenzende Hauptgebäude der *Humboldt-Universität,* das ehem. Palais des Prinzen Heinrich, das seine Dreiflügelfront auf die »Linden« richtet, bildet zusammen mit der gegenüberliegenden *Staatsoper* (siehe Abschnitt über die Berliner Theater) und den anderen Palästen des ehem. Opernplatzes wohl eine der schönsten und reizvollsten Baugruppen der Hauptstadt. Diese städtebaulich eindrucksvolle Anlage ist unter dem Namen »Lindenforum« bekannt geworden. Neben Universität und Opernhaus sollte ursprünglich noch das Gebäude der königlichen Akademie diesem Bauensemble zugehören, ein Plan, der dann allerdings durch das Zerwürfnis zwischen Friedrich II. und G. W. von Knobelsdorff, dem genialen Schöpfer dieser Bauidee, nicht zustande kam. Statt dessen wurde zwischen 1774 und 1780 die *Alte Bibliothek* errichtet. Baumeister war J. Boumann d. Ä., der nach Plänen G. Ch. Ungers arbeitete, die wiederum auf einen Entwurf für den Michaeler Trakt der Wiener Hofburg von J. E. Fischer von Erlach zurückgingen und dort erst beträchtlich später zur Ausführung kamen. Diese Fassade verhalf durch ihre geschwungene Form dem Gebäude zu dem volkstümlichen Namen »Kommode«. Sie beherbergt heute ebenso wie das *Alte Palais* (Unter den Linden 9) und das ehem. *Gouverneurshaus* (Nr. 11), das früher in der Rathausstraße stand und wegen seiner schönen Barockfassade in eine hier entstandene Baulücke eingefügt wurde, Seminarräume der Universität. Auch die *Hedwigskathedrale* gehört noch zum Lindenforum. Die Kirche entstand zwischen 1747 und 1773 und war lange Zeit die einzige katholische Pfarrkirche im sonst protestantischen Berlin. Sie wurde von Baumeister Jean Legeay begonnen und von J. Boumann d. Ä. vollendet und folgt dem Vorbild des römischen Pantheons. Der barocke Kuppelbau wurde nach starker Kriegszerstörung originalgetreu wiederhergestellt, wobei der Innenraum in einfach-zurückhaltenden Formen modernisiert wurde.

Die Denkmale im Bereich des Lindenforums dürfen nicht ungeachtet bleiben. Hier hat seit 1980 das bronzene *Reiterstandbild König Friedrichs II.* (Abb. 43) von Christian Daniel Rauch wieder seinen ehem. Platz gefunden. Bemerkenswert sind weiterhin die *Marmorstandbilder* Wilhelm und Alexander von Humboldts zu beiden Seiten des Hofeingangs der Universität sowie die *Denkmalsgruppe* für die Feldherrn der Befreiungskriege: Scharnhorst, Gneisenau, Yorck und Blücher. Die überlebensgroßen Figuren wurden ebenfalls vom Schadow-Schüler Chr. D. Rauch unter dem zeitweiligen Einfluß Schinkels geschaffen. Sie sind der Forderung unterworfen, auch in der Plastik dem antiken Ideal nachzueifern und, nach Goethe, im Menschen den eigentlichen Gegenstand der bildenden Kunst zu sehen. Die Denkmale stehen in der Grünanlage zwischen Opernhaus und Operncafé, dessen behagliche Räume zwischen 1961 und 1963 wiedererstanden. Das Gebäude war früher das *Prinzessinnenpalais.* Es steht unmittelbar neben dem ehem. *Kronprinzenpalais,* das, 1663 errichtet, 1732 von Ph. Gerlach barock umgestaltet und 1857/58 von H. Strack nochmals erweitert, den östlichen Abschluß der Lindenallee bildete, während das *Brandenburger Tor* (Abb. 31) architektonischer Höhepunkte des westlichen Endes der Prachtstraße ist. Erbaut wurde es von Carl Gotthard Langhans 1788 bis 1791. Es folgt dem Vorbild der antiken Propyläen auf der Akropolis in Athen. Mit seinen strengen dorischen Säulen und der mächtigen Attika, die von dem Viergespann der Siegesgöttin Viktoria bekrönt wird, gilt das monumentale und zugleich betont einfache Bauwerk als eines der schönsten Werke des Berliner Klassizismus. Die Quadriga stammt von J. G. Schadow (1793), nach dessen Willen das Tor eigentlich den Namen »Friedenstor« erhalten sollte, ein Motiv, dem auch das große Attikarelief, der »Zug des Friedens«, folgt. Im Zweiten Weltkrieg stark beschädigt, wurde das Tor 1956–1958 wiederhergestellt.

Wer auf der Straße Unter den Linden bummelt, hat eigentlich immer historischen Boden unter den Füßen, auch dort, wo heute die neuen repräsentativen Häuser der Ministerien oder die Botschaftsgebäude stehen, von denen die Promenade vornehmlich in ihrem westlichen Teil gesäumt wird. Ecke Friedrichstraße, wo heute Lindencorso und Interhotel Unter den Linden stehen, erzählt die Berliner Geschichte von Café Bauer und Café Viktoria, von Altberliner Blumenmädchen und Max Reinhardts berühmtem Kabarett »Schall und Rauch«, und an der Deutschen Staatsbibliothek erinnert sie an den einstigen königlichen Pferdestall, in dem nach ihrer Gründung die Akademie der Wissenschaften untergebracht war. Die *Deutsche Staatsbibliothek* wurde von 1903 bis 1914 erbaut. Das neubarocke Gebäude von gewaltigen Ausmaßen beherbergt mehr als fünf Millionen Bände; damit gehört die Bibliothek zu den bedeutendsten Einrichtungen ihrer Art in Europa.

Nahe den Linden, auf dem ehem. Gendarmenmarkt, befindet sich der Platz der Akademie mit dem *Schauspielhaus* sowie dem *Deutschen* und *Französischen Dom* (Abb. 37). Das baukünstlerisch wie städtebaulich gleichermaßen wirkungsvolle Ensemble war vollständig, als K.F. Schinkel im Jahre 1821 den klassizistischen Bau des Schauspielhauses vollendet hatte, der das kurz davor abgebrannte, von Langhans d.Ä. erbaute Nationaltheater ersetzte. Das Schauspielhaus, imposant durch den massigen Giebel des Theatersaales und streng-feierlich durch die vortretende Säulenhalle mit Freitreppe, übernahm durch seine Lage zwischen dem Deutschen und Französischen Dom eine vermittelnde Funktion zwischen den beiden Kirchen, die schon ein Jahrhundert früher an der Nord- und Südseite des ehem. Marktplatzes der Friedrichstadt entstanden waren. Dabei wurde der Theaterbau so weit nach der westlichen Seite des Platzes zurückgenommen, daß sich für die prächtigen Kuppeltürme der Dome kein optisch störender Körper ergab. Schließlich waren die von K. von Gontard entworfenen und zwischen 1780 und 1785 ausgeführten Kuppeltürme in barocker Absicht als markante Punkte im Stadtbild gedacht. Die Deutsche Kirche war schon zwischen 1701 und 1708, die Französische nach der Aufnahme der verfolgten französischen Hugenotten in Berlin in den Jahren 1701–1705 entstanden; zum Umbau beider Dome sollen die römischen Kuppelkirchen an der Piazza del Popolo angeregt haben. Im Französischen Dom, für dessen figürlichen Schmuck Daniel Chodowiecki die Vorlagen lieferte, ist das Hugenottenmuseum mit einer Sammlung von Dokumenten zur Geschichte des französischen Protestantismus untergebracht. Das Bauensemble wurde umfassend rekonstruiert und steht vor seiner vollständigen Wiederherstellung. Ende 1984 wurde das Schauspielhaus als Konzerthaus wiedereröffnet.

Durch seine *Museen* ist Berlin eine Weltstadt der Kunst, ein Sammelpunkt auserlesener Schätze der Weltkultur, der jährlich Millionen Besucher anzieht. Sie bewundern hier den Altar von Pergamon, die Prozessionsstraße aus Babylon, das Markttor von Milet, die Prunkfassade von Mschatta und zahllose andere Zeugen der Menschheitskultur.

Es ist nicht möglich, alle fünfundzwanzig Berliner Museen vorzustellen, aber die *Museumsinsel* darf in einem ausgewogenen Besuchsprogramm keinesfalls fehlen. Nur selten findet man so viele und wertvolle kunstgeschichtliche und archäologische Sammlungen beieinander wie hier.

Im *Pergamon-Museum* faszinieren vor allem die Werke der antiken Monumentalarchitektur. Der Altar von Pergamon, der dem Museum den Namen gab, war schon im Altertum eine Sehenswürdigkeit. Er ist im 2. Jh. v.u.Z. entstanden und war der Schutzpatronin der kleinasiatischen Stadt, der Göttin Athena, geweiht worden. Die ersten Friesplatten dieses kostbaren antiken Monumentalwerkes eines bislang unbekannt gebliebenen Künstlers förderte der Berliner Ingenieur Carl Human ab 1878 während seiner Grabungen auf dem Burgberg von Pergamon zu Tage. Diese Arbeiten fanden im Rahmen großangelegter Ausgrabungen der Berliner Museen statt, die die Freilegung des Heiligen Hains in Olympia (1875) sowie die Funde in den alten ionischen Städten an der Südwestküste Kleinasiens, in Milet, Didyma, Priene und auf der Insel Samos (1895–1914) erbrachten. Der Zuwachs an archäologischem Material war in dieser Zeit so groß, daß das 1902 von Fritz Wolff errichtete alte Pergamon-Museum bald schon wieder einem neuen Haus weichen mußte. Dieser von Alfred Messel entworfene und zur Jahrhundertfeier der Berliner Museen im Jahre 1930 eröffnete Bau nahm nun auch die Belege von der frühgriechischen bis zur hellenistischen Baukunst auf, wie sie im griechisch-türkischen Raum gefunden worden waren und in die *Antiken-Sammlung* des Museums eingegangen sind. Außer dem Pergamonaltar gehört als ebenso weltbekanntes Kunstwerk das römische Markttor von Milet dazu. Die Sammlung, eine der größten und bedeutendsten ihrer Art in der Welt, schließt in das Panorama antiker Kultur- und Kunstgegenstände schöne Mosaiken, wertvolle Marmorskulpturen und viele Werke der Kleinkunst von der Keramik bis zum Schriftdenkmal ein.

Neben der Antiken-Sammlung werden im Pergamon-Museum die Schätze des Vorderasiatischen und des Islamischen Museums, der Ostasiatischen Sammlung sowie die des Museums für Volkskunde aufbewahrt. Der Versuch, aus der unermeßlichen Vielfalt der hier zusammengeführten Kunstschätze eine nur winzige Auswahl vorzustellen, beginnt wieder bei Werken der monumentalen Architektur. Wer einmal das Ischtar-Tor und die Prozessionsstraße von Babylon gesehen hat, die immer noch leuchtenden Ziegelglasuren dieser prächtigen Fassaden, ahnt, welche Kultiviertheit des Geschmacks im neubabylonischen Reich um etwa 600–560 v. u. Z. geherrscht hat. Das *Vorderasiatische Museum,* von den Beständen her oft in einem Atemzug mit dem Louvre in Paris und dem British Museum in London genannt, führt bis in die Zeit um 3000 v. u. Z. zurück und zählt neben kunstvollen Mosaikwänden und Steinbildern auch viele ausdrucksstarke Großplastiken zu seinem Bestand.

Auch die Gründung des *Islamischen Museums* geht auf die Ankunft einer architektonischen Kostbarkeit in Berlin zurück, die Aufstellung der Fassade des Wüstenschlosses von Mschatta im Jahre 1903. Das ornamental verzierte großflächige Prunkwerk war ein Geschenk des türkischen Sultans, das durch diese Verlagerung vor dem Zugriff eines Bautrupps der sog. Hedschasbahn in Transjordanien gesichert worden war, der gerade geeignete Baumaterialien suchte. Es ist ein Werk des 8. Jh. Wesentlich jünger ist das gleichermaßen kostbare und berühmte Aleppo-Zimmer aus Syrien, um etwa 1600 datiert. Es bezieht seine frappierende Wirkung und den eigentümlich exotischen Reiz von den farbenprächtigen Malereien der Wandtäfelung, während eine Gebetsnische aus dem 13. Jh. durch türkisfarbenes Fayencemosaik besticht. Kunst und Kultur des Vorderen Orients über einen Zeitraum von tausend Jahren hinweg werden aber nicht nur in solchen großräumigen Denkmälern lebendig, sondern auch in ornamentreichen Teppichen, schönen Keramiken, in wertvollen Holz- und Elfenbeinschnitzereien, farbenprächtigen Miniaturen und formvollendeten Metallgefäßen.

Über die *Ostasiatische Sammlung,* die trotz schwerer Kriegsverluste wieder wichtige Einblicke in die Entwicklung des chinesischen und japanischen Kunsthandwerks gewährt, frühe Bronzen genauso zeigt wie Erzeugnisse unseres Jahrhunderts, spannt sich der Bogen der Kunstszenerie im Pergamon-Museum bis hin zu den Zeugnissen europäischer und deutscher Volkskultur im Museum für Volkskunde.

Teile des Preußischen Kulturbesitzes sind durch Auslagerung während des zweiten Weltkrieges heute in Westberlin. Diese Teile der Sammlung werden von der DDR zurückgefordert. Die zuständigen Behörden der Bundesrepublik und von Berlin (West) lehnen eine Rückgabe bisher jedoch ab. Vereinbarungen darüber bleiben späteren Verhandlungen vorbehalten.

Das *Bode-Museum* ist nach dem langjährigen ehem. Generaldirektor der Königlichen, später Staatlichen Museen Wilhelm von Bode benannt, der hier bis 1929 wirkte. Er hat sich als Kunsthistoriker einen Namen gemacht und den Aufbau eines modernen Museumswesens in Deutschland stark beeinflußt. Unser erster Blick in dem 1904 vollendeten Gebäude gilt dem *Ägyptischen Museum,* das uns Stücke von der frühesten Zeit bis zur griechisch-römischen Periode zeigt und unter denen die Mumienporträts von Fajum

Berlin Die Museumsinsel von Südosten gesehen:
1 Altes Museum 2 Neues Museum (Ruine)
3 Pergamon-Museum 4 Bode-Museum
5 Nationalgalerie

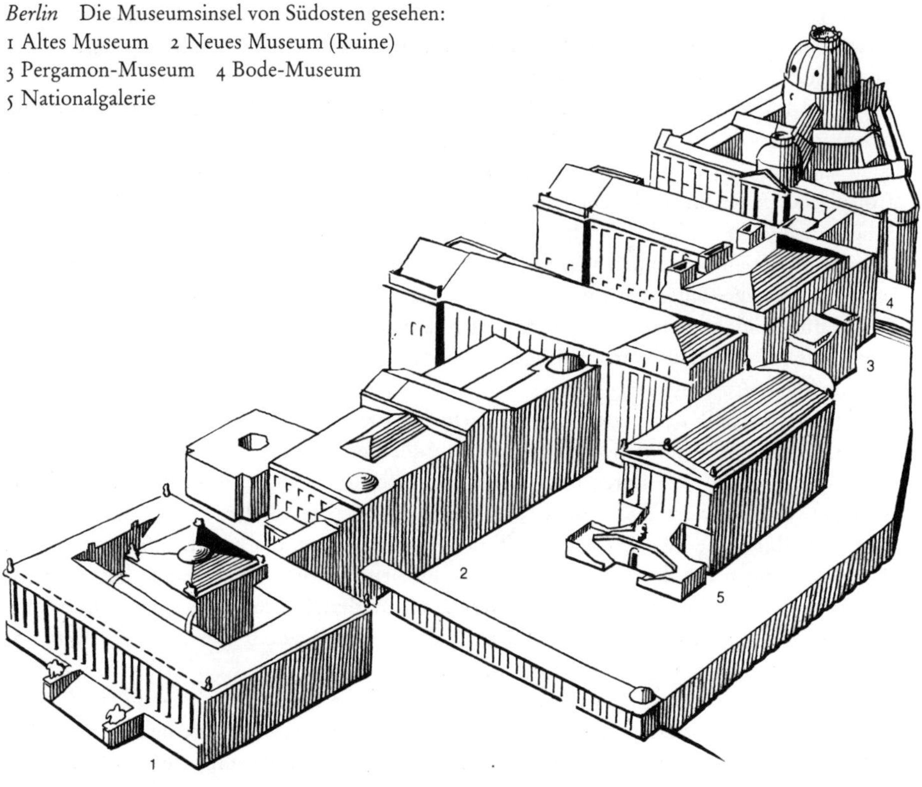

besonders hervorgehoben werden. Außerdem darf die etwa 15 000 Exponate umfassende Papyrussammlung als eine Schatzkammer für die Entwicklungsgeschichte des Schriftdenkmals angesehen werden, in der wir zusätzlich einmalige literarische Dokumente, die die Sagen- und Märchenwelt des alten Ägypten festgehalten haben, bestaunen können.

Übrigens war es auch Wilhelm von Bode, der schon frühzeitig die Bedeutung und Ausstrahlungskraft der byzantinischen Kunst erkannt und hervorragende Zeugnisse dieser Kultur in einer frühchristlich-byzantinischen Sammlung zusammengeführt hat. In diese Kollektion kam auch das berühmte Apsismosaik von Ravenna aus der Kirche San Michele in Affricisco, das, im Jahre 545 entstanden, die hohe Schule dieser einzigartigen Kunst demonstriert. Es war schon gegen Mitte des 19. Jh. vom preußischen Staat angekauft worden. Marmorkapitelle, Plastiken, Stoffe und Gewebe, Holzschnitzereien u. a. m. runden das Bild von der spät- bzw. nachantiken Kultur der Mittelmeerländer ab. Außer dem Hinweis auf die bedeutenden Bestände koptischer Kunst sei hier nur ein Kugelspiel aus Marmor herausgegriffen, das in einer byzantinischen Wagenkampfbahn gefunden und wahrscheinlich zur Auslosung der Rosselenker benutzt wurde.

Die *Skulpturensammlung* mit einprägsamen spätgotischen und barocken Beispielen muß noch erwähnt werden sowie die *Gemäldegalerie* mit vornehmlich deutschen, italienischen und niederländischen Werken unterschiedlichster Genres des 15. bis 18. Jh. Auch die Bestände des *Museums für Ur- und Frühgeschichte* sind über die Landesgrenzen hinaus bekannt geworden. Dazu haben die vielfältigen Funde aus nahezu allen ur- und frühgeschichtlichen Epochen Europas beigetragen, vor allem aber die oft zitierte Sammlung trojanischer Altertümer, die ehemals Heinrich Schliemann, der passionierte Altertumsforscher und Wiederentdecker des homerischen Troja, dem Museum geschenkt hat.

Im *Münzkabinett* nehmen wir Abschied vom Bode-Museum. Alle Sammlungen eingerechnet, Münzen unterschiedlichster Herkunft, Medaillen und Orden, Papiergeld und Petschafte, Münzkopien u. a. m. besitzt das Kabinett mehr als 700 000 Objekte, die in rund vierhundert Jahren zusammengetragen worden sind und wichtige münz- und kulturgeschichtliche Aufschlüsse geben.

Als Kunstchronik der letzten Jahrhunderte darf die *Nationalgalerie* bezeichnet werden. Das Gebäude geht auf einen Entwurf des Schinkel-Schülers Friedrich August Stüler zurück. Es wurde 1876 unter Baumeister Heinrich Strack in korinthischer Tempelform errichtet. Attraktiv ist auch die doppelseitige Freitreppe an der Portalfront mit dem Reiterstandbild Friedrich Wilhelms IV., des Preußenkönigs, der aus dem Streit mehrerer Territorialfürsten um den Standort dieser nationalen Kulturstätte als Sieger hervorgegangen war. Die Nationalgalerie, die während des Hitlerfaschismus Hunderte wertvoller Kunstwerke verloren hat, verschleudert und vernichtet durch die Aktion »Entartete Kunst«, galt früher als die bedeutendste Sammlung deutscher Kunst der letzten zwei Jahrhunderte. Trotz der eingetretenen Kriegsverluste und der noch nicht erfolgten Zurückführung wesentlicher Bestände, über deren Rechtsstatus zwischen den beiden deutschen Staaten konträre Meinungen bestehen, bemüht sie sich, durch Neuankäufe oder Schenkungen und eine Neugruppierung der Sammlung diesen Ruf wiederherzustellen. Der Besucher erhält in der Auswahl von fast 3000 Gemälden und Plastiken einen guten Überblick über die deutsche Malerei und Plastik im 19. und 20. Jh., wobei allerdings die Exponate in den Ausstellungssälen des Alten Museums mit einbezogen sind.

Das *Alte Museum,* zwischen 1825 und 1830 von Karl Friedrich Schinkel erbaut, präsentiert sich mit einer 87 m langen Hauptfront und einer von achtzehn ionischen Säulen getragenen Vorhalle im ehem. Berliner Lustgarten in majestätischer Schönheit, die wesentlich durch die klare Gliederung der tektonischen Elemente bewirkt wird (Abb. 33). Neben der großartigen Gesamtwirkung weist das Bauwerk auch viele schöne Details auf: die auf den Wangen der Freitreppe kämpfende *Amazone,* den *Löwenbändiger,* die *Bronzetür* zwischen den Treppenläufen oder den dem Pantheon nachgestalteten zentralen *Kuppelsaal,* dessen Galerie wiederum von zwanzig Säulen getragen wird.

Vieles im 1945 ausgebrannten Bau ist restauriert worden, anderes wurde modernisiert. Im Alten Museum hat auch das *Kupferstichkabinett* seine Heimstatt gefunden, das, übrigens 1831 von Wilhelm von Humboldt initiiert, heute über mehr als 130000 Graphiken und viele auserlesene illustrierte Bücher verfügt. Von Botticellis wundervollen Illustrationen zu Dantes »Göttlicher Komödie« über Edvard Munchs expressive Blätter bis zu Werken der Kollwitz und Ernst Barlachs spannt sich der weite Bogen der europäischen künstlerischen Graphik. Eine mit dem Kupferstichkabinett zusammengeführte Sammlung von Zeichnungen gibt zudem einmalige Überblicke über das zeichnerische Werk einzelner Künstler. Mehr als 6000 Zeichnungen Adolph Menzels, fast 4500 Skizzen und Entwürfe Karl Friedrich Schinkels, weit mehr als 1000 Studienblätter Johann Gottfried Schadows kennzeichnen exemplarisch die Bedeutung der Kollektion.

In den Staatlichen Museen fanden in den letzten Jahren aufsehenerregende Ausstellungen statt, die das Werk einzelner Künstler (Adolph Menzel, Ernst Barlach, Karl Friedrich Schinkel) oder den Ertrag ganzer Kunstepochen (Kunst der Reformationszeit, Expressionismus – Die Avantgarde in Deutschland 1905 bis 1920 sowie Sowjetische Malerei und Plastik von 1917 bis zur Gegenwart) zum Inhalt hatten. Viele davon sind auch ins Ausland verschickt worden.

Wir verlassen nun die Museumsinsel, setzen aber unsere musealen Erkundungen noch ein wenig fort, denn die historischen Schatzkammern Berlins sind über die ganze Stadt verteilt. Schon eingangs Unter den Linden (Nr. 2) finden wir das *Museum für Deutsche Geschichte.* Auf einer Ausstellungsfläche von über 5000 m² verdeutlicht es die Geschichte des deutschen Volkes von der Französischen Revolution bis zur Gegenwart in Dokumenten, Fotos und anderen Sachzeugnissen. Das Gebäude, in dem das Museum seit dessen Wiederaufbau im Jahre 1952 untergebracht ist, das berühmte Berliner *Zeughaus,* ist selbst genug mit den tragischen Ereignissen im jüngeren deutschen Geschichtsablauf verknüpft. Erst Beutekammer preußischer Militärs und Lagerstätte von Waffen und Kriegsgerät, dann Museum für Preußens und Großdeutschlands Glanz und Gloria, fiel es dem letzten großen Krieg selbst zum Opfer.

Das Zeughaus gehört zu den wichtigsten norddeutschen Barockbauten. Auf Veranlassung von Kurfürst Friedrich Wilhelm von Arnold Nering 1695 begonnen, von Andreas Schlüter zeitweilig fortgeführt, wurde es im Jahre 1706 von Jean de Bodt vollendet. Der monumentale Zweckbau, der auf einen Entwurf des Franzosen François Blondel zurückgeht, unterliegt einer strengen Fassadengliederung, die durch den säulengetragenen Mittelrisalit der Schauseite und dessen schmuckreiche Giebelbekrönung unterbrochen und aufgelockert wird. Von besonderer Bedeutung und großer emotionaler Kraft sind die von Andreas Schlüter geschaffenen dekorativen Plastiken. Sie finden in den 22 Masken sterbender Krieger im quadratischen Innenhof des Gebäudes, die zu den besten Beispielen deutscher Barockplastik gehören, ihren Höhepunkt (Abb. 41).

Wer über die kulturgeschichtliche Entwicklung Berlins mehr erfahren will, begibt sich ins *Märkische Museum,* Am Köllnischen Park 5 (Abb. 42). Es wurde 1874 gegründet, zog aber in das heutige Gebäude erst 1908 ein. Das Bauensemble, von dem Berliner Baurat Ludwig Hoffmann geschaffen, ist in mehrere Gebäudeteile gegliedert, die zwei Höfe umfassen und die im einzelnen märkische Architekturmotive historisierend nachbilden. So ist der Turm des Märkischen Museums dem der Bischofsburg in Wittstock nachgebaut. Die architektonisch reizvolle Baugruppe beherbergt alles, was die Berliner Geschichte begleitet hat: Gebrauchsgüter, Möbel und Waffen, Bücher, Landkarten und Urkunden, Theaterzettel und Flugblätter, Porzellane, Musikinstrumente u. v. a. m. Theodor Fontane, Gerhart Hauptmann und Heinrich Zille sind besondere Räume gewidmet.

Wer einmal in der Nähe des Märkischen Ufers ist, sollte nicht versäumen, auch in die *Otto-Nagel-Gedenkstätte* hineinzusehen. In den Etagen von zwei alten Berliner Bürgerhäusern aus dem 17. und 18. Jh. finden wir die gleichermaßen aufrüttelnden und bezaubernden Städtebilder und Porträts dieses humanistischen Künstlers.

Schon ein wenig abseits vom Stadtkern liegt das *Kunstgewerbemuseum* im *Schloß Köpenick.* Bereits 1867 als »Deutsches Gewerbemuseum« gegründet, ist es heute mit seiner ständigen Ausstellung »Europäisches Kunsthandwerk aus neun Jahrhunderten« eine Kulturstätte von hohem Rang. Hier werden so bekannte Schätze wie die mittelalterlichen Goldpretiosen aus Mainz, unter dem Namen »Gisela-Schmuck« weithin bekannt, aufbewahrt, ebenso hervorragende Porzellane, Gläser höchster handwerklicher Perfektion, Goldschmiedearbeiten Augsburger Meister, das große Berliner Silberbüfett, das Haldensteiner Zimmer von 1548 und viele andere Rara europäischer Gebrauchskunst. In den Räumen mit den prächtigen Stuckdecken gewinnen diese Kostbarkeiten noch einen besonderen Glanz.

Das Köpenicker Schloß ist ein Werk des Holländers Rütger von Langerfeld, das dieser im Stil des holländischen Barock zwischen 1674 und 1682 ausgeführt hat. Der äußerlich einfache dreigeschossige Bau, eigentlich nur durch seine bogenbekrönten Mittelrisalite gegliedert, verfügt über Innenräume mit reizvollen Deckenstukkaturen und -malereien, deren Motive auf die Benutzung als Jagdschloß hinweisen. Im auffallendsten Raum, dem *Wappensaal,* sind die Wappen der kurmärkischen Länder zusammengeführt (Abb. 39).

Von der erholsamen Insel inmitten des großen Berliner Industriegebiets Köpenick können wir nun direkt in die Stadt zurückkehren und jene Stätten aufsuchen, die bisher von unserem Museumsbummel ausgeschlossen blieben, das *Naturkundemuseum* z. B. mit dem Brachiosaurus, das *Postmuseum* in der Leipziger Straße mit der Vielzahl seiner Originale und Nachbildungen sowie viele andere wissenschaftliche und literarische Gedenkstätten oder archivalische Sammlungen, die der Spreemetropole den Ruf bester Kunst- und Kulturpflege eingebracht haben. Wir können aber auch noch in den Außenbezirken bleiben, denn gerade dort hat Berlin viel Sehenswertes zu bieten. Denken wir nur an die *Gedenkstätte der Sozialisten* in Berlin-Friedrichsfelde mit den Grabmälern von Rosa Luxemburg und Karl Liebknecht und an den dortigen *Tierpark* mit der für Europa einzigartigen Anlage des Alfred-Brehm-Hauses, denken wir auch an die ehem. Attraktion der Berliner Gewerbeausstellung von 1895/96, das mit 21 m weltlängste Linsenfernrohr der *Archenhold-Sternwarte* in Berlin-Treptow, das noch heute das Observatorium weit überragt, und vergessen sei nicht der *Treptower Park* mit dem sowjetischen Ehrenmal.

Die seenreiche Umgebung Berlins ist bequem von Berlin-Treptow aus zu erreichen. Nur wenige Meter vom hiesigen S-Bahnhof entfernt befindet sich der Hafen der »Weißen Flotte«, die nun schon seit 1837 besteht. Von hier verkehren während der Saison täglich 35 Schiffslinien in die Umgebung. Auf diesen Fahrten begegnen wir den vielen Sehenswürdigkeiten wieder, die wir auf unserer Straßenreise wahrgenommen haben.

Berlin verfügt über zahlreiche *Theaterbauten* und ein vielfältiges *Theaterleben.* Das älteste Haus, die *Deutsche Staatsoper,* entstand 1741–1743 und ist Teil des sog. Lindenforums, des Forum Fridericianum, das Friedrich II. zusammen mit dem genialen Baumeister Georg Wenzeslaus von Knobelsdorff urspr. als ein Zentrum von Wissenschaft und Kunst entstehen lassen wollte. Die Oper wurde zwar in der Nähe des königlichen Stadtschlosses errichtet, war aber vom Schloßkomplex in keiner Form architektonisch oder funktionell abhängig, was für den Theaterbau jener Zeit durchaus neu war und – in der Zeit der bevorstehenden Entfaltung der deutschen Kunst und Literatur – die Schaubühne schon als moralische Anstalt des Bürgertums ankündigte. Das Haus Unter den Linden ist 1843 abgebrannt, von Langhans d. J. wiederaufgebaut und im Laufe der Zeit aus theatertechnischen Überlegungen mehrfach umgebaut worden, bis es schließlich gegen Kriegsende den Zerstörungen zum Opfer fiel. Der Wiederaufbau in den Jahren 1952–1955 folgte in der Innen- und Außenarchitektur weitgehend den ehem. Entwürfen von Knobelsdorff, die zwar noch aus der Zeit des friderizianischen Barock stammen, aber bereits klassizistische Formen aufnehmen. Auch hier lehnt sich – wie bei anderen Berliner Bauwerken, etwa der Nationalgalerie oder dem Alten Museum – ein wichtiges Architekturmotiv an das römische Pantheon an: der korinthische Säulenportikus, in dessen Nischen die Statuen der griechischen Dichter Sophokles, Aristophanes, Menander und Euripides aufgestellt sind. Mit dem Apollosaal verfügt die Deutsche Staatsoper über einen kostbar ausgestalteten Raum im Rokokostil nach Vorbildern des Schlosses von Potsdam-Sanssouci, in dem schon viele hervorragende Kammerkonzerte stattgefunden haben.

Bevor wir das andere Berliner Musiktheater, die Komische Oper, besuchen, streifen wir mit einem Blick die ehem. *Singakademie,* das heutige Maxim-Gorki-Theater. Der unauffällige, einfache klassizistische Bau schräg gegenüber der Deutschen Staatsoper hinter der Neuen Wache hat eine bedeutende geistesgeschichtliche Tradition. Vom Schinkel-Schüler Karl Theodor Ottmer 1825–1827 erbaut, diente das Gebäude der Pflege der Chormusik und wurde von Karl Friedrich Zelter, dem vielzitierten Brieffreund Goethes, als erstem Leiter bezogen. Danach sollte es oft Mittelpunkt des kulturellen Lebens in Berlin sein.

In nur wenigen Minuten erreichen wir von hier aus die *Komische Oper,* Behrensstraße 55–57, die ehem. Felsenstein-Bühne, wie sie nach ihrem langjährigen weltbekannten Intendanten und Opern-Regisseur auch genannt wurde. Das Gebäude hat eine moderne, relativ schmucklose Fassadengestaltung, die 1966 entstand und für die Kurt Nierade und Fritz Kühn verantwortlich zeichnen. Erbaut wurde das Haus schon 1891/92 im Stil des Wiener Belvedere, etwa zur gleichen Zeit, als auch das »Neue Theater« am Schiffbauerdamm entstand, das 1892 mit Goethes »Iphigenie« seine Pforten öffnete. Dieses Haus hat seither Theatergeschichte gemacht. 1928 Stätte der Uraufführung der »Dreigroschenoper« mit Erich Ponto, Harald Paulsen, Rosa Valetti und Lotte Lenya in den Hauptrollen, wird es reichlich 26 Jahre später, 1954, Heimat des Berliner Ensembles mit Bertolt Brecht als Theaterleiter. Bis dahin hatten die Brecht-Stücke »Mutter Courage und ihre Kinder« (mit Helene Weigel in der Hauptrolle), »Herr Puntila und sein Knecht Matti« u. a. schon im *Deutschen Theater* in der Schumannstraße – 1983 fand die 100-Jahrfeier statt – Aufsehen erregt. Diese Ecke, wie der Berliner sagt, gilt überhaupt als Berlins Theaterviertel. 1867 entstand das Gebäude des ehem. *Friedrichstadt-Palastes,* das zuerst zwar als Markthalle, dann vorübergehend als Feldpostdepot (1870) genutzt wurde, ab 1873 aber schon den Vorstellungen der großen Zirkusunternehmen diente. Auf Betreiben Max Reinhardts, des berühmten Regisseurs und Leiters des Deutschen Theaters, wurde das Haus im Jahre 1919 zum »Großen Schauspielhaus« umgestaltet. Hans Poelzig verwandelte die einstige Manege in einen akustisch wirkungsvollen, mit Jugendstilmotiven ausgestalteten Raum, in dem bis 1979 große Ausstattungsrevuen über die Bühne gingen. Dann stellte sich heraus, daß die 863 Pfähle, die Oberbaurat Hitzig einstmals in den feuchten Spreeboden hatte rammen lassen, das Gebäude nicht mehr tragen wollten; das alte Gebäude wurde inzwischen abgerissen. Seit 1. Mai 1984 steht ein neues Haus in der Friedrichstraße 107. Von der sandfarbenen Fassade mit lichtdurchlässigen Farbbausteinen bis zur imposanten Bühne, aus der moderne Theatertechnik Zirkus- und Eisarenen oder Wasserbassins hervorwachsen lassen kann, beherrscht den neuen Friedrichstadt-Palast eine heiter-festliche Architektur.

In der Friedrichstraße wirbt auch das 1898 gegründete *Metropoltheater,* Berlins Operettenbühne, um unseren Besuch, und auch die Berliner *Volksbühne* am Luxemburgplatz sollte im Theaterkalender nicht fehlen. Das Gebäude, nach Entwürfen O. Kaufmanns 1913–1915 erbaut, ist von den Geldern des sog. Volksbühnevereins bezahlt worden, der sich um die Jahrhundertwende um eine Demokratisierung des Theaters bemüht hat.

Mitten im Havelland

Brandenburg · Lehnin · Werder · Caputh · Potsdam

Nördlich der Autobahn Magdeburg–Berlin durchzieht die Havel die wald- und wasserreiche Moränenlandschaft zwischen Potsdam und Brandenburg. Es sind diese zwei Städte, die der südwestlichen Mark Brandenburg das unverwechselbare künstlerische Gepräge gegeben haben.

Die günstige geographische Lage *Brandenburgs* an der europäischen Nord-Süd- und West-Ost-Achse führte nicht nur zur frühzeitigen Besiedelung (wie es wichtige vorgeschichtliche Funde belegen), sondern auch zur vielfachen Begegnung unterschiedlicher Stämme und Kulturen, und die alte »Hauptstadt« des markgräflichen Herrschaftsgebietes war meist rasch bereit, fremde Einflüsse aufzunehmen. Dies läßt sich zum Beispiel an dem romanischen Dom St. Peter und Paul deutlich ablesen. Die meisterhaft verzierten Kapitelle in der Krypta und an der Apsiswand gehen auf bauplastische Formen des Magdeburger Domchores zurück oder zeigen niederrheinische Einflüsse (Abb. 54). Auch die Backsteinbauweise, deren besondere Wirkung sich aus den eng zusammengefügten rotgetönten Steinen und der dadurch erreichten großartigen Flächigkeit dieses Bauwerkes ergibt, hat oberitalienische Vorbilder. Wichtige Stücke der überaus kostbaren Ausstattung sind ebenfalls fremder Provenienz. Das betrifft sowohl den reichfigurigen *Böhmischen Altar* mit bemalter Predella als auch das romanische *Kruzifix* aus der Mitte des 13. Jh., das sächsischen Ursprungs ist. Ein Hungertuch von 1290 niedersächsischer Herkunft (Abb. 58) gehört zu der in der Mark Brandenburg umfangreichsten Sammlung mittelalterlicher Textilien, die im ehem. Klausurgebäude untergebracht ist und dort mit mittelalterlichen Handschriften und kostbaren Inkunabeln unterschiedlicher Herkunft die besondere Attraktivität des Brandenburger Domarchives darstellt. Alle diese Stücke zeigen die vielfältigen Kontakte, die den 948 gegründeten Bischofssitz mit anderen Landschaften verbunden haben. Die bodenständigen Leistungen sollen aber nicht vergessen werden. Besonders zu erwähnen sind der von einem Abt des Klosters Lehnin gestiftete *Hauptaltar* von 1518 mit ausdrucksstarken Schnitzfiguren im Mittelteil und bemalten Flügeln (Abb. 53), weitere *Flügelaltäre* von 1430 und 1465, die aus gleicher Zeit stammende *Triumphkreuzgruppe*, schöne *Stein- und Bronzeplastiken* sowie eine Reihe *Grabdenk-*

mäler vom 14. bis zum 18. Jh., darunter die auffälligen *Steinplastiken* für die Bischöfe von der Schulenburg und Stephan Bötticher.

Wie schon gesagt, geht die Gründung des Bistums in ottonische Zeit zurück. Der erste Dom wurde während des großen Slawenaufstandes im Jahre 983 zerstört. An seine Stelle trat die 1165 begonnene Domkirche, nachdem Leitzkauer Prämonstratensermönche hier gesiedelt hatten und 1161 ihr Konvent zum Domkapitel erhoben wurde. Anfangs war die Kirche eine dreischiffige Basilika mit halbrund geschlossenem Chor und apsidenlosem Querschiff. Das Langhaus, begrenzt durch einen zweitürmigen Westbau, hat sieben Arkaden und eine zweischiffige Krypta. Sie dient seit 1953 als Mahnstätte für die während der Zeit des Nationalsozialismus ermordeten Christen. Eine ähnlich gestaltete Kryptenform (in je zwei Bögen zu den Kreuzarmen und zum Mittelschiff geöffnet) begegnet in der Mark ein weiteres Mal nur noch in der Klosterkirche von Jerichow. Im Prinzip erkennen wir noch die romanische Gestalt des Domes, auch wenn seine jetzige Form durch gotische Umbauten stark beeinflußt ist. Diese erfolgten in mehreren Baustufen und bezogen sich hauptsächlich auf die Veränderung der Raumverhältnisse. So wurden Anfang des 14. Jh. das früher flachgedeckte Langhaus eingewölbt und dabei die Mittelschiffsmauern erhöht. Gegen Ende des 14. Jh. wurde der Chor neu aufgefügt, die Westfassade erhielt massige Strebepfeiler und ein Portal, auf dessen Gesims Tierfabeln im Relief dargestellt sind. Das südliche Seitenschiff entstand 1426. Die Bautätigkeit am Dom reicht schließlich bis ins 19. Jh. Erst 1836 wird der Westbau vollendet.

Gemessen an der schmucklosen Bauweise des Domes ist die *Katharinenkirche* ein Beispiel feingliedriger Backsteinarchitektur. An dieser neustädtischen Pfarrkirche, die 1217 erstmals erwähnt und im 14. und 15. Jh. gründlich umgebaut wird, bewundern wir die Kunst des Stettiner Baumeisters Hinrich Brunsberg. Vorbild für die Anlage des Hallenumgangschores war der ebenfalls von Brunsberg errichtete Chor der Marienkirche im pommerschen Stargard, und auch die Anregungen für die vielfältigen dekorativen Elemente, die diese größte Kirche der Stadt gleichsam überziehen, gehen auf preußische Vorbilder zurück. In der Verwendung verschiedenfarbig glasierter Ziegel erreicht die Backsteintechnik an den Fassaden und Giebeln der *Südkapelle* (Abb. 56) und der ehem. *Fronleichnamskapelle* an der Nordseite eine wundervoll fließende Wirkung.

Die Kirche besitzt einen reich geschmückten *Hauptaltar* von 1474, dessen geschnitzte und gemalte Bilder in einigen Szenen der Lebensgeschichte Jesu und der Katharinenlegende echte Volkstümlichkeit erreichen.

Kunstvolle Ausstattungsstücke befinden sich auch in der gotischen *St. Gotthardtkirche,* darunter ein schöner Gobelin, der die Einhornlegende zum Inhalt hat. Die Vorliebe der Mark für die Giebelarchitektur spiegelt auch das *Altstädtische Rathaus* wider, vor dem das Standbild des Roland die mittelalterlichen Marktrechte der Stadt bezeugt (Abb. 55). Innerhalb einer wehrhaften Befestigung, von der erhebliche Stadtmauerreste und schöne Tortürme in der Alt- und Neustadt erhalten geblieben sind, haben sich die reichen Patrizier trotz vieler kriegerischer Wirren und wechselnder Unterwerfungen zum Teil elegante

Wohnhäuser geschaffen, die aber bis in die klassizistische Zeit hinein den für die Mark charakteristischen sparsamen Umgang mit Schmuckformen belegen.

Auf dem Wege von Brandenburg nach Potsdam liegt in unmittelbarer Autobahnnähe das Kloster *Lehnin*. Den wuchtigen Baukörper der Klosterkirche errichteten aus dem thüringischen Ort Sittichenbach gekommene Zisterziensermönche Ende des 12. Jh. Ebenso wie im weiter südlich gelegenen Kloster Zinna verbinden sich hier in den älteren Ostteilen noch rein romanische Bauformen mit schon gotischen Elementen, die vornehmlich in den Gewölben der Langhäuser sichtbar werden. Den Baumeistern des Klosters Lehnin wird es zugeschrieben, das frühgotische nordfranzösische Formengut aus dem Stammland der Zisterzienser in die Mark Brandenburg gebracht zu haben. Auf dem Wege der feudalen Ostexpansion, den die Zisterzienser begleiteten, wird die gotische Kunst dann noch weiter nach Osten getragen.

Die Zisterzienser waren in wirtschaftlicher Hinsicht sehr geschickt. Ihre Aktivitäten reichten oft bis in die Randgebiete des Klosterbezirks. So verwundert es nicht, daß es Zisterziensermönche waren, die in der nahen Havelstadt *Werder* ehem. den Weinbau einführten. In der bezaubernden Kleinstadt können heute noch Weinproben verkostet werden, auch wenn seit dem 18. Jh. Obstfarmen die Weinberge abgelöst haben. Ein alljährliches Blütenfest zieht viele Besucher an, ebenso das originelle *Obstbaumuseum* der Stadt.

Auch der kleine Ort *Caputh* am östlichen Rand des Schwielowsees verdient einen kurzen Aufenthalt. Hier lebte Albert Einstein von 1929–1933, bis er vom Naziregime in die Emigration getrieben wurde. Sein *Landhaus* in der Waldstr. 7 zählt zu den Sehenswürdigkeiten des verträumten Villenortes, der auch einen kleinen Landschaftspark besitzt.

Das barocke *Schloß* 1662 vom Kammerjunker des Großen Kurfürsten, Philipp de Chièze, erbaut und später mehrfach erweitert, verfügt über Wohnräume mit schönen Stuckdecken und Gemälden sowie über einen prächtigen *Kellersaal* aus holländischen Fliesen (Abb. 59).

Wer an *Potsdam* denkt, denkt wohl in erster Linie an den Park von Sanssouci mit seinen Schlössern und Palästen und den vielen Kunstwerken, die dort ihren Platz gefunden haben. Mehrere Generationen hervorragender Baumeister haben hier ein Ensemble von Bauwerken geschaffen, das einesteils noch den repräsentativ-prunkvollen und dekorativ-verschwenderischen Bauwillen des absolutistisch herrschenden Fürsten belegt und sein Streben, es an Prunk und Pomp dem Versailler Hof des französischen Sonnenkönigs gleichzutun, andererseits aber schon die leichten, beschwingten, phantasievollen und doch klaren Formen entwickelt, die für das Potsdamer Rokoko charakteristisch sind. Tatsächlich ist im Park von Sanssouci von der urspr. Naturferne, mit der sich ehem. barocke Kultur und

Lebensweise umgaben, nichts mehr zu spüren. Im Gegenteil, die Architektur wird in die Landschaft einbezogen; es zeigt sich eine geistige und künstlerische Haltung, die aus der feudal-absolutistischen Bindung – wenigstens vereinzelt – schon herausgewachsen ist.

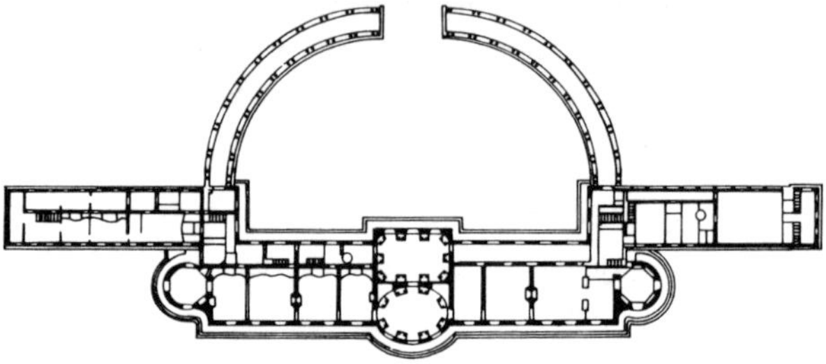

Potsdam Schloß Sanssouci.

Mittelpunkt des ausgedehnten Parkgeländes von Sanssouci ist das *Schloß.* Es wurde nach Anregungen Friedrichs II. 1745–1747 erbaut. Als Bekrönung eines im Jahre 1744 terrassenförmig angelegten Weinberges verkörpert der nur eingeschossig ausgeführte Bau den Höhepunkt des Potsdamer Spätbarock (Abb. 3). Außen- und Innenarchitektur sind auf das barocke Lebensgefühl abgestimmt, mit Freude seinen Neigungen zu leben, einer Maxime übrigens, der Friedrich II. schon im Namen »Frei von Sorge«, französisch »sans souci«, Ausdruck geben wollte. Nach der Gartenseite betont ein Kuppelsaal die Mitte des weiten, eleganten Bauwerkes. Die wie Arkaden wirkenden großen Fenster unterstreichen die Offenheit des Palastes, und die aus den Pilastern heraustretenden Karyatiden und Atlanten, Figuren aus dem Gefolge des Bacchus, betonen die heitere Stimmung des Weinberges. Schöpfer der bacchantischen Versammlung war der Bildhauer F. Chr. Glume.

Die Hofseite des Schlosses ist strenger; eine im Halbkreis den Ehrenhof umfassende Kolonnade bringt schon klassizistische Anklänge, während die Innenräume verschwenderisch alle Stilmittel des Rokoko einsetzen und doch im Spiel der Formen und Farben, der Ornamente und Gemälde, der Spiegel und edlen Hölzer in keiner Weise erdrückend wirken (Abb. 47). Für die Klarheit der künstlerischen Disposition sorgte ein Kreis begabter Künstler und Dekorateure, voran die Gebrüder Johann Michael und Johann Christian Hoppenhaupt, Johann August Nahl und Antoine Pesne. Und schließlich waltet über allem das künstlerische Genie Georg Wenzeslaus von Knobelsdorffs, der den Park noch mit anderen formschönen Architekturen geschmückt hat, mit dem *Obelisken* und dem *Hauptportal,* der *Neptungrotte* und der alten *Orangerie,* und der überhaupt die ersten Entwürfe zur Gestaltung dieser Parklandschaft geliefert hat.

Die von ihm 1747 erbaute alte Orangerie, die erst um 1774 nach erfolgter Umwandlung in ein Gästehaus den Namen *Neue Kammern* erhielt, flankiert zusammen mit der östlich gelegenen *Bildergalerie* das Schloß und schafft ein feinsinniges architektonisches Ensemble, an dem sich bestimmte Gliederungselemente (Mittelrisalit und Kuppel) wiederholen.

Die Bildergalerie, ebenfalls eingeschossig und ebenerdig wie ihre Vorbilder, wurde 1755–1763 von J. G. Büring geschaffen. Sie gilt als das älteste deutsche Gemäldemuseum überhaupt und zeigt die Bilder hervorragender, vorwiegend italienischer und niederländischer Meister (Reni, Caravaggio, Rubens, van Dyck) in einem einzigen Raum, der das ganze Gebäude einnimmt (Abb. 48).

Wir hatten schon davon gesprochen, daß mit dem barocken Schloßbau auch die Gartenkunst einen bedeutenden Aufschwung erfuhr und der nach französischem Muster angelegte Park die Szenerie beherrschte. Im Rokokogarten von Potsdam-Sanssouci ist das streng geometrische Schema dieser Gartenkunst mit den vielen künstlerischen Formen allerdings schon durchbrochen. So führt die Hauptallee nicht mehr auf das Hauptschloß zu, sondern seitlich daran vorbei, vom Obelisken kommend, über das *Rondell* vor der Bildergalerie (mit einer kleinen Fontäne und den Büsten oranischer Prinzen und Prinzessinnen) zum *Rondell* mit der großen Fontäne am Fuße der Weinbergterrassen des Schlosses. Das große Wasserbecken wird von marmornen Rundbänken und Plastiken französischer Meister umgeben, von denen Venus und Merkur, 1748 von J. P. Pigalle geschaffen, und die vier Elemente Feuer, Wasser, Luft und Erde die Diesseitigkeit des spätbarocken Lebensgefühls ausdrücken.

Vom *Rondell* vor den Neuen Kammern bzw. vom bald darauf folgenden *Musenrondell* mit Figuren von F. Ch. Glume gewinnt man den Übergang in den *Sizilianischen* und den *Nordischen Garten*, zwei Anlagen von P. J. Lenné, die wie die Orangerie in die 2. Hälfte des 19. Jh. und damit in den spätesten Bauabschnitt von Sanssouci gehören.

Die *Orangerie* ist von Friedrich Wilhelm IV. initiiert und nach Plänen von Ludwig Persius durch F. A. Stüler und L. Hesse erbaut worden. Italienische Renaissancepaläste wie die Villa Medici in Rom und die Uffizien in Florenz haben dem eigenwilligen Bau Pate gestanden. Er sollte urspr. Teil einer großen Triumphstraße sein, die aber dann nicht gebaut worden ist. Reizvoll ist das kleine *Chinesische Teehaus* (Abb. 46), das jenseits der Hauptallee ein Jahrhundert früher errichtet wurde und in das der Baumeister der Bildergalerie, J. G. Büring, die exotischen Formen der damaligen Chinoiserie eingebracht hat. Das kreisrunde Gebäude, das mit drei Vorhallen versehen ist (Plastikgruppen) und auf der Kuppel einen Mandarin mit einem Sonnenschirm zeigt, beherbergt wertvolle chinesische und japanische Porzellane des 18. Jh.

Der Hauptweg endet schließlich, nachdem beiderseits zwei kleine von K. von Gontard errichtete Tempel, nämlich der *Antiken-* und der *Freundschaftstempel* passiert sind, am *Neuen Palais* (Abb. 45). Dieses großangelegte Bauwerk, von Friedrich II. selbst als »Fanfaronnade«, also »Prahlerei«, bezeichnet, sollte die ungebrochene Macht Preußens nach dem Siebenjährigen Krieg demonstrieren. Es entstand 1763–1769 unter Leitung von J. G. Büring und H. L. Manger. An der Fertigstellung war ab 1765 auch K. von Gontard beteiligt. Den räumlichen Dimensionen dieses Prunkbaus von mehr als 200 m Länge steht der figürliche Aufwand nicht nach. Immerhin haben weit über 400 Putten und Großfiguren am Baukörper oder in dessen Nachbarschaft Platz gefunden, darunter Plastiken von G. Heymüller, R. Begas und W. Schott. Das Neue Palais verfügt über etwa 200 Zimmer, so daß mit den Räumlichkeiten der *Communs,* zweier Wirtschaftsgebäude in der Rückfront des Palastes, nahezu 400 Räume für Wohnzwecke und Festlichkeiten zur Verfügung standen, die der umfangreiche Hofstaat Friedrichs II. auch tatsächlich beanspruchte. Prunkvollstes Rokoko ziert die meisten Räume, darunter die Marmorgalerie und den Kaisersaal. Kulturgeschichtlich bedeutungsvoll ist das *Schloßtheater.* Es wurde 1768 mit der Aufführung eines Oratoriums von Johann Adolf Hasse eröffnet und gehört mit seinen nach antikem Muster gefertigten Sitzreihen und den figurenreichen Holzschnitzarbeiten von J. Chr. Hoppenhaupt zu den schönsten Theatersälen des deutschen Rokoko. Gleichermaßen interessant ist ein Besuch in der *Sammlung alter Musikinstrumente,* die in den Roten Kammern des Neuen Palais untergebracht ist. Hier erklingen die alte Drehleier aus dem 15. Jh., das Portativ, eine kleine tragbare Orgel aus dem 11. Jh., sowie Dudelsack und Trumbscheit. Und wer sich nun von dem erlebnisreichen Gang durch die Kunst- und Kulturgeschichte ein wenig erholen will, nimmt im kleinen Schloßcafé Platz, wo er ebenfalls von der bunten und vielfältigen Welt des Rokoko umgeben ist.

Mit dem Orangerieschloß im Nordischen Garten haben wir schon eines der Bauwerke kennengelernt, das in die zweite große Bauperiode der Parkanlage gehört, die weitgehend klassizistisch geprägt ist. Architekten und Bildhauer von Rang wie K. F. Schinkel und sein Schüler L. Persius, Chr. D. Rauch und F. A. Stüler fügten den Prachtbauten des 18. Jh. Anlagen hinzu, die nun auch dem Geschmack König Friedrich Wilhelms IV. (1840–1861) zu entsprechen hatten, dem schon als Kronprinz der weitere Ausbau Sanssoucis am Herzen lag. So wird in dem von P. J. Lenné angelegten, an den zentralen Parkbereich grenzenden Landschaftspark *Charlottenhof* ab 1826 das gleichnamige Schloß errichtet. K. F. Schinkel baut es auf den Mauern eines alten Gutshauses und gibt ihm die Form eines antiken Landsitzes. Östlich des Schlosses finden wir im Park die *Römischen Bäder,* eine aufgelockerte Gruppe von Gebäuden, die verschiedenen Zwecken dienten. Ein Gärtnerhaus im italienischen Villenstil des 15. Jh., das eigentliche Römische Bad mit vorgestellter Arkadenhalle, Gehilfenhaus und Tempel verraten die romantisch orientierte Hinwendung zur Antike, der (im klassizistischen Gewand) Schinkel und Persius hier Gestalt verliehen haben.

Nach Plänen von Persius entstand auch die neuromanische *Friedenskirche* am Marlygarten. Sie geht auf das Vorbild der frühchristlichen Basilika San Clemente in Rom zurück und trennt nach italienischem Muster ihren siebengeschossigen Glockenturm vom Kirchengebäude. Der Bau wurde von F. A. Stüler und L. Hesse 1854 vollendet.

Auch außerhalb des Parkgeländes von Sanssouci begegnen uns noch viele bauliche Zeugen der preußischen Geschichte, die Potsdams Ruf als Stadt der Schlösser und Gärten mitbegründet haben. Zu denken ist an den *Neuen Garten* am Heiligen See mit dem von K. von Gontard und C. G. Langhans geschaffenen *Marmorpalais,* einem klassizistischen

Backsteinbau, in dem das Armeemuseum z. T. seine militärgeschichtlichen Sammlungen untergebracht hat. Auch das *Schloß Cecilienhof*, die historische Gedenkstätte des Potsdamer Abkommens, befindet sich im Neuen Garten (Abb. 5). In dem im englischen Landvilenstil von 1913–1916 errichteten Fachwerkbau trafen sich Truman, Stalin und Churchill vom 17. 7.–2. 8. 1945 und verabschiedeten die Beschlüsse über die Demokratisierung des niedergeworfenen Deutschland.

Einen weiteren Landschaftsgarten finden wir südöstlich des Tiefen Sees: den *Schloßpark Babelsberg*. Die von Lenné entworfene, 1833 begonnene Anlage wurde von Fürst Pückler-Muskau ausgeführt und ebenso wie die anderen großen Parkanlagen Potsdams mit vielerlei Gartenarchitekturen versehen. Bestaunte man im Neuen Garten Türme, Tempel und Kavaliershäuser, so sind es hier vor allem die gotische *Gerichtslaube* des 1871 abgerissenen alten Berliner Rathauses sowie das neugotische *Prinzen-* und das *Matrosenhaus*, die den Schloßpark prägen.

Schloß Babelsberg ist eine neugotische Anlage von 1834, von K. F. Schinkel begonnen, von Persius fortgeführt und schließlich von J. H. Strack 1849 als spätromanische Schloßburg vollendet.

Übrigens begegnen wir östlich der Havel, wo sich der Schloßpark Babelsberg befindet, auch einem faszinierenden Beispiel der expressionistischen Baukunst vom Anfang unseres Jahrhunderts. Es ist der Einsteinturm, der als Astrophysikalisches Institut mit Observatorium nach einem Entwurf von Erich Mendelssohn 1920–1921 errichtet wurde (Abb. 49).

Potsdam
Das neugotische Nauener Tor, errichtet 1755.

Nach diesem Ausflug in die Potsdamer Außenbezirke kehren wir ins Zentrum der Stadt zurück, das im April 1945 von verheerenden Luftangriffen heimgesucht wurde, von denen auch die bekannte *Nikolaikirche* stark betroffen war (Abb. 51). An diesem machtvollen Bauwerk haben Karl Friedrich Schinkel und seine Schüler L. Persius und F. A. Stüler durch die Verbindung damals revolutionärer Bauformen mit antiken Stilelementen noch einmal die klassizistischen Bauideale aufleben lassen. Gegenüber erstrahlt das *Alte Rathaus,* ein von J. Boumann d. Ä. 1753 errichtetes Barockgebäude mit stufenartiger Turmkuppel und einem darauf thronenden Atlas mit Weltkugel, in neuem Glanz. Im Alten Rathaus und im anschließenden Knobelsdorffhaus (1750) ist das Kulturhaus »Hans Marchwitza« untergebracht.

Wer Potsdam von hier aus weiter durchwandert, stößt allenthalben, vornehmlich auf dem Gebiet um den ehem. Lustgarten, auf die baulichen Zeugen des militanten preußischen Kurfürsten- und Königtums. Mit dem *Marstall,* dem *Langen Stall* und dem *Kutschstall* standen nicht nur dem ehem. Stadtschloß zugeordnete formschöne und schmuckvolle Zweckbauten zur Verfügung, die von bekannten Baumeistern wie J. A. Nering, G. von Knobelsdorff oder G. C. Unger geschaffen wurden, sondern nun auch ausreichende Möglichkeiten für Reit- und Exerzieraufgaben der Potsdamer Garde. Militärischen Belangen dienten auch die ehem. *Oberrechnungskammer* und das ehem. *Militärwaisenhaus,* dessen Treppenaufgänge spiralförmig um die übereinanderliegenden Kuppelräume herumführen. Als Triumphbogen nach dem siegreichen Siebenjährigen Krieg entstand schließlich das *Brandenburger Tor,* von K. von Gontard und G. C. Unger 1710 errichtet (Abb. 50).

Es war nur natürlich, daß die sich rasch entwickelnde Garnisonsstadt, die um 1750 bald ebensoviele Soldaten wie Einwohner zählte, viele Fremde ins Land zog. Es entstanden ganze Zuwandererkolonien, wie die ehem. böhmische Webersiedlung Nowawes im Gebiet von Babelsberg, die Kolonie Alexandrowka an der Straße nach Nedlitz, eine Anlage mit typischen russischen Holzhäusern für die damaligen russischen Militärmusiker, die französische Kolonie mit ganz eigener Verwaltung und schließlich das schon um 1737 begonnene *Holländische Viertel* (Abb. 4, 52). Dessen Baumeister war der selbst aus Holland kommende J. Boumann d. Ä., der für seine Landsleute, meist Fayencemacher und Seidenweber, Backsteinhäuser mit unterschiedlichen Giebelformen schuf. Die 134 Wohnhäuser gruppieren sich um die Mittelstraße.

Wanderungen durch die Mark Brandenburg

Oranienburg · Gransee · Fürstenberg/Havel · Ravensbrück · Rheinsberg · Neuruppin

Nördlich von Berlin führt die Fernverkehrsstraße F 96 in die wald- und wasserreiche Ruppiner Schweiz. Vorbei an *Birkenwerder,* dem Wochenendziel vieler Berliner, einem Ort mit reizvollen Landhäusern und Restaurants und der 1957 eingeweihten *Clara-Zetkin-Gedenkstätte,* erreichen wir *Oranienburg.* Die Stadt findet als Ort Bötzow schon 1216 urkundlich Erwähnung, erhält aber erst 1652 nach wechselvoller Geschichte – die Siedlung um die urspr. askanische Burg ist als Ausfalltor nach Berlin oft umkämpft worden – ihren heutigen Namen. Er geht auf Luise Henriette von Oranien zurück, die Gemahlin von Kurfürst Friedrich Wilhelm, die das Amt Bötzow 1650 zum Geschenk erhalten hatte. *Schloß Oranienburg* wurde 1652 erbaut (Abb. 64). Der Renaissancebau, der eine als Jagdschloß genutzte mittelalterliche Wasserburg ersetzte, verrät holländischen Einfluß, der auf das Haus Oranien und die aus Holland kommenden Architekten Johann Gregor Memhardt und Michael Matthias Smids zurückgeht. 40 Jahre später baute J. A. Nering den Mittelteil des Schlosses zum Corps de Logis um. Zwei Seitenflügel fassen einen zweiten, nach Norden gelegenen Hof ein. Die Anlage, durch spätere Besitzer vernachlässigt und schließlich verfallen, 1833 und 1842 durch Brände beschädigt und teilweise zerstört, wurde erst nach 1850 wieder erneuert. War sie bis dahin schon verschiedentlich als Fabrik genutzt worden – hier entdeckte der Chemiker Friedrich Ferdinand Runge das Anilin und die Karbolsäure –, so diente sie nach 1860 als Seminar für Lehrerstudenten sowie als Kaserne. Von der Innendekoration blieb nur die reich besetzte Stuckdecke in der ehem. *Porzellankammer* erhalten. Vor dem Schloß stehen eine *Plastik* Fritz Cremers, die »Anklagende«, von 1948 und das *Denkmal* der Kurfürstin Luise Henriette, das 1858 von A. Wolff geschaffen wurde. Von der Kurfürstin wurde auch das *Waisenhaus* gestiftet, ein 1665 errichteter Frühbarockbau, von dem allerdings ein Teil 1944 zerstört wurde. Im einst barocken Lustgarten, im 19. Jh. zum *Landschaftspark* umgestaltet, sind ein um 1600 entstandendes *Gartenportal* des Barockbaumeisters J. Arnold Nering sowie die 1967 restaurierte *Orangerie,* von G. Ch. Berger nach 1754 geschaffen, sehenswert. Die neuromanische *Pfarrkirche* der Stadt entstand in den Jahren 1864–1866 nach Plänen von Friedrich August Stüler.

Die Aufmerksamkeit des Kunstkenners zieht aber besonders eine andere Pfarrkirche dieses Raumes, die *Marienkirche* in *Gransee,* einer Stadt kaum 20 km nördlich von Oranienburg, auf sich (Abb. 63). Das massige Bauwerk verkörpert ein Ideal des 14. Jh., »die sog. chorlose Halle, mit einem Satteldach, das weithin die Stadtsilhouette beherrscht« (J. Fait). Der wuchtige Eindruck, den der dreischiffige Backsteinbau vermittelt, resultiert einmal aus dem spätromanischen Westriegel, dem im 15. Jh. zwei Türme mit spitzen Helmen aufgesetzt wurden, zum anderen aus der Wirkung des reich gegliederten Giebels an der Ostseite, der nach dem Vorbild der Marienkirchen von Neubrandenburg und Prenzlau gestaltet ist. Das Untergeschoß der Westseite, das aus Feldsteinen besteht, weist in die erste Bauphase, die zeitlich mit der Stadtgründung zusammenfällt. 1262 verlieh Markgraf Johann I. von Brandenburg dem als »Gransoyge« erwähnten Ort das Stadtrecht, nachdem die Besiedlung des Fleckens an der wichtigen Verbindungsstraße Berlin – Stralsund zwischen 1230 und 1250 stattgefunden hatte. Zwischen 1370 und 1380 wurde der Hallenchor vollendet. Er schließt mit drei mehreckigen Apsiden ab. Das Langhaus stammt aus den ersten Dezennien des 15., eine zweigeschossige Südkapelle aus dem 2. Jahrzehnt des 16. Jh. Die Verschmelzung der Raumteile, wie sie die Gotik mit der Hallenkirche hervorgebracht hatte und wie sie St. Marien verkörpert, wurde zeitlich durch den Einbau von Emporen sowie eines Stützpfeilers vor der Hauptapsis nach einem Brand im Jahre 1711 unterbrochen. Die gänzliche Restaurierung der Kirche zwischen 1961 und 1965 hat diese störenden Bauteile entfernt und die beeindruckende Schlichtheit und Helligkeit des gotischen Raumes wiederhergestellt. Von der Ausstattung verdienen eine spätgotische *Triumphkreuzgruppe* sowie ein gemalter *Flügelaltar* mit Szenen aus dem Leben der hl. Anna und anderer Heiliger und ein figurenreicher Schnitzaltar, beide vom Anfang des 16. Jh., besondere Erwähnung.

Mit der Stadtgeschichte verknüpft ist auch das Ende des 13. Jh. entstandene *Franziskanerkloster,* von dem nur der Ostflügel der Klausur mit dem Kreuzgang übriggeblieben ist. Es war der Ort, an dem die Grafen von Lindow-Ruppin zu Gericht saßen; ihnen war die Stadt bis in die Reformationszeit verpfändet.

Die Vorliebe der märkischen Baumeister für die Giebelarchitektur zeigt sich in Gransee neben der Marienkirche noch am *Ruppiner Tor* (Abb. 65). Vornehmlich die Stadtseite des quadratischen Torturmes ist vielfältig gegliedert. Besonders dekorativ sind der Sechspaßfries am Obergeschoß sowie die Spitzbogenblenden des Giebels, die von schlank aufstrebendem Stabwerk und Fialen gerahmt werden. Der reizvolle Backsteinbau ist Teil eines recht gut erhaltenen *Befestigungsringes* (Pulverturm und Feldsteinmauern).

Bevor wir die F 96 auf unserer Reise in die Ruppiner Schweiz verlassen, sollte nicht vergessen werden, daß zwei Stätten an die finsteren Jahre des Hitlerregimes erinnern. Es sind dies das in der Nähe Oranienburgs gelegene ehem. *KZ Sachsenhausen,* das nach Entwürfen eines Architektenkollektivs zur Nationalen Mahn- und Gedenkstätte umgestaltet wurde, sowie das Frauenkonzentrationslager in *Ravensbrück,* nur knapp 20 km nördlich von Gransee in unmittelbarer Nähe der kleinen Stadt Fürstenberg an der Havel. Nur 40000 von insgesamt 130000 inhaftierten Frauen erlebten hier im Frühjahr 1945 die Befreiung. Den Gemordeten und Gequälten aus mehr als 20 europäischen Nationen ist eine *Bronzeplastik* von Will Lammert gewidmet. Sie zeigt zwei Häftlinge, Symbol für das große Leid und die Widerstandskraft der damals Inhaftierten (Abb. 61). Die Gruppe ist Mittelpunkt einer ins Wasser des Schwedtsees hinausreichenden Plattform, die das Gelände der Gedenkstätte abschließt. In unmittelbarer Nähe der Lagermauer hat außerdem eine durch außergewöhnliche Schlichtheit ausdrucksstarke *Figurengruppe* von Fritz Cremer Aufstellung gefunden.

Einmal in der Nähe von *Fürstenberg*, sollte man auch das ehem. *Schloß* besuchen, das, von Ch. J. Löwe in den Jahren 1741–1752 erbaut, vor allem durch den Schwung des um ein Halbgeschloß erhöhten Mittelrisalits besticht. Die sonst zweistöckige barocke Dreiflügelanlage verfügt über reichhaltigen Außendekor und bemerkenswerte Stukkaturen aus der Rokokozeit in den Innenräumen.

Von Fürstenberg wie von Gransee aus ist *Rheinsberg* gleichermaßen schnell, in etwa einer Viertelstunde Autofahrt, zu erreichen. Der Weg dorthin führt durch eine Landschaft, die Kurt Tucholsky 1912 zu der bezaubernden Geschichte »Rheinsberg, ein Bilderbuch für Verliebte« angeregt hat. Stadt und Landschaft haben seither nichts von ihrem Reiz verloren, auch wenn das Gebiet rund um den Grienerick-See, das bis in jüngste Zeit nur agrarisch genutzt wurde oder Erholungszwecken diente, inzwischen industriell erschlossen wird.

Rheinsberg ist eine sehr alte Gründung, wie bronzezeitliche Funde sowie die Ausgrabungen slawischer Keramiken und Grabbeigaben ergeben haben. Der Name der Stadt geht auf eine alte Burganlage, die »Rhinburg«, zurück, was darauf hinweist, daß Erbauer und Siedler vom Rhein gekommen sind und die durch die Völkerwanderungszeit bis in dieses Gebiet herangeführten slawischen Stämme wieder verdrängten oder assimilierten. Über hundert Jahre später, 1335, wird die Stadt urkundlich erwähnt. »Rynesberg« gehört zu dieser Zeit vermutlich schon der mecklenburgischen Adelsfamilie von Platen, die diesen Besitz 1464 einer Familie von Bredow vermachte, die ihrerseits die Herrschaft bis zum Beginn des Dreißigjährigen Krieges innehatte und für die Entwicklung des Gemeinwesens eine Rolle spielte.

Bekannt ist die Stadt wegen des Schlosses, das Georg Wenzeslaus von Knobelsdorff zu einem verträumten Garten-Wasser-Idyll gestaltete. Die alte Burg war 1566 abgebrannt. An ihre Stelle trat ein eingeschossiges Renaissance-*Wasserschloß*, das als Bausubstanz für den im Jahre 1734 begonnenen Umbau genutzt wurde. Von Friedrich II., damals noch Kronprinz, veranlaßt, konnte die Erweiterung unter Leitung von Knobelsdorff und J. G. Kemmerer 1740 weitgehend abgeschlossen werden. Der symmetrisch gegliederte Barockbau besticht durch seine klaren Formen. Er bezieht seinen besonderen Reiz auf der Garten- und Wasserseite durch zwei Rundtürme, die den Seitenflügeln vorgestellt sind, sowie durch eine Kolonnade, die die Flügel miteinander verbindet und den Schloßhof abschirmt. Die Straßenseite schmückt ein Mittelrisalit, der ebenso wie die zwei Eckpavillons erst 1786 durch Baumeister K. G. Langhans im Auftrag des Prinzen Heinrich hinzugefügt worden ist (Abb. 6).

In Rheinsberg hat Kronprinz Friedrich die Grundlagen seiner Bildung erworben, die ihm später den Ruf des aufgeklärten Monarchen einbrachte. In den Rheinsberger Jahren von 1736–1740 war stets ein illustrer Kreis von Künstlern und Gelehrten um ihn versammelt, und in diese Zeit fällt auch der Beginn seines Briefdialogs mit Voltaire. Selbst die Innenausstattung des Schlosses verrät zuweilen eine Vorliebe für philosophische und wissenschaftliche Probleme. Die Deckengemälde im Turmkabinett, im Rittersaal sowie im Spiegelsaal, sämtlich von A. Pesne zu den Themen »Minerva mit den Wissenschaften und Künsten«, »Mars nähert sich Venus« und »Der Tag vertreibt die Nacht«, unterstreichen diese Neigung. Die Innenräume des Schlosses, von denen eine Großteil in den Jahren 1762–1769 nochmals nach Entwürfen von K. G. Langhans umgestaltet wurde, können nicht besichtigt werden. Das Schloß ist heute Diabetiker-Sanatorium. Einzig der *Spiegelsaal* steht öffentlichen Veranstaltungen, vornehmlich musikalischer Art, offen. Vielbesucht ist der ebenfalls von Knobelsdorff angelegte *Schloßpark*. Eine harmonische Verbindung zwischen Schloß und See schafft das Gartenparterre, in dessen Mitte die Figuren »Apollo mit den vier Jahreszeiten« von G. A. Cybei aufgestellt sind. Diese Figuren finden sich nochmals in kleinerer Ausführung um einen Pavillon gruppiert in einem Seitenabzweig der repräsentativen Hauptallee.

Nördlich des Schlosses befindet sich das *Kavaliershaus*, das in verschiedenen Bauabschnitten zwischen 1738 und 1774 als Dreiflügelanlage entstand. Der linke Flügel, in dem sich das Schloßtheater befand, ist 1945 zerstört worden. Das Kavaliershaus wird jetzt als Bettenhaus des Sanatoriums genutzt.

Die *Stadtkirche* ist vom Schloß aus in wenigen Minuten zu erreichen. Der in frühgotischer Zeit entstandene Bau aus Granitquadern, der später durch Backsteinteile ergänzt wurde, beherbergt eine *Kanzel* und eine *Taufe* aus gebranntem Ton sowie die ornamental gestalteten *Epitaphien* der Familie von Bredow.

Die Umgebung von Rheinsberg ist übrigens eines der gewässerreichsten Gebiete des Landes. Mit der Rheinsberger Flotte lassen sich ausgedehnte Fahrten in alle Himmelsrichtungen unternehmen.

Neuruppin wird 1237 erstmals erwähnt. Es soll eine Gründung der gräflichen Familie von Arnstein sein, die auch als Erbauer der urspr. Burganlage von Rheinsberg genannt wird. 1256 wurde die Stadt, nach einer ersten wirtschaftlichen Blüte, mit Stendaler Recht ausgestattet. Das Wirtschaftsleben der mittelalterlichen Ansiedlung wurde im wesentlichen von Ackerbürgern, Tuchmachern und Bierbrauern bestimmt, für deren Schutz ein um die Landseiten der Stadt gelegter dreifacher *Wall* sorgte, der sich heute nur noch stückweise verfolgen läßt. Von den drei Toren ist keines mehr erhalten. Ab 1524 übernahmen die

Kurfürsten von Brandenburg die Herrschaft über Neuruppin, womit die Entwicklung zur späteren preußischen Garnisonsstadt eingeleitet wurde. Im Jahre 1787 verwüstete sie ein verheerender Brand, dem Hunderte von Wohnhäusern und öffentlichen Gebäuden zum Opfer fielen, darunter die alte, das ehem. Stadtbild beherrschende Marienkirche, an deren Stelle (Karl-Marx-Straße) sich heute der klassizistische Saalbau der neuen Pfarrkirche *St. Marien* erhebt. Sie wurde 1801–1804 von A. Berson erbaut. Der Kuppelvorbau in der Saalmitte gibt der langgestreckten Front ein zentralisierendes Element. Wir haben es hier mit dem Typ der quergerichteten Garnisonskirche zu tun, wie er in Preußen entstanden ist. Der sonst bescheiden ausgestattete Bau fügt sich in das Karree-System ein, nach dem die Stadt nach dem großen Brand wiederaufgebaut wurde. Hinter der Kirche findet sich mit dem Kirchplatz einer jener drei großen Plätze, mit denen die Neubebauung beauflagt wurde, um für mögliche neue Brandkatastrophen vorbeugend Freiräume zu schaffen. Vorbilder für das regelmäßige Straßengitternetz mit einer relativ einheitlichen Randbebauung fanden sich zahlreich in den märkischen Kleinstädten, so daß Landbaumeister B. M. Brasch, der den Wiederaufbau der Stadt bis 1806 abschloß, darauf zurückgreifen konnte. Das älteste Haus Neuruppins, das *Uphus,* hat den Brand überstanden. Es ist ein einfacher Holzbau mit balkonbesetztem Obergeschoß. Der Bau aus dem frühen 16. Jh. steht auf dem Spitalhof in der Siechenstraße, wo wir direkt an der Straßenfront auch die *Siechenhaus-* oder *Lazarus-Kapelle* finden. Der etwa um 1490 entstandene spätgotische Backsteinbau, in dem heute die neuapostolische Gemeinde Gottesdienste abhält, verfügt über ein ungewöhnliches *Südportal.* Es ist aus in Modeln geformten Tonplatten gestaltet, die in wechselnder Folge Christus an der Geißelsäule und den hl. Franziskus darstellen (Abb. 62).

Ausgangs der Siechenstraße erreichen wir auf kürzestem Wege die *Dominikanerkirche,* deren spitze Turmhelme, erst 1906 und 1907 zwischen Chor und Seitenschiffen dem Bau hinzugefügt, das Seeviertel der Stadt überragen. Die frühgotische Hallenkirche in Backstein ist eine Leistung der Bettelorden, die im 13. Jh. erheblichen Einfluß auf die Baukunst in der Mark Brandenburg gewannen. Das 1246 gegründete Kloster gilt als die älteste Niederlassung der Dominikaner in diesem Raum. Die Bauzeit der Klosterkirche liegt zwischen den Jahren 1280 und 1290. Das Beeindruckende am Kirchenraum, der umfassend restauriert wurde, ist der außergewöhnlich langgestreckte Chor, der zusammen mit dem Mittelschiff ein ungewöhnlich fliehendes Raumganzes ergibt. Diesen Eindruck unterstützen noch die schmalen Seitenschiffe und die Rundpfeiler mit den jeweils vier unter hessisch-westfälischen Einflüssen entstandenen Diensten. Im dekorativen Bereich der Innenausstattung ist manches aus Sandstein entstanden, u. a. die *Altarverkleidung* vom Anfang des 15. Jh., eine Mönchsfigur, die den Klostergründer Gebhardt von Arnstein darstellt, sowie mehrere *Reliefs* zur Lebensgeschichte Christi, die im Chor angebracht sind, alles aus dem 14. Jh. Die Legende erzählt, ein katholischer Priester habe in den Stürmen der Reformationszeit geäußert, daß eine Maus eher eine Ratte verjagt, als daß die Kirche evangelisch wird. Im *Deckengewölbe* des Hauptschiffes hat diese Legende, wenn auch an versteckter Stelle, bildlichen Ausdruck gefunden.

Eine Restaurierung des Kircheninneren erfolgte schon einmal in den dreißiger Jahren des vorigen Jahrhunderts, und zwar nach Plänen Karl Friedrich Schinkels, der hier in Neuruppin 1781 im Pfarrhaus geboren wurde und in seiner Kindheit während des Neuaufbaus der Stadt vielleicht erste Anregungen für den späteren Architektenberuf empfing, der ihn schließlich zum Baumeister des deutschen Klassizismus machte. Sein *Denkmal,* 1883 von M. Wiese entworfen, steht auf dem Kirchplatz hinter St. Marien. Auch dem anderen großen Sohn der Stadt, Theodor Fontane, ist ein 1907 vom gleichen Bildhauer gestaltetes *Denkmal* gewidmet. Das Geburtshaus des Dichters, die alte Löwenapotheke, steht in der heutigen Karl-Marx-Straße. Gegenstände seines persönlichen Besitzes, Handschriften später weltbekannter Aufzeichnungen, Erstdrucke seiner »Wanderungen durch die Mark Brandenburg«, die aus finanziellen Gründen in Lieferungen als Ein-Groschen-Heft im Selbstverlag herausgegeben werden mußten, finden sich im *Heimatmuseum* August-Bebel-Straße 14/15, einem etwas reicher dekorierten Bau innerhalb der sonst schmucklosen, meist zweigeschossigen Bürgerhäuser der Stadt. Hier werden auch etwa 5 000 der *Neuruppiner Bilderbogen* aufbewahrt, die, zwischen 1810 und 1916 von den Neuruppiner Firmen Gustav Kühn, Oehmigke & Riemschneider sowie F. W. Bergemann in Millionenauflagen herausgegeben, weltbekannt geworden sind und noch heute einen Einblick in die Ereignisse ihrer Zeit vermitteln.

Unseren Besuch in der bezaubernden Stadt am Ruppiner See, die von der Langeweile nichts behalten hat, die ihr einmal nachgesagt wurde, beenden wir im *Tempelgarten,* dem barocken Erstlingswerk von Knobelsdorff (1735 angelegt). Der Park mit vielfältigen Plastiken und seltenen Baumarten und das »Café Tempelgarten« bieten dem Besucher mitten im Stadtgefüge erholsame Entspannung.

Rechts und links des Oder-Havel-Kanals

Bernau · Rüdnitz · Eberswalde · Bad Freienwalde · Kloster Chorin · Angermünde

Wer sich für alte Städte begeistern kann, sollte sich einen Besuch von *Bernau* nicht entgehen lassen. Wir erreichen die Stadt in einer Stunde Autofahrt von Berlin aus in nordöstlicher Richtung auf der F 2. Sie ist wie viele Städte der Mark eine Gründung des 12./13. Jh. In den Gewölben des »Stinthores«, des Steintores also, in denen sich das *Heimatmuseum* befindet, wird die Geschichte der Stadt lebendig. Ihr Stadtrecht geht auf etwa 1230 zurück. Die Markgrafen-Brüder Johann I. (1225–1266) und Otto III. (1225–1267), deren Namen bei Städtegründungen in der Mark schon oft erwähnt wurden, haben auch die Besiedlung dieses Heeresstraßenfleckens gefördert. Von Anfang an war die Stadt mit Gräben und Wällen umgeben und durch eine mehr als 1 400 m lange, an manchen Stellen bis zu 8 m hohe Mauer aus Feldstein befestigt. Das *Steintor* fügt sich in die größtenteils erhalten gebliebene *Stadtmauer* mit den Lughäusern aus dem 15. Jh. ein. Es ist erst nach 1450 in die Befestigungsanlage eingebaut worden, nachdem sich die Stadt vielfältigen Drohungen ausgesetzt sah und bis dahin schon manche Angriffe brandenburgischer und pommerscher Adelsgeschlechter sowie 1432 eine starke Hussitenbelagerung abzuwehren hatte. Der vierstöckige spätgotische Backsteinbau des Steintores, der schon seit 90 Jahren als Museum dient, beherbergt eine bemerkenswerte Sammlung von Waffen und Rüstungen aus jener kriegerischen Zeit, ebenso mittelalterliche Folterwerkzeuge, wie Daumen- und Kopfschrauben, Richtschwert und Richtrad. Das Museum gibt aber nicht nur über Militärwesen und Gerichtsbarkeit Auskunft, sondern auch über die Entwicklung des Bernauer Handwerks, das sich erst im Brauereiwesen betätigte und dann mit der Samt- und Seidenweberei im 18. Jh. die Voraussetzung für eine blühende Textilindustrie schuf.

Das massig und wehrhaft wirkende Steintor ist durch einen Wehrgang mit dem sog. *Hungerturm* verbunden, einem Rundturm mit Zinnenkranz und gemauertem Helm, der bis ins 18. Jh. hinein noch als Gefängnis diente. Dieses Ensemble sicherte im Befestigungsring den wichtigsten Zugang zur Stadt. Außer diesen beiden Türmen steht noch der alte Pulverturm. Zentrum des heute etwa 15 000 Einwohner zählenden Gemeinwesens ist die Ernst-Thälmann-Straße, von der aus die weiteren Sehenswürdigkeiten der Stadt bequem zu erreichen sind und die auch geradewegs auf die *Pfarrkirche St. Marien* führt. Hier war der tote Schwedenkönig Gustav Adolf in der Nacht zum 18. 12. 1632 während der Überführung in seine Heimat aufgebahrt.

Die Marienkirche, deren mächtiges Satteldach die meist zweigeschossigen und relativ dekorlosen Bürgerhäuser weit überragt, hat eine noch nicht gänzlich erforschte Baugeschichte. Vermutlich ist der Bau auf schon befestigtem Siedlungsraum zur Zeit der Stadtgründung begonnen worden, aus der auch das granitene Nordportal stammt. Wichtige Bauabschnitte (Seitenschiffe, der 1490 vollendete Westturm) liegen dann im 15. Jh. Das Mittelschiffgewölbe ist einer Inschrift zufolge 1519 vollendet. Der Backsteinbau gibt ein spätes Beispiel für die märkische Hallenkirche mit Chorumgang und beeindruckt durch sein weiträumiges vierschiffiges Langhaus, in dem sich Pfeiler unterschiedlicher Prägung finden. Die Schiffe sind von Netz- und Sterngewölben überspannt. Einige Konsolen, auf denen das Gewölbe ruht, sind als dämonisch verzerrte Menschenköpfe gestaltet, andere stellen Tierköpfe dar.

Die Bernauer Marienkirche ist vor allem aber wegen ihrer reichen Innenausstattung bekannt. Hervorhebenswert ist besonders der kostbare spätgotische *Hauptaltar,* der – etwa um 1520 entstanden – der Werkstatt Lucas Cranachs d. Ä. zugeschrieben wird. Hier zeigt sich, welches bedeutende Betätigungsfeld der gotische Flügelaltar der Malerei und Plastik seiner Zeit eröffnete. Sind Schrein und Gesprenge mit filigranen Schnitzfiguren geschmückt, so zeigen der Mittelteil des geschlossenen Schreins 16 Bilder zur Lebensgeschichte Christi, die Seitenflügel jeweils 8 Bilder zum Marienleben und zur Kindheit Jesu, der gänzlich geschlossene Altar insgesamt 32 Szenen aus dem Leben verschiedener Heiliger. Die Predella ziert eine Bildlegende aus dem Leben des hl. Nikolaus.

Ein *Sakramentshäuschen* aus dem 15. Jh., eine *Triumphkreuzgruppe* von etwa 1520, *Taufe* und *Kanzel* vom Anfang des 17. Jh. zeugen von einer kontinuierlichen wirtschaftlichen wie auch künstlerischen Entwicklung der Stadt in dieser Zeit. Von großer handwerklicher Qualität ist die Ausführung des Gemeindegestühls mit dem zwischen korinthischen Säulen eingefügten *»Bürgermeisterstuhl«* (Abb. 66).

Die *Kapelle* des St. Georgenspitals wurde im 15. Jh. dem 1328 von den Gewandschneidern der Stadt gestifteten Spital angebaut. Die in Backstein ausgeführte einschiffige Kapelle mit schmalen Dachtürmen stand vor dem ehem. Mühlentor.

Für das mittelalterliche Bernau ist auch eine Kalandsbruderschaft bezeugt, deren Versammlungssäle sich in den spätgotischen Gewölben des Gasthauses *Schwarzer Adler* befanden. Das schöne klassizistische *Rathaus* wurde 1805 auf dem Grund seines mittelalterlichen Vorgängerbaus errichtet.

Wenn wir auf der F 2 nun weiterfahren nach Eberswalde, sollten wir die *Dorfkirche* in *Rüdnitz* nicht unbeachtet lassen, einen spätromanischen Bau vom Anfang des 13. Jh., zumal auch die Restaurants dieses Ortes, »Weidmannsheil« und »Tierparkgaststätte«, zu einer erholsamen Rast in origineller Umgebung einladen. Sie liegen inmitten eines reizvollen, noch wenig besuchten Erholungsgebietes, das sich mit seinen wildreichen Mischwäldern zu ausgedehnten Wanderungen anbietet. In diesem Naturschutzgebiet, der »Schorfheide«, kann man noch manch seltene heimische Vogelart entdecken. Hier war viele Jahrhunderte lang ein bevorzugtes Jagdrevier des Adels, und der preußische König ließ in dieser reizvollen Gegend das Jagdschloß Hubertusstock erbauen.

In *Eberswalde* verdienen vor allem die kleine gotische Backsteinkapelle *St. Georg* aus dem 15. Jh., die 1950 restauriert wurde, sowie die Pfarrkirche *St. Maria Magdalena* Aufmerksamkeit. Die dreischiffige Basilika aus Backstein entstand im letzten Jahrzehnt des 13. Jh., wobei von dem nahegelegenen Kloster Chorin sehr entscheidende Impulse ausgingen. Nach mehrfachen Veränderungen wurden im 18. Jh. die Seitenschiffe aufgestockt. Die sich stilistisch ähnelnden *Portale* sind mit Plastiken aus gebranntem Ton geschmückt, die aus mitteldeutschen Werkstätten stammen und Szenen aus dem Leben Christi, die Klugen und die Törichten Jungfrauen sowie heilige Tiere und Fabelwesen zeigen. Ein herrliches bronzenes *Taufbecken* askanischen Ursprunges entstand wahrscheinlich im 14. Jh., der dreizonige *Hochaltar* im Jahre 1606.

Eberswalde ist durch einen wichtigen urgeschichtlichen Goldfund bekannt geworden, einen der größten auf deutschem Boden. Leider ist von dem aus der Bronzezeit stammenden Schatz aus Trinkschalen, Arm- und Halsbändern, der in den Staatlichen Museen zu Berlin aufbewahrt wurde, nach Kriegsende nichts mehr aufgefunden worden.

Ein bedeutendes technisches Denkmal ist das *Schiffshebewerk* in *Niederfinow,* nur einige Minuten Autofahrt auf der F 167 von der Doppelstadt Eberswalde-Finow entfernt. Dieser »Schiffsfahrstuhl« überwindet in einer vierstöckigen Schleusenpyramide einen Höhenunterschied von 36 m und trägt innerhalb weniger Minuten Schiffe bis zu 1 200 Bruttoregistertonnen hinauf oder hinab.

Bad Freienwalde ist eines der ältesten Bäder der Mark Brandenburg und wurde schon von Friedrich II. besucht. Die Stadt verdankt dem Kur- und Bäderbetrieb einige schöne Bauten, u. a. das elegante klassizistische *Schloß* auf dem Apothekerberg, das Friedrich Wilhelm II. 1797/98 durch David Gilly bauen ließ und das dann preußischen Königinnen mehrfach als Wohn- und Sommersitz diente. Von 1909–1922, dem Jahre seiner Ermordung, gehörte es dem Außenminister der Weimarer Republik, Walther Rathenau. Der *Schloßpark* ist ein Werk Lennés, der ihn nach 1820 erneuerte. Einige Anlagen des 1683 gegründeten Rheumabades sind von den Baumeistern K. F. Schinkel und C. G. Langhans entworfen worden, so der *Saalanbau des Bades* von 1818 und das sog. *Landhaus.* Mehr als die größere *Nikolaikirche,* urspr. ein Granitquaderbau aus dem 13. Jh., der 1453 in Ziegelbauweise erweitert worden ist, bleibt dem Besucher der Stadt die kleine barocke Fachwerkkirche *St. Georg* in Erinnerung. Der geschickt gewählte Standort direkt am Straßenkreuz beeindruckt ebenso wie die außergewöhnliche Schlichtheit der Fassaden. Die Kirche wurde 1696 auf älteren Fundamenten erbaut; sie beherbergt einen schönen *Kanzelaltar* der Schlüter-Schule.

Nach dem Besuch Bad Freienwaldes kehren wir auf die F 2 zurück und erreichen bald *Kloster Chorin,* das wohl faszinierendste Werk der Backsteingotik in der Mark Brandenburg (Abb. 57). Die Zisterzienser, die übrigens mit 19 Niederlassungen an der Spitze der Klostergründer in der Mark stehen, hatten sich die Schaffung des zweiten askanischen Hausklosters – das erste war in Lehnin schon 1180 gegründet worden – zu einer

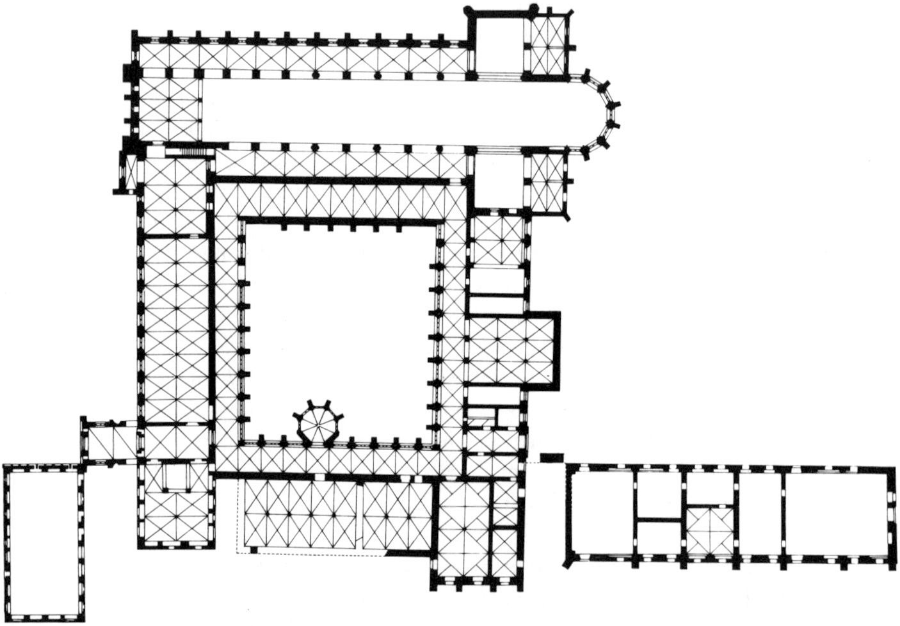

Chorin Ehem. Zisterzienserkloster.

aufwendigen Bauaufgabe gemacht, die schließlich die architektonischen Traditionen des Ordens mit der Schwerelosigkeit der frühen Gotik vereinte. Das Kloster entstand in mehreren Bauabschnitten zwischen 1273 und 1334, nachdem der schon 1258 von den einflußreichen Markgrafen Johann I. und Otto III. gewählte Platz für die Klostergründung auf einer Insel im Parsteiner See verlassen worden war und die Verlegung des Klosters im Jahre 1273 nach Chorin stattgefunden hatte. Für den Abbruch des urspr. Objektes, von dem Restteile freigelegt wurden, war ausschlaggebend, daß der halbrunde romanische Chorschluß nicht mehr als zeitgemäß empfunden wurde, zumal seit 1268 in dem thüringischen Ort Schulpforte eine Zisterzienserkirche entstanden war, die den gebrochenen gotischen Chorschluß realisiert hatte. Chorin hat von dort auf alle Fälle Anregungen empfangen. Der polygonale Chor, der zum ältesten Teil der Kirche gehört, wirkt mit seinen feingliedrigen, steil emporstrebenden Maßwerkfenstern vornehm und feierlich. Er bildet den Abschluß eines langgezogenen Mittelschiffes. In wechselnder Folge von Kreuz- und Bündelpfeilern getragene Arkaden öffnen den Zugang in die Seitenschiffe, von denen das südliche nicht mehr erhalten ist. Die kreuzförmige Pfeilerbasilika, die urspr. mit Kreuzrippengewölbe versehen war, bezieht ihre elegante Raumwirkung von den sehr schmalen Gewölbejochen. Hier weist übrigens eine Baufuge nach dem fünften Joch vom Chor her auf die unterschiedlichen Bauabschnitte hin und auf die wohl urspr. Trennung des Langhauses in eine Mönchskirche und eine Laienkirche.

Den Reichtum der ornamentalen Formen belegen zunächst die mit Laubwerk geschmückten Kapitelle sowie entsprechende Variationen auf Nischenumrahmungen und Konsolen, ebenso das vielgliedrige Maßwerk der zweiteiligen Fenster, im besonderen aber die reichverzierten Giebel des Querschiffes, die mit ihren prächtigen Blendreihen und den kleinen Seitentürmchen zum markanten Merkmal der Kosterkirche geworden sind. Alles jedoch übertrifft die Westfassade. Sie gilt mit Recht als eine der schönsten Schöpfungen der märkischen Backsteinkunst. Der gestaffelte Hauptgiebel mit den zu Treppentürmen verstärkten Eckpfeilern ergibt zusammen mit den kleinen Seitengiebeln einen einzigartigen Zusammenklang von Differenziertheit und Geschlossenheit der Bauformen. Es ist den Meistern der Choriner Bauhütte aufs beste gelungen, eine äußerst repräsentative und eindrucksvolle Hauptfassade zu gestalten, ohne die Gewohnheit ihres Ordens, turmlos zu bauen, aufzugeben (Abb. 8).

Nach der Säkularisierung des Klosters im Jahre 1542 zerfiel auch allmählich die Kirche; nach den Wirren des Dreißigjährigen Krieges wurde sie zeitweilig als Steinbruch genutzt, was mit der Abtragung ganzer Teile (südliches Seitenschiff, Fürstenempore im Westteil der Kirche, Nebenchöre) verbunden war. Die Romantik hat den Wert dieses bedeutenden Denkmales und Bauexperimentes der Zisterzienser wiederentdeckt und erste Erhaltungs- und Rekonstruktionsmaßnahmen eingeleitet, an denen auch Karl Friedrich Schinkel mitgewirkt hat.

Die Kunst der Choriner Baumeister zeigt sich auch an den anderen, zum Teil gut erhaltenen Gebäuden des Klosters. Dabei verdienen das *Pfortenhaus* mit zurückhaltend gegliederter Fassade sowie das mit Nord- und Südgiebel geschmückte *Brauhaus* besondere Erwähnung. Im Westflügel ist außerdem der *Fürstensaal* (Abb. 60) zu besichtigen, ein Raum, der ehemals für den Aufenthalt des Landesherrn bestimmt war und in dem Reste gotischer *Wandmalereien* (Anbetung der Könige, Urteil Salomonis) erhalten sind. Der sog. Brüdersaal wird heute von der evangelischen Kirche zu Gottesdiensten genutzt. Es ist ein rechteckiger Raum, dessen Gewölbe auf einer Mittelstütze ruht.

Das weithin bekannte Kloster Chorin empfängt jährlich viele in- und ausländische Gäste. Besonders beliebt sind die Konzerte im Kirchenschiff oder im Innenhof des Klosters, die oft von Berliner Orchestern gestaltet werden.

Endstation unserer Fahrt auf der F 2 ist *Angermünde.* Auch diese Stadt ist eine Gründung der Markgrafenbrüder Johann I. und Otto III. und müßte demnach etwa zwischen 1230 und 1267 entstanden sein. Bemerkenswert ist, daß sie zeitweilig dem märkischen Städtebund angehört hat und im Besitz pommerscher Herzöge erwähnt wird, bevor sie 1424 wieder zu Brandenburg zurückkehrte. Noch heute sind Reste der Stadtmauern mit dem *Pulverturm,* einem Rundturm mit Zinnenkranz und Spitzhelm, erhalten. Neben der ehem. *Franziskanerkirche* sowie der *Heiliggeistkapelle,* einem einschiffigen Backsteinbau aus spätgotischer Zeit, fällt besonders der Granitquaderbau der *Pfarrkirche St. Marien* auf. Sie ist eine urspr. dreischiffige Hallenkirche mit breitem frühgotischen Westriegel, die im 15. Jh. wesentlich erweitert wurde. Zum Inventar gehört ein bronzenes *Taufbecken* aus dem frühen 14. Jh., das von drei Männerfiguren getragen wird und auf dem in Arkaden stehende Heiligenfiguren dargestellt sind.

Die erste brandenburgische Universitätsstadt und ihre Umgebung

Frankfurt/Oder · Eisenhüttenstadt · Neuzelle · Beeskow · Fürstenwalde
Bad Saarow · Buckow

Frankfurt an der Oder hat schon im Handelsgeschehen der Vergangenheit eine bedeutende Rolle gespielt, die Stadt war Kreuzungspunkt der Straße von West nach Ost und von Süd nach Nord, und vornehmlich der Warenaustausch zwischen Schlesien und den Anliegerstaaten der Ostsee wurde von Frankfurter Kaufleuten abgewickelt. Dadurch entstand erheblicher Wohlstand, der schon in der 2. Hälfte des 13. Jh. in einer Reihe bürgerlicher Zweckbauten wie Stapelräumen, Brücken und Kaufhäusern zum Ausdruck kam. Auch das gotische *Rathaus,* ein prächtiges Beispiel der märkischen Giebelarchitektur, geht in seinem ältesten südlichen Teil auf ein Kaufmannshaus aus dem 13. Jh. zurück (Abb. 67). Als Ratsherrensitz wird es erst 1348 urkundlich erwähnt. Das stattliche Bauwerk besaß schon damals eine offene *Gerichtslaube* im Erdgeschoß, die heute als kleiner Konzertsaal dient. Das Rathaus wurde mehrfach umgebaut. Seine heutige Gestalt erhielt es Anfang des 17. Jh. durch den Italiener Thaddäus Paglion, und Michael Volden aus dem sächsischen Pirna errichtete die Sandsteinsäulen im Erd- und Obergeschoß. 1911 bis 1913 verdrängte ein Backsteinneubau an der Ostseite eine Reihe barocker Wohnhäuser. Die eigentlichen Dominanten des langgestreckten Backsteinbaus bilden die beiden gotischen Schaugiebel an den Schmalseiten, die mit ihren reichen Verzierungen und den in die Höhe strebenden Wimpergen und Fialen die Repräsentationsabsicht unterstreichen. Schließlich war die Stadt einmal Mitglied der Hanse, worauf auch der eiserne Fisch hinweisen könnte, der an einer Fiale des Südgiebels aufgehängt ist, auch wenn ihn Stadtgeschichtler sonst mit einem alten Frankfurter Spezialgericht in Zusammenhang bringen wollen.

Im Frankfurter Rathaus hat im von wuchtigen Säulen flankierten Erdgeschoßsaal ein reizvolles Museum seinen Platz gefunden: die *»Galerie Junge Kunst«,* eine Ausstellung von Arbeiten junger bildender Künstler der DDR, die ständig erweitert und ergänzt wird.

Wenn man im Ratskeller mit seinem schönen gotischen Gewölbe sitzt, kann man verstehen, daß schon vor 450 Jahren Studenten und Professoren der ehem. Frankfurter Universität »Viadrina« von dieser Atmosphäre begeistert waren. Die Universität war 1506 als erste brandenburgische Hochschule gegründet worden, nachdem das päpstliche Privileg schon seit 1498 und die kaiserliche Urkunde seit 1500 erteilt waren. Zunächst stand ihr ein

Kollegiengebäude im alten jüdischen Viertel der Stadt zur Verfügung, nahe dem ehem. Lebuser Tor. Von diesem Renaissancebau ist nichts erhalten, eine Kopie des Hauptportals ist in das *Junkerhaus* (heute Bezirksmuseum, Bachstraße 11) eingebaut worden, das neben dem sog. *Türmchenhaus* (Oderallee 28) eines der wenigen Wohnhäuser des Barock ist, das die fast vollständige Zerstörung der Innenstadt im Frühjahr 1945 überlebte.

Die »Viadrina« selbst hat wechselnde Schicksale erlebt und stets im Schatten der vielbesuchten sächsischen Universitäten gestanden. Dennoch hatte sie zeitweilig starken Andrang (mitunter waren nahezu 1 000 Studenten bei einer Einwohnerschaft von kaum mehr als 5 000 Personen eingeschrieben). Für die deutsche Geistesgeschichte wird die Zeit nach dem Konfessionswechsel von Kurfürst Johann Sigismund im Jahre 1613 und die Blüte eines aufgeschlossenen Kalvinismus bedeutungsvoll. Schließlich verweist die Universität, die im Jahre 1811 nach Breslau verlegt wurde, auf einige berühmte Studenten, auf Ulrich von Hutten, Alexander und Wilhelm von Humboldt und natürlich den großen Sohn der Stadt, Heinrich von Kleist. Ihm ist eine besondere *Gedenk- und Forschungsstätte* gewidmet. Sie befindet sich in der ehem. Garnisonsschule, Faberstraße 7, nahe der Oder. Der 1777 im Auftrag des Prinzen Leopold von Braunschweig, einem Neffen Friedrichs II., errichtete Spätbarockbau ist charakteristisch für den Zopfstil dieser Zeit, ein wenig hausbacken und steif wirkt die Fassade. Die Gedenkstätte verfügt über eine Spezialbibliothek, die u. a. alle Erstausgaben der Werke Kleists aufbewahrt.

Nur etwa 200 m vom Kleist-Haus entfernt betreten wir eine wichtige Kulturstätte, die Frankfurter Konzerthalle »Carl Philipp Emanuel Bach«. Sie befindet sich in der ehem. *Franziskaner-Klosterkirche* (1301 geweiht), die 1967 zu diesem Zweck bestimmt worden war. Die restaurierte frühgotische Backsteinhalle mit schlanken Achteckpfeilern und fast zierlichem Netzgewölbe erfährt nun eine weltliche, aber angemessene Nutzung (Abb. 68).

Eine ebenfalls frühgotische Hallenkirche ist die *Friedenskirche* (früher St. Nikolai), die etwa 1230 begonnen und im 13. Jh. mit einem polygonalen Umgangschor mit Stern- und Kreuzrippengewölbe ausgestattet wurde. Während einer Restaurierungsphase ab 1880 wurde das Äußere stark verändert und um eine neugotische westliche Zweiturmfront erweitert. Das wertvollste Ausstattungsstück der Kirche ist ein prachtvoller, 4,7 m hoher, siebenarmiger Standleuchter von 1375, der den Altarraum überstrahlt (Abb. 69). Eigentlich gehörte er zum Schatz der Marienkirche, wurde jedoch wegen deren starker Kriegszerstörung hierher gebracht. Bemerkenswert sind weiter die Grabdenkmäler alter Frankfurter Bürgerfamilien aus dem 17. und 18. Jh.

Eine Gründung des städtischen Patriziats ist auch die *Gertraudenkirche*. Der auf das Jahr 1368 zurückgehende Bau ist ab 1878 völlig neu errichtet worden, und nur der vielfigurige Mittelschrein eines Altars, Christus im Kreis seiner Jünger zeigend, ist aus spätgotischer Zeit erhalten geblieben.

Die schönste und reichste Kirche Frankfurts, die *Marienkirche* am Markt, ist 1945 bis auf die Umfassungsmauern niedergebrannt. Aber selbst die Ruine, deren Erhaltung gesichert ist, läßt noch die Monumentalität der 1253 als dreischiffige Hallenkirche begonnenen Anlage erkennen, der zu Anfang des 15. Jh. noch zwei äußere Seitenschiffe angebaut wurden. Von besonderer Schönheit sind zwei Sandsteinportale, von denen vornehmlich das der Nordkapelle reich an figürlichen und heraldischen Schmuckelementen ist, die einer Stiftung Kaiser Karls IV. zugeschrieben werden. Von den mittelalterlichen Ausstattungsstücken ist neben dem schon erwähnten Standleuchter (jetzt Friedenskirche) ein bronzener Taufkessel erhalten, ein prachtvolles Stück aus dem Jahre 1376 mit reichen figürlichen Darstellungen und einem turmartigen Deckel, das jetzt im Pfarrhaus aufgestellt ist.

Insgesamt prägen nur noch wenige alte Bauten die Frankfurter Altstadt. Neben den alten Türmen rücken immer mehr die neuen städtebaulichen Anlagen in den Blickpunkt.

Etwa 28 km südlich von Frankfurt/O. liegt *Eisenhüttenstadt,* das 1950 noch auf keiner Landkarte zu finden war und inzwischen mehr als 50000 Einwohner zählt. Es entstanden großzügige Wohnkomplexe und viele freie Flächen für Erholungs- und Kulturzwecke. Öffentlichkeitsbauten wie das *Friedrich-Wolf-Theater,* Hotels und Restaurants sowie Wohnhochhäuser prägen das Stadtbild.

Nur wenige Kilometer weiter südlich, in dem kleinen Ort *Neuzelle,* treffen wir auf ein meisterhaftes Beispiel nordostdeutscher Barockkunst. Die Kirche des ehem. *Zisterzienserklosters* entfaltet alle Eigenheiten des barocken Kirchenraumes (Abb. 70). Es fehlen weder der imposante Altaraufbau mit einer Vielzahl von Figuren und Ornamenten noch die reichen Stukkaturen und großflächigen Fresken, und illusionistische Deckengemälde erweitern optisch den Raum. Mit dieser Überfülle an malerischem und plastischem Schmuck wurde die Kirche in den Jahren von 1654–1658 und von etwa 1730–1740 ausgestattet. Aus der ersten Umbauphase stammen die Deckenmalereien des Italieners J. Vanet. Im 18. Jh. macht sich dann der Einfluß böhmischer und süddeutscher Künstler geltend, so daß die Neuzeller Klosterkirche mit ihren künstlerisch hochrangigen Ausstattungsstücken in enger Verwandtschaft zum süddeutschen Barock steht.

Die Wessobrunner Stukkateure Hennevogel haben sich dabei besonders hervorgetan, aber auch der Maler Georg Wilhelm Neunherz hat mit seinen leidenschaftlichen Wandgemälden viel zur dekorativen Vollendung des Kircheninneren beigetragen. Von ihm stammt auch das Hauptbild in der Vorhalle mit dem Stifterpaar des Klosters, dem Markgrafen von Meißen, Heinrich dem Erlauchten, und seiner Gemahlin Agnes, zu deren Heil und Erbauung die Stiftung ehem. gedacht war. Das Kloster wurde schon 1268 gegründet, und erst nach den schrecklichen Verwüstungen des Dreißigjährigen Krieges wurde der urspr. gotische Bau barock erneuert. Das Kloster selbst hielt den Säkularisationsbestrebungen lange stand. Es wurde erst 1817 aufgelöst, und man nutzte Räume davon als Lehrerseminar. Neben Resten der Klosteranlage (Refektorium, Kapitelsaal, Kreuzgang) ist besonders die umfängliche Gewändersammlung interessant, die neben anderen kunsthandwerklichen Gegenständen (Kelchen und Monstranzen) in der 1978/79 umfassend restaurierten Kirche aufbewahrt wird.

Der kleine Ort verfügt noch über eine zweite Kirche, die *Pfarrkirche zum Heiligen Kreuz,* die in ihrer barocken Erneuerungsphase (1728–1784) von den Bauleuten und Künstlern der Klosterkirche beeinflußt ist. Der Kreuzigungsaltar, die fahrbare Kanzel und die Reliefs an der nördlichen und der südlichen Empore stammen von einem Prager Meister. Die Malereien in der Kuppel sind stilistisch eng mit der Kunst des in Prag ansässigen Kirchenmalers Georg Wilhelm Neunherz verwandt.

Neuzelle
Pfarrkirche zum Heiligen Kreuz.

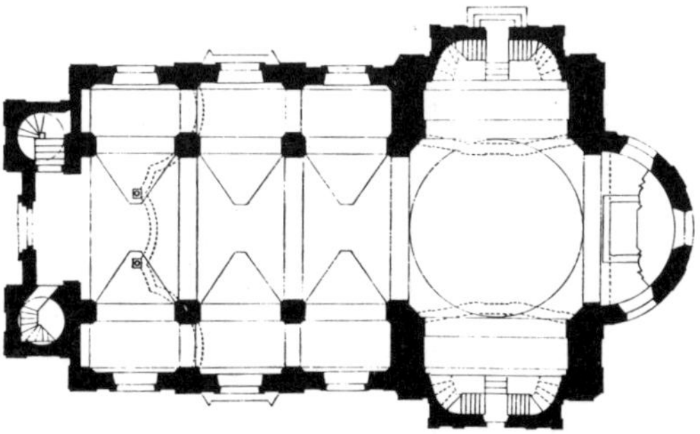

Unsere Rückreise nach Frankfurt sollte von der Landstraße erster Ordnung abweichen und quer durch eine der schönsten märkischen Landschaften führen, durch das Tal der Schlaube, ein kleines Landschaftsschutzgebiet von ungewöhnlichem Reiz. Neben reizvollen Fachwerkhäusern finden wir hier manches technische Denkmal, wie die *Ragower* oder *Schernsdorfer Mühle,* bis wir schließlich das kleine Städtchen *Beeskow* erreichen, eine urspr. slawische Siedlung, wie der Name verrät. Bis heute haben sich bedeutende Reste der spätmittelalterlichen Befestigungsmauer erhalten mit Wiekhäusern und Türmen, und auch der Wehrgang ist teilweise noch begehbar. Von den drei schönen Toren ist nur eines übriggeblieben, und auch das *Schloß,* das einst Bischof Dietrich von Lebus Anfang des 16. Jh. hatte errichten lassen, ist nur noch als Ruine erhalten. Ein anderes bedeutendes Denkmal der Stadt, die spätgotische, sehr wehrhaft anmutende *Marienkirche,* wurde 1945 stark zerstört; kostbare Wandgemälde konnten aber gesichert werden.

Von der kleinen Stadt an der Spree geht es zurück nach Frankfurt. Wir haben nur ein kleines Stück seiner Umgebung zeigen können. Ausflüge lohnen sich aber nach allen Richtungen, ob nach *Fürstenwalde* mit dem harmonischen Ensemble der wiederaufgebauten Marienkirche und dem restaurierten Rathaus, nach *Bad Saarow* mit den noblen Villen früherer Prominenz von Max Schmeling bis Käthe Dorsch oder nach *Buckow,* dem Sinnbild der märkischen Schweiz. Landschaftliche Schönheit und alte Kultur sind hier oft dicht beieinander. Es lohnt sich, für dieses Land etwas Zeit zu haben.

Elmar Faber

31 *Berlin* Brandenburger Tor. Das durch Kriegsschäden stark in Mitleidenschaft gezogene Tor wurde 1956/57 in alter Schönheit wiederhergestellt.

32 *Berlin* Neptunbrunnen. 1891 aufgestellt, nimmt er das Pathos barocker Plastik wieder auf.

33 *Berlin* Altes Museum. Zusammen mit der Nationalgalerie gibt das klassizistische Bauwerk der Berliner Museumsinsel ihr charakteristisches architektonische Gesicht.

34 *Berlin* Zeughaus, heute Museum für Deutsche Geschichte.

35 *Berlin* Staatsratsgebäude. Hauptportal.

36 *Berlin* Blick vom Spreeufer zum Fernsehturm, mit Marienkirche und Rotem Rathaus.

37 *Berlin* Schauspielhaus und Französischer Dom auf dem ehem. Gendarmenmarkt, einem der architektonisch eindrucksvollsten Plätze Berlins.

38 *Berlin* Stadtgericht Berlin-Mitte. Erbaut zwischen 1896 und 1905, Treppenhaus in Formen des Jugendstils.

39 *Berlin* Schloß Köpenick. Wappensaal.

40 *Berlin* Marienkirche. Die berühmte marmorne Kanzel von Andreas Schlüter, 1703 aufgestellt.

41 *Berlin* Zeughaus. Kriegermaske von Andreas Schlüter.

42 *Berlin* Märkisches Museum.

43 *Berlin* Reiterdenkmal Friedrichs II. Meisterwerk Chr. D. Rauchs, 1851 vollendet, 14 m hoch.

44 *Berlin* Nikolaikirche.

45 *Potsdam-Sanssouci* Neues Palais.

46 *Potsdam-Sanssouci* Detail vom Chinesischen Teehaus.

47 *Potsdam-Sanssouci* Schloß Sanssouci. Blick in die Bibliothek.

48 *Potsdam-Sanssouci* Bildergalerie. Die Gemäldesammlung umfaßt vorwiegend Werke des 17.–19. Jh.

49 *Potsdam* Einsteinturm. Geglücktes Beispiel expressionistischer Baukunst.

50 *Potsdam* Brandenburger Tor.

51 *Potsdam* Nikolaikirche.

52 *Potsdam* Holländisches Viertel.

53 *Brandenburg* Dom. Der Hauptaltar.

Unser Glaube ist der Sieg, der die Welt überwunden hat

54 *Brandenburg* Dom.
Die meisterhaften Kapitelle fanden ihre Vorbilder im Magdeburger Dom.

55 *Brandenburg*
Altstädtisches Rathaus.

56 *Brandenburg*
Katharinenkirche.
Schaufassade der Südkapelle.

57 *Chorin* Zisterzienserkirche.
Blick aus dem Kreuzgang auf die Südfassade.

58 *Brandenburg* Dom. Hungertuch von 1290 aus der reichen Textiliensammlung des Domarchivs.

59 *Caputh* Schloß. Kellerraum mit prächtigen holländischen Fliesen aus dem 17. Jh.

60 *Chorin* Fürstensaal des ehem. Klostergebäudes.

61 *Ravensbrück* Im größten Frauenkonzentrationslager der Nazizeit mahnt eine Figurengruppe von Will Lammert zur Besinnung.

62 *Neuruppin* St.-Lazarus-Kapelle. Südportal. Die Leibung besteht aus Tonplatten.

63 *Gransee* Pfarrkirche St. Marien. Ostansicht.

64 *Oranienburg* Schloß. Es wurde im Auftrag der Kurfürstin Luise Henriette ab 1652 errichtet.

65 *Gransee* Ruppiner Tor.

66 *Bernau* Pfarrkirche St. Marien. Bürgermeisterstuhl.

67 *Frankfurt/Oder* Rathaus. Erstmals 1348 erwähnt, davor das Gebäude schon als Kaufmannshaus genutzt, schmuckvoller Südgiebel.

68 *Frankfurt/Oder*
Franziskanerkirche. Um 1270 erbaut, bemerkenswerter hoher Westgiebel aus dem 16. Jh., heute Konzerthalle der Stadt.

69 *Frankfurt/Oder*
Friedenskirche. Siebenarmiger, 4,7 m hoher Standleuchter, um 1375.

70 *Neuzelle*
Kath. Stiftskirche. Blick in den prachtvoll ausgestatteten Innenraum nach Osten.

Die Bezirke
Neubrandenburg, Rostock und Schwerin
(ehemals Mecklenburg)

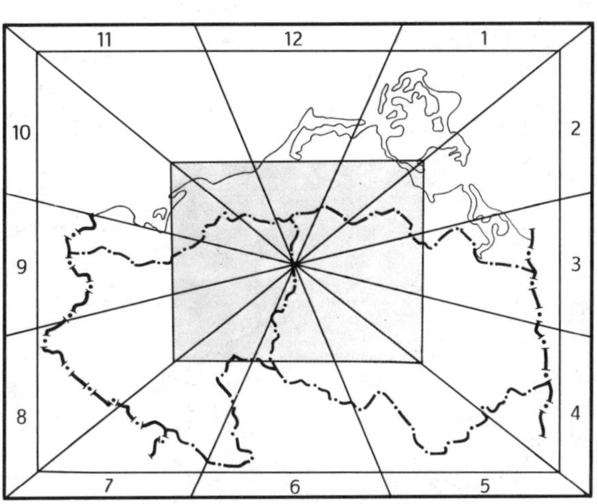

OSTSEE
Fischland
Klockenhagen
Ribnitz
Damgarte
Rövershagen
B
Heiligendamm
Bad Doberan
Ostseebad
Rerik
Steffenshagen
Parkentin
110
Tessin
Kröpelin
ROSTOCK
103
Neubukow
Kavelstorf
Hohen Luckow
Poel
Klütz
Dassow
105
Schönberg
Grevesmühlen
105
Neukloster
Bützow
108
Rossewitz
WISMAR
103
Güstrow
Vietgest
208
Rehna
Warin
Vietlübbe
Schweriner
Brüel
104
Gadebusch
Kirch Stück
104
Sternberg
104
See
Krakow am See
192
Dobbertin
Krakower
See
SCHWERIN
Goldberg
Crivitz
Benthen
Zarrentin
Bezirk
Karow
195
106
321
Lübz
191
Malchow
Friedrichsmoor
Plau
Plauer
See
Parchim
198
Wöbbelin
Neustadt-Glewe
103
Redefin
Boizenburg
Ludwigslust
Grabow
Schwerin
195
191
Elbe
Dömitz
5
Bezirk
Lenzen
189
Perleberg
Wittenberge
Bad
Wilsnack

OST-
SEE
Altenkirchen
Spyker
Bobbin
Saßnitz
Schaprode
Sagard
96
Rügen
Ummanz
Waase
Zingst
arß
Binz
Granitz
Bergen
Putbus
Göhren
Barth
Kenz
STRALSUND
105
194
96a
96
irk Rostock
Kirch Baggendorf
Bad Sülze
Tribsees
Grimmen
Greifswald
Griebenow
Wolgast
Usedom
111
Pudagla
Gnoien
Loitz
Jarmen
Gützkow
109
110
Dargun
Demmin
Levin
Verchen
Neetzow
Anklam
Usedom
108a
Neukalen
Kummerower See
Teterow
96
Klempenow
Landskron
194
Tützpatz
Spantekow
197
Ueckermünde
urg Schlitz
Malchin
Malchiner See
Reuterstadt Stavenhagen
Altentreptow
Friedland
Lübbersdorf
108
Ulrichshusen
Rosenow
Bezirk
109
Gr. Gievitz
104
Neubrandenburg
Strasburg
Pasewalk
Waren
ölpinsee
192
Tollense-see
Woldegk
Wolfshagen
193
198
113
Müritz
Wanzka
Möllenbeck
Röbel
Neustrelitz
198
Prenzlau
Neubrandenburg
Mirow
Wesenberg
96
Lychen
Templin
Potsdam
109
Staatsgrenze
Bezirksgrenze
Autobahn mit Abfahrt
103
Fernverkehrsstr. mit Nummer
Sonstige Straße
ROSTOCK
Levin
Ort mit Sehenswürdigkeit
Grenzübergang
Zeichenerklärung
Staatsgrenze im Wasserlauf

Altenkirchen 1 □ Dorfkirche: Chor und Mittelschiffswände Anfang 13. Jh., Erneuerung der Seitenschiffswände Ende 14. Jh., Taufe um 1250, Korpus des Triumphkreuzes Ende 14. Jh.

Altentreptow 3 ■ Stadtkirche: 14. und 15. Jh.
Neubrandenburger und Demminer Torturm: um 1450

Anklam 3 □ Marienkirche: Gründungsbau 2. Hälfte 13. Jh., Langhaus und Südwestturm 2. Hälfte 14. Jh., jetziger Chor und Kapellenanbauten Ende 15. Jh.
Nikolaikirche: 2. H. 14. Jh., seit 1945 Ruine
Steintor: Mitte 15. Jh.
Wartturm »Hoher Stein«: 1458

Bad Doberan 11 ■ Klosterkirche: 1295–1368, 1962–1984 restauriert
Hochaltar 1310, Laienaltar aus dem Werkstattkreis Meister Bertrams 1368, seit 1984 wieder am alten Standort
Grabkapelle Herzog Adolf-Friedrichs 1634
Beinhaus: vor 1250
Brauhaus und Kornhaus des Klosters: Letztes V. 13. Jh., das Brauhaus z. Z. Ruine
Palais: 1806–1809. Tapeten im Gartensaal um 1820, 1987 restauriert
Salongebäude: 1802, Saalanbau 1819–1821, zum Rathaus umgebaut Ende 19. Jh., Wiederherstellung 1957, der Saal 1983/84 restauriert

Bad Wilsnack 6 □ Wallfahrtskirche: 1384–1430 mit eingebautem Westturm vom Ende 13. Jh., Westgiebel 2. Hälfte 16. Jh.
Glasmalerei 2. Viertel 15. Jh.
Standbild Bischof Wöpelitz' um 1400

Benthen 8 ■ Dorfkirche: 1. Hälfte 13. Jh.; typische romanische Dorfkirche in Mecklenburg

Bergen 1 □ Marienkirche: Baubeginn 2. Hälfte 12. Jh., Fertigstellung 14. Jh., ältester erhaltener Kirchenbau Pommerns.
Wandmalerei Anfang 13. Jh., Kanzel 1775

Binz 1 □ Jagdschloß Granitz: 1836–1844, 1980–1988 restauriert

Bobbin 1 □ Dorfkirche: um 1400, Turm um 1500, 1980–1987 einschließlich Ausstattung restauriert

Boizenburg 8 □ Rathaus: 1711
Stadtkirche: jetziger Chor und Langhausumbau 1860–1865. Altaraufbau und Kanzel in den Querschiffen Anfang 18. Jh.

Bützow 9 ■ Stiftskirche: 1230 – Anfang 14. Jh., Chor letztes Drittel 14. Jh.
Flügelaltar 1503, Kanzel 1617
Reformierte Kirche: 1765–1771
Schloß: Restbau mit Kapelle 2. Hälfte 16. Jh., zuletzt 1911 erneuert

Burg Schlitz 3 ■ Schloß: 1806–1824.
Landschaftspark, 1. Drittel 19. Jh.

Dargun 3 ■ Klosterkirche: um 1225–1270, Querhaus und Umgangschor 1464–1479, Ruine
Schloß: Unter Verwendung der alten Klausur Ende 16. Jh. und Anfang 17. Jh., nach teilweiser Zerstörung in der 2. Hälfte 17. Jh. wieder ausgebaut; Ruine
Kornhaus des Klosters: 13. Jh. und 1585
Stadtkirche: 13. Jh., Umbau 1753, Apsis 1861

Dassow 10 □ Dorfkirche: Chor 2. Hälfte 13. Jh., Schiff 14. Jh., Turm Anfang 16. Jh.

Demmin 3 ■ Stadtkirche: 14. Jh., nach Brand 1684–1734 wiederhergestellt, Ostgiebel und Turmoberteil 1853–1857
Luisentor: 13. Jh. und 15. Jh.

Dobbertin 9 ■ Klosterkirche: 14. Jh., Umgestaltung 1828–1837
Klausur mit Kreuzgang und Refektorium: 13. und 14. Jh.

Friedland 3 □ Marienkirche: 14. Jh. und 15. Jh., nach Brand 1714 wiederhergestellt
Nikolaikirche: 2. Hälfte 13. Jh., Veränderungen 2. Hälfte 18. Jh.; Ruine
Stadtmauer mit Wiekhäusern: 1304
Fischerburg: 2. Hälfte 15. Jh.
Anklamer Torturm: 1. Hälfte 14. Jh.
Neubrandenburger Torturm: Mitte 15. Jh.

Friedrichsmoor 8 □ Jagdschloß: um 1780, französische Bildtapete vor 1815

Gadebusch 9 □ Stadtkirche: 1220–1230, älteste erh. Hallenkirche des Ostseegebietes, Turm Anfang 14. Jh., Chorneubau und Seitenkapellen Anfang 15. Jh., romanische Ausmalung 1952 freigelegt, Tauffünte 1450
Schloß: 1571
Rathaus: 1618

Grabow 8 □ Stadtkirche: Chor um 1300, Langhaus 14. Jh., Turm 15. Jh. Obergeschosse 20. Jh.; hölzerne Gewölbe 1725
Rathaus: 1725

Greifswald 2 □ Marienkirche: um 1280 bis Mitte 14. Jh.; 1977–1988 restauriert, im Inneren die dekorative Ausmalung und Architekturfarbigkeit freigelegt und rekonstruiert, Annenkapelle und südliche Turmnebenkapellen Anfang 15. Jh., Vorhalle Mitte 15. Jh., Turmobergeschosse und Zeltdach 1780. Wandmalerei 1411, Kanzel 1587
Nikolaikirche (Dom): Letztes Viertel 13. Jh., Umbau und jetziger Chorschluß 1380–1420, barocke Haube 1653, umgestaltende Restaurierung 1824–1833, 1982–1989 Restaurierung dieses Zustandes im Mittelschiff, funktionsbedingte Einbauten, Freilegung von Wandmalerei Anfang 15. Jh. in den Chorseitenschiffskapellen
Jakobikirche: Letztes Viertel 13. Jh., innere Umgestaltung und Chor um 1400
Universitäts-Hauptgebäude: 1747–1750, 1976 die Fassaden restauriert, 1983 die Aula
Croy-Teppich 1554
Rathaus: Kern mit Kellern 14. Jh., 1738 barock wiederhergestellt, mehrfache Restaurierung im 20. Jh.
Guardianshaus des Franziskanerklosters: 14. Jh., seit 1800 mehrfacher Durchbau, zuletzt 1980
St. Spiritushospital: Hofgebäude 17. Jh., seit 1985 in Erneuerung
Häuser an der Straße 19. Jh.
Wohnhaus Platz der Freundschaft 11: Anfang 15. Jh.
Wohnhaus Platz der Freundschaft 13: 15. Jh.
Wohnhaus Knopfstr. 33: Ende 16. Jh., 1970–1988 zur Bibliothek ausgebaut
Wohnhaus Domstr. 29: 1802

Greifswald-Eldena 2 □ Zisterzienser-Klosterkirche: Ostpartie 2. Viertel 13. Jh., westl. Teil des Langhauses Ende 14. Jh. und Anfang 15. Jh.; Ruine
östl. Klausurflügel: um 1300; Ruine

Griebenow 2 ■ Schloß: 1709
Schloßkapelle: 1616

Grimmen 1 ■ Marienkirche: Langhaus 2. Hälfte 13. Jh., Chor mit Umgang 15. Jh., 1976 Freilegung und Rekonstruktion der Ausmalung 15. Jh.
Rathaus: 14. Jh.
Stralsunder, Mühlen- und Greifswalder Tor: Mitte 15. Jh.

Groß Gievitz 4 ■ Dorfkirche: 2. Hälfte 13. Jh., Ausmalung 1. Viertel 14. Jh.

Güstrow 9 ■ Dom: Hauptbauzeit 1226 bis um 1270, Chorpolygon, nördliche Pfeilerhalle, Südkapellen und Westturm 14. Jh.
Flügelaltar um 1500, Apostelfiguren um 1530, Wandgräber 3. Viertel 16. Jh., Ehrenmal von Barlach 1927
Stadtkirche: 1. Drittel 14. Jh. durchgreifende Rekonstruktion 1880–1883. Flügelaltar 1522, Triumphkreuzgruppe 1516, Kanzel 1583
Gertrudenkapelle (Barlach-Gedenkstätte): 15. Jh. Zahlreiche Bildwerke Ernst Barlachs
Schloß: Hauptbauzeit 1558–1594. Reicher Stuckdekor um 1570, Decke im Festsaal 1620. Restaurierung 1963–1979.
Torhaus um 1671
Rathaus: Mit älteren Teilen um 1800
Wohnhaus Domplatz 15/16: 1583

Wohnhaus Mühlenstr. 48: Anfang 17. Jh.
Wohnhaus Markt 22: um 1825
Weitere Wohnhäuser des 16. Jh. bis 1. Hälfte 19. Jh.

Heiligendamm 11 ■ Kurhaus: 1814–1816, rückwärtige Anbauten 1856
Kaufhalle: um 1830
»Cottages«: um 1840

Hohen Luckow 10 ■ Dorfkirche: Anfang 15. Jh.
Schloß: 1707–1708, reicher Stuckdekor

Kavelstorf 11 ■ Dorfkirche: 2. Hälfte 13. Jh., Wandmalereien im Chor 3. Viertel 13. Jh., 1987 freigelegt und restauriert

Kenz 12 ■ Wallfahrtskirche: 1. Hälfte 15. Jh.
Glasmalerei 1. Drittel 15. Jh.

Kirch Baggendorf 1 ■ Dorfkirche: Mitte 13. Jh.

Kirch Stück 9 □ Dorfkirche: um 1300, Glasmalerei um 1300 und um 1400

Klockenhagen 12 ■ Museumshof mit niederdeutschen Hallenhäusern usw.: 17.–19. Jh.

Klütz 10 □ Stadtkirche: Mitte 13. Jh., Turm 14. Jh.
Schloß Bothmer: 1726, Park 1. Hälfte 18. Jh.

Landskron 3 □ Veste: 1576; Ruine

Levin 3 ■ Dorfkirche: 1. Hälfte 13. Jh., Turm 15. Jh.

Ludwigslust 8 □ Schloß: 1772–1776
Große Kaskade: 1775
Schloßkirche: 1765–1770
Katholische Pfarrkirche: 1803–1809, freistehender Glockenturm 1818
Urspr. Stadtanlage und Wohnhausbauten: Letztes Drittel 18. Jh. und Anfang 19. Jh.

Malchin 3 ■ Stadtkirche: 1. Hälfte 15. Jh., oberstes Turmgeschoß 2. Hälfte 17. Jh.
Schnitzaltar Anfang 15. Jh.
Kalensches Vortor und Vortor des Steintors: 2. Viertel 15. Jh.

Malchow 8 ■ Klosterkirche: Neubau 1844–1849 und 1888–1890

Mirow 6 □ Stadtkirche: 14. Jh., Westturm 1742, Innenraum modernisiert
Schloß: 1749–1760; reicher Stuckdekor und Rokoko-Interieur z. T. erhalten, seit 1987 in Restaurierung, Kavalier- und Küchengebäude 1758. Torhaus 1588, nach 1900 mehrfach verändert
Unteres Schloß: 1766, Umbau zur Schule 1848

Neubrandenburg 4 ■ Marienkirche: um 1300, 1832–1841 Restaurierung und Turmobergeschoß, nach Kriegszerstörung seit 1980 Wiederausbau
Franziskanerkirche: Gründungsbau 2. Hälfte 13. Jh., Umbau 1. Hälfte 14. Jh., 1982 restauriert und neuer Emporeneinbau.
Nordflügel der Klausur mit Kreuzgang und Refektorium: 14. und 15. Jh., 1972–1978 restauriert und ausgebaut
Georgenkapelle: 1. Hälfte 15. Jh.
Befestigungsanlage: Stadtmauer und Wiekhäuser Ende 13. Jh., zum Teil neu ausgebaut, Tortürme mit Vortoren
Anfang 14. Jh. bis Mitte 15. Jh., Zingel des Neuen Tores Anfang 16. Jh.; bedeutendste städtische Wehranlage des Backsteingebietes

Neukloster 9 ■ Klosterkirche: 2. Viertel 13. Jh., Glasmalerei um 1240
Glockenturm: heutige Gestalt 1586
Propstei: 14. Jh.

Neustadt-Glewe 8 □ Stadtkirche: 13. Jh., vielfach verändert, Kanzel 1587
Altes Schloß (Burg): Bergfried und Wehrmauer mit Tor 15. Jh., Altes und Neues Haus 16. Jh. und 15. Jh., mehrfach umgebaut
Neues Schloß: 1. Viertel 17. Jh., Fertigstellung 1711, Stuckdekor um 1715

Neustrelitz 5 ■ Schloßpark: Barock, 1790 umgestaltet, darin klassizistische Kleinbauten
Orangerie: 1755, Umbau 1840, seit 1977 Restaurierung der Säle
Weißes Herrenhaus: 1740, nur Nordflügel erhalten

Pavillon: 1720–1731, Umbau 1828–1834
Schloßkirche: 1855–1859
Stadtkirche: 1768–1778, Turm 1831 vollendet
Zahlreiche Palais- und Wohnbauten aus 1. Hälfte 19. Jh.

Parchim 8 ■ Georgenkirche: nach 1289 bis Anfang 14. Jh., Turmobergeschoß und Umgangschor 15. Jh., Flügelaltar 1421, Kanzel 1580
Marienkirche: Hauptbauzeit 2. Hälfte 13. Jh., 1908 durchgreifende Restaurierung, 1977–1982 Ausbau des südlichen Seitenschiffes, Flügelaltar um 1500, Tauffünte 1365, Orgelempore und -prospekt 17. Jh.
Rathaus: Ende 14. Jh., gotisierende Umgestaltung 1818
Wohnhaus Straße des Friedens 55: um 1650
Weitere Wohnhäuser des 17. Jh.–19. Jh. zahlreich vorhanden

Parkenthin 11 ■ Dorfkirche: 2. Hälfte 13. Jh.

Pasewalk 3 □ Marienkirche: der eingestürzte Turm 13. und 14. Jh., Wiederaufbau vorgesehen, Schiff und Ostschluß um 1330 bis Ende 14. Jh., Nordkapelle Anfang 15. Jh., Restaurierung 1841–1863
Nikolaikirche: Mitte 13. Jh., innerer Umbau Anfang 16. Jh., Restaurierung 1824
Hospital St. Spiritus: Anfang 16. Jh.
Verteidigungsanlage: Mühlentor, Prenzlauer Tor und 2 Mauertürme 2. Hälfte 15. Jh.

Perleberg 7 □ Stadtkirche: Turmuntergeschosse 13. Jh., Chor 1361 begonnen, Schiff 1. Hälfte 15. Jh., Restaurierung 1851, Turmobergeschoß 1916 erneuert
Rathaus: Gerichtslaube 15. Jh., sonst Neubau 1850
Roland: 1546
Wohnhaus Markt 4: Ende 15. Jh.
Wohnhaus Kirchplatz 11: 1584

Prenzlau 4 □ Marienkirche: Neubau 1325–1340, Anbauten Ende 14. und 15. Jh.; nach Kriegszerstörung z. Z. im Wiederaufbau
Jakobikirche: Hauptbauzeit Mitte 13. Jh., nach Kriegszerstörung um 1955 restauriert
Alte Nikolaikirche: Mitte 13. Jh., erhalten nur der Westbau mit jüngerem Südturm
Sabinenkirche: Mitte 13. Jh., 1816 verändert, Kanzelaltar 1597
Dominikanerklosterkirche: 1275–1343, Altaraufsatz 1609, Figuren vom Flügelaltar der Marienkirche 1512
Dominikanerklausur: Ende 13. Jh. bis Mitte 14. Jh.
Franziskanerklosterkirche: Mitte 13. Jh.
Heiliggeistkapelle: Anfang 14. Jh.; Ruine
Georgenkapelle: 2. Hälfte 14. Jh.
Befestigungsanlage: Mauern und Wiekhäuser Ende 13. Jh., Schwedter Torturm, Blindower Torturm 13. und 15. Jh., Mitteltorturm und Pulverturm 15. Jh.

Putbus 1 □ Schloßpark: barocke Anlage, 1804/05 und 1810–1825 erweitert
Kursalon: 1844–1846, Umbau zur Kirche 1891/92
Orangerie: 1824
Villa Löwenstein: 1828/29
Denkmal Wilhelm Maltes I.: 1859
Theater: 1819–1821, Portikus 1835
Wohnhausbauten vorwiegend aus 1. Hälfte 19. Jh.

Putbus-Lauterbach 1 □ Badehaus: 1817/18, Kolonnade 1830, Umbau 1956–1958

Putbus-Vilmnitz 1 □ Dorfkirche: Chor Mitte 13. Jh., Schiff 15. Jh., Altaraufsatz und 4 Sandstein-Epitaphien 1601–1603

Rehna 9 □ Klosterkirche: Gründungsbau 2. Viertel 13. Jh., Erhöhung und neuer Chor Mitte 15. Jh., Wandmalerei Mitte 14. Jh. und Mitte 15. Jh.
Klausurreste mit Kreuzgang, Dormitorium und Kapitelsaal 1. Hälfte 15. Jh.

Redefin 8 □ Dorfkirche: 1843–1847
Rerik 10 ■ Pfarrkirche: 3. Viertel 13. Jh. Qualitätvolle Ausmalung 1668, barocke Ausstattung 2. Hälfte 18. Jh.
Rosenow 3 ■ Obelisk zur Erinnerung an die tödliche Verwundung Theodor Körners am 26. 8. 1813 in einem Gefecht bei Gadebusch
Rostock 11 ■ Marienkirche: im Kern 3. Viertel 13. Jh., Hauptbauzeit I. Hälfte 15. Jh., Tauffünte 1290, bedeutendstes Exemplar dieser Art im Ostseegebiet, Flügelaltar aus der Nikolaikirche Mitte 15. Jh., Astronomische Uhr 1472 und 1643, Rochusaltar um 1530, Kanzel 1574, Fürstenloge und Orgelprospekt 3. Viertel 18. Jh.
Petrikirche: 1. Hälfte 14. Jh., Westturm 15. Jh., nach Kriegsschäden Durchbau um 1950
Nikolaikirche: 3. Viertel 13. Jh. als früheste erhalten gebliebene chorlose Halle, Chor, westliches Langhausjoch und Turm 1. Viertel 15. Jh., nach Kriegszerstörung z. Z. im Wiederaufbau
Heiligkreuz-Klosterkirche: 1. Hälfte 14. Jh. 2 Flügelaltäre Mitte 15. Jh. und Anfang 16. Jh. Klausurgebäude mit Kreuzgang, Refektorium und Dormitorium 14. Jh. und 15. Jh., barock und neuzeitlich verändert, seit 1976 umfassende Restaurierung und Nutzung als Kulturhistorisches Museum
Michaeliskirche: 1480–1488
Rathaus: Kernbauten 1270–1290, Erweiterung und gotische Schaufront bis 1500, barocker Vorbau 1727, die originale Farbigkeit 1980 rekonstruiert; Festsaal mit Stuckdekor 1735
Universitäts-Hauptgebäude: 1866–1870, die Aula 1982–1984 restauriert
Appellationsgericht: um 1840
Neue Wache: 1822–1825
Blücherdenkmal: 1815–1819
Palais: 1714, Saalbau mit Barocksaal um 1750
Wohnhaus Große Wasserstr. 30: um 1500
Wohnhaus Wokrenter Straße 40: Ende 15. Jh., 1980–1983 umfassend restauriert
Ehem. Spitalpfarrhaus, Kröpeliner Straße 82: Fassade 2. Hälfte 15. Jh.
Walldienerhaus, Hinter dem Rathaus 1: Ende 15. Jh.
Kerkhofhaus, Hinter dem Rathaus 5: 15. Jh., Fassade Anfang 16. Jh.
Weitere Wohnhäuser des 16.–18. Jh. sowie klassizistische Häuser aus 1. Hälfte 19. Jh.
Verteidigungsanlage: Rest der Stadtmauer 2. Hälfte 13. Jh., Kuhtorturm 2. Hälfte 13. Jh., Kröpeliner Tortum 2. Hälfte 13. Jh. und 14. Jh., Steintor und Lagebuschturm 1574–1577, Mönchentor 1805
Rostock-Warnemünde 11 ■ Pfarrkirche: 1866–1871. Flügelaltar um 1475, Christophorusfigur um 1500
Schwerin 9 □ Dom: um 1270–1374, 1981–1987 im Inneren Rekonstruktion der Architekturfarbigkeit von um 1450, Außenbau 1968–1976 instandgesetzt, Westturm 1890, Tauffünte Ende 14. Jh., 2 Messinggrabplatten 2. Drittel 14. Jh., Flügelaltar 1495, Grabmal Herzog Christophs 1595
Schelfkirche: 1708–1713
Paulskirche: 1863–1869, der Innenraum 1976–1978 restauriert
Schloß: Hauptbauzeiten 1553–1563, Mitte 17. Jh. und 1843–1857; Renaissance-Schloßkapelle Mitte 19. Jh. umgestaltet, Thronsaal 1857 mit reichem Dekor, seit 1974 umfassende Instandsetzung des gesamten Gebäudes sowie schrittweise Restaurierung des Festgeschosses und der »Belle-Etage«
Schloßpark 17. und Mitte 18. Jh., nach 1860 teilweise umgestaltet
Altstädtisches Rathaus: Kernbau Mitte 13. Jh., im 17. Jh. überbaut, Marktfront 1835, 1984/85 ausgebaut

Neustädtisches Rathaus: 1776
Neues Gebäude am Markt: 1783–1785
Kollegiengebäude: 1825–1834
Arsenal: 1840–1844
Marstall: 1838–1843
Neustädtisches Palais: 1776, 1878 umgebaut
Domhof: 1576, seit 1980 in Restaurierung und Ausbau
Einige Giebelhäuser des 17. und 18. Jh., zahlreiche stattliche Wohnhäuser und Palais 1. Hälfte 19. Jh.

Schwerin-Friedrichsthal 9 □ Jagdschloß: um 1800

Spyker 1 □ Schloß: Ende 16. Jh. Umbau Mitte 17. Jh., Ende 18. Jh. und 1966–1968; reicher Stuckdekor

Steffenshagen 11 ■ Dorfkirche: um 1300, 3 Westjoche und Turm 2. Hälfte 19. Jh. Taufstein 1. Hälfte 13. Jh.

Stralsund 1 ■ Nikolaikirche: Teile vom Gründungsbau 2. Drittel 13. Jh., Hauptbauzeit um 1270 – um 1360, seit 1982 Rekonstruktion der mittelalterlichen Ausmalung und Architekturfarbigkeit, Helm des Südturmes 1667, Wandmalerei 1330 – Anfang 15. Jh., Hochaltar Ende 15. Jh., Junge-Altar um 1435, Riemer-Altar um 1440, Bürgermeisteraltar um 1510, Anna selbdritt um 1290, »Schlüteraltar« um 1700, Kanzel 1611, gravierte Messinggrabplatte um 1360
Marienkirche: 1382–1473, Turmhaube 1708, verändernde Restaurierung 1842–1847, Orgel 1659,
Grabdenkmal Lilljenstedt um 1735
Apollonienkapelle: 1416
Jakobikirche: Kernbau 1. Hälfte 14. Jh., erhöht, erweitert und Westturm 15. Jh.
Dominikanerklosterkirche St. Katharinen: Letztes Viertel 13. Jh.–1. Viertel 15. Jh., Restaurierung und Einbau von »Raumstabwerk« zur Nutzung als Museum 1972–1975
Klausur: letztes Drittel 15. Jh. mit Kreuzgang, Kapitelsaal und Refektorium (Museum)
Franziskanerklosterkirche St. Johannis: 1. Viertel 14. Jh.; Ruine
Klausurgebäude: 14. und 15. Jh., seit 17. Jh. Spital mit »Räucherboden«, 1960–1986 Restaurierung und Ausbau zum Stadtarchiv. Fachwerkhäuser im Vorhof 17. Jh. und 18. Jh.
Heiligengeist-Spitalkirche: 1. Drittel 15. Jh., barock verändert
Spitalgebäude 1643, 1985–1987 restauriert, Elendenhaus 1637–1641, Fachwerkhäuser 18. und 19. Jh.
Rathaus: Kernbauten 13. Jh., nördlicher Kopfbau mit Schaufassade Anfang 15. Jh., barock verändert, 1881 gotisierend restauriert,
Hofgalerie 1680, seit 1974 Restaurierung der Flügelbauten und des daruntergelegenen Ratskellers und des Erdgeschosses
Wohnhaus Mühlenstr. 1: Ende 13. Jh.
Wohnhaus Frankenstr. 28: 14. Jh., Diele 1687, 1974–1984 umfassend restauriert
Wohnhaus Markt 5: Mitte 15. Jh., Fassade der Untergeschosse 1930
Küsterhaus Kirchplatz 1/2: Ende 15. Jh.
Wohnhaus Badenstr. 42: Anfang 17. Jh.
Wohnhaus Badenstr. 44: Im Kern 15. Jh., Fassaden 16. Jh.; 1975–1977 restauriert
Wohnhaus Semlower Straße 31/32: 1. Hälfte 18. Jh.
Wohnhäuser Fährstr. 24/25: 15.–17. Jh. 1980–1984 restauriert
Wohnhaus Frankenstr. 41: 1781
Wohnhaus Mönchstr. 46: Anfang 19. Jh.
Schwedische Kommandantur Markt 14: 1746
Befestigungsanlage: Stadtmauer und Wiekhäuser 13. und 14. Jh., Kniepertor Anfang 15. Jh., Kütertor 1446

Templin 5 □ Stadtkirche: Turm vom Gründungsbau Mitte 13. Jh., Neubau des 15. Jh., 1749 barock verändert

Georgenkapelle: Ende 14. Jh.
Rathaus: um 1750
Befestigungsanlage: Stadtmauer und Wiekhäuser 2. Hälfte 13. Jh., 3 Tortürme 13. und 14. Jh., Vortor des Prenzlauer Tores 15. Jh.

Teterow 3 ■ Stadtkirche: 3. Viertel 13. Jh., Turm 15. Jh., Restaurierung 1877–1880, Gewölbemalerei Mitte 14. Jh., Flügelaltar Anfang 15. Jh.
Stadtbefestigung: Rostocker Tor und Malchiner Tor 15. Jh.

Tützpatz 3 ■ Dorfkirche: 15. Jh. Schloß: 1779, Restaurierung 1908

Ueckermünde 3 □ Stadtkirche: 3. Viertel 18. Jh., Turm 1863
Schloß: 1546, nur Nordflügel und Reste des Bergfrieds erhalten. Porträtrelief 1546

Verchen 3 ■ Klosterkirche: Letztes Viertel 13. Jh., Chorpolygon und Turm 15. Jh. Verkündigungsgruppe um 1420, Glasmalerei 2. Hälfte 15. Jh.
Gutshaus: um 1700

Vietlübbe 9 □ Dorfkirche: Anfang 13. Jh.; der kreuzförmige Zentralbau zählt zu den ältesten erhaltenen Kirchen Mecklenburgs

Waase 1 □ Dorfkirche: 3. Viertel 15. Jh. und 17. Jh. Flügelaltar um 1520, Kanzel 1572, Marienleuchter 15. Jh.

Wanzka 5 ■ Klosterkirche: Ende 13. Jh. und 14. Jh., 1843 und 1885 restauriert

Waren 4 ■ Georgenkirche: Anfang 14. Jh., Turm 1414, neugotischer Chor 1853. Kreuzigungsgruppe 14. Jh.
Marienkirche: Ende 13. und 14. Jh., 1792 stark verändert und neu ausgestattet

Wismar 9 □ Nikolaikirche: 1381–1487. Wandmalerei 15. Jh., Hochaltar aus der Georgenkirche um 1430, Passionsaltar um 1410, Krämeraltar 2. Viertel 15. Jh., Tauffünte um 1335 mit Gitter 16. Jh., Bronzegrabplatte Herzogin Sophies Anfang 16. Jh., 1975–1988 Einbau einer Winterkirche unter die Westempore
Marienkirchturm: Letztes Viertel 13. Jh. und 1. Hälfte 15. Jh., 1980–1983 Dach und Giebel restauriert
Georgenkirche: Chor um 1300, Hauptbauzeit 15. Jh.; Ruine, Wiederaufbau geplant
Heiliggeist-Spitalkirche: Mitte 13. Jh. und 14. Jh. Glasmalerei 15. Jh., bemalte Bretterdecke um 1700, 1967–1970 Gesamtrestaurierung
Hospitalgebäude Langes Haus: 15. und 17. Jh., 1970–1976 restauriert
Fürstenhof: Altes Haus 1513; Neues Haus 1553/54, verändert 1574 und 1877 renoviert
Rathaus: Mittelalterlicher Westteil mit Gerichtslaube 1817–1819 in den Neubau einbezogen
Alter Schwede: um 1380, seit 1977 Fassade restauriert, Inneres in Rekonstruktion
Archidiakonat: Mitte 15. Jh., 1961 Wiederaufbau
Schabbelhaus: 1569–1571
Weitere typische Wohnhausbauten des 14.–19. Jh. in der Altstadt erhalten
Wasserkunst: 1580–1602, 1861 umgestaltet, 1972–1976 restauriert
Wassertorturm: 3. Viertel 15. Jh.

Wöbbelin 8 □ Grabdenkmal Theodor Körners: 1814

Wolfshagen 4 □ Dorfkirche: 1858
Einheitl. Dorfanlage mit Guts-, Wirtschafts- und Wohngebäuden: 1830–1840
Denkmal zur Stein-Hardenbergschen Reform (sog. Königssäule): 1834

Wolgast 2 □ Petrikirche: Hauptbauzeit 1. Hälfte 15. Jh., 1716–1728 wiederhergestellt. Epitaph für Herzog Philipp I. 1560, Gruft mit herzoglichen Sarkophagen 16./17. Jh.
Gertrudenkapelle: 15. Jh.
Rathaus: 1718–1724, Türmchen 1780
Wohnspeicher Karl-Liebknecht-Straße 6: Anfang 17. Jh.

Im Gebiet der alten Hansestädte des Wendischen Quartiers

Wismar · Klütz · Neukloster · Rerik · Bad Doberan · Heiligendamm · Rostock
Stralsund · Bergen · Putbus · Greifswald

Die mecklenburgisch-vorpommersche Landschaft an der buchtenreichen Südküste der Ostsee ist eindringlich erst um das Jahr 1200 in das Blickfeld der Historiographen getreten. Zu diesem Zeitpunkt konnten zahlreiche Städte, Fernhandelsstützpunkte und bäuerliche Ansiedlungszentren westlich der Elbe und im nördlich benachbarten Dänemark schon auf eine oft mehrhundertjährige wechselvolle historische Entwicklung zurückschauen.

Ohne Zweifel hat es auch im Gebiet zwischen den Mündungsbuchten von Trave und Oder schon seit dem 10. Jh. zahlreiche dem Fernhandel und der Konzentration handwerklicher Produktionsstätten dienende Siedlungen von annähernd städtischem Charakter gegeben, die meistens in der Nachbarschaft von Heiligtümern oder feudalen Verwaltungszentren der in Stammesverbänden lebenden westslawischen Obotriten und Liutizen entstanden. Unter ihnen haben wohl die Ansiedlungen Wismar, Rostock und Stralsund wegen ihrer ziemlich geschützten und handelsgeographisch günstigen Lage schon von Anfang an eine größere Bedeutung besessen. Dennoch konnte auch ihnen der entscheidende Schritt zum wohlhabenden, politisch einflußreichen städtischen Gemeinwesen erst gelingen, nachdem im Zusammenhang mit einer zweiten Welle der feudalen deutschen Ausdehnung in das ostelbische Gebiet der Sachsenherzog Heinrich der Löwe seit dem Jahre 1160 im Verein mit König Waldemar von Dänemark das Land der Obotriten und Liutizen erobert und den Weg für eine intensivere Besiedlung durch deutsche und wallonische Bauern, Handwerker und Kaufleute freigemacht hatte. Denn erst damit waren die wesentlichsten sozial-ökonomischen Voraussetzungen für die Entwicklung der Hansestädte des Wendischen Quartiers geschaffen.

Ursprünglich hatte der Begriff »Hanse« nichts anderes bedeutet, als daß sich Kaufleute benachbarter Städte im Interesse gegenseitigen Schutzes auf ihren Kauffahrten zu Lande und zu Meer und zur Vertretung ihrer gemeinsamen Handelsinteressen im Ausland zu einer Genossenschaft verbanden. Dann aber faßten die Vertreter aller im ehem. westslawischen, also »wendischen« Gebiet gelegenen Seestädte, darunter auch die Vertreter Wismars, Rostocks, Stralsunds und Greifswalds, im Jahre 1299 nach dem Vorbild flandrischer Städte den einstimmigen Beschluß, den Schutz und die Interessenvertretung der niederdeutschen Kaufleute in Zukunft durch diese Städte besorgen zu lassen. So wurde der über 300 Jahre währende Bund jener Städte gegründet, die noch heute mit Stolz auf ihre im Mittelalter im Verband der Hansestädte des Wendischen Quartiers erworbene Bedeutung zurückschauen.

Die einstige Hansestadt *Wismar*, die 1229 erstmals als Stadt Erwähnung fand, ist noch heute Hafenstadt, wobei das Erwerbsleben ihrer Bürger jetzt vor allem durch die nach dem zweiten Weltkrieg entstandene Mathias-Thesen-Schiffswerft bestimmt wird.

Das Bild der Altstadt prägen nach wie vor die meistens parallel zueinander verlaufenden geräumigen Straßen mit ihren in großer Zahl erhalten gebliebenen Giebelhäusern aus dem 15. bis 18. Jh. Das schönste gotische Bürgerhaus, der um 1380 errichtete *Alte Schwede*, steht am Marktplatz, auf dem sich auch die *Wasserkunst* des aus Utrecht gebürtigen Bildhauers und Architekten Philipp Brandin befindet; sie wurde 1602 fertiggestellt (Abb. 72).

Schon vom Markt her fällt der schlanke Turm der einstigen *Marienkirche* ins Auge, der allein von dieser stattlichen, nach dem Vorbild der Lübecker Marienkirche errichteten hochgotischen Basilika von den Zerstörungen des zweiten Weltkrieges verschont blieb.

Östlich vom Turm steht das erst vor rund zwei Jahrzehnten weitgehend rekonstruierte *Archidiakonat*, ein kirchliches Wohnhaus aus der Mitte des 15. Jh.

Architektonisch weitaus bedeutsamer ist indessen der weiter westlich stehende *Fürstenhof*, das Absteigequartier der mecklenburgischen Herzöge in dieser Stadt. Ein jetzt zur Ruine der *Georgenkirche* gekehrter mehrgeschossiger Flügel mit spätgotischen Vorhangbogenfenstern, das *Alte Haus*, entstand 1512/13 anläßlich der Hochzeit Herzog Heinrichs. Aber auch das wesentlich aufwendiger gestaltete *Neue lange Haus* verdankt seine Entstehung einem gleichen Anlaß, der Vermählung Herzog Johann Albrechts mit einer brandenburgischen Prinzessin im Jahre 1555. Baumeister waren Gabriel von Aken und Valentin von Lira; das architektonische Vorbild für diesen in seiner Art in Deutschland einmaligen Bau war sehr wahrscheinlich der Palazzo Roverella in Ferrara, während Stil und Motive der reichen Bauplastik vor allem auf niederländische Einflüsse zurückgehen. Von den in Kalkstein ausgeführten szenischen Friesen stellt der an der Straßenfront Ereignisse des Trojanischen Krieges, der auf der Hofseite die Geschichte vom Verlorenen Sohn dar, und die von groteskem Figurenschmuck umrahmten Öffnungen der Durchfahrt bekrönen auf der Hofseite zwei fast freiplastische Gruppen: Dalila mit Samson und David mit Goliath. Die Namen der ausführenden Künstler sind uns nicht überliefert, dagegen ist es gewiß, daß die aus rötlicher Terrakotta bestehenden Teile des Baudekors in der Werkstatt des Lübecker Ziegelbrenners Statius von Düren entstanden (Abb. 73).

Einstmals zeugten drei monumentale Pfarrkirchen vom Stolz und dem Wohlstand der Wismarer Bürger und bestimmten schon von fern die Stadtsilhouette. Der zweite Weltkrieg hat von ihnen nur die an der »Grube«, dem mittelalterlichen Stadtgraben, gelegene *Nikolaikirche* unversehrt hinterlassen. Wie die Marienkirche als Basilika mit Chorumgang und Kapellenkranz gebaut, jedoch erst zwischen 1381 und 1487 errichtet, birgt dieser mächtige Bau heute den ganzen Reichtum an Altären, Taufsteinen und Fünten, Grabmonumenten und Epitaphien aus allen drei Wismarer Stadtpfarrkirchen. Besondere Beachtung verdienen der um 1430 in einer Rostocker Werkstatt geschaffene monumentale *Hochaltar* aus der Georgenkirche, eine vortrefflich gegossene hochgotische bronzene *Fünte* mit figürlichem Dekor, sowie der aus dem 2. Viertel des 15. Jh. stammende *Krämeraltar* und die *Bronzegrabplatte* der 1504 verstorbenen Herzogin Sophie, die alle drei aus der Marienkirche übernommen wurden und in Lübecker Werkstätten entstanden (Abb. 71).

Diejenigen, denen eine halbe Autostunde Weges nicht zuviel ist, sollten auf alle Fälle von Wismar aus über eine bequeme Fahrstraße, vorbei an Feldern und Wiesen und stellenweise unmittelbar am Strand der Ostsee entlang, die weiter nordwestlich gelegene Kleinstadt *Klütz* besuchen, von der aus man auch rasch das Ostseebad *Boltenhagen* erreicht. Die *Stadtpfarrkirche* von Klütz ist ein bedeutender Backsteinbau des Übergangsstils (Mitte 13. Jh.) von der Romanik zur Gotik und führt die Eigenart der durch das Vorbild westfälischer Kirchen bestimmten frühen mecklenburgischen dreischiffigen Hallenkirchen – quadratischer Westturm mit achtseitigem Helm, abgestufte Gewändeportale und den im Osten gerade geschlossenen Chor mit Zwillings- und Dreifenstergruppen – in typischer Form vor. Die Restaurierung des Innenraumes und der Kanzel wurde 1968 vollendet (Abb. 79).

Am Rande der Stadt ließ sich Reichsgraf Johann Kaspar von Bothmer 1726–1732 durch den aus Niedersachsen berufenen Architekten Johann Friedrich Künnecke ein *Schloß* errichten, das als stattlichstes Landschloß Mecklenburgs gelten darf (Abb. 81). Nach dem Vorbild des 1715 von John Vanbrugh für Herzog Marlborough gebauten Blenheim Castle im englischen Oxfordshire errichtet, umfaßt es mit seinen weit ausgreifenden Seitenflügeln mit Pavillons einen gärtnerisch gestalteten Ehrenhof. Hinter dem jetzt als Altersheim dienenden Schloß erstreckt sich ein von Wassergräben umgrenzter *Park,* der in unserem Jahrhundert zum englischen Landschaftsgarten umgestaltet wurde. Die Repräsentationsräume des Schlosses haben italienische Stukkateure unter der Leitung des damals in Norddeutschland vielbeschäftigten Andreas Maini mit reichem figürlichen und ornamentalen Stuckdekor ausgestattet.

Mögen auch in den verflossenen Jahrhunderten nicht nur innerhalb der Dörfer und Städte manche Veränderungen und Umlegungen vorgenommen worden sein, so folgt die von Wismar in östlicher Richtung führende Fernstraße im wesentlichen immer noch dem Verlauf der schon damals vielbefahrenen mittelalterlichen Handelsstraße, die Lübeck über Rostock und Stralsund mit Danzig und den baltischen Handelsstädten verband.

Wer sich von Wismar aus auf die Fahrt nach Rostock begibt und etwas Zeit für einige lohnende Abstecher behält, sollte schon an der nächsten großen Straßengabelung rechts abbiegen und die am Rande der Kleinstadt *Neukloster* gelegene Kirche des 1219 gegründeten ehem. Zisterzienser-Nonnenklosters *Sonnenkamp* besuchen. Die im 2. Viertel des 13. Jh. sorgfältig aus Backstein errichtete romanische Basilika mit Querhaus besitzt eine deutliche stilistische Verwandtschaft mit dem Ratzeburger Dom. Von ganz besonderer Schönheit sind aber die jetzt vor allem in den drei Ostfenstern des Chores zusammengefaßten Reste spätromanischer *Glasmalerei* mit statuarisch dargestellten Heiligen und vielfältig gestalteten Ornamentborten.

Ein weiteres lohnendes Besichtigungsobjekt ist die nördlich der Fernverkehrsstraße gelegene *Kirche* von *Rerik.* Am Ort des von Neubukow oder Kröpelin aus bequem erreichbaren Städtchens am Salzhaff wurde seiner geschützten Lage wegen eine Zeitlang irrtümlich der alte slawische Handelsplatz Reric vermutet, was zum heutigen Ortsnamen führte. – Die Kirche (3. Viertel 13. Jh.) ist wie die in Klütz eine dreischiffige Halle, deren hochbusige Kreuzrippengewölbe auf kräftigen Pfeilern ruhen und dem Raum einen großartigen, monumentalen Charakter verleihen. Die Hochachtung vor den künstlerischen Leistungen früherer Generationen gab 1970/71 Anlaß zur sorgfältigen Restaurierung einer Wände und Gewölbe überziehenden *Bemalung* von 1668, die im Wechselspiel mit den frühgotischen Architekturformen dem Kirchenraum einen ungewöhnlichen Reiz verleiht (Abb. 80).

Unmittelbar auf dem Wege nach Rostock liegt die kleine Stadt *Bad Doberan,* die ihre weit über die Grenzen des Landes hinausgehende Berühmtheit unter Kennern und Freunden der mittelalterlichen Backsteinarchitektur vor allem der hier erhalten gebliebenen Kirche des ehem. Zisterzienserklosters gleichen Namens verdankt (Abb. 74).

Heute inmitten einer zur Zeit der Romantik gestalteten Parklandschaft gelegen, gehört das von 1295–1368 errichtete hochgotische Bauwerk zusammen mit dem nördlich davon gelegenen *Beinhaus* (dem Karner) zu den architektonischen Kostbarkeiten der DDR. Das *Münster* ist eine dreischiffige Basilika mit dem typischen hohen Fenster in der turmlosen Westfassade, einem Querhaus und einem Kapellenkranz, der nach dem Vorbild flandrischer Kathedralen um den Chorumgang herumgeführt wurde. Sowohl in der Schönheit ihrer äußeren Gestalt als auch in der Harmonie aller Raumproportionen zeugt sie von der hohen Kultur zisterziensischer Baukunst im Ostseegebiet, von der in allen Fällen entscheidende Impulse auch auf die zeitgenössischen Bauvorhaben des aufstrebenden Bürgertums in den Städten ausgegangen sind. Eine gekonnte bildhauerische Leistung ist der Baudekor an den Pfeilern der das Mittelschiff und den Chor umgrenzenden schlanken Arkaden, und eine Fülle kunstvoller Ausstattungsstücke aus der Zeit vom Ende des 13. Jh. bis zur Mitte des 17. Jh. macht diese über Jahrhunderte hin dem mecklenburgischen Fürstenhaus als Begräbnisstätte dienende Kirche zu einem der bedeutendsten Baudenkmale auf der Reise durch das Gebiet der alten Hansestädte. Kürzlich wurden die Farbigkeit des Innenraumes und der monumentale mittelalterliche Kreuz- bzw. Laienaltar weitgehend in den Zustand des Kirchenweihejahres 1368 zurückversetzt.

Die Doberaner Zisterziensermönche kamen aus dem in Niedersachsen gelegenen Mutterkloster Amelungsborn. Sie waren im letzten Drittel des 12. Jh. beinahe die ersten, die inmitten der Wälder des eben der Ausbreitung des christlichen Glaubens erschlossenen

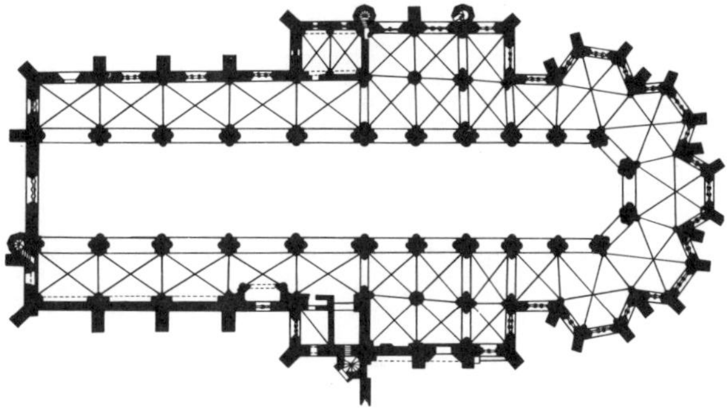

Doberan Kirche des ehem. Zisterzienserklosters.

Landes ein »Feldkloster« gründeten, während ihnen die übrigen Mönchsorden erst nach der Entwicklung und Konsolidierung der ersten größeren Städte zu folgen begannen. Zur Stadt wurde Doberan am Ende des 19. Jh. erhoben, doch gewann es schon zuvor stark an Bedeutung, als Herzog Friedrich Franz. I. am unweit gelegenen Heiligen Damm 1793 das erste Seebad in Deutschland ins Leben rief und in Doberan durch den Architekten Carl Theodor Severin die dazu erforderlichen Logier- und Gesellschaftsbauten für die Badegäste, für sich selbst aber ein Sommerpalais errichten ließ. Die schönsten Bauten aus dieser Zeit liegen am »Kamp« und prägen noch heute entscheidend das Stadtbild.

In *Heiligendamm* sind das 1814–1816 ebenfalls nach den Plänen Severins gebaute *Kurhaus* und einige um die Mitte des 19. Jh. errichtete *Cottages*, die Prototypen der eleganten Seebädervillen, erhalten geblieben.

Von Doberan sind es nur noch wenige Kilometer bis nach *Rostock*, dessen neuer Hafen die Stadt mehr als jemals zuvor zu einem wichtigen Umschlagplatz für Handelsgüter aus aller Welt und in alle Welt werden ließ.

Die für 1160 bezeugte älteste Siedlung entstand im Schutz einer slawischen Stammesburg und lag am rechten Ufer des von hier ab zum Meer hin stark verbreiterten Unterlaufes der Warnow. Den Keim für die am gegenüberliegenden Ufer des »Breitlings« gewachsene Altstadt von Rostock legten deutsche Kaufleute und Handwerker am Ende des 12. Jh., und 1265 schlossen sich die Bürger der drei in der 1. Hälfte des 13. Jh. gegründeten selbständigen Stadtteile mit eigenen Kirchen und Marktplätzen zu einem gemeinsamen Stadtwesen mit dem heutigen Marktplatz und einer alles umgrenzenden Stadtbefestigung zusammen. Als bedeutendes Mitglied der Hanse im »Wendischen Quartier« erlebte die Stadt im 14. und 15. Jh. ihre erste wirtschaftliche Blütezeit, und das aus diesem Wohlstand erwachsene Selbstbewußtsein der Rostocker Bürger war gewiß eine der wichtigsten Ursachen für die schon im Jahre 1419 erfolgte Gründung der ältesten Alma mater Nordeuropas in dieser

Stadt. Später hatte auch Rostock wie fast alle mecklenburgischen Städte die Nöte des Dreißigjährigen Krieges zu tragen, und erst um 1800 begann erneut ein kontinuierlicher wirtschaftlicher Aufschwung der Stadt, der nach 1945 in der wesentlichen Erweiterung der Neptun-Werft und dem großzügigen Ausbau des Überseehafens seinen bisherigen Höhepunkt fand.

Vier verheerende Bombenangriffe auf Rostock haben im zweiten Weltkrieg von den zuvor noch weitgehend das Bild seiner Altstadtstraßen bestimmenden spätgotischen, barocken und klassizistischen Wohnhäusern nur einen geringen Teil übriggelassen. Unter ihnen dürfen die schlanken, meist blendengegliederten Giebelfassaden der *spätgotischen Häuser* Große Wasserstraße 30, Wokrenter Straße 40, Hinter dem Rathaus 1 und 5 und Kröpeliner Straße 82 als die wichtigsten gelten. Schöne barocke Giebelhäuser blieben in größerer Anzahl in der Kröpeliner Straße erhalten, und den Stil des unter dem Architekten Carl Theodor Severin in Rostock eingeführten strengen Klassizismus der »Berliner Schule« zeigt in repräsentativer Form das palaisartige *Traufenhaus* Vogelsang 14.

Das aus drei parallel aneinandergebauten Gebäuden bestehende stattliche gotische *Rathaus*, dessen schmuckreiche, von sieben Türmchen bekrönte Fassade am Ende des 15. Jh. fertiggestellt war, vermag auch noch jetzt den infolge der Zerstörungen des zweiten Weltkrieges weithin seiner historischen Platzwände beraubten Markt städtebaulich im Gleichgewicht zu erhalten (Abb. 76).

An der gegenüberliegenden nordwestlichen Ecke des Marktplatzes überragen das mächtige Querhaus der *Marienkirche* (Abb. 75) und ihr von einem Umgang begleiteter Chor die z. T. rekonstruierten Fassaden der Häuser. Die breite fünfgeschossige Westturmfront mit der barocken Bekrönung gehörte im unteren Teil schon zu einer um 1290 begonnenen älteren Kirche, deren Schiff jedoch 1398 unerwartet wieder zerfiel. Danach entstand dann das durch den gelben und lederbraunen Farbton der im schichtweisen Wechsel vermauerten Backsteine so unverwechselbar eindrucksvolle spätgotische Kirchengebäude. Sein wie ein monumentaler vierflügeliger Zentralbau wirkendes Inneres beherbergt eine Anzahl außerordentlich qualitätvoller mittelalterlicher Kunstwerke, darunter die schönste gegossene Tauffünte des Ostseegebietes und die berühmte Astronomische Uhr.

Die am Ostrande der Stadt gelegenen beiden anderen großen Stadtpfarrkirchen, *St. Petri* und *St. Nikolai*, haben im letzten Kriege schwere Schäden davongetragen, und ihre Wiederherstellung ist noch nicht völlig beendet.

Von den einstigen Klosterkirchen blieb nur die des Zisterzienser-Nonnenklosters zum Heiligen Kreuz, die heutige *Universitätskirche*, erhalten. Die im 2. Viertel des 14. Jh. in der Art einer Bettelordenskirche errichtete dreischiffige Halle birgt neben zwei großartigen spätgotischen Schnitzaltären zahlreiche interessante Grabsteine einstiger Klosterinsassinnen, und an den vier Flügeln des Kreuzganges ist ein Teil der späteren baulichen Veränderungen hervorgeholt worden.

In unmittelbarer Nähe der Kirche liegen am Universitätsplatz, dem früheren »Hopfenmarkt«, das 1774 entstandene *Stadtpalais* der mecklenburgischen Herzöge und der 35 Jahre

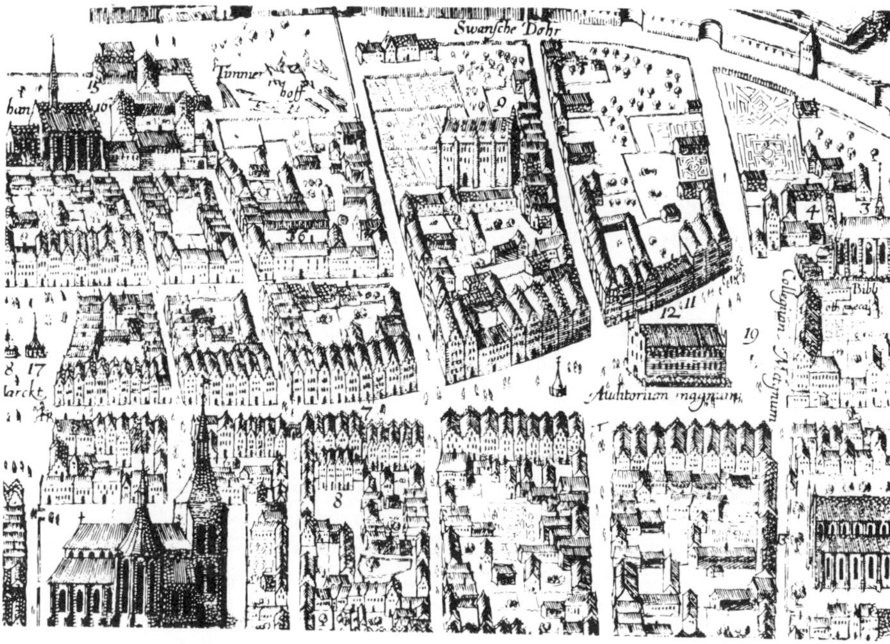

Rostock Der Kupferstich von Wenzel Hollar (um 1625) zeigt deutlich die Anordnung der Giebelhäuser mit den Schmalseiten zur Straße.

später nach den Plänen des französischen Architekten Jean Laurent Legeay errichtete Saalbau mit dem vor rund 30 Jahren restaurierten *Barocksaal.* Rechts davon steht die 1825 von C. Th. Severin in den strengen und schweren Formen der klassizistischen Berliner Schule gebaute *Hauptwache,* die wie das Palais jetzt von der Universität genutzt wird. Hier auch haben die Rostocker Bürger 1815–1819 dem Feldmarschall Leberecht von Blücher, einem ihrer bedeutendsten Söhne, von Gottfried Schadow ein stattliches *Bronzestandbild* aufrichten lassen.

Allen denen, die sich mit der Vergangenheit Rostocks etwas eingehender zu beschäftigen wünschen, bietet sich dazu in dem am westlichen Ende der Kröpeliner Straße (Abb. 78) gelegenen *Kröpeliner Tor* gute Gelegenheit, denn diesen um 1280 begonnenen und im 14. Jh. vollendeten schönsten Torturm der Rostocker Stadtbefestigung hat vor einiger Zeit das *Stadtgeschichtliche Museum* bezogen. Links von diesem Tor erstreckt sich noch ein Teil der mittelalterlichen *Stadtmauer,* von der ein weiteres Stück mit dem Lagebuschturm am südlichen Rande der Stadt zwischen dem 1574–1577 gebauten Steintor und dem schon 1262 urkundlich bezeugten Kuhtor erhalten blieb und instandgesetzt wurde.

Warnemünde, das alte Fischerdorf an der Mündung der Warnow, wurde seit dem Beginn des 19. Jh. mehr und mehr auch zum vielbesuchten Ostseebad. Dieser Ort bietet seinen Besuchern z. B. eine Hafenrundfahrt oder einen Bummel am Alten Strom mit den Fischkuttern und durch die Straßen mit den alten Häusern der Fischer. – Ein interessantes Zeugnis der sachlichen, funktionsbezogenen Baukunst des »Bauhausstils« ist das 1914–1925 an der Strandpromenade errichtete *Kurhaus.* Das großzügig angelegte, modernste Möglichkeiten nutzende *Hotel* »Neptun« ist indessen ein sehr beachtliches Beispiel der architektonischen Bestrebungen der Gegenwart (Abb. 77).

Durch zahlreiche Dörfer mit so manchem rohrgedeckten und bisher in seiner äußeren Gestalt unverändert gebliebenen niederdeutschen Hallenhaus und vorbei an dem nach der Reformation als Adeliges Fräuleinstift genutzten, früher weithin berühmten *Klarissinnenkloster* der Stadt *Ribnitz-Damgarten* führt die Autostraße in östlicher Richtung weiter nach *Stralsund.*

Die Silhouette dieser Stadt präsentiert sich wohl am schönsten von Nordosten, d. h. von der Südwestküste Rügens und dem die Insel mit Stralsund verbindenden Rügendamm. Aber auch für den von Westen kommenden Reisenden zeichnen sich die Türme ihrer drei mächtigen gotischen Stadtkirchen *St. Nikolai, St. Marien* und *St. Jakobi* schon von weitem vor dem Horizont ab und zeugen vom Wohlstand eines der einflußreichen Mitglieder des Städtebundes der Hanse im späten Mittelalter. Den historisch exakt faßbaren Beginn der wechselvollen Geschichte Stralsunds kennzeichnet die 1234 von Fürst Wizlaw I. von Rügen ausgestellte Gründungsurkunde der Stadt, deren Insellage zwischen Sümpfen und Teichen und dem Strelasund sie danach über Jahrhunderte hin vortrefflich gegen feindliche Angriffe schützte. Das wiederum hatte zur Folge, daß Stralsund durch seinen rasch aufblühenden Fernhandel mit zahlreichen nordeuropäischen Städten, eine geschickte Bündnispolitik des Rates und die Teilnahme an zwei gegen die Heere dänischer Könige gewonnenen Kriegen schon im 14. Jh. unter den Hansestädten des Ostseegebietes großen Einfluß gewann. Davon zeugen die über Feuersbrünste und die Luftangriffe des zweiten Weltkrieges erhalten gebliebenen stattlichen Backsteinbauten der Gotik, die noch heute vielfach das Bild der Straßen und Plätze in der Altstadt beherrschen.

Mit dem Niedergang der Geschäfte der Hanse seit dem Ende des 15. Jh. begannen auch für die Bürger Stralsunds schwere Zeiten, die während des Dreißigjährigen Krieges 1628 mit der ergebnislosen Belagerung der Stadt durch die Truppen des kaiserlichen Feldherrn Herzog Wallenstein einen schlimmen Höhepunkt fanden. Aber auch in den folgenden 200 Jahren, als Stralsund mit ganz Vorpommern zum Königreich Schweden gehörte und die Baulust schwedischer Gouverneure und Stadtkommandanten das Stadtbild durch einige architektonisch vortrefflich gelungene Bauwerke bereicherte, stand es hier mit den politischen und wirtschaftlichen Verhältnissen allgemein nicht eben zum besten.

Eine erneute schwere Belastung brachte den Stralsundern die Epoche der napoleonischen Besetzung, als in den Mauern der Stadt der deutsche Freiheitskämpfer Major von

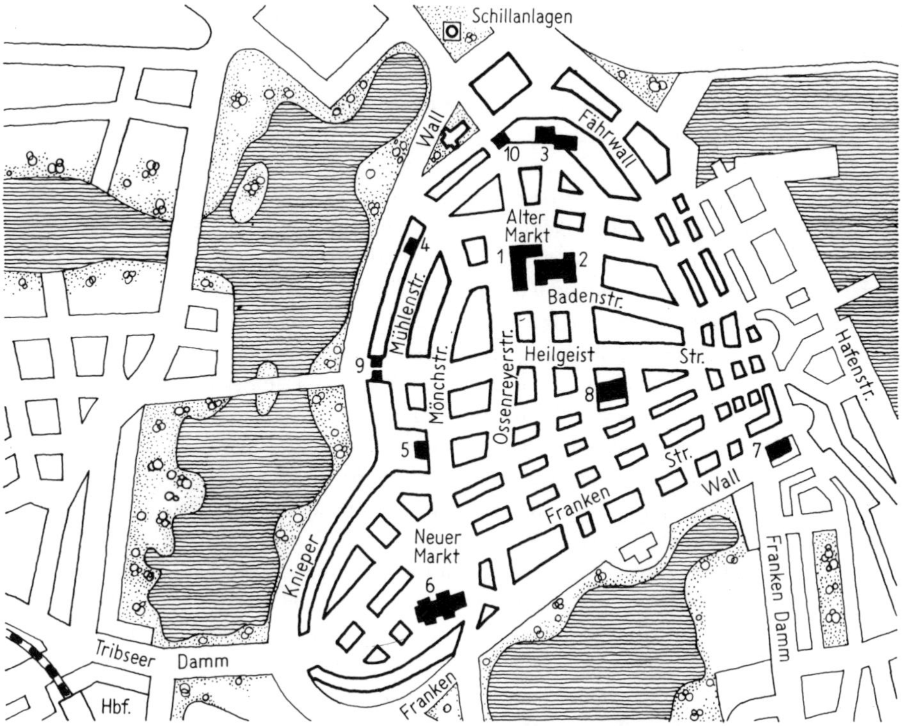

Stralsund 1 Rathaus 2 Nikolaikirche 3 Johanniskloster 4 Hof des ehem. Klosters Neuenkamp 5 Katharinenkloster, Kulturhistorisches und Meereskundliches Museum 6 Marienkirche 7 Hl.-Geist-Kirche 8 Jakobikirche 9 Kütertor 10 Kniepertor

Schill im Gefecht mit französischen Truppen den Tod fand und die geforderten Kontributionen jedes vernünftige Maß überstiegen. Erst nach 1815 und dem Übergang in den Staatsverband Preußens folgten für Stralsund wieder Jahrzehnte einer friedlichen Aufwärtsentwicklung, die schließlich nach den Rückschlägen in zwei Weltkriegen nach 1945 durch den Ausbau der Werften zu leistungsfähigen Großbetrieben von europäischem Rang in eine neue entscheidende Phase gelangte.

Von woher auch immer der Besucher die Altstadt von Stralsund betritt, stets wird er sich sogleich im Netz der mittelalterlichen Straßenzüge bewegen, die in ihrem Verlauf über die Jahrhunderte hin wenige Veränderungen erfuhren. Auch gibt es hier kaum eine Straße, in der nicht zumindest noch zwei oder drei stattliche Häuser mit gotischen, oft später im Stil der Renaissance oder des Barock veränderten Giebeln erhalten blieben, so daß der Bereich der *Altstadt* in seiner Gesamtheit zum Denkmal von nationaler Bedeutung erklärt worden ist.

Das jetzt älteste Wohnhaus Stralsunds aus dem Ende des 13. Jh. – *Mühlenstraße 1* – mit einem von Pfeilern und schlanken Dreipaßblenden gegliederten Backsteingiebel – steht unweit des Alten Marktes, wo das um die Mitte des 15. Jh. stark veränderte *Wulflamhaus* (Markt 5) den in Form und Dekor fortgeschrittenen Typ der für Stralsund typischen Pfeilergiebel verkörpert. Weitere besonders beachtenswerte Wohnhäuser des 15. Jh. mit gotischem Giebel sind in der *Badenstraße 40*, *Mühlenstraße 23* und *Frankenstraße 28* zu finden. Eine von der niederländischen Baukunst beeinflußte Renaissancefassade aus dem Anfang des 17. Jh. zeigt das Haus *Badenstraße 42*, in dessen Nachbarschaft das aus dem gleichen Jahrhundert stammende *Haus Nr. 45* und das spätgotische, im 16. Jh. mit einer neuen Fassade versehene *Haus Nr. 44* besondere architektonische Aussagekraft besitzen (Abb. 89). Imposante Giebelhäuser aus dem Barock sind u. a. in der *Fährstraße 29/30*, der *Semlower Straße 31/32* und der *Mönchstraße 12* und *13* erhalten. Dabei war urspr. die Aufteilung des Inneren dieser schmalen, jedoch meistens sehr tiefen Gebäude vom 13. bis ins 18. Jh. im Prinzip immer die gleiche: Die eine Hälfte des Hauses nahmen im Erd- und Obergeschoß die Wohnräume ein, in der anderen Hälfte lag die durch die ganze Tiefe des Hauses reichende zweigeschossige Diele, von der aus die Waren mit einer Seilwinde in die als Speicher benutzten Giebel- und Dachgeschosse hinaufgeholt werden konnten.

Mit den schwedischen Verwaltungsbeamten war in der 2. Hälfte des 17. Jh. der Typ des Traufenhauses auch im stralsundischen Wohnungsbau heimisch geworden. Das um 1670 für den schwedischen Gouverneur Graf Wrangel errichtete älteste und wohl auch schönste Haus dieser Art in Stralsund ist leider verlorengegangen. Dennoch haben sich in der *Ossenreyer Straße 1*, der *Semlower Straße 17* und vor allem in der *Mönchstraße* typische Beispiele aus dem Ende des 17. Jh. bis zum Beginn des 19. Jh. erhalten. Sicher datiert sind allerdings nur das 1726–1730 von Cornelius Loos gebaute dreiflügelige *Statthalterpalais* in der Badenstraße 17 und das 1746 als *Schwedische Kommandantur* am Alten Markt errichtete dreigeschossige Traufenhaus Nr. 14 mit dem steilen Dreieckgiebel vor dem geräumigen Walmdach, das seit einiger Zeit eine der vier am Marktplatz gelegenen Gaststätten beherbergt.

Das Zentrum des ältesten Teiles der Stadt ist der schon mehrfach genannte Alte Markt mit dem Rathaus und der benachbarten Nikolaikirche, eines der schönsten städtebaulichen Ensembles in Mecklenburg. Die kunstvoll gegliederte Architektur der jetzigen Marktfassade des *Rathauses* (Abb. 88) und der von ihr verdeckte nördliche Kopfbau mit seiner zweischiffigen spätgotischen Laube sind die jüngsten mittelalterlichen Teile dieses prächtigen Bauwerkes, die wohl zwischen 1350 und 1380 entstanden, als Rat und Patrizier der Hansestadt den Gipfel ihres politischen und wirtschaftlichen Einflusses erreicht hatten. Hingegen wurden die beiden zu seiten des schmalen Hofes stehenden Flügel und der sie am südlichen Ende verbindende Trakt schon im letzten Drittel des 13. Jh. errichtet. In diesem südlichen Trakt haben urspr. die ältere Große Ratsstube und Gerichtslaube gelegen, bis sie bei einem Stadtbrand zerstört und später nicht wieder aufgebaut wurden. Das zierliche Renaissance-Treppenhaus im nördlichen Durchgang trägt die Jahreszahl »1579«, die dem Vorbild des Stralsunder Heiligengeist-Spitales folgende zweigeschossige Galerie des Binnenhofes kam am Ende des 17. Jh. hinzu, und der in architektonisch überzeugender Weise vor den Durchgang des westlichen Rathausflügels gelegte barocke Portalrisalit (um 1715) belebt die zur Ossenreyer Straße gelegene Fassade. Das Innere des weitläufigen Gebäudes haben zahlreiche Umbauten weitgehend verändert. In der kleinen ehem. *Achtmannskammer* blieb das reizvolle barocke Interieur bisher zum größten Teil erhalten, und Interessierte sollten sich diesen sehenswerten Raum getrost einmal zeigen lassen!

Unmittelbar neben dem Rathaus steht die Pfarrkirche *St. Nikolai* (Abb. 91), in der vormals die Patrizier und Ratsmitglieder dem Gottesdienst beiwohnten. So gewaltig sich dieser Bau mit seinen zwei Türmen und dem hohen Mittelschiff auch über die Dächer der Häuser erhebt, fügt sich doch jeder Teil der Architektur in den Gleichklang der ausgewogenen Proportionen ein, so daß diese querschifflose Basilika mit Chorumgang und Kapellenkranz mit Recht als eines der schönsten hochgotischen Bauwerke des gesamten Ostseegebietes gilt. Nach dem Vorbild der Lübecker Marienkirche errichtet, war der um 1270 unter Verwendung älterer Teile begonnene und 1360 vollendete Bau gewiß auch eine Art Stralsunder Konkurrenzunternehmen zu ihr und darf den Vergleich mit der Schwesterkirche in Lübeck schon wagen. Auch im Inneren beeindruckt das Gleichmaß der Architektur, vor allem aber die Fülle der erhalten gebliebenen Ausstattungsstücke von oft hervorragender künstlerischer und kunstgeschichtlicher Bedeutung. Wenn davon hier die *Anna selbdritt* vom Ende des 13. Jh., eine um 1335 auf die Wand einer Nebenkapelle *gemalte Kreuzigungsgruppe*, die bronzene *Grabplatte* des 1357 gestorbenen Bürgermeisters Albert Hovener, der vor 1450 entstandene *Altaraufsatz* der Riemer und Beutler, die *Kanzel* von 1611 und der nach dem Entwurf des Bildhauers und Architekten Andreas Schlüter bald nach 1700 geschaffene evangelische *Hauptaltar* aufgezählt werden, soll damit nur die Vielfalt der den Besucher erwartenden Kunstwerke angedeutet sein.

In dem erst nach 1250 angelegten jüngeren Teil der Altstadt steht am Neuen Markt, dem jetzigen Leninplatz, die *Marienkirche* als zweite Pfarrkirche Stralsunds, ein spätgotischer Bau von gewaltigen Ausmaßen, dessen kristallinisch klare Architektur seine Monumentalität besonders hervorhebt. Präsentiert sich die von 1384–1473 errichtete Basilika mit Querhaus und Chorumgang in ihrer ganzen imponierenden Größe am schönsten vom gegenüberliegenden Ufer des Frankenteiches (Abb. 87), so sind die Dimensionen des von Spitzbogenfenstern durchbrochenen untersten Turmgeschosses und seiner zwei seitlichen Hallen am eindrucksvollsten vom Fuß des gestaffelten Westturmmassivs zu erleben. Entsprechend weit und hoch sind auch die von kräftigen Achteckpfeilern begleiteten kreuzgewölbten Joche der Mittelschiffe von Querhaus und Langhaus und die von einem Sterngewölbe bedeckte Vierung; Kleinode spätgotischer Innenarchitektur sind indessen die in dynamischer Vertikalität emporschießenden Hallen des westlichen Turmmassives mit ihren kunstvollen vielteiligen Netz- und Sterngewölben. Von der einst reichen Ausstattung der Kirche hat das 19. Jh. außer den schönen barocken *Schauwänden* der Familienkapellen und -grüfte nur die 1659 von dem Hamburger Orgelbauer Friedrich Stellwagen gebaute *Orgel* erhalten, eines der ältesten Instrumente des Ostseegebietes, das nicht nur einen prächtigen Prospekt besitzt, sondern auch ein seit 1959 im Sinne der historischen Disposition Stellwagens restauriertes Werk birgt, dessen Spiel das Erlebnis barocker Orgelmusik besonders eindringlich vermittelt.

Zwischen mittelalterlicher Neustadt und Altstadt lag die Parochie der *Jakobikirche,* einer in der 1. Hälfte des 14. Jh. errichteten, um 1400 in die jetzige Gestalt veränderten, den Neubau des Turmes einschließenden Basilika. Sie wurde im zweiten Weltkrieg beschädigt und seitdem nur sporadisch genutzt. Zwei Bettelordensklöster haben seit der Mitte des 13. Jh. für fast 300 Jahre das geistliche Leben in der Hansestadt entscheidend beeinflußt. Nach ihrer Aufhebung in der Reformation erhielten die Gebäude andere Funktionen. Das an der Mönchstraße gelegene Dominikanerkloster *St. Katharinen* (Abb. 90) beherbergt heute in seinen vormaligen Klosterräumen, die durchweg einem spätgotischen Erneuerungsbau angehören, das *Kulturhistorische Museum* der Stadt. Im dreischiffigen Remter (dem Kapitelsaal), dem Refektorium und zwei mit feingliedrigen Sterngewölben überdeckten weiteren Räumen ist eine Vielzahl kostbarer Kunstwerke und aussagekräftiger Geschichts- und Kulturdokumente zu finden, die hier den rechten architektonischen Rahmen erhielten. In der wegen ihrer schlanken, ausgewogenen Raumproportionen berühmten Kirche, einer im 1. Viertel des 14. Jh. vollendeten Halle, hat 1974 in drei eingebauten stählernen Etagenkonstruktionen das *Meereskundliche Museum* mit seinen sehr verschiedenartigen Exponaten Einzug gehalten.

Im Franziskanerkloster *St. Johannis,* das seit dem 17. Jh. Spital und Altenheim war, ist jetzt das *Stadtarchiv* mit einem guten Teil seiner Akten und archivalischen Kostbarkeiten untergekommen. Die hoch- und spätgotischen Klosterräume und der bekannte »Räucherboden« mit seinen seitlichen Wohnpriechen wurden restauriert und weitere Teile der weitläufigen Anlage für die neue Nutzung sinnvoll erschlossen. Die frühgotische Hallenkirche wurde 1944 völlig zur Ruine, nachdem das Langhaus schon seit 1624 keine Pfeiler und Gewölbe mehr hatte.

Von den urspr. sicherlich recht wirksamen mittelalterlichen Wehranlagen der Stadt sind an ihrem Westrand *Teile der Mauern* und zwei der vier Landtore erhalten geblieben, das *Kütertor* und das *Kniepertor.* Im Kniepertor befindet sich seit einigen Jahren eine moderne, zweckmäßig entworfene Wohnung, im Kütertor ein Teil der Jugendherberge.

Schon seit den letzten Jahrzehnten des 19. Jh. beweist die dem Festland zwischen Stralsund und Greifswald vorgelagerte *Insel Rügen* mit den an ihrer geschützten Ostküste gelegenen Seebadeorten Binz, Sellin und Baabe eine große Anziehungskraft für Urlaubsbedürftige und badelustige Gäste. Nur wenigen aber mag bei ihrem Besuch bewußt geworden sein, daß die Insel uraltes Kulturland ist, dessen historisches Geschick über die Jahrhunderte hin eng mit dem des benachbarten Festlandes verbunden war.

1168 zerstörten die Soldaten König Waldemars I. von Dänemark die slawische Tempelburg Arkona und besiegten die hier ansässigen Ranen unter ihrem Fürsten Jaromar. Bald darauf folgte dann im Zusammenhang mit der systematischen Christianisierung der Insel 1193 die Gründung des Zisterzienser-Nonnenklosters Bergen und die langsame Zuwanderung deutscher Handwerker und Bauern, die hier im Mittelalter ein gutes und freies Leben führen konnten. Seit dem 16. Jh. ging dann das Bauernland mehr und mehr in die Hand adliger Gutsbesitzer über, wobei das sog. Bauernlegen nach den sich auch für Rügen verheerend auswirkenden Nöten des Dreißigjährigen Krieges besonders krasse Ausmaße annahm. Seit der Mitte des 17. Jh. für rund 160 Jahre unter schwedischer Herrschaft, war die Insel Zankapfel zwischen Schweden, Dänen und Preußen, bis sie 1815 an Preußen kam und seitdem an den Geschicken Vorpommerns teilnahm.

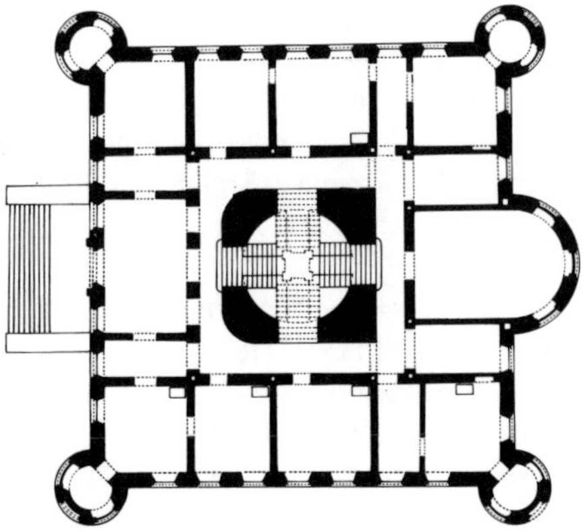

Binz Jagdschloß Granitz

Rügen besitzt eine Fülle von interessanten sakralen und profanen Baudenkmalen: Kirchen, Gutshäuser, städtische Wohnhäuser und ländliche Gebäude. Erinnert sei nur an das *Jagdschloß Granitz,* an so charakteristische Bauten wie die *Kirchen* in Altenkirchen, Wiek, Schaprode und Waase (Abb. 9), an den Schinkel-Leuchtturm auf Kap Arkona oder das Bauernhof-Museum Göhren. Am bedeutendsten sind die Marienkirche in *Bergen* und in seiner Gesamtheit der im Südwesten der Insel gelegene Ort Putbus. Die Bergener *Marienkirche* ist die Kirche des ehem. Klosters. Chor, Querhaus und Langhaus-Südwand sowie der westliche Turmriegel wurden von 1180 bis um 1210 unter der Anleitung dänischer Bauleute errichtet; das Langhaus und die Gewölbe kamen dann erst im 14. Jh. hinzu. So sehr eindrucksvoll sich die auf einem Hügel stehende stattliche Kirche mit ihrem hohen Turmhelm von allen Seiten über die Dächer der am Hang liegenden Stadt erhebt, ist doch der Innenraum mit seinen niederdeutschen und dänischen Einflüssen im bunten Wechsel folgenden romanischen Baugliedern und den die Höllenqualen und das Himmlische

Paradies darstellenden spätromanischen *Fresken* an den Chorwänden von ungleich größerer architektonischer und kunstgeschichtlicher Aussagekraft. Die farbige Fassung der Architektur geht allerdings auf eine sehr eigenwillige Restaurierung vom Ende des 19. Jh. zurück (Abb. 82).

Ein in seiner bisher erhalten gebliebenen Ursprünglichkeit ganz seltenes Beispiel für die einheitliche Anlage eines kleinen stadtähnlichen Ortes ist *Putbus*. Nachdem Wilhelm Malte von Putbus 1807 in den Fürstenstand erhoben worden war, bemühte er sich sehr um die Anlage einer Residenz im kleinen, die er nach dem etwas älteren Vorbild Doberans zugleich mit einigem Erfolg zum Badeort im Sinne des damals üblichen Verständnisses solcher Einrichtungen auszubauen versuchte. An der ehem. Landstraße entstanden bald auf der einen Seite der gut gepflegte, riesige Schloßpark mit verschiedenen Kleinarchitekturen und dem nicht erhalten gebliebenen Schloß, auf der anderen Seite der »Alleestraße« Wohnhäuser und ein Logiergebäude, der ovale Marktplatz, ein kleines, von 1819 bis 1821 errichtetes Theater und nach 1840 noch ein annähernd runder Platz – der *Circus* – mit schönen Wohnhäusern im Stil des späten Klassizismus, der durch die zur Berliner Bauschule gehörenden Architekten Erwin von Steinbach und Elias Steinmeyer in Putbus vertreten wurde (Abb. 92).
Wer von Stralsund aus der F 96 noch einmal in südöstlicher Richtung folgt, kommt nach etwa einer halben Fahrstunde nach *Greifswald*. Diese 1250 mit Stadtrecht belehnte Ansiedlung verdankt ihre Entstehung den hier aus der Schicht des Zechsteins entspringenden Salzquellen, deren Sole vor dem erst später allgemein üblich gewordenen Abbau von Steinsalz ein gefragtes Handelsobjekt war. Die Gründer der Stadt waren ungewöhnlicherweise die Mönche des an der Mündung des Flüßchens Ryck gelegenen Zisterzienserklosters *Eldena*, die um 1200 von dem kurz zuvor zerstörten mecklenburgischen Kloster Dargun nach hier kamen.

Greifswald war im Mittelalter Mitglied des Hansischen Städtebundes, und seine drei Stadtpfarrkirchen St. Marien, St. Nikolai und St. Jakobi sowie einige wenige zumindest im Bereich ihrer reich dekorierten Stufengiebel unverändert erhalten gebliebene spätgotische Wohnhäuser zeugen wie in anderen Städten von der Wohlhabenheit und dem Repräsentationsbedürfnis der Ratsmitglieder und Patrizier. Ihre über die Jahrhunderte fortwirkende Bedeutung erhielt die Stadt indessen durch die 1456 gegründete *Universität*, die einzige Hohe Schule in Pommern. Hier wirkten Professoren wie der bedeutende Reformationsjurist Johann Oldendorp und der deutsche Patriot Ernst Moritz Arndt, und seit der Mitte des 19. Jh. zählte die Medizinische Fakultät zu den berühmtesten Deutschlands. An den oft architektonisch sehr schönen *klassizistischen Häusern* der Stadt, von denen die markantesten (Knopfstraße 16, Mühlenstraße 15, Domstraße 29, Steinbecker Straße 15 und Straße der Freundschaft 15) nach Entwürfen des Architekten Johann Gottlieb Quistorp gebaut worden sind, weist manche Inschrifttafel auf hier vormals wohnende berühmte Lehrer der Alma mater Gryphiswaldensis hin.

Greifswald darf sich rühmen, an seinem Marktplatz wohl die schönste spätgotische Backsteinfassade aller erhalten gebliebenen mittelalterlichen Wohnhäuser im Norden der DDR vorweisen zu können. Sie gehört zum *Haus Platz der Freundschaft 11*, und ihr mit schönformigem Maßwerkdektor überzogener Treppenpfeilergiebel bestimmt bis heute das Gesicht des Platzes (Abb. 85). Daneben wirkt der teilweise rekonstruierte Giebel des benachbarten *Hauses Nr. 13* wesentlich bescheidener. Weitere interessante, jedoch schon der Zeit der Renaissance angehörende Hausgiebel sind in der *Brüggstraße 9* und der *Knopfstraße 33* zu finden.

Die *Marienkirche* überragt mit ihrem gedrungenen Turm, dem hohen Satteldach und dem von straffem Blendendekor überzogenen Ostgiebel die Greifswalder Altstadt (Abb. 84). Diese im wesentlichen in der 1. Hälfte des 14. Jh. errichtete Hallenkirche bietet auch in der lichtdurchfluteten Weite ihrer drei Schiffe eines der schönsten Beispiele hochgotischer Hallenräume des norddeutschen Backsteingebietes. Vor kurzem wurde hier die mittelalterliche Architekturfarbigkeit freigelegt und rekonstruiert. Die feingliedrigen Bauformen der zu Beginn des 15. Jh. angefügten *Annenkapelle* gehen auf das Werkvorbild eines der bedeutendsten damaligen Architekten, Hinrich Brunsberg, zurück.

Eine ebenbürtige Bedeutung für die Silhouette der Stadt besitzen die steil aufragende östliche Giebelwand und der schlanke, von Geschoß zu Geschoß zurückgestufte Westturm der *Nikolaikirche* mit seiner architektonisch ausgewogenen, sehr elegant wirkenden barokken Turmhaube von 1652. Der Innenraum dieser noch vor 1300 als dreischiffige Halle errichteten und 1380 zur Basilika veränderten Kirche wurde um 1830 unter Anleitung Gottfried Gieses, eines Schülers des Berliner Architekten Karl Friedrich Schinkel, in der bisher beibehaltenen romantisch-gotisierenden Weise umgestaltet. Bei der jetzigen Restaurierung wurde in den südöstlichen Seitenschiffskapellen künstlerisch hervorragende mittelalterliche Wandmalerei entdeckt. Die in ihrem äußeren Erscheinungsbild etwas bescheidener wirkende *Jakobikirche* erstaunt den Besucher durch die harmonische Geschlossenheit ihres das natürliche Rot des Backsteins zeigenden dreischiffigen Innenraumes.

Von Greifswald sind es nur wenige Fahrminuten bis zur Ruine des *Klosters Eldena*, von dessen Kirche Teile des Chores und Querhauses, einige Pfeiler des Langhaus-Mittelschiffes und die Westwand mit dem für Zisterzienserkirchen typischen großen Spitzbogenfenster erhalten blieben. Der um 1300 entstandene und in seinen Umfassungswänden weitgehend noch heute vorhandene östliche Flügel der Klosteranlage ist jetzt alljährlich Schauplatz nächtlicher, beim Schein von Fackeln abgehaltener Konzerte und Serenaden. Die von Caspar David Friedrich, dem bedeutendsten Maler unter den berühmten Söhnen Greifswalds, am Anfang des 19. Jh. mehrfach dargestellte Ruine ist eingebettet in eine parkartige Landschaft und läßt trotz der Nähe des vorüberflutenden Verkehrs etwas von der Abgeschiedenheit solcher mittelalterlichen Klosteranlagen ahnen (Abb. 83).

Von Schwerin über die Griese Gegend in die Westprignitz

Schwerin · Gadebusch · Rosenow · Vietlübbe · Parchim · Neustadt-Glewe
Ludwigslust · Wöbbelin · Redefin · Grabow · Perleberg · Bad Wilsnack

Schwerin, seit 1952 Bezirksstadt und vormals Hauptstadt des Landes Mecklenburg, ist dank seiner landschaftlich schönen Lage inmitten von Seen, seiner im 19. Jh. neu geordneten städtebaulichen Situation und seines überwiegend alten Gebäudebestandes eine der Städte geblieben, deren unverwechselbare Atmosphäre jeden Besucher anspricht.

Im Blick auf die Vergangenheit des ostelbischen Landes zwischen der Wismar-Bucht im Norden und dem Zusammenfluß von Elbe und Havel im Süden bildet die Eroberung der im Stammesgebiet der wendischen Obotriten gelegenen Fürstenburg »Zuarin« im Jahre 1160 durch das Heer des Sachsenherzogs Heinrich des Löwen einen entscheidenden Markstein. Heinrichs erfolgreiche Expansionskriege gegen die westslawischen Stammesverbände beendeten zum einen den jahrhundertalten Streit an der Ostgrenze des Reiches der fränkischen und hohenstaufischen Kaiser. Zum anderen hatte der Herzog mit der Einsetzung des in der wiedererrichteten Burg residierenden Statthalters Gunzelin von Hagen und der gleichzeitigen Gründung einer im Schutz der Burg gelegenen Stadt die Voraussetzung für die kontinuierliche Besiedlung ganz Mecklenburgs durch Kaufleute, Handwerker und Bauern aus Niedersachsen, Westfalen und Flandern geschaffen. Allerdings ist Schwerin trotz der vielerorts entstehenden Dörfer und Marktflecken bis zur Belehnung Rostocks mit Stadtrecht im Jahre 1218, also für rund 60 Jahre, die erste und einzige Stadt im mecklenburgischen Land geblieben. Ihre politische Bedeutung wuchs, als Bischof Berno nach 1165 die Kurie seines Bistums nach Schwerin legte und 1171 Heinrich der Löwe hier eigenhändig den Grundstein zum Bau des *Domes* gesetzt hatte. Diese den Schwesterkirchen in Ratzeburg, Braunschweig und Lübeck verwandte romanische Basilika von kreuzförmigem Grundriß mußte dann aber schon seit 1272 schrittweise dem Neubau der bis heute erhaltenen hochgotischen Kathedrale vom Typ der flandrisch-französischen Kirchen mit Chorumgang und Kapellenkranz weichen. Nur der im 13. Jh. unvollendet gebliebene Turm des romanischen Vorgängerbaues mit seinem spitzbogigen Südportal aus der Zeit um 1240 blieb damals fast unverändert erhalten. Er wurde erst gegen Ende des 19. Jh. durch Georg Daniel mit dem jetzigen neugotischen Westturmmassiv überbaut.

Der architektonisch die Vertikale betonende Innenraum mit seinen schlanken Arkaden zwischen quadratischen Pfeilern und den bis in die Gewölbezone aufsteigenden kräftigen Diensten, deren Profil in den Arkadenleibungen wiederkehrt, hat seit der Reformation bis 1868 mancherlei Wechsel in der Ausstattung erfahren. Seitdem fügt sich ein sorgfältig gestaltetes neugotisches Mobiliar im Hohen Chor und dem Mittelschiff harmonisch den klar strukturierten Formen der Architektur ein, deren spätmittelalterliche Farbgebung kürzlich exakt rekonstruiert wurde. Von den über die Jahrhunderte hin erhalten gebliebenen Werken der bildenden Kunst verdienen zumindest zwei in der Mitte des 14. Jh. in Flandern entstandene gravierte *Messinggrabplatten,* der aus einer Lübecker Werkstatt stammende spätgotische *Kreuzaltar,* ein bronzenes *Frührenaissance-Epitaph* aus der Werkstatt Peter Vischers d. J. und das mit minutiös fein gestalteten Reliefplatten von der Hand des Mechelner Bildhauers Robert Coppens geschmückte, 1595 datierte *Grabmonument* für Herzog Christoph und seine Gemahlin besondere Erwähnung. Sie sind neben dem Bauwerk selbst sehr beredte Zeugen der inzwischen über achthundertjährigen Geschichte kirchlichen Wirkens im Lande.

Südlich vom Dom liegt der schon im 17. Jh. leicht begradigte alte Marktplatz Schwerins. Seine Nordseite wird von der Kolonnade des 1785 nach einem Entwurf des Architekten Johann Joachim Busch errichteten *Neuen Gebäudes* begrenzt, in dem urspr. Ladengeschäfte und Wohnungen untergebracht waren. Die östliche Platzwand beherrscht das in einigen Teilen noch mittelalterliche, sonst aber aus drei Giebelhäusern des 17. Jh. bestehende *Altstädtische Rathaus,* vor dessen Marktfront 1835 eine von G. A. Demmler entworfene Fassade im Tudorstil gesetzt worden ist; 1982–1985 wurde es restauriert.

Der interessanteste Weg durch die Altstadt Schwerins führt von hier an den Häusern des *Großen Moors* vorüber, deren Fassaden in erstaunlicher Vielfalt, wenn auch in bescheidener Gestalt, die Palette aller möglichen Baustile vom 18. Jh. bis in die Gegenwart vorführen können. Am Ende dieser Straße steht die weitläufige Anlage des vormaligen *Marstalls,* der wie die Marktfront des Altstädtischen Rathauses nach einem Entwurf des um die bauliche Gestaltung Schwerins im 2. Drittel des 19. Jh. hochverdienten Hofbaurates und Architekten Georg Adolf Demmler entstand.

Sein Werk ist auch das am alten bischöflichen Mühlenteich, dem Pfaffenteich, an städtebaulich hervorragender Stelle gelegene *Arsenal,* ein 1844 vollendeter mehrflügeliger Putzbau. Demmler nutzte hier die Formen des Tudorstiles zur Steigerung der monumentalen Wirkung des an seinen Ecken und in der Mitte der Pfaffenteichfront mit massigen Türmen ausgestatteten Gebäudekomplexes. Dem Bau des Arsenales folgte bald die Befestigung des vor ihm gelegenen westlichen Pfaffenteichufers, an dem rasch eine geschlossene Reihe stattlicher Wohnhäuser für die Hof- und Regierungsbeamten entstand. Hinter ihnen erhebt sich am steil aufsteigenden Hang die 1862–1869 nach den Plänen Theodor Krügers gebaute *Paulskirche,* eines der neugotischen Kirchengebäude in Mecklenburg, bei denen der historisierende Stil durch das Ingenium des Architekten zu einer neuen, eigenwertigen Aussage gebracht worden ist (Abb. 96).

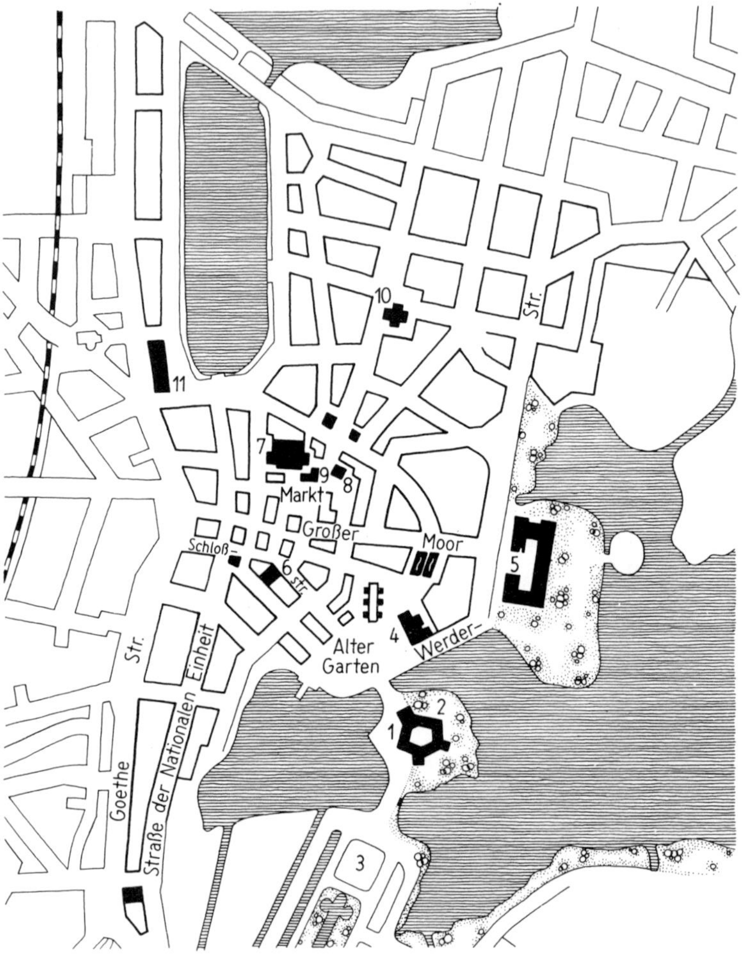

Schwerin 1 Schloß 2 Schloßkapelle 3 Schloßpark 4 Staatliches Museum, Galerie, Sammlungen Plastik und Kunsthandwerk und Museum für Ur- und Frühgeschichte
5 Marstall 6 Katholische Kirche 7 Dom St. Maria und St. Johannes Evangelista 8 Rathaus
9 Neues Gebäude 10 Schelfkirche 11 Arsenal

Auf der gegenüberliegenden Seite des Pfaffenteiches wird indessen der Turm der *Schelfkirche* erkennbar, die vom Westufer aus am vergnüglichsten durch eine Fahrt mit dem »Pfaffenteichkreuzer«, einem städtischen Motorboot, erreicht werden kann. Der mit dekorativen Hausteindetails verzierte barocke Zentralbau aus Backstein wurde 1708 von dem herzoglichen Ingenieur-Offizier Jakob Reutz begonnen und nach dessen Tod 1713 von Leonhard Christoph Sturm im Sinne der von ihm für den Bau protestantischer Sakralbauten entwickelten architekturtheoretischen Prinzipien vollendet. Das in seiner äußeren Erscheinung und der Geschlossenheit des vierflügeligen Zentralraumes ohne Zweifel bedeutendste barocke Kirchengebäude in den drei nördlichen Bezirken der DDR hatte einen mittelalterlichen Vorgänger und liegt inmitten der Schelfstadt, die seit 1707 von einer dorfartigen Siedlung bald zu der vor den Toren der Altstadt Schwerins gelegenen Neustadt heranwuchs (Abb. 95).

Das neben dem Dom gewichtigste Bauwerk Schwerins ist mit Abstand das im Südosten der Stadt auf der zumindest seit eintausend Jahren bewohnten Burginsel gelegene *Schloß* (Abb. 11). Ihre jetzige Gestalt verdanken die um einen weiten Binnenhof angeordneten sechs Flügel des Schlosses zum großen Teil einem von 1843–1857 währenden Umbau, an dessen Projektierung und Durchführung neben Demmler auch so bedeutende Architekten wie Gottfried Semper, Friedrich August Stüler und Johann Heinrich Strack beteiligt waren. Die drei zum Schweriner See hin gelegenen rückwärtigen Flügel mit der Schloßkapelle und der »Hofdornitz« sind ungeachtet ihrer späteren erheblichen Veränderungen allerdings schon um die Mitte des 16. Jh. entstanden, als vor allem Herzog Johann Albrecht I. das Schloß durch den aus Schlesien gerufenen lombardischen Baumeister Johann Baptist Pahr für seine Ansprüche herrichten ließ. Die drei vorderen, zum *Alten Garten* und dem Burgsee hin stehenden Flügel mit der architektonisch sehr aufwendig gestalteten Eingangsfront wurden indessen weitgehend im Stil französischer Renaissanceschlösser des Loiregebietes erneuert. Läßt deshalb das Schloß jetzt auch eine jedes einzelne Bauglied mit einbeziehende künstlerische Gesamtkonzeption an manchen Stellen vermissen, so hat sich inzwischen doch ein neuer Blick für die architektonische und historische Aussagekraft, vor allem aber auch für die bewunderungswürdige handwerkliche Qualität der bislang als eklektische Leistung mit einer gewissen Geringschätzung betrachteten Bauten des 19. Jh. herausgebildet. Das gilt mit Gewißheit auch für das reiche Interieur dieses Schlosses, dessen *Thronsaal* (Abb. 12) und zwei Galerien als erste Etappe einer durchgreifenden Restaurierung aller Räume, die inzwischen auch schon das daruntergelegene Geschoß der »Belle-Etage« einbezog, in ihrer urspr. Schönheit wiederhergestellt wurden. Ihnen sollen in absehbarer Zeit die *Schloßkapelle* und ihre aus der Mitte des 16. Jh. stammende Ausstattung mit dem bildhauerisch vortrefflichen Dekor folgen.

Wurde den Gebäuden des Schloßkomplexes aus verschiedenen Gründen zwischen dem Ende des Dreißigjährigen Krieges und dem großen Umbau in der Mitte des 19. Jh. keine sonderliche Aufmerksamkeit gewidmet, so erfuhr dagegen der südlich von der Schloßinsel gelegene *Schloßpark* von 1748–1756 seine bis heute beibehaltene Gestaltung mit der zentralen Wasserachse des Kreuzkanals und den inzwischen durch Kopien ersetzten 14 Sandsteinskulpturen von der Hand Balthasar Permosers. Den Entwurf für diese gartenarchitektonisch vortreffliche Lösung lieferte J. L. Legeay, ein später im Dienst Friedrichs II. von Preußen stehender Architekt, dem auch anderenorts in Mecklenburg wesentliche bauliche Anregungen verdankt werden können. Die im Schloßpark gepflanzten Laubengänge und das Reiterstandbild sind erst im 19. Jh. in die Gartenarchitektur eingefügt worden.

Von den westlich von Schwerin gelegenen kleineren Städten sind Wittenburg und Gadebusch die ältesten und schon im 1. Drittel des 13. Jh. im Schutze frühdeutscher Burgen entstanden. In *Wittenburg* ist aus dieser frühen Zeit die nach der Mitte des 13. Jh. vollendete *Pfarrkirche,* eine dreischiffige Halle mit Chor, erhalten. Das äußere Bild des aus Backstein errichteten stattlichen Baues läßt seine Entstehung in der Übergangszeit zwischen Spätromanik und früher Gotik erkennen, wobei spätere Anbauten und die verschieden gestalteten Gewölbe im Inneren vom Fortgang der Bautätigkeit bis ins 15. Jh. zeugen.

Die Stadt *Gadebusch,* etwas weiter nördlich gelegen, ist von Schwerin in 30 Fahrminuten auf der nach Lübeck führenden F 104 bequem zu erreichen. Ihre 1220–1230 errichtete spätromanische *Pfarrkirche,* eine dreischiffige Hallenkirche mit monumentaler westlicher Fensterrosette aus Bronzeguß, ist nicht nur ein vortrefflich gestaltetes Bauwerk, sondern zugleich auch von ganz besonderer kunstgeschichtlicher Bedeutung. Führte sie doch mit oder gar noch vor der Petrikirche in Lübeck den zuvor in Süddeutschland, Niedersachsen und Westfalen erprobten Raumtypus der Hallenkirche in Norddeutschland ein und wäre dann der früheste Sakralbau dieser Art im südlichen Ostseegebiet. Die Weite des in 12 gleiche, quadratische Joche gegliederten Langhauses, das vor drei Jahrzehnten wieder seine urspr. farbige Ausmalung erhielt, ist eine in unserem Gebiet einmalig gebliebene architektonische Leistung. Um so mehr ist es zu bedauern, daß der zugehörige spätromanische Chor im 15. Jh. einem dreischiffigen Neubau zum Opfer gefallen ist.

Am alten dreieckigen Markt, von dem aus die mittelalterlichen Handelsstraßen nach Lübeck, Wismar und Ratzeburg liefen, steht das 1618 auf den Resten des gotischen Vorgängerbaues erneuerte *Rathaus* aus Backstein mit seiner unter dem marktseitigen Giebel gelegenen Gerichtslaube.

Jenseits des Marktplatzes, dem Kirchenhügel gegenüber, lag auf einer zweiten Anhöhe die alte fürstliche Burg am Ort eines noch älteren slawischen Burgwalles. Das bis heute erhalten gebliebene dreigeschossige *Schloß* ließ Herzog Christoph 1570/71 im Stil oberitalienischer Palazzi durch Christoph Haubitz, einen mecklenburgischen Baumeister, errichten. Die seitliche Lage des Treppenturmes und die Fassadengliederung durch Terrakottapilaster und -friese aus der Werkstatt des Statius von Düren hat Haubitz ebenso wie die lünettenbekrönten Pilaster-Ädikulen der Portale offensichtlich vom Vorbild des Wismarer Fürstenhofes übernommen, der für Christophs Bruder Herzog Johann Albrecht I. knapp 20 Jahre zuvor in weit größerer architektonischer Vollkommenheit gebaut worden war.

Wer bis Gadebusch gekommen ist, sollte einen kurzen Abstecher nach dem östlich benachbarten Dorf *Vietlübbe* nicht versäumen, denn dort kann er einer der ältesten und zugleich baukünstlerisch reizvollsten mecklenburgischen *Backsteinkirchen* begegnen. Dieser für eine Dorfkirche recht stattliche Bau ist schon bald nach 1200 entstanden, und sein gleichschenkeliger kreuzförmiger Grundriß mit einer Apsis am östlichen Flügel folgt mit großer Wahrscheinlichkeit dem Vorbild entsprechender Kirchen Westfalens. Dagegen läßt die enge Verwandtschaft des Baudekores und die Sorgfalt der Maurertechnik auf die tätige Mithilfe von Angehörigen der Bauhütte des nicht weit entfernt gelegenen Ratzeburger Domes schließen, die auch anderenorts nachweisbar ist. Der Turm und sein Helm wurden schon mehrfach erneuert, der Innenraum bedarf der gründlichen Restaurierung (Abb. 94).

Wenigstens zweimal hat die Landschaft bei Gadebusch auch den Schauplatz kriegerischer Auseinandersetzungen gebildet. 1712 fand hier im Nordischen Krieg zwischen Dänen und Schweden die für die schwedischen Truppen siegreiche Schlacht bei Gadebusch statt. 101 Jahre danach, am 26. August 1813, fand Theodor Körner, der durch seine Gedichtsammlung »Leier und Schwert« bekannt gewordene Dichter und Offizier der Freiheitskriege gegen die napoleonische Besetzung Deutschlands, im Wald von *Rosenow* den Soldatentod. Dort, etwas nordwestlich vom Dorf Lützow und wenige 100 m nördlich der jetzigen F 104, ist dem tapferen Patrioten schon bald danach ein würdiges *Erinnerungsmal* errichtet worden. Bestattet wurde Theodor Körner indessen im Dorf *Wöbbelin*, unweit von Ludwigslust, wo er in der Vorahnung des baldigen Todes seinen Grabplatz unter einer Eiche bestimmte. Das *Grabmal* schmücken symbolhaft Leier und Schwert, und in der Nähe des Grabes haben später auch die nächsten Angehörigen des Dichters und Freiheitskämpfers ihre letzte Ruhestätte gefunden. Wählt man den kürzesten Weg zwischen Schwerin und Ludwigslust, so führt die nach Süden gerichtete Fahrt auf der F 106 durch Wöbbelin, und es bietet sich die Gelegenheit zu einem kurzen Aufenthalt an, zumal in der Nähe des Grabes ein 1960 aufgerichtetes *Relief* von Johannes Jastram in herber Formensprache mahnend an das Geschick von über 5 000 Todesopfern des bei Wöbbelin gelegenen KZ-Außenlagers »Reiherhorst« erinnert.

Obwohl verheerende Brandkatastrophen in vergangenen Zeiten immer wieder ganze Stadtteile, ja Städte zerstörten, ist dennoch über viele Jahrhunderte hin in unserem Gebiet das Wohnen in aus Fachwerk errichteten Häusern der Normalfall kleinstädtischer Lebensweise geblieben. Das kann im Prinzip für alle Klassen und sozialen Schichten der städtischen Bevölkerung gelten, auch wenn sich freilich die Häuser der Wohlhabenden in der Regel von denen der Mittellosen in Größe, Komfort und architektonischer Gestaltung unterschieden. Doch nur in wenigen mecklenburgischen Städten blieb dieses Bild der im bunten Wechsel von bescheidenen und stattlicheren Fachwerkfassaden eingefaßten Straßen auch nur einigermaßen erhalten. Eine von ihnen ist Parchim. Von Schwerin aus ist diese Stadt auf der F 321 zu erreichen. Aber schon auf halbem Wege liegt *Crivitz*, eine zwischen 1250 und 1280 von den Schweriner Grafen gegründete Stadt mit geräumigem Marktplatz und gitterförmigem Straßennetz. Ihre um 1370 als dreischiffige Hallenkirche aus Backstein errichtete *Stadtkirche* muß einen frühgotischen Vorgängerbau gehabt haben.

Parchims Altstadt entwickelte sich im Schutz einer urspr. slawischen Burg und hat 1225 Stadtrecht erhalten, während die westlich davon gelegene Neustadt mit regelmäßigerem Straßengitter und dem Neumarkt erstmals 1249 erwähnt worden ist. Die *Georgenkirche* war die Pfarrkirche der Altstadt und wurde zwischen 1290 und 1320 auf den Resten eines Vorgängerbaues als dreischiffige Hallenkirche errichtet, der um 1450 ein spätgotischer Umgangschor angefügt worden ist. Von der im 19. Jh. stark reduzierten älteren Ausstattung soll zumindest die 1580 entstandene und aufs reichste mit Figurendekor ausgestattete *Kanzel* des Lübecker Johann Grantzin als das bedeutendste Stück genannt werden.

Auch die in der Neustadt stehende *Marienkirche* ist eine dreischiffige Hallenkirche mit Rechteckchor und stattlichem Westturm. Obwohl sie erst in der 2. Hälfte des 13. Jh. gebaut wurde, zeigt diese Kirche im Detail noch viele romanische Formen. Der nördliche Anbau und der Giebel des Chores sind im 15. Jh. hinzugefügt worden. Von der hier in größerem Umfang erhalten gebliebenen Ausstattung fallen der aus dem Anfang des 17. Jh. stammende *Orgelprospekt* und die zugehörige *Empore* besonders ins Auge.

Das langgestreckte, zweigeschossige *Rathaus* aus Backstein ist ein Bau des ausgehenden 14. Jh. geblieben. Seiner Marktfront wurde jedoch vor der zeitweiligen Nutzung des Hauses als Oberappellationsgericht 1817/18 durch Baumeister J. G. Barca eine klassizistische Mittelbetonung verliehen, und die Fenster erhielten eine spitzbogige Streckung.

Die schönsten Fachwerk-Wohnhäuser der Stadt sind heute vor allem noch in der *Mühlenstraße* und der jetzigen *Straße des Friedens* (d. h. der alten Langen Straße und der Krämerstraße) zu finden. In der überwiegenden Zahl sind es Giebelhäuser, deren sauber gefügtes Fachwerk mit dekorierten Fußknaggen und in die Schwellenbalken geschnittenen Inschriften auffällt. Von um 1612 stammen die Häuser *Straße des Friedens 24* und *Mühlenstraße 43*, während die übrigen nach 1650 entstanden. Am Haus *Straße des Friedens 55* ist einem Fachwerkhaus von 1604 um die Mitte des 17. Jh. ein neuer Teil mit massiver Straßenfront und architektonisch gelungenem Stufengiebel vorgesetzt worden. Allerdings besitzt Parchim auch einige um und nach 1800 als massive Backsteingebäude errichtete Häuser mit schön gestalteten Straßenfassaden, unter denen die von Johann Georg Barca gebauten wiederum eine besondere Erwähnung verdienen.

Von Parchim aus sollte die Reise am besten auf der F 191 in südwestlicher Richtung fortgesetzt werden, denn die schon mehrfach genannte Stadt Ludwigslust ist auf alle Fälle einen Besuch wert! – Rechts von der Straße dehnt sich die weite Ebene der »Lewitz«, eines von Kanälen durchzogenen, sumpfigen Wald- und Wiesengeländes, in dem die Jagd auf Hoch- und Niederwild schon seit langem geübt wird.

Ebenso am Wege liegt auch die kleine Stadt *Neustadt-Glewe*, die seit 1248 im Schutze einer von den Schweriner Grafen unmittelbar am Ufer des Flüßchens Elde errichteten Burg heranwuchs. Von dem jetzt dort stehenden Gebäudekomplex des *Alten Schlosses* ist der runde *Bergfried* als ältestes Bauwerk allerdings erst am Anfang des 15. Jh. begonnen und am Ende dieses Jahrhunderts um ein Geschoß aufgestockt worden. Das *Torgebäude* wie die *Ringmauer* mit Wehrgang und Zinnenkranz und das zweigeschossige *Neue Haus* sind auch erst am Ende des 15. Jh. entstanden. Inzwischen nutzen junge Menschen diese mittelalterliche Wehranlage als Jugendherberge.

Eine hier unerwartete architektonische Kostbarkeit ist das 1618 von dem damals auch am Schweriner Schloß beschäftigten Emdener Baumeister Ghert Evert Piloot als herzogliches Absteigequartier begonnene und nach langer Stockung genau 100 Jahre später 1717/18 durch Leonhard Christoph Sturm zu Ende gebaute dreiflügelige *Neue Schloß* im Osten des Städtchens. Von großem Reiz sind auch die zahlreiche Räume des Schlosses schmückenden Stukkaturen des lombardischen Stukkateurs Giuseppe Mogia.

Ludwigslust war zuerst »Ludwigs Lust«! Hier am Rande des Gutsdorfes Klenow ließ sich Herzog Christian Ludwig von Mecklenburg-Schwerin noch als Prinz im Jahre 1724 zunächst ein bescheidenes Jagdhaus errichten, das aber zur Zeit seiner Regentschaft zu einem stattlichen Jagdschloß ausgebaut wurde (Abb. 86). Der Sohn und Nachfolger Christian Ludwigs, Herzog Friedrich, verlegte dann 1765 nach damals üblichem Brauch die Residenz aus der Landeshauptstadt Schwerin in das Jagdschloß des Vaters, das bald nicht mehr den durch die ständige Hofhaltung gewachsenen Bedürfnissen genügte. So wurde der Bau eines größeren, aufwendiger ausgestatteten Gebäudes nötig, das Johann Joachim Busch von 1772–1776 mit dem barocke und klassizistische Stilelemente verbindenden, bis heute äußerlich annähernd unverändert erhalten gebliebenen Schloßbau schuf. In den beiden Obergeschossen des überhöhten Mitteltraktes liegt als festlichster Raum der *Goldene Saal* mit seinem aus der Ludwigsluster Manufaktur stammenden vergoldeten Pappmaché-Dekor an Decke und Wänden; die 40 allegorischen Statuen auf der die Dächer verdeckenden Attika sind das Werk des böhmischen Bildhauers Rudolf Kaplunger, der auch die großen Figurengruppen der dem Schloß gegenüberliegenden Kaskade schuf.

Noch bevor mit dem Bau des Schlosses begonnen wurde und während der Herzog vorläufig im Jagdschloß des Vaters wohnte, hatte Busch schon von 1765–1770 die in der Blickachse des alten und des neuen Schlosses gelegene Schloß- und *Residenzkirche* errichtet. Dieser interessante, in seiner Art einmalige Bau besteht aus einer Säulenhalle als zum Schloß gerichteter Schaufront und einem von seitlichen Säulenreihen begleiteten Kirchensaal von erheblichem Ausmaß, dessen Ausstattung mit einer zweigeschossigen *Hofloge* und dem auf eine über zwei Freitreppen zugänglichen Bühne gehobenen Altar eher an ein Theater erinnert. Verstärkt wird dieser Eindruck durch den die Altarwand bedeckenden illusionistisch gemalten *Prospekt* mit der Verkündigung an die Hirten von Dietrich Findorff (1772) und Johann H. Suhrland (1803).

Nach Buschs Plänen wurde auch der nördlich und westlich vom Schloß gelegene barocke *Park* des ehem. Jagdschlosses u. a. durch den das aus der Lewitz kommende

Wasser der Schloßkaskade wegführenden Großen Kanal und die sich über ihn spannende Brücke bereichert. Der jetzt weit die barocken Grenzen überschreitende Landschaftspark aus der Mitte des 19. Jh. geht auf einen Entwurf des deutschen Gartenarchitekten Peter Joseph Lenné zurück. Im Park blieb eine große Anzahl von *Kleinarchitekturen* und *Denkmalen* aus der Epoche der Empfindsamkeit und der Zeit des Klassizismus erhalten.

Und noch einmal ist hier der Name Johann Joachim Buschs zu nennen, denn er ist der Planer und Architekt der sich symmetrisch entlang der Sichtachse Schloßkirche und im rechten Winkel dazu entlang der Schloßstraße (der jetzigen Wilhelm-Pieck-Straße) entwickelnden Stadtanlage gewesen. Die den unverputzten Backstein zeigenden zweigeschossigen Häuser sind nach dem Vorbild der Hamburger Bauten des dortigen Architekten Sonnin mit Pilastern, rustizierenden Zonen und Walmdächern versehen.

Einen neuen, durch die klassizistische Berliner Schule D. und F. Gillys beeinflußten Charakter des Bauens brachten Anfang des 19. Jh. die an der Kanalstraße und der Schweriner Straße errichteten Häuser J. G. Barcas in das Stadtbild. Er ist auch der Architekt des *Spritzenhauses*, des kleinen *Marstalles* und des *Turmes* der 1803–1809 in neugotischem Stil errichteten kleinen katholischen *Pfarrkirche* im Schloßpark gewesen.

Südwestlich von Ludwigslust erstreckt sich die Landschaft der durch sandige Heide und weite Nadelwaldflächen zu ihrem Namen gekommenen »Griesen Gegend« mit bescheidenen Heidedörfern und z. T. noch immer mühsam befahrbaren Wegen. An ihrem nördlichen Rande und auf der nach Boizenburg führenden F 5 leicht zu erreichen liegt indessen ein Ort, an dem allen Freunden des Pferdesports und der Pferdezucht froh ums Herz werden muß: *Redefin*. Hier gab es schon seit dem 17. Jh. ein das weite Wiesenland nutzendes Gestüt, aus dem ein beträchtlicher Teil der überall sehr begehrten Mecklenburger Pferde stammte. 1812 wurde dann aber das Großherzoglich-Mecklenburgische Landgestüt eingerichtet, in dem wertvolle Hengste verschiedener Herkunft für eine systematische Zuchtarbeit zur Verfügung standen. Zu diesem Zweck hat um 1820 der Landbaumeister C. H. Wünsch die Gruppe fast symmetrisch angeordneter *Gestütsgebäude* mit der inzwischen abgetragenen Reithalle errichtet, in denen auch noch heute das Staatliche Hengstdepot seinen kostbaren Pferdebestand hält. Glanz- und Höhepunkte der züchterischen Mühen sind die alljährlichen Hengstparaden geworden, bei denen viele Fachleute und Pferdeliebhaber die Erfolge der hier geleisteten Arbeit erleben können.

Wer die F 5 von Ludwigslust aus in südöstlicher Richtung befährt, wird nach wenigen Minuten die Stadt *Grabow* passieren und sollte seinen Weg nicht um sie herum, sondern durch ihre etwas verwinkelten Straßen wählen. Von ihrer seit 1252 währenden mittelalterlichen Vergangenheit zeugt nur noch die im 14. Jh. errichtete *Hallenkirche* in der Nähe des Marktplatzes, denn ein großer Stadtbrand hat 1725 fast alle übrigen damals stehenden Gebäude vernichtet. So entstand das Fachwerk-*Rathaus* erst nach dem Brand wie die noch heute das Straßenbild der Altstadt bestimmenden zwei- und dreigeschossigen Fachwerk-Wohnhäuser, unter denen das Hotel »Stadt Grabow« (Karl-Marx-Straße 28) herausragt.

Die zur ersten Begegnung mit typischen oder besonders sehenswerten Bauten und Kunstwerken in den drei nördlichen Bezirken der DDR dienende Reiseroute führt auf der F 5 in südöstlicher Richtung weiter nach *Perleberg* und damit über die südliche Grenze des alten Landes Mecklenburg hinweg in die vormals brandenburgische Westprignitz. So hatte die Stadt im Mittelalter auch die Funktion einer Grenzfeste gegen die nördlichen Nachbarn, zumal sie fortifikatorisch günstig auf einer Flußinsel der Stepenitz lag.

Der Bau der *Pfarrkirche St. Jakob* wurde laut Inschrift 1361 begonnen und im 15. Jh. vollendet, wobei die Details der Backstein-Hallenkirche mit Chor 1851 sehr eigenmächtig verändert wurden. Sehr schön gestaltet sind indessen die vier Portale am Langhaus.

Von dem hinter dem Chor der Kirche stehenden mittelalterlichen Rathaus blieb nur die spätgotische *Gerichtslaube* erhalten. Kennzeichen der freien Gerichtsbarkeit ist auch die weit überlebensgroße steinerne Figur des Schild und Schwert tragenden *Roland* auf reliefgeschmücktem Sockel, eines der wenigen noch vorhandenen Beispiele dieser vormals in Norddeutschland und Niedersachsen weitverbreiteten Symbole städtischer Freiheit.

Das fraglos schönste Fachwerk-Wohnhaus in Perleberg ist das spätgotische *Giebelhaus* Markt 4 mit geschnitzten Heiligenfiguren an den Strebehölzern des zweiten Obergeschosses. Weitere *Giebelhäuser* aus dem späten 16. und dem 17. Jh. mit teilweise reichem Dekor blieben am Kirchplatz, am Schuhmarkt und in der Mühlenstraße erhalten.

Südlich von Perleberg, und nur auf einer Landstraße erreichbar, liegt *Bad Wilsnack,* ein Eisen-Moorbad mit gepflegten Gartenanlagen. Seine große Zeit hatte das Städtchen allerdings als spätmittelalterlicher Wallfahrtsort, nachdem 1383 bei einem Brand der alten Wilsnacker Dorfkirche die auf dem Altar stehengebliebenen Hostien einen Blutstropfen trugen, was als ein Wunder angesehen wurde. Die Wallfahrer kamen aus ganz Europa und brachten reiche Gaben, so daß der Havelberger Bischof Johann Wöpelitz den Bau einer sehr großen und reich ausgestatteten neuen Kirche von 1384–1430 verwirklichen konnte. Es entstand eine aus Backstein errichtete dreischiffige Hallenkirche mit Querhaus und im Osten von einem Umgang begleiteten Chor. Der Turm der alten Dorfkirche blieb am Westende des Mittelschiffes erhalten, wobei der elegante, architektonisch geschickt gegliederte jetzige Westgiebel allerdings erst am Ende des 16. Jh. hinzugefügt wurde. Im Innenraum der *Nikolaikirche* ist die stilistische Verwandtschaft mit dem etwas jüngeren Stendaler Dom und gemeinsam mit ihm mit den niedersächsischen spätgotischen Backsteinhallen westlich der Elbe ganz offensichtlich. Einen für das Backsteingebiet ungewöhnlich reichen Dekor haben indessen die runden Pfeiler im Langhaus erhalten (Abb. 93). Zu den kostbarsten Ausstattungsstücken gehörten die im 2. Drittel des 15. Jh. entstandene *Glasmalerei* in den riesigen Fenstern von Chor und Querhaus und das aus Sandstein gearbeitete *Standbild* des Bischofs Wöpelitz an einem der nördlichen Pfeiler im Langhaus, ein Werk der Havelberger Domwerkstatt aus der Zeit um 1400. Mit dem *Hochaltar,* dem *Taufstein,* einem *Osterleuchter* und dem *Wunderblutschrein* bieten sich allerdings noch weitere Kunstschätze an, die in dieser Kirche Beachtung verdienen.

Durch die Mecklenburgische Schweiz

Güstrow · Teterow · Waren · Landskron · Wolfshagen · Prenzlau · Neubrandenburg

Jede Kunstreise muß irgendwo ihren Ausgangspunkt haben, und die Stadt *Güstrow* erscheint für die Fahrt quer durch die Mecklenburgische Schweiz besonders geeignet, zumal sie selbst schon viel Sehenswertes zu bieten vermag.

Wie manche andere im Zuge der deutschen Ostexpansion gegründete Stadt liegt Güstrow im Schutze der sumpfigen Niederung eines Flusses, der Nebel, wo wahrscheinlich schon zuvor eine slawische Siedlung und Burg lagen und sich seit langer Zeit alte Handelsstraßen kreuzten. Hierher verlegte Fürst Heinrich Borwin II. von Rostock, ein Urenkel des 1160 im Kampf mit den Soldaten Heinrichs des Löwen gefallenen Obotritenfürsten Niklot, um das Jahr 1226 seine Burg und gründete gleichzeitig ein geistliches Kollegiatsstift, das die Anlage einer städtischen Siedlung erforderlich machte. So entstand eine in ihrem Grundriß annähernd kreisrunde Stadt mit geräumigem Markt und gitterförmigem Straßennetz, der 1228 auch die erforderlichen Gerechtsamen zugeteilt wurden.

Ihr rechteckiger Marktplatz (Abb. 101) ist bis heute das Zentrum des durch seine ausgedehnte neue Industrie und seine Pädagogische Hochschule über die Bedeutung einer Kreisstadt hinausgewachsenen städtischen Gemeinwesens geblieben. Hier sind an der Nordseite noch die *Renaissancegiebel* zweier aus dem Anfang des 17. Jh. stammender Wohnhäuser erhalten, wobei die qualitätvolleren Gebäude dieser Art am *Domplatz* und in der *Mühlenstraße* stehen. Typischer noch für das Bild des Güstrower Marktplatzes sind die Fassaden der stattlichen *Empirehäuser,* wobei die nach dem Entwurf des Ratszimmermeisters D. A. Kufahl 1804–1808 errichteten Häuser *Markt 17* und *33* dem Vorbild der frühklassizistischen Berliner Bauschule folgen, aber durch einen überdimensionalen Fassadendekor etwas unorganisch erscheinen.

In der Mitte des Marktplatzes stehen, mit der Rückseite bzw. dem Chor zueinandergekehrt, das Rathaus und die *Pfarrkirche St. Marien.* Das *Rathaus* bilden vier parallelstehende nachmittelalterliche Giebelhäuser, vor denen D. A. Kufahl 1797/98 eine klassizistische Schaufront errichtete und deren Längsfronten angleichend dekoriert worden sind. Die aus Backstein gebaute dreischiffige *Hallenkirche* erhielt ihre jetzige Gestalt bei einer Restaurierung am Ende des 19. Jh. Sie war am Anfang des 14. Jh. als vierschiffige Halle begonnen, in späterer Zeit aber mehrfach verändert worden, und ihren im 16. Jh. neuerrichteten Turm ziert seit dem 18. Jh. eine barocke Haube. Hauptstück der Ausstattung ist der berühmte, 1522 aufgestellte *Flügelaltar* des Brüsseler Bildschnitzers Jan Bormann, ein Werk von hervorragender künstlerischer Qualität und szenischer Vielfalt, dessen Tafelbilder in der Brüsseler Werkstatt des Bernaert van Orley entstanden (Abb. 99). Die etwas frühere eindrucksvolle *Kreuzigungsgruppe* zwischen Adam und Eva ist ein schönes und typisches Beispiel für spätgotische mecklenburgische Bildhauerkunst.

Als Baudenkmal weitaus bedeutender ist allerdings die am südwestlichen Rande der Stadt gelegene ehem. Kollegiats-Stiftskirche, der *Dom*, der den in Güstrow residierenden mecklenburgischen Fürsten z. T. auch als Grablege diente. Es ist eine Basilika mit mächtigem querrechteckigen Westturm, deren nördliches Seitenschiff durch eine zweischiffige Halle ersetzt worden ist. Älteste Bauteile, errichtet im 2. Drittel des 13. Jh., sind der urspr. nur zweijochige Chor und das Querhaus mit seinen reich dekorierten Portalen und Giebeln, deren architektonische Details den unmittelbaren Einfluß der frühgotischen Baukunst des Rheinlands und Westfalens beweisen. Das basilikale Langhaus ist nach einer längeren Bauunterbrechung erst im 1. Drittel des 14. Jh. angefügt worden und erhielt seine Ergänzungen zum jetzigen Zustand zugleich mit dem Bau des Westturmes und des östlichsten Chorjoches von 1388 bis zum Ende des 15. Jh. Die hohe Bedeutung des Güstrower Domes als Kirche eines Kollegiatsstiftes und als Begräbnisstätte Güstrower Herzöge hat hier eine große Anzahl von künstlerisch außerordentlich qualitätvollen Ausstattungsstücken versammelt. Unter ihnen ragen wiederum der monumentale *Flügelaltar* mit Tafelbildern aus dem Werkstattkreis des Hamburger Hinrik Borneman (um 1500), die in ihrer expressiven Gestik unverwechselbaren Apostelfiguren (Abb. 106) des Lübecker Meisters Claus Berg (um 1530) sowie die *Wandgrabmale* für Fürst Heinrich Borwin II., Herzogin Dorothea und Herzog Ulrich mit seinen zwei Ehefrauen von der Hand des niederländischen Architekten und Bildhauers Philipp Brandin und seiner Schüler Claus Midow und Bernt Berninger (letztes Viertel des 16. Jh.) heraus (Abb. 104). Ein Werk von großer Ausdruckskraft und künstlerischer Vollendung ist die Figur des *Schwebenden* von Ernst Barlach, die er als Mahn- und Gedächtnismal für die Toten des ersten Weltkrieges schuf. Aus Barlachs bildhauerischem Œuvre sind einige Stücke auch in der *Gertrudenkapelle* (Abb. 103) des ehem. Wandererspitals aufgestellt worden, und in diesem Raum wird der Genius des die Weite der gestalterischen Verdeutlichung menschlicher Wesensart und Empfindungen immer wieder neu erprobenden Künstlers eindrücklich erlebbar. Etwas außerhalb der Stadt am *Inselsee* befindet sich Barlachs ehem. Wohnhaus, die jetzige *Barlach-Gedenkstätte.* Sie betreut die umfangreiche Hinterlassenschaft des Künstlers und ist maßgeblich an der Barlachforschung beteiligt.

Herzog Ulrich III. war gerade erst als mecklenburgischer Teilregent in die zuvor von Vater und Bruder bewohnte Güstrower Burg eingezogen, als ein Schadenfeuer vor allem den Südflügel zerstörte und den willkommenen Anlaß gab, ihn und den Westflügel von 1558–1563 weitgehend neu zu errichten. Architekt war der aus Schlesien gerufene Lombarde Franziskus Pahr, dem es gelang, einen *Schloßbau* zu schaffen, der italienische und französische Stilelemente zu repräsentativer Monumentalität verbindet. Helfer waren ihm dabei sein als Innenarchitekt und Stukkateur tätiger Bruder Christoph und der Steinmetz und Baumeister Hans Strol. Nach einem weiteren Brand mußten der Nord- und der Ostflügel – diesmal unter der Leitung Philipp Brandins und seines Nachfolgers Claus Midow – erneuert werden; sie sind am Ende des 18. Jh. mit Ausnahme der westlichen Hälfte des Nordflügels als angeblich baufällig wieder niedergelegt worden (Abb. 102).

Vom urspr. sehr aufwendig gestalteten Interieur des Schlosses, in dem rund zwei Jahre auch Wallenstein als zeitweiliger Herzog von Mecklenburg Hof hielt, vermochte auch die 1963 begonnene intensive Restaurierung nur einen Teil wieder erlebbar zu machen. Die Verwendung des Hauses als Lazarett, Kaserne und vor allem als Landarbeitshaus hatte in den vergangenen 150 Jahren zwangsweise zum unwiederbringlichen Verlust vieler Stukkaturen, kassettierter Decken, Tapeten und dekorativer Wandmalereien geführt. In annähernd unveränderter Schönheit ist nur der *Festsaal* (Abb. 105) mit dem ältesten umlaufenden Rotwildfries Nordeuropas und einer in ihrer Art wohl auch einmaligen stukkierten *Kassettendecke* wiedererstanden, aber in weiteren Sälen und Kabinetten konnten zumindest Teile der alten ortsfesten Ausstattung freigelegt oder rekonstruiert werden. Seitdem hat das auch in seiner Unvollständigkeit noch immer zu den vortrefflichsten Leistungen deutscher Renaissancebaukunst zählende Schloß, dessen hohe Giebel und Türme gemeinsam mit denen der Kirchen weit in die Landschaft hinaus die Nähe Güstrows ankündigen, als kulturelles Zentrum der Stadt und des Kreises eine sinnvolle neue Nutzung erhalten.

Durch Wälder und vorbei an Wiesen und Feldern führt die F 104 in östlicher Richtung weiter nach *Teterow,* einer um 1270 gegründeten Kleinstadt. Zwei aus dem 15. Jh. stammende stattliche *Tortürme* sind die Reste der mittelalterlichen Befestigungsanlage, und die geräumige dreischiffige *Stadtkirche* (Abb. 100) trägt an den zwei Kreuzgewölben ihres Chores eine überaus reiche, thematisch interessante Bemalung (Mitte 14. Jh.).

Für die Weiterfahrt eröffnen sich von Teterow aus zwei verschiedene Wege durch eines der reizvollsten innermecklenburgischen Landschaftsgebiete. In ihm liegt eine Vielzahl stattlicher, reich ausgestatteter gotischer *Dorfkirchen* und vormaliger Gutsdörfer mit z. T. prachtvollen *Herrenhäusern* des 17.–19. Jh. Hier besaß die Familie der mecklenburgischen Grafen Hahn seit dem Mittelalter und bis zum Beginn des vorigen Jahrhunderts viele Güter, zu denen sie seit dem 17. Jh. allerdings vor allem durch das rigorose Legen von Bauernhöfen gelangt war.

Einer dieser zwei Wege benutzt die nach Süden führende F 108 nach Waren und folgt damit dem in sanften Kuppen langsam zur Mecklenburgischen Seenplatte hin abfallenden hügeligen Gelände, für das der Philantrop Hans von Labes alias Graf Schlitz die treffende Bezeichnung »Mecklenburgische Schweiz« prägte. Nach seinem Entwurf wurde auch das architektonisch eigenwillige schloßartige Wohnhaus errichtet, das sich Graf Schlitz inmitten der Hügellandschaft und umgeben von einem Park mit mehreren Monumenten seiner lauteren romantisch-humanistischen Gesinnung von 1806–1824 bauen ließ. *Burg Schlitz,* jetzt Alters- und Pflegeheim, und das zugehörige kleine Gasthaus »Zum goldenen Frieden« liegen direkt an der von uns befahrenen Straße.

In *Waren* reizt vor allem ein Blick über die Weite des hier beginnenden Müritzsees, wobei für den an Bauwerken vergangener Zeiten Interessierten auch ein Besuch der aus Backstein errichteten beiden gotischen Stadtpfarrkirchen aus dem 14. Jh. möglich ist. Die *Georgenkirche* ist eine dreischiffige Basilika, ihr Chor wurde im 19. Jh. erneuert. Die *Marienkirche* besitzt indessen nur ein einschiffiges Langhaus, und der aus Feldsteinen errichtete Chor ist wohl schon am Ende des 13. Jh. entstanden. Der achtseitige Helmaufsatz und die gute einheitliche Ausstattung dieser Kirche wurden interessanterweise von Johann Joachim Busch, dem Ludwigsluster Hofbaumeister, entworfen.

Auf der F 192 geht es dann nach Neubrandenburg weiter, vorbei an dem Städtchen *Penzlin* mit seiner im 14. Jh. gebauten *Stadtkirche* und den Resten der früheren *Burg,* zwei Backsteingebäuden aus der 2. Hälfte des 16. Jh.

Wer den zweiten Weg wählt und von Teterow aus weiter auf der Fernstraße 104 in südöstlicher Richtung fährt, überquert zuerst den in Nord-Süd-Richtung verlaufenden markantesten Höhenzug der »Mecklenburgischen Schweiz«, gelangt dann zwischen dem Malchiner und Kummerower See hindurch nach Malchin und von dort über Stavenhagen ebenfalls nach Neubrandenburg.

Malchin hat als Stadt schon 1236 bestanden und diente mit seiner mittelalterlichen Verteidigungsanlage wohl nicht zuletzt der Sicherung der im Nordosten gelegenen Grenze nach Pommern. Leider haben die späten Kampfhandlungen des zweiten Weltkrieges von der historischen Stadt außer zwei spätgotischen *Vortoren* der Stadtbefestigung und der Stadtkirche kaum etwas übriggelassen. Die *Kirche* ist eine um 1400 aus Backstein errichtete Basilika mit Chor, einem aus der Achse verschobenen Westturm und einer südlich daran angefügten Kapelle; das oberste Turmgeschoß und seine Haube sind Zutaten aus der 2. Hälfte des 17. Jh. Der jetzt im Seitenschiff stehende, eindrucksvolle *Hochaltar* ist um 1430 entstanden und ein typisches Beispiel für Mecklenburgs spätgotische Bildschnitzkunst und Tafelmalerei; seine Bilder stehen in der stilistischen Nachfolge des berühmten Hamburger Meisters Francke.

In *Stavenhagen,* der Geburtsstadt des durch seine plattdeutschen Gedichte und Erzählungen bekannt gewordenen Schriftstellers Fritz Reuter, steht an der Stelle der mittelalterlichen Burg ein jetzt als Schule genutzter barocker *Schloßbau.* Das am Ende des 18. Jh. errichtete *Rathaus,* die Geburtsstätte Reuters, dient seit einiger Zeit als Reuter-Museum, und die ebenfalls erst 1782 geweihte *Stadtkirche* ist ein nicht uninteressanter barocker Zentralbau. 1982/83 wurde die Kirche umfassend restauriert.

Einmalig im Backsteingebiet der Ostseeküste ist die fast unversehrte Erhaltung des Mauerringes und seiner prachtvollen Tore in *Neubrandenburg.* Wohl hat diese Stadt in den vergangenen 30 Jahren außerhalb der mittelalterlichen Stadtmauern und Wallgräben ein imponierendes Wachstum bewiesen, zu dem die intensive Erweiterung der örtlichen Industriebetriebe ohne Frage den vorrangigen Anlaß gab. Innerhalb der Mauern ist zwar auch wieder für die am Ende des zweiten Weltkrieges zu zwei Dritteln zerstörten Wohnhäuser und Gesellschaftsbauten ausreichender Ersatz geschaffen worden, aber hier blieben die wenigen vor der Zerstörung bewahrten historischen Gebäude neben dem neu hinzugekommenen *Haus der Kultur und Bildung* am ehem. Marktplatz die entscheidenden städtebaulichen Akzente der Altstadt.

Das Gebiet, in dem Neubrandenburg liegt, gehörte im 12. Jh. zum Gau der wendischen Redarier – einem Stamm der Wilzen –, die sich länger als die Obotriten und andere Stämme der Wilzen gegen die Annahme der christlichen Religion zur Wehr setzten. Aus diesem Grunde sind die Bemühungen um eine Erschließung jenes Landstriches durch deutsche Siedler erst seit dem 4. Jahrzehnt des 13. Jh. von Brandenburg aus erfolgreich gewesen. Bald danach wurde dann aber von den brandenburgischen Grafen u. a. im Jahre 1248 die Stadt Neubrandenburg als einer der Pfeiler ihrer nach Norden erweiterten Macht gegründet. Allerdings ist das neu erworbene Gebiet schon 1292 durch Heirat an Mecklenburg übergegangen.

Damals begann der Ausbau eines *Mauerringes* aus Feldstein, den zwei vorgelegte Wälle und Gräben verstärkten. Die Verteidigung der Mauer erfolgte vor allem von den vor ihre Flucht tretenden Wiekhäusern, in die später kleine Fachwerk-Wohnhäuser hineingebaut wurden; einige solcher Einbauten werden seit ihrer Rekonstruktion in neuer Weise genutzt. Die Wände und Giebel der über den mittelalterlichen Mauerdurchlässen errichteten vier *Tortürme* (Friedländer, Stargarder, Treptower und Neuer Torturm) aus dem 14. und 15. Jh. sind entsprechend ihrer unterschiedlichen Entstehungszeit mit mehr oder weniger reichem Blend- und Maßwerkdekor überzogen (Abb. 98). Auch die in der 1. Hälfte des 15. Jh. auf den äußeren Wall gesetzten Vortore waren im Dienst eindrucksvoller städtischer Repräsentation reich mit Blenden und Maßwerk-Wimpergen verziert, deren stilistische Verwandtschaft mit dem Dekor am Ostgiebel der ehem. Stadtpfarrkirche St. Marien auffällt.

Diese im zweiten Weltkrieg ausgebrannte *Marienkirche,* die z. Z. als Konzerthalle mit einer im Dach untergebrachten Galerie ausgebaut wird, war vor ihrer Zerstörung eines der eindrucksvollsten Beispiele für die seit dem Ende des 13. Jh. in der Mark Brandenburg mehrfach errichteten, ungewöhnlich langgestreckten dreischiffigen Hallen. Noch heute ist der von Strebepfeilern umgebene Baukörper mit dem westlichen Turmmassiv und den organisch im Mauerwerk liegenden Spitzbogenportalen und -fenstern von architektonisch überzeugender Monumentalität. Der baukünstlerisch schönste Teil des Gebäudes ist indessen seit jeher der prachtvolle Giebel der Ostwand, dessen zartliniger Maßwerkdekor wie eine zweite Haut frei vor den Kern des Giebels gespannt ist und im Zusammenklang mit den luftigen Fialtürmchen einen der überzeugendsten hochgotischen Schaugiebel des Backsteingebietes bildet.

Links vom Weg zum Bahnhof oder zur Ausfallstraße steht die seit 1260 mehrfach veränderte *Kirche* des ehem. Franziskanerklosters und der jetzt einer neuen Bestimmung übergebene nördliche Flügel der alten Klausur.

Die flachgewellte, waldarme Landschaft südöstlich von Neubrandenburg besitzt einen sehr ertragreichen Boden. Darum liegen auch an der durch sie hindurch in die ebenso fruchtbare Uckermark und nach Prenzlau führenden Fahrstraße zahlreiche Dörfer mit stattlichen früheren *Gutshäusern* und reich ausgestatteten gotischen *Kirchen.* Allen, die ihr Bild von der südöstlichen Kunstlandschaft Mecklenburgs abrunden wollen, sei deshalb ein kurzer Zwischenhalt in *Sponholz, Pragsdorf, Cölpin, Alt-Käbelich, Holzendorf* oder *Dedelow* sehr empfohlen. Auf halbem Wege liegt das Städtchen *Woldegk,* das leider im zweiten Weltkrieg bis auf seine *Stadtmauer* und die 1955 instandgesetzte mittelalterliche *Pfarrkirche* alles verloren hat, was an seine Geschichte erinnerte. Es besitzt jedoch ein Mühlenmuseum und einige Windmühlen, die für das Stadtbild charakteristisch geworden sind. Das Dorf *Wolfshagen* bietet besonderes, denn die um 1830–1840 in romanisierenden und gotischen Formen aus Backstein und Feldsteinen errichteten Wirtschafts-, Verwaltungs- und Wohngebäude des früheren *Gutes* und die 1857 fertiggestellte *Kirche* sind Zeugnisse einer ebenso eigenwilligen wie baukünstlerisch gemeisterten Architektur. Die *Königssäule* ist eines der seltenen Denkmale für die 1808 durch den Freiherrn vom Stein in Preußen eingeführten Reformen, die u. a. zur Aufhebung der bäuerlichen Leibeigenschaft führten.

Dort, wo am Nordufer des großen Uckersees die Verengung des Uckertales zwei sich hier kreuzenden alten Handelsstraßen einen natürlichen Durchgang durch das Sumpfgebiet bot und schon im 12. Jh. neben einem wendischen Marktflecken deutsche Kaufleute ansässig waren, gründete Herzog Barnim I. von Pommern 1234 eine deutsche Stadt Magdeburgischen Rechtes. Sie gelangte jedoch schon 1250 in den Besitz der brandenburgischen Markgrafen, die hier mit kurzen Unterbrechungen Landesherren blieben. Die sich schnell entwickelnde Stadt *Prenzlau* wurde noch vor 1287 mit dem bis heute erhalten gebliebenen Ring wehrhafter Mauern, Tore und Türme umgeben und besaß damals wohl auch schon alle ihre Kirchen. Da zu dieser Zeit über die Ucker noch eine direkte Schiffahrtsverbindung zur Ostsee bestand und die Stadt bald zu zahlreichen Privilegien gelangte, konnte ein politisch mächtiger Rat und eine Gruppe wohlhabender Patrizier entstehen, deren Macht und Reichtum seit dem großen Stadtbrand von 1483 allerdings wieder zu schwinden begannen. Die Folge dieses Niederganges war, daß um die Mitte des 16. Jh. das stolze Mitglied des Hansebundes zu einer unscheinbaren Agrarstadt herabsank, über die der Dreißigjährige Krieg dann noch weiteres, weitaus schlimmeres Elend gebracht hat. Erst seit dem Anfang des 18. Jh. war als Folge neu gegründeter Handwerksbetriebe ein langsamer wirtschaftlicher Wiederaufstieg zu spüren, der gleichmäßig bis in unser Jahrhundert hinein anhielt. Der zweite Weltkrieg zwang die Bürger Prenzlaus, nach der Zerstörung der Altstadt 1945 noch einmal ganz von vorn zu beginnen und ihr Leben neu zu gestalten. Inzwischen ist die Stadt an dem alten Straßennetz wiedererstanden, und mit ihr haben auch die meisten erhalten gebliebenen Baudenkmale Prenzlaus eine sorgfältige Wiederherstellung erfahren.

Sie alle überragt die *Marienkirche* mit ihrer hohen frühgotischen Zweiturmfront und dem von außerordentlich reichem Stab- und Maßwerk gegliederten Ostgiebel, der nicht zuletzt dieser im 2. Viertel des 14. Jh. errichteten dreischiffigen Halle die Qualität einer der bedeutendsten Backsteinbauten im Norden der DDR verleiht. Von den im zweiten Weltkrieg erlittenen schweren Schäden läßt der mächtige Kirchenbau nach seiner äußeren Wiederherstellung kaum noch etwas erkennen, und der Innenraum mit der strengen Reihung reich profilierter, kreuzförmiger Pfeiler soll museal genutzt werden (Abb. 7).

Die übrigen Pfarrkirchen Prenzlaus sind weitaus bescheidener gestaltet, wobei von der urspr. *Nikolaikirche* schon seit dem 18. Jh. nur das monumentale Westturmwerk übrigblieb. Die *Sabinenkirche* besitzt einen reich geschnitzten *Kanzelaltar* von 1597, ein in Aufbau und Dekor typisches Beispiel solcher im Südosten des Landes weitverbreiteten Renaissance-Retabeln.

Wie in allen größeren Städten hatten sich nach der Mitte des 13. Jh. auch in Prenzlau Franziskaner- und Dominikanermönche niedergelassen. Vom *Kloster* der Franziskaner steht heute nur noch die Kirche, ein langgestreckter Saalbau von harmonischen Raumproportionen. Das *Dominikanerkloster* hingegen ist in seiner Gesamtheit mit dem Kreuzgang und mehreren gewölbten Sälen weitgehend erhalten geblieben. Ein Teil dieser Räume dient heute als *Heimatmuseum.* Die urspr. zugehörige *Kirche* ist eine weiträumige dreischiffige Halle mit Chor, deren äußeres Bild durch schön gegliederte Giebel, Fenster und Portalgewände bestimmt wird. Die prächtigsten Ausstattungsstücke sind ein *Altaraufsatz* von 1609 und die geretteten Figuren aus dem 1512 in Lübeck gefertigten *Hauptaltar* der *Marienkirche.*

Von dem bereits erwähnten mittelalterlichen Mauerring, der vormals mit 60 vor die Mauerflucht tretenden Ausbauten, den Wiekhäusern, besetzt war, blieben auch zwei runde *Pulver-* oder *Gefangenentürme* und drei *Stadttortürme* erhalten.

Gerd Baier

71 *Wismar* Nikolaikirche. Das vertikal gestreckte, 37 m hohe Mittelschiff mit seinem reich gegliederten Pfeiler- und Wandsystem.

72 *Wismar* Wasserkunst. Vom Ende des 16. Jh. bis 1897 der zentralen Wasserversorgung der Stadt dienend, erhielt der Bau 1861 seine heutige Gestalt; er wurde 1973–1976 umfassend restauriert. Im Hintergrund der Alte Schwede, das älteste erhaltene Wohnhaus.

73 *Wismar* Fürstenhof. Die Hoffassade wurde 1877 verändert. Erhalten blieb der Fries mit Szenen aus dem Gleichnis vom Verlorenen Sohn, erneuert wurde der Terrakottadekor.

74 *Bad Doberan* Münster.
Die ehem. Zisterzienser-Klosterkirche mit Umgangschor und Kapellenkranz ist eines der architektonisch kostbarsten gotischen Bauwerke im Backsteingebiet.

75 *Rostock* Marienkirche. Dem von einem weitausladenden Querhaus durchkreuzten Schiff ist der in mehreren Etappen entstandene Westbau vorgelagert.

76 *Rostock* Rathaus. Vor drei im 13. und 14. Jh. errichteten Häusern entstand bis um 1500 die gotische Schauwand, vor die 1727 ein barocker Vorbau gesetzt wurde.

77 *Rostock-Warnemünde* Hotel Neptun von der Strandpromenade aus gesehen.

78 *Rostock* Kröpeliner Straße.

79 *Klütz* Stadtpfarrkirche. Eine der typischen mecklenburgischen Hallenkirchen des Übergangsstiles.

80 *Rerik* Pfarrkirche. Blick in das zweischiffige Langhaus der bedeutenden frühgotischen Landpfarrkirche mit der 1972–1976 restaurierten Ausmalung von 1668 und reicher barocker Ausstattung.

81 *Klütz* Schloß Bothmer. Die weitläufige Anlage wurde 1726 nach dem Vorbild des englischen Schlosses Blenheim Castle errichtet.

82 *Bergen* Marienkirche. Blick durch die Erdgeschoßhalle des romanischen Westbaues mit der 1896 freigelegten und restaurierten Ausmalung.

83 *Greifswald-Eldena* Die Kirche des ehem. Zisterzienserklosters Eldena zeugt auch noch als Ruine von der einstigen architektonischen Schönheit dieses Bauwerkes. Hier entstanden romantische Zeichnungen und Bilder Caspar David Friedrichs.

84 *Greifswald* Blick auf die Marienkirche mit dem straff gegliederten gotischen Ostgiebel und dem gedrungenen Turmdach.
Im Hintergrund die Nikolaikirche.

85 *Greifswald* Ostseite des Marktplatzes (jetzt Platz der Freundschaft) mit einem der reich verzierten gotischen Patrizierhäuser.

86 *Ludwigslust* Vorderfront des Schlosses. Der spätbarocke Bau bildet gemeinsam mit der gegenüberliegenden Schloßkirche den Ausgangspunkt der im letzten Drittel des 18. Jh. angelegten kleinen Residenzstadt.

87 *Stralsund* Marienkirche, vom Frankenteich aus gesehen. Der weithin sichtbare spätgotische Kirchenbau mit seinem gewaltigen westlichen Turmmassiv dokumentiert Selbstbewußtsein und Wohlstand seiner Erbauer.

88 *Stralsund* Nordfassade des Rathauses. Um die Mitte des 15. Jh. erhielt der gotische Bau seinen prachtvollen Abschluß zum Alten Markt hin.

89 *Stralsund* Häuser in der Badenstraße. Im Vordergrund das besonders schöne Haus Nr. 42 mit seinem vortrefflichen Spätrenaissancegiebel, Anfang 17. Jh.

90 *Stralsund*
Ehem. Katharinenkloster. Eine architektonische Kostbarkeit ist der spätgotische Kapitelsaal oder Remter.

91 *Stralsund* Nikolaikirche. Blick in das Mittelschiff.

92 *Putbus*
Ernst-Thälmann-Platz. Der Ort wurde ab 1808 von Fürst Malte von Putbus zum Badeort ausgebaut.

93 *Bad Wilsnack* Stadtkirche St. Nikolai. Der Blick in den Innenraum läßt die Weiträumigkeit der damals vielbesuchten Wallfahrtskirche gut erkennen. Die Fenster im Chorhaupt und dem nördlichen Querhausflügel besitzen kostbare Glasmalerei aus dem 2. Viertel des 15. Jh.

94 *Vietlübbe* Dorfkirche.
Eine der wenigen erhaltenen romanischen Kirchen Mecklenburgs.
Der über kreuzförmigem Grundriß errichtete kleine Zentralbau läßt die Nähe der Bauhütte des Ratzeburger Domes erkennen.

95 *Schwerin* Schelfkirche. Der 1772 vollendete Zentralbau ist Mittelpunkt der Schelf-Vorstadt und zugleich der schönste barocke Sakralbau in Mecklenburg.

96 *Schwerin* Pfaffenteich und Arsenal, dahinter die Paulsstadt mit der Paulskirche.

97 *Schwerin* Blick von der Schloßinsel zum Alten Garten. Den Platz säumen heute das 1886 vollendete Theater und das als großherzogliches Palais begonnene Museumsgebäude von 1882.

98 *Neubrandenburg* Stargarder Vortor. Die mittelalterliche Befestigung Neubrandenburgs mit Wällen und Gräben und der von zahlreichen Wiekhäusern gesicherten Stadtmauer ist fast vollständig erhalten.

99 *Güstrow* Pfarrkirche St. Marien. Altarschrein.

100 *Teterow* Hauptaltar der Stadtpfarrkirche, entstanden Anfang des 15. Jh. in einer Rostocker Werkstatt.

101 *Güstrow* Blick auf Rathaus, Pfarrkirche und südliche Marktplatzwand. Die klassizistischen Fassaden des Rathauses und der umliegenden Bürgerhäuser prägen das Bild des Güstrower Marktes.

102 *Güstrow* Schloß. Das lange als Arbeitshaus mißbrauchte Renaissanceschloß dient nach seiner umfassenden Restaurierung als städtisches Kulturzentrum.

103 *Güstrow* Barlach-Gedenkstätte in der Gertrudenkapelle.

104 *Güstrow* Dom. Grabmal Herzog Ulrichs und seiner zwei Gemahlinnen vom Ende des 16. Jh.

105 *Güstrow* Festsaal des Schlosses. Hirschfries und Stuckdecke mit Szenen aus dem Jagdleben.

106 *Güstrow* Dom. Spätgotische geschnitzte Figur des Apostels Jakobus minor.

Die Bezirke
Halle und Magdeburg
(ehemals Sachsen-Anhalt)

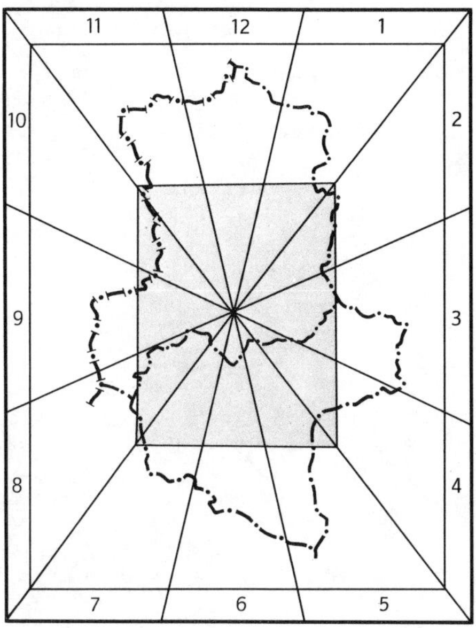

Bezirk
Schwerin
Bezirk Potsdam
Bezirk Magdeburg
Salzwedel
Arendsee
Seehausen
Werben
Havelberg
Sandau
Stapel
Osterburg
Klein Rossau
Hohenlangenbeck
Dambeck
Diesdorf
Siedenlangenbeck
Püggen
Rohrberg
Stendal
Schönhausen
Tangermünde
Melkow
Jerichow
Gardelegen
Letzlingen
Oebisfelde
Mittelland-Kanal
Genthin
Elbe
Elbe-Havel-Kanal
Aland
Haldensleben
Wolmirstedt
Burg
MAGDEBURG
Möckern
Loburg
Seehausen
Wanzleben
Hamersleben
Hadmersleben
Gommern
Leitzkau
Schönebeck
Dingelstedt
190
189
188
71
248
1
245
246 a
246
184
187 a

Bezirk Halle
Bezirk Leipzig
Bezirk Erfurt
Bezirk Gera
Zeichenerklärung
Staatsgrenze
Bezirksgrenze
Autobahn mit Abfahrt
Fernverkehrsstraße mit Nummer
Sonstige Straße
HALLE
Saaleck
Ort mit Sehenswürdigkeit
Grenzübergang
Zilly
Kroppenstedt
Egeln
Halberstadt
Ilsenburg
Drübeck
Wernigerode
Blankenburg
Rübeland
Quedlinburg
Winningen
Frose
Hoym
Gernrode
Ballenstedt
Ermsleben
Welbsleben
Quenstedt
Aschersleben
Plötzkau
Güsten
Staßfurt
Hecklingen
Neugattersleben
Nienburg
Bernburg
Alsleben
Könnern
Hasselfelde
Güntersberge
Harzgerode
Falkenstein
Hettstedt
Mansfeld
Stolberg
Eisleben
Seeburg
Sangerhausen
Berga
Kelbra
Kyffhäuser
Bad Frankenhausen
Göllingen
Artern
Heldrungen
Gorsleben
Memleben
Saubach
Nebra
Burgscheidungen
Laucha
Bad Bibra
Großjena
Eckartsberga
Bad Kösen
Schulpforte
Rudelsburg
Saaleck
Naumburg
Freyburg
Weißenfels
Querfurt
Bad Lauchstädt
MERSEBURG
HALLE
Landsberg
Petersberg
Brehna
Bitterfeld
Zörbig
Radegast
Köthen
Aken
DESSAU
Roßlau
Coswig
Wörlitz
Oranienbaum
Wittenberg
Kemberg
Gräfen-hainichen
Pretzsch
Wolfen
Thalheim
Lützen
Groß-grimma
Zeitz
Elbe
Mulde
Saale
Bode

Aken 3 ■ Nikolaikirche: 13./14. Jh.
Marienkirche: Ende 15. Jh.,
Rathaus: 1659

Arendsee 12 □ Ehem. Benediktinerinnen-Klosterkirche: 1208 vollendet,
Glockenturm 2. Hälfte 15. Jh., ausgebaut nach 1831

Aschersleben 6 ■ Stephanskirche: 1406–1506. Reiche Renaissance- und Barockausstattung
Margaretenkirche: urspr. 14. Jh., 1715–1717 barock erneuert

Bad Kösen 6 □ Romanisches Haus (Heimatmuseum): 1032–1037

Bad Lauchstädt 6 □ Goethe-Theater: 1802
Kursaal: 1. Hälfte 19. Jh.

Ballenstedt 7 ■ Nikolaikirche: um 1500 und Ende 17. Jh.
Schloß: Hauptbauzeit 1. Hälfte 18. Jh.
Ehem. Amtshaus: Ende 15. Jh.
Ehem. Zeughaus (Heimatmuseum): 1. Hälfte 18. Jh.

Bernburg 6 ■ Nikolaikirche: 13.–15. Jh.
Marienkirche: 14./15. Jh., Innenraum 1868 umgebaut
Ägidienkirche: Kern 13. Jh., barocker Umbau 1752
Stadtbefestigung: 15.–17. Jh.
Schloß: Einheitl. Renaissancebau 16. Jh. unter Einbeziehung mittelalterlicher Teile, Barockmauer im Hof 1682

Bernburg-Waldau 6 ■ Stefanskirche: erstmals genannt 964, Westriegel Ende 12. Jh.

Blankenburg 8 □ Bartholomäikirche: Kern frühes 13. Jh., Ausbau zur Halle 14. Jh., Restaurierung 1581–1586 (Holzgewölbe)
Schloß: heutige Gestalt 1705–1718
Kleines Schloß (Heimatmuseum): 1777
Rathaus: im wesentl. 2. Hälfte 16. Jh.
Reste der Stadtmauer

Burgscheidungen 6 □ Schloß (CDU-Parteischule): 1724–1727

Coswig 4 □ Schloß: 1667–1677, im 19. Jh. Strafanstalt, teilweise restauriert

Dambeck (Amt Dambeck) 11 □ Ehem. Benediktinerinnen-Klosterkirche: Mitte 13. Jh., Schnitzaltar 1474

Dessau 4 □ Georgenkirche: 1717, Innenraum modern
Ehem. Staatl. Bauhaus: 1925/26
Schloß Luisium: 1778, Park um 1780
Schloß Georgium (Staatl. Galerie): nach 1780
Schloß Mosigkau (Staatl. Museum): 1752–1757. Reiche Bestände an Malerei und Kunsthandwerk

Dessau-Mildensee 4 □ Pfarrkirche: 1. Hälfte 13. Jh., Abendmahlsaltar von L. Cranach d. Ä. 1565

Diesdorf 10 □ Pfarrkirche (ehem. Augustiner-Klosterkirche): 1. Hälfte 13. Jh.
Freilichtmuseum: Bauernhaus, Speicher und Backhaus (2. Hälfte 18. Jh.) mit Exponaten zur ländlichen Kultur in der Altmark

Drübeck 8 □ Ehem. Benediktinerinnen-Klosterkirche: im wesentl. um 1100, Doppelturmfassade um 1170, Restaurierung 1953–1958

Eisleben 6 □ Andreaskirche: 15. Jh. Schnitzaltar um 1500, Tumba des Grafen Hoyer 1541
Annenkirche: begonnen 1513, vollendet 1584–1586. »Steinbilderbibel« 1585
Petri-Paul-Kirche: um 1500, Annenaltar Anfang 16. Jh.
Nikolaikirche: im wesentl. 15. Jh.
Altstädt. Rathaus: 1519–1530
Neustädt. Rathaus: 1571–1589
Ehem. Bergamt (Markt 58): um 1500
Luthers Geburtshaus (Lange Gasse)
Luthers Sterbehaus (Andreaskirchplatz 17)

Ermsleben 7 ■ Ehem. Benediktiner-Klosterkirche: erhalten Chor und Krypta 1. Hälfte 13. Jh., Restaurierung 1953

Falkenstein 7 ■ Burg: 12. Jh., Ausbau zum Wohnschloß im 16. Jh.
Einrichtung 16.–18. Jh.

Frankenhausen 7 □ Unterkirche: Chor 15. Jh., Schiff 1701 geweiht
Altstädt. Kirche: erhalten Chor und Apsis 12. Jh., heute Gemeinderaum
Fachwerkbauten: Angerapotheke Ende 15. Jh., Schwanendrogerie 1533, Klosterstr. 1534
Bauernkriegs-Gedenkstätte: Größtes Gemälde Europas, 1987 von W. Tübke signiert

Freyburg 6 □ Marienkirche: Türme, Vierungsturm und Querschiff 13. Jh., Chor um 1400, Langhaus 1499. Hauptaltar 1510
Neuenburg: heutige Gestalt hauptsächl. 16. Jh., Doppelkapelle 1. Hälfte 13. Jh.

Frose 7 □ Pfarrkirche: 2. Hälfte 12. Jh.

Gardelegen 11 ■ Marienkirche: 13.–17. Jh., Chor 15. Jh., Halle 1558, Doppelfigur der Anna selbdritt 1. Hälfte 15. Jh.
Nikolaikirche: Langhaus Ende 15. Jh., 1945 zerstört, seitdem der Chor (1. Hälfte 15. Jh.) als Kirche genutzt. Teile des romanischen Vorgängerbaus erhalten
Rathaus: Mitte 16. und Anfang 18. Jh.
Salzwedeler Tor: Mitte 16. Jh.

Gernrode 8 ■ Cyriakuskirche: 10. Jh., Westchor Mitte 12. Jh., Restaurierung 1858–1866, Türme 1907–1910 abgetragen und neu errichtet, Heiliges Grab um 1130

Göllingen 7 □ Ehem. Benediktiner-Klosterkirche: Westbau um 1200

Gorsleben 7 □ Schieferhof: reicher Fachwerkbau 1. Hälfte 17. Jh.

Gröningen 8 ■ Kloster Gröningen: 1. Hälfte 12. Jh., Apsiden und Seitenschiffe im 19. Jh. abgetragen. Empore um 1170 (Original im Bode-Museum Berlin)

Großjena 6 □ Steinauers Weinberg: Großrelief 1722

Hadmersleben 8 ■ Ehem. Benediktinerinnen-Klosterkirche: 13. Jh., barock verändert, westl. Halle (Unterkirche) 12. Jh.

Halberstadt 8 ■ Dom: Westturmgruppe um 1240, 3 westl. Langhausjoche bis 1276, Marienkapelle 1354, Chor 1402, Querschiff und 5 östl. Langhausjoche 1440–1491. Triumphkreuzgruppe um 1220, reicher Domschatz, Glasmalereien 14./15. Jh.
Liebfrauenkirche: 12. Jh., Restaurierungen 1839–1848 und 1952. Chorschranken nach 1200, Kruzifix um 1230
Martinikirche: Baubeginn 2. Hälfte 13. Jh., hauptsächl. 14. Jh., Roland (urspr. am Rathaus) 1433
Domkurien: 18. Jh.
Gleimhaus (Domplatz 31): 16. Jh.

Halle 5 □ Marktkirche: 1528–1551
Dom: um 1300 und 1. Hälfte 16. Jh.
Moritzkirche: 1388–1511. Skulpturen Conrads von Einbeck 1. Hälfte 15. Jh.
Ulrichskirche: 1339–1510. Hauptaltar 1488
Roter Turm: 1. Hälfte 15. Jh., Wiederherstellung des Turmhelmes 1975/76
Franckesche Stiftung: Baubeginn 1698
Moritzburg: 1484–1509, erweitert 1520, im Dreißigjährigen Krieg zerstört, 1901–1903 teilw. zum Museum ausgebaut
Universitäts-Hauptgebäude: 1832–1834
Bürgerhäuser: Renaissance und Barock

Hamersleben 9 ■ Ehem. Augustiner-Chorherrenstift: Kirche ab 1112 nach einheitl. Plan erbaut, Chorschranken nach 1200, spätgotische Wandmalerei in der Apsis, Klausur (im wesentl. 16. Jh.) und Kreuzgang bei Restaurierung seit 1964 freigelegt

Havelberg 1 □ Dom: geweiht 1170 (Westriegel), nach Brand 1269 neu errichtet, zwischen 1396 und 1411 umgestaltet (Lettner, Chorschranken), Triumphkreuz Ende 13. Jh.
Klostergelände (Prignitz-Museum): im Kern 12./13. Jh.

Hecklingen 6 ■ Ehem. Benediktinerinnen-Klosterkirche: nach 1160–1176. Engelfiguren in den Arkadenzwickeln um 1230

Hohenlangenbeck 10 □ Dorfkirche: um 1200, Fachwerkturm 18. Jh.

Im Chor spätgotische Wandmalerei, Taufkessel 1598

Huysburg (Dingelstedt) 8 □ Ehem. Benediktiner-Klosterkirche: 1084–1121, Westbau 1487. Deckenmalerei und Ausstattung barock

Ilsenburg 8 □ Ehem. Benediktiner-Kloster: Ost- und Südflügel erhalten (12. Jh.), Westflügel 1862 zum neugotischen Schloß ausgebaut
Ehem. Klosterkirche (Schloßkirche): Bau von 1078–1087 teilweise erhalten, im 16. Jh. stark verändert

Jerichow 2 ■ Ehem. Prämonstratenserstift: gegründet 1144
Stiftskirche: um 1150–1172, Krypta um 1178, Westbau um 1240, aufgestockt 2. Hälfte 15. Jh.,
Klausur teilweise erhalten

Kemberg 4 □ Stadtkirche: 2. Hälfte 15. Jh. Altar von L. Cranach d. J. 1565, Sakramentshaus um 1500, Kruzifix Ende 15. Jh.

Klein-Rossau 12 □ Dorfkirche: 2. Hälfte 15. Jh., Innenraum mit spätgotischer Wandmalerei versehen

Köthen 5 ■ Marienkirche: 1826 (einheitl. klassizistisch)
Schloß: z. T. Renaissance, heute Museum

Kroppenstedt 8 ■ Martinskirche: Mischbau, Turm romanisch, Ausbau Ende 15. Jh., Ziergiebel der Südseite Ende 16. Jh.

Kyffhäuser 7 □ Burgruine: 11./12. Jh.
Kyffhäuser-Denkmal: 1890–1896

Landsberg 5 □ Doppelkapelle: Ende 12. Jh., im 14. Jh. um ein Geschoß erhöht

Leitzkau 3 ■ Ehem. Prämonstratenserstift (heute Schule): gegründet um 1140
Stiftskirche: 2. Hälfte 12. Jh., profaniert
Schloß Neuhaus: 2. Hälfte 16. Jh.
Schloß Althaus (größtenteils 1945 zerstört und abgetragen): Ende 16. Jh.

Letzlingen 11 ■ Jagdschloß Hirschburg (Krankenhaus): durch F. A. Stüler 1843 errichtet
Kirche 1843

Loburg 3 ■ Lorenzkirche: Westturm um 1200, Turmobergeschoß und Hauben 1569, Schiff und Chor 1580–1584

Lützen 5 □ Schloß (Heimatmuseum): im wesentl. 16. Jh., Gustav-Adolf-Gedenkstätte

Magdeburg 3 ■ Dom: Gesamtbauzeit 1209–1520, hauptsächl. aber 13. Jh. Reiche plastische Ausstattung 12./13. Jh. (Grabplatte Friedrich von Wettin, kluge und törichte Jungfrauen, Verkündigung, Ecclesia und Synagoge, hl. Mauritius, Kaiserpaar u. a.), Chorgestühl 1370
Liebfrauenkloster (Museum): gegründet 1017/18
Klosterkirche: frühes 12. Jh., Wölbung und Mauerverblendung im Innern 1220–1240
Klostergebäude: 1. Hälfte 12. Jh., Gesamtkomplex zum Kulturzentrum ausgebaut
Sebastianskirche: Westbau und Querhausteile 12. Jh., Zwiebelhauben barock, Langhaus 14./15. Jh., Gewölbe im 17. Jh., erneuert
Johanniskirche: Chor vermutl. 10. Jh., Westfassade 13. und 17. Jh. Vorhalle und Langhaus 15. Jh., 1945 zerstört, Ruine gesichert (Skulpturengarten), Vorhalle ausgebaut
Peterskirche: Westturm 12. Jh., Langhaus um 1400, 1945 zerstört, Restaurierung 1972 abgeschlossen. Inneres modern
Magdalenenkapelle: um 1315
Wallonerkirche: geweiht 1366, 1945 stark zerstört, Wiederherstellung (teilweise Museum) 1984 abgeschlossen
Nikolaikirche: 1821–1824
Rathaus: Marktfassade 1691–1698, Ratskeller 1. Hälfte 13. Jh.
Magdeburger Reiter: um 1240
Romanische Halle (Weinstube Buttergasse): 12./13. Jh.

Park Rotehorn: Pferdetor, Stadthalle und Aussichtsturm von 1927

Mansfeld 6 ■ Schloß: Baubeginn im 11. Jh., Ausbau zum Wohnschloß im 16. Jh., nur teilweise erhalten
Schloßkapelle: Frühes 15. Jh., Hauptaltar aus dem Umkreis L. Cranachs d. Ä. um 1520

Melkow 2 ■ Dorfkirche: Einheitl. 2. Hälfte 12. Jh., Taufe frühes 13. Jh., Kruzifix 15. Jh.

Memleben 6 □ Ruine der Benediktiner-Klosterkirche: Mitte 13. Jh., Hallenkrypta erhalten

Merseburg 5 □ Dom: Bistum 968 gegründet, Krypta 11. Jh., westl. Vorhalle 1. Hälfte 13. Jh., 1535–1545 eingewölbt, Chor und Querhaus 1. Hälfte 13. Jh., Langhaus 1502–1517. Wertvolle Grabmäler 11.–18. Jh. (Rudolf von Schwaben 1080), Taufbecken Mitte 12. Jh., Kanzel 1514, Gemälde »Türkenschlacht« um 1525, Orgel 1666 u. a.
Schloß: 1466–1514 und 17. Jh.
Thomaskirche: urspr. 12./13. Jh., stark verändert, Restaurierung vorgesehen
Marktkirche: 1432–1501, Westturm 1866, Tafel (Kreuzigung) 1. Hälfte 16. Jh.
Peterskloster: davon erhalten Gewölbe aus dem 12. Jh. und Remter (Museum) frühes 13. Jh.
Altes Rathaus: 15./16. Jh.
Staupenbrunnen: 1545

Naumburg 6 □ Dom: Säulen der Ostkrypta 1170–1180, Langhaus und Querschiff 1242 vollendet, Westchor um 1270 fertig, Ostchor um 1300 gotisch umgestaltet, Osttürme 1. Hälfte 13. Jh., Nordwestturm begonnen um 1270, die 2 oberen Geschosse 14./15. Jh., Haube 19. Jh., Südwestturm 19. Jh. auf urspr. Sockel
Werke des Naumburger Meisters (Mitte 13. Jh.): Kapitelle im Westchor, Westlettner und Stifterfiguren
Wenzelskirche: urspr. 1. Hälfte 16. Jh., mehrfach verändert. Zwei Gemälde L. Cranachs d. Ä. 1515–1520
Marienkirche: 1712–1728
Marientor: 1446, erneuert 1511
Rathaus: 16. Jh.
Bürgerhäuser: Am Markt (Nr. 6, 7, 15, 16) und Umgebung 16. Jh.

Nienburg 5 ■ Pfarrkirche: als Basilika 1. Hälfte 13. Jh. begonnen, nach 1282 als Halle vollendet, Westteil und Turm Anfang 16. Jh.
Osterleuchter um 1300, Grabplatte des Grafen Tiethmar um 1350

Oranienbaum 4 □ Schloß: 1683–1698, Park mit chinesischem Teehaus und Turm nach 1790
Schloßkirche: 1707–1712

Osterwieck 9 □ Stefanikirche: Westbau Mitte 12. Jh., Portal 16. Jh., Langhaus und Chor nach 1511, Bronzetaufe Ende 13. Jh.
Nikolaikirche: Turm 1262, Schiff 1583, Flügelaltar 1. Hälfte 15. Jh.
Bürgerhäuser: schöne Fachwerkbauten 16.–18. Jh.

Petersberg 5 □ Ehem. Stiftskirche: 1128–1184, im 19. Jh. verfallen, Wiederherstellung 1853–1857

Plötzkau 6 ■ Schloß: 1556–1569

Quedlinburg 8 ■ Stiftskirche: Westteil der Krypta und Wegekapelle St. Nicolai in vinculis 10. Jh., sonst 1. Hälfte 12. Jh., Chor 1. Hälfte 14. Jh., »Apsis« 1936–1939 eingezogen, Ergänzungen des Westteils 2. Hälfte 19. Jh. Domschatz
Schloß (Museum): 16./17. Jh.
Wipertikirche: 12. Jh., 1956–1958 z. T. wiederhergestellt, Datierung der Krypta schwankend 9.–11. Jh.
Ägidienkirche: 15. Jh., Inneres 1678, Flügelaltar um 1420
Blasiuskirche: Westturm 12. Jh., Saalkirche 1715. Einheitl. spätbarocke Ausstattung
Marktkirche: im wesentl. 15. Jh., Flügelaltar Ende 15. Jh.
Nikolaikirche: im wesentl. 14. Jh.,

Turmhalle 13. Jh.
Rathaus: 1613–1615, umgebaut 1898–1901, Portal von 1615
Reicher Bestand an Bürgerhäusern 15.–18. Jh., z. B. Wordgasse 3 Anfang 15. Jh., Gasthaus zur Rose 1612, Klopstocks Geburtshaus (Schloßplatz) 2. Hälfte 16. Jh., Finkenherd 17. Jh., Fachwerkbauten vor allem in der Hohen Straße

Querfurt 6 □ Schloß: im Kern 12./13. Jh., Umbauten und Erweiterungen 16.–19. Jh. Schloßkapelle: frühes 12. Jh., Inneres 1716 barockisiert. Grabkapelle Ende 14. Jh., darin Tumba des Gebhard von Querfurt † 1383, Restaurierung 1984/85
Lampertikirche: 15. und 17. Jh.

Rudelsburg 6 □ Burgruine: 1171 erwähnt, 1348 und 1450 zerstört, Einbauten 2. Hälfte 19. Jh.

Rübeland 8 □ Tropfsteinhöhlen (Hermanns- und Baumannshöhle)

Saaleck 6 □ Burgruine: hauptsächl. 12. Jh. Dorfkirche: im Kern romanisch, Turm Mitte 17. Jh., Kanzelaltar 1710

Salzwedel 11 □ Marienkirche: Turm um 1250, spitze Haube Mitte 15. Jh., Langhaus 1450–1468, Querschiff 1485. Lesepult um 1200, Stifterfigur um 1400, Taufe 1522, Gestühl 14./15. Jh., Kelch um 1500, Hochaltar um 1510, Triumphkreuz Ende 15. Jh.
Altargemälde »Weinberg des Herrn« von L. Cranach d. J. 1582,
Ehem. Propstei (Danneil-Museum): 1578, Treppenturm 1754
Lorenzkirche: 13. und 15. Jh., im 17. Jh. profaniert und entstellt, 1961–1964 renoviert
Katharinenkirche: 13. Jh. Umbau und Erweiterung 2. Hälfte 15. Jh.
Ehem. Franziskanerkirche: 15. Jh.
Stadtbefestigung: Burgreste (Bergfried), Altperver Tor und Neuperver Tor 2. Hälfte 15. Jh., Steintor um 1525
Altstädter Rathaus: frühes 16. Jh.

Sandau 1 □ Nikolaikirche: um 1200, Chor gotisch gewölbt

Sangerhausen 7 □ Ulrichskirche: begonnen um 1125, vollendet Mitte 13. Jh., Strebepfeiler 16. Jh.
Jakobikirche: 1472–1510. Flügelaltar 1. Hälfte 15. Jh., Epitaphien 16.–18. Jh.

Schönebeck 5 ■ Johanniskirche: Mitte 15. Jh., Chor 1538 gewölbt

Schönhausen 2 ■ Dorfkirche: 1212 geweiht, Triumphkreuz 1. Hälfte 13. Jh.

Schulpforte 6 □ Ehem. Zisterzienser-Klosterkirche: gegründet 1. Hälfte 12. Jh., gotischer Umbau 2. Hälfte 13. Jh., Chor 1268 geweiht

Seeburg 6 □ Burganlage des 11. Jh., im 14./15. Jh. ausgebaut, nur in Teilen erhalten

Seehausen 12 □ Petrikirche: gotischer Umbau Mitte 15. Jh., Turmhauben 1676, Westportal um 1220

Stendal 1 ■ Dom St. Nikolai: 1423–1467. 22 Fenster mit Glasmalereien 1430–1460, Gestühl um 1430
Marienkirche: 1435–1447, Westtürme um 1400, Hauben 1519. Chorschranke 2. Hälfte 15. Jh., Altar 1472
Jacobikirche: 14. Jh., Chor 2. Hälfte 15. Jh.
Petrikirche: Chor 1306 vollendet, Langhaus 14. Jh., Gewölbe und Turm 1. Hälfte 15. Jh. Auf gotischer Mensa 2 Schnitzaltäre 14./15. Jh.
Annenkirche: 2. Hälfte 15. Jh. Schnitzaltar um 1440
Katharinenkirche: 2. Hälfte 15. Jh. Kreuzigungsrelief 1441
Rathaus: im wesentl. 15. Jh., Erweiterungen 19. Jh. Rolandsfigur 1525
Stadtbefestigung: Uenglinger Torturm Mitte 15. Jh., Tangermünder Torturm 1. Viertel 13. Jh. und um 1440, Pulverturm 13./14. Jh.

Stolberg 8 □ Martinskirche: 15. Jh. Bronzegrabplatte des Ulrich Rispach 1488,

Holzrelief Beweinung Christi um 1500,
Alabaster-Taufstein 1599
Ehem. Schloß: hauptsächl. 16. Jh.
Rathaus: 1482, erneuert um 1600
Alte Münze (Kulturhaus): 1535
Tangermünde 1 ■ Stephanskirche: Langhaus nach 1380, Westbau 1430–1440, Chor nach 1470. Innenausstattung nach 1617, Kanzel 1619
Burg: im wesentl. 14. Jh., 1902 ergänzt
Rathaus: um 1430
Stadtbefestigung: im wesentl. um 1300, Neustädter Tor um 1300 und Mitte 15. Jh., Hühnerdorfer Tor um 1300 und 1460–1470, Elbtor um 1470
Thalheim 4 □ Dorfkirche: 13. Jh.
Weißenfels 6 □ Marienkirche: 14./15. Jh., Flügelaltar 1524
Schloß Neu-Augustusburg: 1660–1693, Kapelle 1664–1667
Rathaus: nach Brand 1718–1721 neu erbaut
Bürgerhäuser: Nicolaistr. 13 (Heinrich-Schütz-Gedenkstätte) um 1530, Große Burgstr. 2 (Gustav-Adolf-Gedenkstätte) 1552, Marienstr. 4 1725
Werben 1 □ Johanneskirche: Mitte 15. Jh. Zwei übereinander gesetzte Altäre 1500 (oben) und 1430 (unten), Messingleuchter 1487, Taufe 1489, Kanzel 1602
Wernigerode 8 □ Sylvesterkirche: im Kern 13. Jh., Umbau um 1500 und 1880–1885. Schnitzaltar 2. Hälfte 15. Jh.
Frauenkirche: nach Brand 1756–1762, einheitl. hölzerne Innenausstattung
Johanneskirche: im Kern 13. Jh., Umbau 1497. Schnitzaltar 1430–1440, Taufstein 1569
Schloß (Feudalmuseum): heutige Gestalt 1861–1883
Rathaus: 15./16. Jh.
Krummelsches Haus (Breite Str. 72): 1674
Zahlreiche Fachwerkbauten
Wittenberg 3 □ Marienkirche: Chor um 1300, Halle um 1470, Turmhauben 1556–1558. Reformationsaltar 1547, Grabmal L. Cranachs d. J. nach 1606
Schloßkirche: 1409–1499, stark überarbeitet 1883–1892. Grabtafel Friedrichs des Weisen 1527
Rathaus: 1. Hälfte 16. Jh.
Melanchthonhaus: 1536
Lutherhaus: nach 1502, Wendelstein 2. Hälfte 16. Jh., »Katharinenportal« 1540, Dach und Attika 19. Jh.
Augusteum: 1564–1583
Wörlitz 4 □ Schloß: 1769–1773
Gotisches Haus: 1773
Kirche: 1805–1810
verschiedene Kleinarchitekturen Ende 18., Anfang 19. Jh.

Die alte Bischofsstadt Magdeburg und ihre Umgebung

Magdeburg · Leitzkau · Zerbst

Im Jahre 805 wird *Magdeburg* als Stapelplatz und Sitz eines Grenzgrafen erwähnt. Die Ansiedlung lag damals – sowohl geographisch als auch politisch – an der Peripherie des Karolingerreiches. Erst im 10. Jh., als die Ottonen die Ostexpansion vorantrieben, erlangte Magdeburg politische Bedeutung. Es war seit 968 Sitz eines Erzbistums, Ausgangspunkt für die »Slawenmission«, die allerdings vorrangig mit kriegerischen Mitteln betrieben wurde.

Schon früh, 1524, setzte sich in der Stadt die Reformation durch, Magdeburg trat dem Schmalkaldischen Bund bei. Über ein Jahr, vom September 1550 bis zum November 1551, belagerte Moritz von Sachsen die Stadt, die sich dem Augsburger Interim nicht fügen wollte. Nach der Übergabe verlor sie wichtige Rechte, wurde aber nicht zerstört. 80 Jahre später, am 20. Mai 1631, erstürmten die Truppen Tillys die Elbestadt. Nur einige Kirchen, darunter der Dom und das Liebfrauenkloster sowie etwa 100 Häuser blieben unzerstört.

Nach dem Dreißigjährigen Krieg gelang es der einstmals mächtigen Stadt nicht, ihre Unabhängigkeit zurückzuerlangen. Das Erzbistum wurde säkularisiert und die Stadt dem Kurfürsten von Brandenburg zugesprochen, seitdem gehörte sie bis zum Jahre 1934 zu Preußen.

Im Januar 1945 fiel die Altstadt fast vollständig englisch-amerikanischen Luftangriffen zum Opfer, der Dom und das Liebfrauenkloster wurden stark beschädigt. Seit 1952 ist Magdeburg Bezirksstadt, bedeutendes Industriezentrum und Hochschulort.

Der *Dom St. Mauritius und St. Katharina* ist das Wahrzeichen der Stadt. 1901 stieß man bei Grabungen auf die Fundamente eines Vorgängerbaues, der 955 begonnen worden war und als kaiserliche Grablege diente. Er war mit 26 italienischen Säulen ausgestattet, die als Symbol für die ottonische Reichsidee gelten können. Kaiser Otto I. und seine Gemahlin fanden in dieser Kirche ihre letzte Ruhestätte.

Ein Stadtbrand vernichtete die Grabeskirche, und Erzbischof Albrecht II. – ein kunstverständiger Mann, der in Paris die klassische gotische Baukunst kennengelernt hatte – legte 1209 den Grundstein für einen Neubau, der den französischen Kathedralen gleichen sollte. Das Zusammenwirken einer neuen Bauidee – nämlich der gotischen Ordnung – mit einer konservativen einheimischen Gesinnung, in der die Romanik tief verwurzelt war, geben diesem faszinierenden Bauwerk sein Gepräge.

Begonnen wurde der Bau im Osten: Es entstand ein Hochchor mit Umgang und Kapellenkranz (Abb. 112). Die spätromanischen Kapitelle sind reich mit figürlichen und pflanzlichen Darstellungen gestaltet. Die für den Vorgängerbau aus Ravenna geholten Säulen wurden im Chorhaupt wieder eingebaut (Abb. 110).

Eine Zisterzienser-Bauhütte aus Maulbronn führte nach Albrechts Tod die Arbeiten mit dem Bischofsgang, einem Chorumgang in Emporenhöhe, weiter (Abb. 109). Die Kapitelle, die das Gewölbe tragen, liegen in unterschiedlicher Höhe, das Experiment mit der neuen Art des Kreuzrippengewölbes brachte diese Sonderform hervor.

Noch im 13. Jh. wurden das Langhaus, der Kreuzgang und an der Nordseite die Paradiesvorhalle vollendet. Die Arbeiten an den Türmen und der Westfassade zogen sich bis 1520 hin.

Von besonderer Bedeutung ist die reiche Bauplastik aus dem 13. Jh. Die für ein westliches Figurenportal, das nicht ausgeführt wurde, geplanten *Apostelfiguren* fanden im Chorhaupt Aufstellung. Die *klugen und törichten Jungfrauen,* wohl ebenfalls für ein Westportal geschaffen, stehen in einem später eingebauten Portal des nördlichen Querschiffes (Abb. 114). Sie stellen ein Gleichnis dar, eine Aufforderung an die Gläubigen, stets für Christus dazusein. Die klugen Jungfrauen füllten ihre Lampen rechtzeitig mit Öl, sie können nun dem »himmlischen Bräutigam« entgegeneilen; den saumseligen, den »törichten«, bleibt nur die Verzweiflung. Die Mädchenfiguren zeigen alle Gemütsbewegungen, von jubelnder Freude bis zur tiefsten Verzweiflung. Sie gehören zu dem Qualitätvollsten, was die deutsche Plastik des 13. Jh. hervorgebracht hat. Die zwischen 1240 und 1250 entstandenen Skulpturen stehen stilistisch zwischen den Figuren des Bamberger Fürstenportales und den Naumburger Figuren. In etwa die gleiche Stilstufe gehören die *Verkündigungsgruppe, Ecclesia und Synagoge* und der *hl. Mauritius* (Abb. 108). Die Sitzbilder *Kaiser Ottos I.* und seiner Gemahlin *Editha* und die sog. *Baumeister-Konsole* am südwestlichen Vierungspfeiler zählen ebenfalls zu den besonderen Leistungen der Plastik des 13. Jh.

Von der Innenausstattung hat nur weniges die Zerstörungen des Dreißigjährigen Krieges und des zweiten Weltkrieges überlebt. Eine besondere Kostbarkeit ist das holzgeschnitzte gotische *Chorgestühl* von 1310. Die Reliefs schildern in eindringlicher, expressiver Sprache Szenen aus dem Alten und dem Neuen Testament. Zwei *Bronzegrabplatten* aus dem 12. Jh. stehen im Chorumgang: die des Friedrich von Wettin († 1152) (Abb. 111) und die des Erzbischofs Wichmann († 1192). Beide stammen aus der Magdeburger Gießhütte, in der auch die berühmte »Nowgoroder Bronzetür« entstand. Während die ältere Grabplatte im Sinne der Romanik sehr streng aufgefaßt ist, zeigt die jüngere bereits den Drang der Spätromanik zu Belebung und Auflockerung. Sie markieren wichtige Etappen in der Entwicklung der romanischen Grabplastik.

Die vielfigurige *Tumba* des Ernst von Wettin, eine Arbeit Peter Vischers d. Ä. von 1495 (westliche Vorhalle), und mehrere barocke Epitaphien führen die Reihe bedeutender

Grabdenkmäler fort, an deren Ende das aufrüttelnde holzgeschnitzte *Ehrenmal* für die Toten des ersten Weltkrieges steht, das von Ernst Barlach zwischen 1927 und 1929 geschaffen wurde (Abb. 113).

Die Nationalsozialisten ließen 1933 das Mahnmal aus dem Dom entfernen. Als es 1957 wieder seinen alten Platz im nördlichen Seitenschiff einnahm, schrieb der Bildhauer Gustav Seitz: ».. . Es sei empfohlen, dem nun endlich heimgekehrten Mal bescheiden und aufnahmebereit entgegenzutreten, nicht gleich nach Worten und Vergleichen zu suchen, sondern die stummen Barlachschen Helden im ehrwürdigen alten Dom still zu begrüßen.«

Unmittelbar hinter dem Domplatz mit seinen *barocken Stadtpalästen,* die noch einen Eindruck von der repräsentativen Baukunst Magdeburgs nach dem Dreißigjährigen Krieg vermitteln, steht die *Klosterkirche Unser Lieben Frauen.*

Das Kloster ging aus einem durch Markgraf Gero gegründeten Chorherrenstift hervor. Um 1064 begann unter Erzbischof Werner der Bau einer dreischiffigen Basilika mit Querschiff und einer Krypta unter Chor und Apsis.

Im Jahre 1125 stand die flachgedeckte Kirche bis auf den Westbau. Um 1220–1240 entstand die Wölbung, im Mittelschiff sechsteilig, in den Seitenschiffen vierteilig. Im Zusammenhang damit wurden die Wände im Inneren gotisch verkleidet, was sowohl bautechnische Gründe hat (man brauchte als Halt für das Gewölbe stärkere Mauern), als auch den Durchbruch der neuen Baugesinnung dokumentiert (Abb. 107).

Die romanischen Klausurgebäude und der Kreuzgang nördlich der Kirche wurden während des zweiten Weltkrieges besonders stark zerstört, ihre Restaurierung ist abgeschlossen. In den letzten Jahren ist die gesamte Klosteranlage zu einem städtischen Kulturzentrum mit Konzertsaal und Ausstellungsräumen ausgebaut worden. Die ständige Ausstellung umfaßt Holzplastiken der Spätgotik sowie eine interessante Kollektion von zeitgenössischer Kleinplastik aus der DDR.

Am Elbufer stehen vier weitere, im wesentlichen gotische Kirchen: vom Liebfrauenkloster aus in nördlicher Richtung die *Pfarrkirche St. Johannes* und die *Fronleichnamskapelle St. Magdalena,* die katholische *Pfarrkirche St. Peter* und die *Wallonerkirche.* Sie waren bis auf die Magdalenenkapelle im zweiten Weltkrieg ausgebrannt. Die *Johanneskirche* bleibt ohne Dach stehen, sie wurde in einen Skulpturengarten umgewandelt. Nur die Vorhalle ist ausgebaut, zum Hauptschiff hin öffnet sich eine Glaswand.

Die vollständig wiederhergestellte katholische *Pfarrkirche St. Peter* mit dem romanischen Westturm aus dem 12. Jh. und der für Magdeburg charakteristischen Dachform mit quergestellten Giebeln über dem Langhaus erhielt eine moderne Innenausstattung. Zwischen der Peterskirche und der Wallonerkirche entstand ein Ensemble moderner Bauten, das kirchliche Einrichtungen dreier Konfessionen aufnahm und sehr schön die Atmosphäre des alten Kreuzganges nachempfinden läßt. Der Wiederaufbau der *Wallonerkirche* konnte 1978 im wesentlichen abgeschlossen werden. Der Chorraum dient heute der evangelischen Gemeinde als Gotteshaus, in der südlichen Seitenkapelle fand die kleinere reformierte Gemeinde ein Domizil. Das flachgedeckte Langhaus soll eine ständige Ausstellung alter sakraler Kunst aufnehmen. Im Chor fand der bedeutende spätgotische Flügelaltar der Ulrichskirche in Halle, die in eine Konzerthalle umgebaut wurde, Aufstellung.

Westlich vom Domplatz sieht man die *Stiftskirche St. Sebastian,* ein im Kern romanisches Bauwerk, dessen Chor und Langhaus im 14. und 15. Jh. gotisch umgestaltet wurden. Sie wurde 1985 restauriert und erhielt ein neues Dach.

Etwas außerhalb des Zentrums, am *Nikolaiplatz,* steht die gleichnamige *Kirche,* ein strenger klassizistischer Bau, 1821–1824 nach Plänen K. F. Schinkels errichtet.

An den Untergang der Stadt im Dreißigjährigen Krieg mahnt der achteckige *Lukasturm.* Er markiert die Stelle, an der den Soldaten Tillys der Sturm auf die Befestigungsanlagen gelang.

Zu den wenigen erhaltenen Barockbauten Magdeburgs gehört das *Rathaus* mit dem spätromanischen zweischiffigen Keller mit Tonnengewölbe (heute Ratskeller-Gaststätte).

Vor dem Rathaus erhebt sich unter einem Baldachin der *Magdeburger Reiter,* das erste frei konzipierte Reiterstandbild der deutschen Spätromanik (um 1240), das in unmittelbarer Nachfolge des Bamberger Reiters entstand. Begleitet wird der ottonische Ritter, der vielleicht Kaiser Otto I. oder Otto II. darstellen soll, von zwei Jungfrauen mit Schild und Fahne. Das Original der Plastik befindet sich heute im *Kulturhistorischen Museum* (Otto-von-Guericke-Straße), das neben einer beachtlichen Kollektion deutscher Graphik, Malerei und Plastik auch eine naturwissenschaftliche Sammlung beherbergt. Zu ihr gehören auch die berühmten Halbkugeln des Otto von Guericke.

Nahe beim Altmarkt, in der Buttergasse, wurde bei der Enttrümmerung nach 1945 ein *romanisches Gewölbe* freigelegt. Die rechteckige, vierschiffige Halle mit Kreuzgratgewölbe war wohl das Untergeschoß eines Innungshauses. Heute nimmt es den »Weinkeller Buttergasse« auf. Die Außenfront des Neubaues schmücken Hauszeichen der Renaissance und des Barock, die 1945 aus den Trümmern gerettet werden konnten.

Die starke Industrialisierung Magdeburgs im 19. und 20. Jh. verstärkte den Drang seiner Einwohner, wenigstens am Wochenende »ins Grüne« zu wandern. So entstand bereits in der 1. Hälfte des 19. Jh. der Bürgerpark *Herrenkrug* mit einem Gesellschaftshaus nach Plänen Lennés und Schinkels. Noch heute sind das Parkcafé »Herrenkrug« und die benachbarte Pferderennbahn beliebte Erholungsstätten der Magdeburger.

Zwischen zwei Elbarmen liegt der *Kulturpark Rotehorn,* entstanden für die Deutsche Theaterausstellung 1927. Durch das Pferdetor gelangt man zur wiederaufgebauten Stadthalle und dem Aussichtsturm. Die Anlage, unter der künstlerischen Leitung von Prof. Albinmüller aus Darmstadt errichtet, ist ein typisches und qualitätvolles Beispiel für die Baukunst und Plastik der 20er Jahre.

Die F 184 führt von Magdeburg über die Kleinstadt *Letzkau* nach Zerbst. Die Schlösser *Althaus* und *Neuhaus,* eine weithin sichtbare stattliche Anlage, entstanden nach der Säkularisierung des Leitzkauer Prämonstratenserklosters. Beide Bauwerke – Meisterleistungen der Renaissance – wurden im zweiten Weltkrieg stark zerstört und in den letzten Jahren teilweise wiederaufgebaut. Gesichert wurde die Ruine der ehem. *Stiftskirche St. Marien* aus dem frühen 12. Jh. Die gesamte Anlage wird als Schulgebäude genutzt.

Zerbst entwickelte sich gegen Ende 12. Jh. zur befestigten Siedlung, und zwar in der Nähe einer »urbs Zirwisti«, die 1007 durch den Polenherzog und späteren König Bolesław Chrobry erobert worden war. Mehrmals wechselte die Stadt ihren Besitzer. 1603–1793 war sie Residenz des Fürstentums Anhalt-Zerbst. Die Prinzessin Sophie Auguste ging als Katharina die Große von Rußland in die Weltgeschichte ein. Sie ist eine der Frauengestalten der Neuzeit, über die am meisten und am widersprüchlichsten berichtet und geschrieben worden ist.

Zerbst bewahrte über die Jahrhunderte seinen mittelalterlichen Charakter; die vollständig erhaltenen Stadtbefestigungen, die gotischen Kirchen und die engen verwinkelten Gassen mit den mittelalterlichen Fachwerkhäusern ließen es als »Sächsisches Rothenburg« gelten. In den letzten Monaten des zweiten Weltkrieges wurde die Stadt fast völlig zerstört.

Teilweise erhalten ist die *Stadtmauer* aus dem 15. Jh.; auch einige Wehrtürme – darunter der »Kiekinpott« von 1380 – und drei Stadttore aus dem 15. Jh. stehen noch.

Das *Residenzschloß* aus dem 17. Jh. wurde bis auf einen Flügel zerstört, erhalten blieben zwei Barockpalais am Schloßpark. Seit 1945 ist die spätgotische *Stadtkirche St. Nikolai* Ruine.

Die einschiffige Kirche des *Franziskanerklosters* stammt im wesentlichen aus der Zeit um 1400, im 19. Jh. wurde sie stark verändert. An ihrer Südseite sind um zwei Kreuzgänge die spätgotischen Klostergebäude angeordnet. In dem Backsteinbau befindet sich heute das *Heimatmuseum,* dessen Bibliothek über ca. 30 000 Bände Handschriften und frühe Drucke verfügt. Zu ihren Schätzen gehört die dreibändige *Zerbster Prunkbibel* mit kolorierten Holzschnitten aus der Cranach-Werkstatt von 1541.

Auf dem Markt zeugt der *Roland* von 1445 von den Rechten der mittelalterlichen Stadt. Einige *Fachwerkhäuser* aus dem 17. und 18. Jh. sind noch auf der »Breite« zu finden.

Die Backsteinbaukunst in der Altmark

Jerichow · Tangermünde · Schönhausen · Havelberg · Werben · Seehausen
Arendsee · Salzwedel · Gardelegen · Stendal

Unser Weg in die Altmark führt von Magdeburg in nördlicher Richtung über die F 1 bis Hohenseeden und von dort auf der Landstraße nahe dem Elbufer entlang nach Jerichow. Es sei noch angemerkt, daß für die in diesem Kapitel vorgeschlagene Reiseroute zwei Tage veranschlagt werden müssen.

In *Jerichow* steht – durch die Restaurierung von 1957–1961 in alter Schönheit wiedererstanden – die *Kirche des ehem. Prämonstratenserklosters,* der erste und auch bedeutendste Backsteinbau der Romanik östlich der Elbe. Begonnen wurde kurz nach 1144 noch mit Haustein, jedoch nur die Grundmauern sind in diesem Material ausgeführt. Die Kirche entstand bis auf die Türme und das erste Joch des Langhauses – die um die Mitte des 13. Jh. errichtet wurden – noch vor 1200. Am Außenbau der klar gegliederten dreischiffigen Basilika finden sich nur wenige dekorative Elemente: Bogen-, Zahnschnitt- und Sägefriese. Der Innenraum ist von geradezu feierlicher Strenge. Die einzelnen Bauteile sind klar voneinander getrennt und fügen sich doch zu einer Einheit zusammen: Die ruhige Bogenfolge von Säule zu Säule, das rote Mauerwerk mit Obergaden, die flache Holzdecke, die ausgeschiedene Vierung, das Querschiff und der erhöhte Chor, unter dem – in zwei Rundbögen zum Langhaus geöffnet – eine zweischiffige Krypta liegt (Abb. 14). Das Kloster wurde 1562 aufgelöst, so daß von der Ausstattung der Kirche nur ein *Osterleuchter* geblieben ist, der aus einem romanischen Säulenschaft mit Kapitell besteht. In jüngster Zeit erfolgte die Restaurierung einiger Klosterräume und des Kreuzganges.

Nach wenigen Minuten Fahrt erreichen wir die kleine Stadt *Tangermünde,* einst Nebenresidenz Karls IV. und Mitglied der Hanse. Gut erhalten ist die *Stadtbefestigung,* die hauptsächlich aus dem 14. Jh. stammt. Neben den vier Ecktürmen blieben auch drei Toranlagen bestehen. Das *Neustädter Tor* mit dem reich gegliederten Turm entstand um 1450, der *Hühnerdorfer Torturm* gegen Ende des Jahrhunderts und das *Wassertor* an der Elbseite im 16. Jh.

Zu den größten Leistungen der deutschen Backsteingotik zählt der um 1430 entstandene Ostflügel des Tangermünder *Rathauses.* Schöpfer der prachtvollen Backsteinfassade ist wahrscheinlich Hinrich Brunsberg aus Stettin, der auch in Brandenburg (Fronleichnamskapelle der Katharinenkirche) tätig war. Der Südflügel mit einer offenen Laube im Erdgeschoß wurde um 1480 erbaut, die Freitreppe, die Laube und das Türmchen der Nordseite sind Anfügungen des 19. Jh. (Abb. 115).

Die *Fachwerkbauten*, die noch heute das Stadtbild bestimmen, entstanden zum Großteil nach dem Stadtbrand von 1617 im Laufe des 17. und 18. Jh. Sie sind häufig mit schönen Portalen geschmückt. Stattliche Häuser finden sich vor allem in den beiden parallel laufenden Hauptstraßen dieser gepflegten altmärkischen Stadt.

Über die niedrigen Häuser ragen Dach und Westfront der *Stephanskirche* hinaus. Die gotische Halle entstand im 14. und 15. Jh. anstelle eines romanischen Vorgängerbaues. Eine umfassende Restaurierung des Innenraumes bis 1983 brachte unter mehreren Putz- und Farbschichten Reste der Ausmalung des 15. Jh. zutage: weiße Wandflächen, rote Bögen und Wandkanten sowie graue und schwarze Rippen. Außerdem konnten Fragmente von Fresken gesichert werden. Es handelt sich um Schlußstein-Ummalungen und Köpfe, deren Münder als Entlüftungslöcher dienen. Im Gewölbe des Hauptschiffes wurde die Darstellung der Himmelfahrt Christi sichtbar, neben der Sakristei ein hl. Antonius. Auch im Chorumgang konnten einige Freskenfragmente freigelegt werden. Außerdem stellte die Restaurierung den ursprünglichen Zustand der bemalten nördlichen Empore wieder her und entfernte einige spätere Einbauten. Die Ausstattung des Innenraumes erfolgte nach dem Brand von 1617, dazu gehören die *Bronzetaufe* von 1508, die *Moseskanzel* von 1619 und die *Schererorgel* von 1624.

Die am Elbufer gelegene Burg ist auch heute noch eine imponierende Anlage. Sie wurde nach 1373 durch Kaiser Karl IV. – dem die damalige Mark Brandenburg zufiel – zur Residenz ausgebaut, brannte 1640 aus und wurde mehrfach verändert. Die erhaltenen Teile stammen im wesentlichen aus dem 14. Jh., wenn auch bei der Restaurierung 1902 manche Veränderung geschah. Einen schönen Blick auf die Burg hat man vom gegenüberliegenden Elbufer: Der Gefängnisturm und der viereckige Bergfried – dessen Dach nach einem Merianstich rekonstruiert wurde – begrenzen die von starken Mauern geschützte Anlage (Abb. 116). Vom Burgberg wiederum bietet sich ein herrlicher Ausblick in das weite Elbland, in der Ferne sind die Türme der Klosterkirche Jerichow zu sehen.

Auf unserem Weg nach Havelberg überqueren wir wieder die Elbe und fahren auf die F 107, die parallel zum Flußlauf nach Norden führt. Schon nach wenigen Kilometern erreichen wir das Dorf *Schönhausen*, dessen *Kirche*, im Jahre 1212 geweiht, unverändert erhalten geblieben ist (Abb. 121). Besonders wegen seiner gesicherten Datierung ist dieser wichtigste Nachfolgebau der Klosterkirche Jerichow für die kunstwissenschaftliche Forschung von Belang. In dem 1665–1712 barock ausgestatteten Innenraum befinden sich ein hölzernes *Triumphkreuz* aus dem 13. Jh. sowie barocke *Epitaphien* und *Logen* der Familie von Bismarck. Der Reichskanzler Otto von Bismarck wurde hier getauft. Vom Familiensitz der Bismarcks neben der Kirche existiert nur noch ein Teil des Gartenflügels, der inzwischen in ein Wohnhaus umgebaut wurde. Ältere Dorfbewohner zeigen dem Neugierigen gern die beiden Fenster jenes Raumes, in dem der spätere »Eiserne Kanzler« das Licht der Welt erblickte.

Die Stadt *Havelberg* ist erst 1876 aus mehreren Ansiedlungen zusammengewachsen. Das Kloster blickt jedoch auf eine mehr als tausendjährige Geschichte zurück.

Erste Versuche, das im Grenzgebiet gelegene Heiligtum der Slawen, den Havelberg, zum kaiserlichen Lager und Standort einer Bischofskirche zu machen, waren nur von zeitweiligem Erfolg. Kaiser Otto I. ernannte im Jahre 948 Dudo zum ersten Bischof von Havelberg. Unmittelbar danach wurde mit der Errichtung einer Kirche und eines Lagers begonnen.

Über diese Anlagen ist nichts bekannt, da sie im Slawenaufstand 983 völlig zerstört wurden. Nach 1129 gelang es unter Bischof Anselm endgültig, das Havelland zu christianisieren. Im Jahre 1170 weihte Erzbischof Wichmann von Magdeburg den romanischen *Dom,* dessen gewaltiger Westriegel noch heute Wahrzeichen dieses Gebietes ist. Der Turm ist seiner Gestalt und Funktion nach dem Bergfried weltlicher Burgen vergleichbar. Der Eingang zum Turm befand sich in der Kirche, von außen führte nur eine schmale Holztreppe, die bei Gefahr leicht zerstört werden konnte, zu einer hochgelegenen Tür. Erst 1840–1842 wurde ein neugotisches Westportal eingefügt, das 1907/08 durch das jetzige neoromanische ersetzt wurde. Der Dom war eine »Gottesburg«, die geistlichen und weltlichen Herrschaftsanspruch gleichermaßen verkörperte.

Das oberste Turmgeschoß mit den fünf Zwillingsfenstern wurde bei der Restaurierung 1908 aufgesetzt. Nach einem Brand im Jahre 1269 begann der gotische Umbau, der erst im 14. Jh. beendet war.

Der *Lettner* und die *Chorschranken* entstanden zwischen 1396 und 1411. An den Schranken befinden sich 20 Reliefs und 14 vollplastische Figuren aus Sandstein, ihr Meister ist mit der Prager Plastik aus dem Umkreis Peter Parlers in Verbindung zu bringen. Die breitformatigen Tafeln zeigen Bilder aus dem Leben Jesu in eindringlichem, fast drastischem Realismus (Abb. 117).

Von einem älteren Lettner (um 1300) stammen die drei hohen *Sandsteinskulpturen* im Chor, die heute als Leuchter verwendet werden.

Zur Ausstattung gehören weiter die *Triumphkreuzgruppe* (Ende 13. Jh.), das gotische *Chorgestühl* und der *Renaissance-Taufstein* von 1587. Ende des 17. Jh. erfolgten einige barocke Einbauten, dazu gehören die *Kanzel* und der *Hochaltar.*

Auch die Erneuerungsarbeiten von 1840–1842 und 1907/08 haben manche Veränderung bewirkt, trotzdem blieb der Dom – der sich seit der Auflösung des Domkapitels 1819 in staatlichem Besitz befindet – ein beeindruckendes Monument romanischer und gotischer Backsteinbaukunst in der Altmark.

In den oberen Räumen der ehem. *Klostergebäude,* die im 12. und 13. Jh. entstanden, ist heute das *Prignitz-Museum* untergebracht. Es informiert über die Entwicklung des Elbe-Havel-Landes. Zu seinem Bestand zählen Objekte der Vor- und Frühgeschichte (»Seddiner Königsgrab«), Dokumente zur Entwicklung des Bistums, darunter eine Holzschnittfolge zur »Historie vom Wunderblut zu Wilsnack« aus dem frühen 15. Jh., Kupferstiche, Zinngegenstände, Möbel aus der Renaissancezeit bis zum Biedermeier und schließlich Illustrationen zur Stadtgeschichte.

Wir verlassen Havelberg in westlicher Richtung und setzen mit der Fähre bei Räbel über die Elbe. Es handelt sich um eine Gierfähre, die, an einem langen Tau in der Strommitte verankert, ohne Motorkraft über den Fluß treibt (tägl. 7–11.45 und 13–17.45 Uhr). Vor uns liegt die Wische, ein Urstromtal, das seit etwa 7000 Jahren besiedelt ist. Weite Feld- und Wiesenflächen werden durch Gräben, Hecken, Baumreihen und Waldstücke gegliedert und belebt. Im 12. Jh. kamen holländische und flämische Kolonisten in die ständig von Überschwemmungen bedrohte Gegend. Sie dämmten die Elbe ein und legten ein weitverzweigtes Entwässerungssystem an.

Unser Weg führt weiter nach *Werben,* von dessen mittelalterlicher Ummauerung noch ein runder *Turm* und das prachtvolle *Elbtor* (um 1470) erhalten sind. Über die meist ein- und zweigeschossigen Häuser ragt die *Johanneskirche* auf, eine schöne Hallenkirche von einheitlicher Raumwirkung mit einem querrechteckigen Westturm vom Ende des 12. Jh., der beim Umbau des Kirchenschiffes zur Halle im 15. Jh. erhöht wurde. In den mittleren Chorfenstern und zwei nördlichen Fenstern sind qualitätvolle *Glasmalereien* aus der 2. Hälfte des 15. Jh. erhalten, allerdings bei einer Restaurierung 1891 unter ästhetischen Gesichtspunkten ohne thematischen Bezug neu zusammengestellt.

Holländische Siedler gründeten im Jahre 1151 am westlichen Rand der Wische die Ansiedlung Seehausen. Etwa 20 Jahre später begann der Bau der *Petrikirche* (Abb. 126). Die Westtürme entstanden im 13. Jh. Gegen Mitte des 15. Jh. ersetzte man die Basilika durch eine hohe spätgotische Halle und erhöhte die Türme; die Turmhauben sind eine Zufügung des Barock. Das um 1220 entstandene *Westportal* liegt heute im Kircheninnern, da gegen Ende des 15. Jh. eine Kapelle vor die Westfassade gebaut wurde. Sandsteinsäulen und -archivolten wechseln mit ornamental geordnetem Ziegelmauerwerk, das die ruhige, kraftvolle Rundbogenform lockert und differenziert. Im Zusammenspiel der unterschiedlichen Materialien entstand eines der schönsten romanischen Kirchenportale in der Altmark (Abb. 125).

Im Westen schließt an die Wische die Arendseer Hochfläche an. Inmitten eines waldreichen Landschaftsschutzgebietes liegt die Stadt *Arendsee* am Südufer des gleichnamigen Sees. Die Stadt ging wie Havelberg aus einer Klostergründung hervor. Im Jahre 1184 begannen die Bauarbeiten, die bis etwa 1210 dauerten.

Die *Kirche,* in Anlehnung an die von Jerichow errichtet, ist eine dreischiffige Basilika mit Querschiff und ausgeschiedener Vierung (durch Mauerbögen von Langhaus, Chor und Querschiff getrennt). Langhaus, Querschiff, Vierung und Chor sind mit kuppelartigen Kreuzgratgewölben, die Seitenschiffe mit Tonnengewölben ausgestattet. Die unverputzten

Bögen, Fensterumrahmungen und Pfeiler aus Ziegelmauerwerk betonen das romanische Konstruktionssystem.

Die an der Südseite des Langhauses unmittelbar vor der Vierung eingebaute Nonnenempore weist auf die ehem. Bestimmung der Kirche hin. Der spätromanische Taufstein, das frühgotische Kruzifix aus der 1. Hälfte des 13. Jh. und der breitgelagerte spätgotische Schnitzaltar sind die bedeutendsten Stücke der Ausstattung. Die Kanzel ist eine Zufügung der Restaurierung von 1850/51. Nur wenige Meter südöstlich der Kirche steht der sog. *Kluthturm*, ein spätgotischer Backsteinbau, der ursprünglich in die Ummauerung des Klosters einbezogen war.

Wer sich über die Reste der Klosteranlage und die Geschichte des Arendsees und seiner Umgebung informieren möchte, dem sei ein Besuch des Heimatmuseums empfohlen, das sich im alten Klosterspital unterhalb der Kirche befindet (Am See 3). Die Ausstellung demonstriert die Entwicklung und Besiedlung des heute vielbesuchten Landschaftsschutz- und Erholungsgebietes um den Arendsee.

Wir bleiben auf der F 190 und erreichen bald die alte Hansestadt *Salzwedel.* Das heutige Zentrum besteht aus der ursprünglichen Altstadt und der Neustadt, die erst 1713 zu einem Gemeinwesen vereinigt wurden. Bereits seit dem 19. Jh. deutsche Grenzfestung, entwickelte sich im 11. und 12. Jh. um die Burg eine Kaufmannssiedlung, die Altstadt. Im Jahre 1247 wurde nördlich dieses bereits ummauerten Gemeinwesens die Neustadt gegründet; die Katharinenkirche bildete ihren Mittelpunkt. Die heutige Straße der Jugend markiert etwa die Trennlinie der alten Doppelstadt. Die *Katharinenkirche,* eine querschifflose dreischiffige Backsteinbasilika, entstand im wesentlichen in der 1. Hälfte des 15. Jh. Wie bei der Marienkirche rückten die Untergeschosse des Westturmes durch Anbauten in das Kircheninnere.

Die *Glasmalereien* der mittleren drei Chorfenster stammen aus der Entstehungszeit der Kirche. Das Obergeschoß der Sakristei südlich des Chores beherbergt eine umfassende theologische *Bibliothek.* Wichtigste Stücke der Ausstattung sind der große *Marienaltar* vom Ende des 15. Jh. und eine *Bronzefünte* aus der Braunschweiger Werkstatt des Ludwig Ghropengheter von 1421, das Gitter der Taufe stammt aus dem Jahre 1567.

Südöstlich der Kirche steht die *Alte Lateinschule,* ein dreigeschossiger Bau mit vorkragendem oberen Fachwerkgeschoß und reizvollem Treppenturm.

Von der *Burg,* sie war von 1057 bis ins 12. Jh. Sitz des Markgrafen der Nordmark, ist nur ein mächtiger Rundturm von 25 m Höhe und einer Mauerstärke von etwa 3 m erhalten. Seine Entstehungszeit ist nicht genau festzustellen, da im Jahre 1812 bei dem Versuch, den Turm niederzureißen, das Zierwerk zerstört wurde. Der Abbruch scheiterte an dem betonartigen Mörtel; nachdem die Bauleute mühselig etwa 4 m abgetragen hatten, gaben sie den Versuch auf.

Auf der anderen Seite der Holzmarktstraße steht die *Lorenzkirche.* Die ursprüngliche Backsteinbasilika entstand um die Mitte des 13. Jh. anstelle eines älteren Feldsteinbaues. Nach der Reformation ungenutzt, diente sie von 1692 bis zur Mitte des 19. Jh. als

Salzmagazin; Seitenschiffe und Turm wurden abgebrochen. Seit 1859 wird die Lorenzkirche von der katholischen Gemeinde genutzt; eine aufwendige Restaurierung (Aufbau des nördlichen Seitenschiffes) stellte den ursprünglichen Zustand der frühgotischen Kirche zum Teil wieder her. Ein hölzernes *Triumphkreuz* aus dem 1. Viertel des 16. Jh. und zwei ältere Begleitfiguren (Maria und Johannes, um 1500) kamen aus der 1797 abgebrochenen Nikolaikirche hierher.

In der Jenny-Marx-Straße 20 befindet sich das Geburtshaus der Gefährtin des Mannes, auf dessen theoretischer Erkenntnis die größte gesellschaftliche Umwälzung der Neuzeit beruht. Das stattliche Barockgebäude, lange Zeit Bürgermeisterhaus und dann Wohnsitz

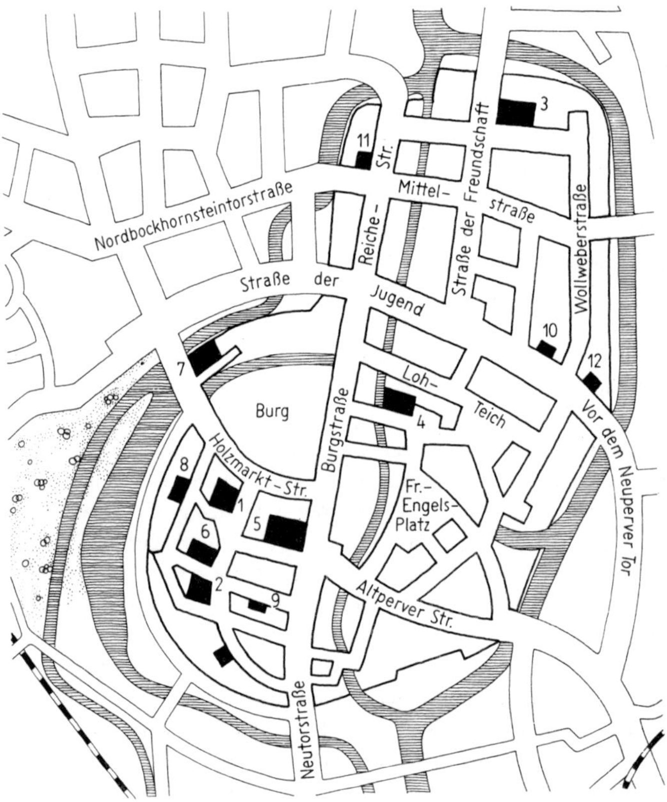

Salzwedel 1 Pfarrkirche St. Lorenz 2 Pfarrkirche St. Marien 3 Pfarrkirche St. Katharinen 4 Ehem. Franziskaner-Klosterkirche 5 Altstädtisches Rathaus 6 Johann-Friedrich-Danneil-Museum 7 Spitalkapelle St. Gertrud 8 Geburtshaus von Jenny Marx 9 Ritterhaus 10 Fachwerkhaus von 1584 11 Steintor 12 Neuperver Tor

der Familie von Westphalen, aus der Jenny Marx stammt, dient als Memorialmuseum für die Familie Marx.

Die Straße endet an der Hauptkirche der Altstadt, St. Marien. Wachsender Reichtum und Einfluß der Bürgerschaft führten im Jahre 1450 zu dem Entschluß, die dreischiffige spätromanische Backsteinbasilika zu einer gotischen fünfschiffigen Halle auszubauen. Durch den Anbau eines westlichen Querhauses rückte der ursprüngliche Westturm ins Kircheninnere. Es entstand die reichgegliederte Anlage, die von allen Seiten interessante Blickwinkel bietet.

Im hohen Chor vor farbigen Glasfenstern aus dem 14. (Mitte) und 16. Jh. (Südosten und Nordosten) steht beherrschend der etwa 8 m breite *Schnitzaltar,* den ein unbekannter niederländischer Meister um 1510 schuf (Abb. 122). Mehrere Reliefs weisen eindeutig Bezüge zur Kupferstichpassion Martin Schongauers auf. Die Gottesmutter mit dem Kind und acht weibliche Heiligenfiguren blicken vom spätgotisch verschlungenen Gesprenge auf den Betrachter herab. Der Mittelschrein zeigt in bewegter Szene die Kreuzigung Christi, in 30 weiteren Szenen wird die Geschichte Mariä und Jesu erzählt. Die spätgotische *Triumphkreuzgruppe,* das virtuos geschnitzte Lesepult aus der gleichen Zeit, die Bronzetaufe von 1520 und die Reste des gotischen *Gestühls* sind die künstlerisch bedeutendsten Werke der verbliebenen Ausstattung. Zehn etwa lebensgroße *Steinfiguren* von etwa 1410, deren ursprüngliche Bestimmung unbekannt ist, haben im Chor und vor den Pfeilern Platz gefunden.

Unmittelbar neben der Kirche ist in der ehem. *Propstei,* einem Fachwerkbau mit massivem Rundturm von 1578, das *Johann-Friedrich-Danneil-Museum* untergebracht. Die vielseitige Sammlung ist dem Urgeschichtsforscher J. F. Danneil gewidmet, der 1864 in Salzwedel gestorben ist.

Wir setzen unseren Rundgang durch die Schmiedestraße fort, in der es zwei Kostbarkeiten frühen bürgerlichen Wohnbaues zu betrachten gibt: das *Hochständerhaus* (Nr. 30) aus dem 14. Jh. und das *»Adam-und-Eva-Tor«* (Nr. 27), ein Holzportal von 1534 mit figürlichem Schmuck (Adam und Eva, Heiligenfiguren, Darstellungen von Berufen).

Im *Altstädtischen Rathaus,* einem spätgotischen Zweiflügelbau in der Altstadt, ist heute das Kreisgericht untergebracht. Nach dem Zusammenschluß der beiden Teilstädte zog der Rat in das Neustädter Rathaus um. Dieses brannte 1895 nieder, und als neues Domizil wurde das alte Franziskanerkloster gewählt, in dem der Rat der Stadt heute noch seinen Sitz hat. Das *Renaissanceportal* im Innenhof stammt von dem abgebrannten Neustädter Rathaus.

Die Franziskanerkirche, die sog. *Mönchskirche,* eine zweischiffige Hallenkirche aus Backstein, entstand im 15. Jh. In den letzten Jahren erfuhr sie eine umfassende Restaurierung und wird seitdem als städtische Konzerthalle genutzt. In dem schlichten hohen Bau mit dem schön gegliederten Westgiebel stand ein großer *Tafelaltar* von Lucas Cranach d. J. (jetzt im Danneil-Museum). Das Mittelfeld zeigt ein charakteristisches Thema der Reformation, den Weinberg des Herrn, die symbolische Darstellung der lutherischen und der katholischen Kirche. Eine zweite Fassung dieser Tafel befindet sich in der Wittenberger Stadtkirche (Abb. 123). Nördlich der Kirche sind Teile des Klosters und des Kreuzganges erhalten, die mehrfach umgebauten Gebäude dienten von 1541 bis 1882 als Schule, seit 1895 als *Rathaus.*

Vom *Mauerring* der Altstadt sind beachtliche Teile erhalten. Gut sichtbar ist der südliche Teil mit dem *Hungerturm* vom Park des Friedens aus. Von den acht Toren der beiden Städte Salzwedel blieben drei bestehen: der Karlsturm des Altperver Tores in der Altstadt, *Steintor* und *Neuperver Tor* in der Neustadt.

Mittelpunkt der Neustadt war die *Katharinenkirche,* die im 13. Jh. als dreischiffige Hallenkirche entstand und um 1450 erweitert wurde. Wie bei der Marienkirche rückte der Westturm durch die Vorbauten in das Kircheninnere. Einige schöne spätgotische Glasmalereien sind erhalten geblieben.

Leider kann auf den reichen Bestand an *Bürgerhäusern* im einzelnen nicht eingegangen werden. Es finden sich Fachwerkhäuser aus dem 16. Jh. mit herrlichen Schnitzereien und Portalen, barocke Stein- und Fachwerkhäuser und einige prachtvolle Jugendstilfassaden.

Etwa 40 km von Salzwedel liegt die kleine Stadt *Gardelegen.* Von der Stadtbefestigung steht noch das *Salzwedeler Tor* aus dem 16. Jh. Die gewaltigen Rundbastionen entstanden zu Anfang des 17. Jh., der Torgiebel ist die Zutat einer historisierenden Restaurierung von 1907. Die Stadt mit ihren meist zweigeschossigen Bürgerhäusern, die zum Teil mit beachtlichen Renaissanceportalen ausgestattet sind, wird von der Ruine der Nikolaikirche und der malerisch gestaffelten *Pfarrkirche St. Marien* überragt. Der Backsteinbau erhielt seine heutige Gestalt im Laufe von über 500 Jahren: Brände und andere Katastrophen führten zu immer neuen Umbauten. Ein prägender Eingriff geschah ab 1558: Die Kirche wurde zur fünfschiffigen Halle erweitert. Einheitlich gotisch hat sich der Chor aus dem 14. Jh. erhalten. Fresken aus der 2. Hälfte des 14. Jh. zeigen zwischen den Fenstern die 12 Apostel, an der Südwand die Kreuzigung und an der Nordwand eine Geißelungsszene. Der Andreasaltar vom Ende des 15. Jh. steht im nördlichen Seitenschiff, im Chor ein ebenfalls geschnitzter Marienaltar aus der gleichen Zeit. Ein spätgotisches Triumphkreuz wurde aus der zerstörten Nikolaikirche hierher überführt. Ein besonders interessantes Stück der Ausstattung ist die Holzskulptur der *Anna selbdritt* aus dem frühen 16. Jh. Es handelt sich um eine sog. Doppelfigur. Vorder- und Rückseite der Plastik stellen die gleiche Ansicht dar.

Nur wenige Kilometer nordöstlich der freundlich-geruhsamen Stadt sieht sich der Besucher unvermittelt mit der dunkelsten Zeit deutscher Geschichte konfrontiert: Eine Gedenkstätte erinnert an die 1 016 KZ-Häftlinge, die am 13. April 1945, einen Tag vor der Befreiung Gardelegens durch die Alliierten, in einer Feldscheune vor der Stadt verbrannt wurden. Und wenn uns Heutigen auch die Abscheulichkeit und der Irrsinn jener 12 Jahre, die das »Tausendjährige Reich« andauerte, nicht mehr unmittelbar vor Augen stehen, der Kampf gegen Gewaltherrschaft – wo auch immer in der Welt – bleibt uns Verpflichtung.

Die Landstraße 188 verbindet Gardelegen mit *Stendal*, der größten altmärkischen Stadt. Aus mehreren Dörfern im Laufe des 13. Jh. zusammengewachsen, entfaltete die durch Handel und Tuchmacherei reich gewordene Stadt im 15. Jh. eine großartige spätgotische Bautätigkeit. Diese Blütezeit ist auch darauf zurückzuführen, daß die Altmark – im 14. Jh. durch ständige Händel widerstreitender Adelsparteien, durch Raubritterunwesen, Pest und Krieg verwüstet – unter die Herrschaft eines weitsichtigen und klugen Politikers gelangte: 1411 wurde der Nürnberger Burggraf Friedrich von Hohenzollern zum Verweser der Mark bestellt, 1415 erhielt er die Markgrafenwürde.

Unter den beruhigten politischen Verhältnissen wuchs die Hansestadt zu einem bedeutenden Handelszentrum. Steinerne Zeugen dieser Glanzzeit finden wir in vielfältiger Form auf unserem Rundgang durch die Altstadt. Den von Norden kommenden Besucher empfängt einer der schönsten norddeutschen Backsteintürme. Bereits um 1380 begonnen, wurde der *Uenglinger Torturm* in der 1. Hälfte des 15. Jh. mit Blendfriesen, Ecktürmen und Zinnen versehen und mit Glasurziegeln geschmückt (Abb. 159). Er ist sinnfälliger Ausdruck der höchsten und letzten Stufe spätgotischen Wehrbaues. Am Ende des Jahrhunderts verloren die Stadtbefestigungen generell an Bedeutung; den Baumeistern der Renaissance stellten sich andere Aufgaben.

Die zweite erhaltene Toranlage der alten Stadtmauer werden wir am Ende unseres Ganges besichtigen: den *Tangermünder Torturm*. Er steht am südlichen Rand der Altstadt. Im 15. Jh. wurde er ebenfalls aufgestockt und mit Blendwerk geschmückt.

Zunächst erreichen wir nach wenigen Schritten die *Petrikirche*, die älteste Pfarrkirche der Stadt, deren Gewölbe allerdings aus dem 15. Jh. stammt. Der Chor ist durch einen massiven Backsteinlettner mit Holzskulpturen aus der Mitte des 14. Jh. vom Langhaus getrennt. Wie bei der Jacobikirche, deren Neubau im frühen 14. Jh. begann, wurden die Steine des romanischen Vorgängerbaues im Sockel wiederverwendet.

Auch die *Jacobikirche* erfuhr im 15. Jh. bauliche Veränderungen: Der Chor wurde verlängert und durch eine überaus reich gestaltete hölzerne *Schranke* vom Langhaus getrennt. Über die rhythmisch aufstrebenden, verschlungenen Kielbögen ragt die *Triumphkreuzgruppe* hinaus (Abb. 160). Spätgotische *Glasgemälde* mit Heiligen und Aposteln sind im Chor erhalten geblieben.

Die Breite Straße führt uns zum Marktplatz. Die hoch aufragenden Türme der *Marienkirche* mit ihren spitzen Helmen weisen uns den Weg. Die Bürger wollten hinter der Bautätigkeit des Domstiftes nicht zurückstehen; die alte romanische Pfarrkirche St. Marien sollte einem neuen, großartigen Hallenbau weichen. Im Jahre 1435 begannen die Arbeiten, nach 12 Jahren war das Werk bis auf die Turmhelme vollendet. Wie bei Neubauten dieser Zeit nicht ungewöhnlich, wurden die Westtürme des Vorgängerbaues für die neue Kirche wiederverwendet, allerdings erhöht und mit neuen Hauben versehen, deren Ausbau sich bis 1512 hinzog (Abb. 161).

Im Innenraum tragen mächtige Rundpfeiler mit je vier vorgelegten Diensten das Gewölbe. Auch in der Marienkirche findet sich eine spätgotische holzgeschnitzte *Chor-*

schranke, eine Form, die in Stendal besonders beliebt war. Der große geschnitzte *Marienaltar* entstand 1472.

Neben den beiden Tortürmen und St. Marien ist das *Rathaus* das vierte erhaltene Bauwerk, das auf das Wirken des Rates im 15. Jh. zurückgeht. Ältester Teil ist die offene *Gerichtslaube* aus dem frühen 15. Jh. Zufügungen und Umbauten geschahen von der Renaissance bis in unser Jahrhundert. In ihrer urspr. Form haben sich die beiden Backsteingiebel an der Südseite erhalten. Der »Ratskeller«, die große Ratsstube mit kunstvoller Holztäfelung und das sterngewölbte »Kagelwit-Zimmer« sind die schönsten Räume des Gebäudes.

In Stendal gab es zwei Nonnenklöster. Vom Franziskaner-Nonnenkloster sind die *Annenkirche,* ein einschiffiger spätgotischer Bau, und das Refektorium des Klostergebäudes (heute *Stadtbibliothek)* bewahrt geblieben.

Das *Augustiner-Nonnenkloster* lag in der Nähe des Stiftes St. Nikolaus. Die *Klosterkirche St. Katharinen* aus der 1. Hälfte des 15. Jh. ist stark verfallen, in den erhaltenen Teilen des Klostergebäudes befindet sich das *Altmärkische Museum* mit interessanten Zeugnissen zur Kunst und Geschichte der Altmark.

Der zweite sakrale Großbau neben der Marienkirche ist die *Stiftskirche St. Nikolaus* im Süden der Altstadt. Die Augustiner-Chorherren kamen im Jahre 1188 in die Stadt. Die Rivalität zwischen Rat und Stift dauerte Jahrhunderte an, auch die Kirchenbauten sind Zeugen dieses Machtkampfes.

Im Gegensatz zu der etwa gleichzeitig errichteten spätgotischen Marienkirche, die auf ein Querschiff verzichtet und auch den Chor in den Einheitsraum einbezieht, geschah der Bau der Stiftskirche nach dem klassischen Schema der hohen Gotik des 14. Jh. Langhaus, Querschiff und Chor der kreuzförmigen Anlage sind streng getrennt. Die konservative Baugesinnung der Chorherren kommt deutlich zum Ausdruck. Die urspr. Verglasung der Fenster hat sich fast vollständig erhalten. Die *Glasgemälde* entstanden zwischen 1430 und 1460 und stellen in etwa 1 200 Feldern das Leben Christi und Heiligenlegenden dar. Bei der Restaurierung ab 1948 wurden die während des Krieges geborgenen Glasfenster wieder eingesetzt und durch eine Doppelverglasung geschützt. Sie tauchen den ganzen Kirchenraum in ein dunkelglühendes, farbiges Licht. Auch das *Chorgestühl* aus der 1. Hälfte des 15. Jh. überdauerte die Zeiten. So hat der Chor im Zusammenklang von Architektur und Ausstattung in seltener Reinheit den hochgotischen Charakter bewahrt.

Bevor wir Stendal und die Altmark verlassen, wollen wir noch einmal in das Zentrum der Stadt zurückkehren. Unweit vom Markt ließ der Rat der Stadt 1859 das *Standbild Johann Joachim Winckelmanns* errichten, der am 9. Dezember 1717 als Sohn eines Schusters in Stendal geboren worden war. Im Jahre 1755 hatte Winckelmann in Dresden mit der Veröffentlichung seiner Schrift »Gedanken über die Nachahmung der griechischen Werke in der Malerei und Bildhauerkunst« dem aufstrebenden Klassizismus das theoretische Programm geschaffen. 1764, nach neunjährigem Romaufenthalt, erschien sein bahnbrechendes Werk »Geschichte der Kunst des Altertums«, das Winckelmann zum Begründer der klassischen Archäologie und der neueren Kunstwissenschaft macht. Der oftmals als »Vater der Kunstgeschichte« apostrophierte Gelehrte hat die seit der Renaissance übliche Beschreibung von Künstlerleben und Kunstwerken durch die Methode der Stilkritik ersetzt, die das Kunstwerk nicht nur als Einzelstück beschreibt, sondern es in eine künstlerische und gesellschaftliche Entwicklung einordnet.

Sein Geburtshaus in der nach ihm benannten Straße in Stendal ist 1955 als *Winckelmann-Gedenkstätte* eingerichtet worden.

Harz und Harzvorland – Landschaft der Romanik

Hamersleben · Kloster Gröningen · Halberstadt · Drübeck · Wernigerode
Quedlinburg · Gernrode · Frose · Falkenstein · Hecklingen

Der Harz und das Harzvorland bildeten bis ins 9. Jh. das Grenzland zu den von Slawen besiedelten Gebieten.

Erst im 10. Jh., nachdem mit Heinrich I. 919 die sächsischen Ottonen die Herrschaft erlangt hatten, verstärkte sich das Interesse des Reiches an den östlichen Gebieten. Im Jahre 968 gründete Otto I. das Erzbistum Magdeburg mit den Bistümern Meißen, Zeitz und Merseburg. Markgrafen wurden eingesetzt, sie übten die weltliche Macht aus. Gewaltsame Eroberung und Christianisierung gingen Hand in Hand. Im Laufe des 10. und 11. Jh. entstanden in den erschlossenen Gebieten Burgen, Stifte, Klöster und Siedlungen.

Durch günstige Umstände – Lage abseits der politischen Brennpunkte, relativ dünne Besiedlung, im 19. Jh. geringe Industrialisierung – ist in einem landschaftlich reizvollen Gebiet von relativ geringer Größe eine Fülle romanischer Bauwerke erhalten geblieben. Zu ihnen gehört das ehem. *Augustiner-Chorherrenstift* in *Hamersleben*, etwa 50 km westlich von Magdeburg (Abb. 119). Nach der Verlegung des Stiftes von Osterwieck nach Hamersleben im Jahre 1112 begann die Bautätigkeit, bereits 1115 war ein Teil des Chores fertiggestellt. Fundamente und Bogenansätze an der Westwand des Langhauses lassen darauf schließen, daß man als Westabschluß eine mittelschiffbreite Vorkirche plante. Gegen 1150 waren die Bauarbeiten beendet.

Reformerische Bestrebungen der Augustiner erklären die Übernahme vieler Eigenheiten der Hirsauer Bauschule, die schlichte, klare Formen bevorzugte. Besondere Kennzeichen dieser Richtung sind die Türme über den Ostjochen der Seitenschiffe, der dreiteilige, langgestreckte Chor und die ausschließliche Verwendung von Säulen im Gegensatz zu dem sonst üblichen Stützenwechsel von Säulen und Pfeilern. Besonders kunstvoll sind die reichen, feingliedrigen *Würfelkapitelle*, zum Teil mit Darstellungen aus der mittelalterlichen Tiersymbolik, die deutlich oberitalienische Einflüsse zeigen und der heimischen Entwicklung um etwa 50 Jahre voraus sind.

Die *Chorschranken*, deren nördlicher Teil erhalten ist, wurden im 1. Drittel des 13. Jh. eingezogen. Die Stuckfiguren – sitzende Apostel – stehen in der Tradition der Apostelfiguren an den Chorschranken der Halberstädter Liebfrauenkirche (Abb. 120). In den letzten

Jahren konnte man den Kreuzgang und eine zweigeschossige Halle freilegen, deren Bestimmung noch nicht eindeutig geklärt ist. Das Ensemble wurde in den letzten Jahren sorgfältig restauriert. Es ist durch seine Vollständigkeit ein bedeutendes und wohl das instruktivste Bauwerk seiner Art im Harzvorland.

Ebenfalls eine Gründung aus dem 10. Jh. ist das *Kloster Gröningen* (Gröningen – Ortsteil Klostergröningen an der F 81). Sechs Benediktinermönche kamen 936 von Corvey hierher. Die Grundmauern der ersten Kirche wurden 1934 ergraben.

Die bestehende Kirche ist der Rest eines Neubaues aus der 1. Hälfte des 12. Jh. Die Seitenschiffe und die Apsiden sind 1830 abgebrochen worden, urspr. war der dreiteilige Chor mit Zwischenwänden dem von Hamersleben sehr ähnlich. Der Bau wird von einem zweigeschossigen Vierungsturm beherrscht, eine im Harzgebiet einmalige Bauform.

Interessant ist auch das *Tympanon* im Chor, dessen früherer Standort unbekannt ist. Das kurz nach 1200 entstandene Relief zeigt ein Lebensbaum-Ornament mit zwei Drachen, darüber einen kleinen Menschenkopf.

Hervorragende Stücke frühmittelalterlicher Plastik sind die *Würfelkapitelle* mit sternartigen Ornamenten und Tierdarstellungen sowie die sog. *Gröninger Empore,* deren Brüstung Christus als Weltenrichter inmitten sitzender Apostel zeigt (Abb. 118). Die Stuckreliefs, zwischen 1170 und 1175 entstanden, sind von großer Körperhaftigkeit, sie treten fast vollplastisch aus der Fläche hervor. Die Plastik beginnt sich zu »beleben« und gewinnt neue Körperlichkeit. Blickrichtung, Stellung der Arme und Füße lockern die streng frontale geometrische Auffassung. Ein wichtiger Schritt zur körperlich-lebendigen Plastik der Romanik, wie sie uns ein halbes Jahrhundert später in Halberstadt und Magdeburg begegnet, ist getan. (In Gröningen heute ein Gipsabdruck der Empore, das Original befindet sich in den Staatlichen Museen zu Berlin.)

Ludwig der Fromme bestätigte im Jahre 814 urkundlich das Bistum *Halberstadt,* das der Überlieferung nach 804 durch Karl den Großen gegründet worden war. Bereits 780 war in Seligenstadt, dem heutigen Osterwieck, ein Missionsstift entstanden, aus dem die Halberstädter Gründung hervorgegangen sein könnte. Bischof Hildeward weihte im Jahre 992 einen ottonischen Dom, den Vorgängerbau der heute bestehenden Kirche.

Um den Dom entwickelte sich eine stadtähnliche Siedlung, die 1018 befestigt wurde. Auch das um 1000 gegründete Augustiner-Chorherrenstift lag innerhalb der Befestigung. Die Gründung des Erzbistums Magdeburg 968 minderte zwar erheblich die Bedeutung Halberstadts, das jedoch weiterhin als Suffraganbistum von Mainz lebensfähig blieb.

Seit 1387 gehörte die Stadt der Hanse an, nach dem Dreißigjährigen Krieg wurde sie Brandenburg zugeschlagen. Ein großer Stadtbrand 1650 ließ die bedeutenden Kirchenbauten weitgehend verschont.

Erst die Luftangriffe während des zweiten Weltkrieges verwandelten die alte Bischofsstadt in ein Trümmerfeld, 82 Prozent aller Gebäude wurden zerstört. Heute sind es im wesentlichen die großen Kirchenbauten – Dom, Liebfrauenkirche und St. Martini –, die an Halberstadts zeitweise glanzvolle Geschichte erinnern.

Auf dem Domplatz findet der Besucher Bauwerke der beiden großen Stilepochen des Mittelalters in unmittelbarer räumlicher Beziehung: im Osten des Platzes den Dom, nach Wilhelm Pinder »das reinste deutsche Beispiel einer durch und durch verstandenen Gotik«, westlich davon die Liebfrauenkirche, ein Werk der reifen Romanik. Klare Gliederung des blockhaften Baukörpers, ruhige ausgewogene Formen, ständige Wiederkehr des Rundbogens bestimmen den kraftvollen, klaren Aufbau der romanischen Basilika (Abb. 133).

Wie anders der gotische Dom: steil aufragend die Wände, durch die großen Spitzbogenfenster fast zum »Skelett« geworden, der Höhendrang durch das Stützsystem – Strebepfeiler und Strebebogen – noch verstärkt (Abb. 127).

Doch folgen wir der Geschichte und wenden wir uns der romanischen *Liebfrauenkirche* zu. Die Gründung des Augustiner-Chorherrenstiftes geschah unter Bischof Arnulf (996–1023). Von einem 1005 begonnenen Kirchenbau stammen die Untergeschosse der Westtürme. Um 1140 begann der Bau der heutigen Basilika mit quadratischen und rechteckigen Pfeilern im Wechsel. An das Chorquadrat schließen Nebenapsiden an, die nur zum Querschiff geöffnet sind (die südliche zweigeschossig), eine Bauform, die auch in Drübeck, Gröningen und Hamersleben anzutreffen ist. Gotische Kreuzrippengewölbe im Langhaus wurden im 19. Jh. entfernt und eine Flachdecke eingezogen, in Querschiff und Chorquadrat finden sich Kreuzgratgewölbe aus dem 13. Jh.

Der nordwestliche der vier Türme und der Chor wurden 1945 zerstört, bis 1952 dauerte die Restaurierung des Bauwerkes.

Die *Chorschrankenreliefs* der Liebfrauenkirche zählen zu den bedeutenden Beispielen der deutschen romanischen Plastik. Sie entstanden um 1200. Die gemauerten Schranken südlich und nördlich vom Chorquadrat sind 2,15 m hoch, darüber erheben sich hölzerne Arkaden, die im 19. Jh. nach den alten Vorbildern gefertigt wurden. Zwischen reichen Ornamentbändern sind an der Nord- und Südschranke je sieben Blendarkaden angeordnet, jede nimmt eine in Stuck gearbeitete, sitzende Figur auf. Im Mittelfeld der nördlichen Schranke ist Christus, in dem der südlichen Maria dargestellt, in den übrigen Feldern sitzen die Apostel (Abb. 134).

Im Zusammenklang mit den reichen Ornamenten – allerlei Tiere und Fabelwesen sind darin versteckt – gelang dem unbekannten Meister ein Kunstwerk von heiterer, harmonischer Grundstimmung.

Als Vorbild für die Gestaltung können byzantinische Elfenbeintafeln und Reliquienschreine angesehen werden. Der Meister hat jedoch nicht einfach diese Formen vergrößert und in Stuck ausgeführt. Sie sind nicht streng, unnahbar und symbolhaft wie die Werke des 12. Jh. Echte Körperlichkeit, harmonische Bewegungen, natürliches, lockeres Sitzen sind sehr anschaulich dargestellt. Weich fließend fallen die Gewänder, unterstreichen die Bewegung. Von erstaunlicher Lebendigkeit und Frische sind auch die Gesichter. »Wir haben es in Halberstadt mit der heiteren, fast spielerischen Spätstufe der Romanik zu tun, die ein halbes Jahrhundert später in den neuen Ernst der durch Naumburg geprägten Gotik übergehen sollte.« (H. L. Nickel)

Kurz nach 1220 dürfte das hölzerne *Kruzifix*, das im westlichen Vierungsbogen hängt entstanden sein. Wurde der Gekreuzigte in der Romanik auf beiden Füßen *stehend* vor dem Kreuz dargestellt (Triumphkreuzgruppe im Dom), so entwickelt sich nach 1220 der Typ des am Kreuz *hängenden* Christus. Erster Schritt dazu ist, daß die Füße übereinandergelegt und mit einem Nagel an den Kreuzstamm geschlagen sind. Diesem Übergangsstil – trotz der genagelten Füße ist der Körper noch stehend gedacht – gehört das Kruzifix an.

Erwähnt sei noch die *Barbarakapelle* am südlichen Seitenschiff, deren Gewölbe mit Malereien aus dem 14. Jh. versehen sind: Christus und Maria, von musizierenden Engeln und Heiligen umgeben.

In dem westlich der Kirche gelegenen Kreuzgang werden Bauteile und Holzschnitzereien zerstörter Halberstädter Bürgerhäuser aufbewahrt.

Der *Dom St. Stephanus* entstand ab 1240 anstelle eines ottonischen Vorgängerbaues. Dieser wurde jedoch nicht in einem Zuge abgerissen, sondern in fünf Bauabschnitten durch den großen gotischen Neubau ersetzt. Während der gesamten Bauzeit – etwa 250 Jahre – blieb der Dom in Benutzung.

Als erstes entstanden um 1240 die Zweiturmgruppe im Westen und bis 1276 die ersten drei Joche des Langhauses. Weitergebaut wurde erst 78 Jahre später: 1354 begann östlich der alten ottonischen Kirche der Bau der Marienkapelle in klaren gotischen Formen. Nun schreitet der Bau in Ost-West-Richtung fort. Als vierter Bauabschnitt werden 1402 Chor und Chorumgang vollendet.

Der fünfte und letzte Bauabschnitt der Baugeschichte wird 1440 mit dem Abriß des noch immer bestehenden ottonischen Langhauses eingeleitet. In der Lücke zwischen Westseite und Chor entstehen nun bis 1491 das Querschiff mit seinen hochgotischen Stern- und Netzgewölben und die noch fehlenden fünf Langhausjoche. Deutlich läßt sich an den einzelnen Bauteilen die Entwicklung von der frühen Gotik bis zu den hochgotischen Formen der letzten Bauphase ablesen (Strebepfeiler und -bögen am Langhaus, Gewölbe im Querschiff). Trotzdem ist der gewaltige Dom von sehr einheitlicher Wirkung (Abb. 127).

Im Inneren überrascht der ungeheure Höhendrang des Raumes. Ohne Unterbrechung streben die schlanken Stützen bis zum Gewölbeansatz empor (Abb. 129).

Im Westen steht ein mächtiger *Taufstein* aus grünlichem Marmor, er entstand Ende des 12. Jh. Im Osten trennen der spätgotische *Lettner* und die *Triumphkreuzgruppe* das Langhaus vom Chor. Die Figuren des Triumphkreuzes sind die bedeutendsten Skulpturen des Domes, sie stammen aus dem alten ottonischen Dom und entstanden um 1220. Christus steht auf einem Drachen, den Kopf sanft geneigt, der Körper in leichtem Schwung gestaltet. Das entspricht dem romanischen Empfinden – aufrecht steht der Heiland vor dem Kreuz. Aber es ist auch schon etwas von der zukünftigen Entwicklung spürbar: der geneigte Kopf, der S-Schwung des Körpers. Er ist nicht nur der Herrscher, der Überwinder, sondern auch der gekreuzigte Mensch. Das alles ist maßvoll und verhalten gestaltet, mit den übrigen Figuren in Zusammenklang gebracht, ein Werk von Reinheit und Klarheit, eine »zeitlose« künstlerische Leistung von großer Ausstrahlungskraft (Abb. 132).

Überreich ist der Dom an Kunstwerken, die im Laufe seiner langen Geschichte hier ihren Platz fanden. Im nördlichen Chorumgang steht die *Verkündigungsgruppe*, um 1360 entstanden (Abb. 130). Die Figuren werden auch als Frauen am Grabe Christi gedeutet (E. Lehmann). An den Pfeilern des hohen Chores fanden *14 Heiligenfiguren* Aufstellung. Sie entstanden im Laufe des 15. Jh. Im Chorschluß, also an hervorgehobener Stelle, befinden sich die Figuren der beiden Hauptheiligen des Domes, Stephanus und Sixtus. An den Pfeilern der Nordseite folgen Petrus, Jakobus maior, Andreas, Johannes, Bartholomäus und Judas Thaddäus, an denen der Südseite Paulus, Jakobus minor, Philippus, Matthäus, Thomas und Simon Kananäus.

Ein seltenes Erlebnis bieten die Marienkapelle und der Chorumgang. Hier haben sich – wenn auch stark restauriert – *Glasmalereien* aus dem 14. und 15. Jh. erhalten. Ihre glühende Farbenpracht vermittelt noch einen Eindruck von der urspr. Wirkung gotischer Kirchenräume, die vom farbigen Licht der Fenster durchflutet waren.

Der *Domschatz* ist zu den reichsten deutschen Kirchenschätzen zu zählen. Er war aber nicht nur Wertanhäufung; fast alle Gegenstände fanden im liturgischen Geschehen ihren Platz. Kostbare Teppiche – darunter der *Abrahamsteppich* aus dem 12. Jh. (Abb. 128) –, über 90 liturgische *Gewänder, Kirchengerät, Möbel, Altäre, Tafelbilder* und *Reliquiare* gelangten im Laufe der Zeit hierher. Ältestes Stück der Sammlung ist ein *Diptychon* des römischen Konsuls Flavius Constantinus aus dem Jahre 416, das als Buchdeckel Verwendung gefunden hatte. Bischof Konrad von Krosigk brachte vermutlich 1205 von einem Kreuzzug die vergoldete *Weihbrotschale* nach Halberstadt, deren Kreuzigungsdarstellung vielleicht Anregung für die Triumphkreuzgruppe des Domes war (Abb. 131). Ein bemalter *Stollenschrank*, der um 1245 entstand, ist das wichtigste Stück des Mobiliars.

Die unglaubliche Vielfalt und der große Reichtum des Halberstädter Domes und seines Schatzes spiegeln die künstlerische Entwicklung mehrerer Jahrhunderte, sie sind eine wichtige Quelle für die Wissenschaft und eindrucksvoller Ort, der Kunst unmittelbar erleben läßt.

Östlich vom Domplatz, am Markt, steht die *Pfarrkirche St. Martini*, deren ungleich hohe Türme mit dem Verbindungsgang charakteristisch für das Halberstädter Stadtbild sind. Die große gotische Hallenkirche wurde um die Mitte des 14. Jh. vollendet. Ein *Relief* über dem südlichen Hauptportal, 18. Jh., zeigt den hl. Martin, dem die Kirche geweiht ist.

Hauptstücke der Innenausstattung sind eine *Bronzetaufe* mit Personifikationen der vier Paradiesströme und Szenen aus dem Leben Christi (um 1300), die *Kanzel* (1595 entstanden, später barock verändert) und der prachtvolle *Hochaltar* von 1696.

Vor der Kirche steht der überlebensgroße *Roland*, altes Symbol städtischer Unabhängigkeit. Bis Kriegsende befand sich die um 1380 entstandene Figur vor dem Rathaus.

Eine bedeutende *Bildnissammlung* des 18. Jh. beherbergt das *Gleimhaus* (Domplatz 31), ein hübscher Fachwerkbau aus dem 16. Jh. Wilhelm Ludwig Gleim, der Verfasser der

»Preußischen Kriegslieder«, versammelte in seinem »Freundschaftstempel« einen großen Kreis von Literaten. Über 130 Bildnisse und eine reiche Sammlung von Graphiken und Handschriften vermitteln ein lebendiges Bild jener Zeit.

Von der Altstadt hat nur wenig den zweiten Weltkrieg überlebt. Trotzdem findet sich manches schöne Fachwerkhaus, manch interessantes Detail. Halberstadt ist trotz der Zerstörungen ein Ort besonderer Anziehungskraft geblieben.

Die Kirche des Benediktiner-Nonnenklosters *Drübeck,* dessen Existenz bereits 960 urkundlich bezeugt ist, zählt zu den ältesten Sakralbauten des Harzgebietes. Die dreischiffige Basilika mit Vierung, Querschiff, Krypta und einer Dreiturmgruppe im Westen entstand 1004. Der Wechsel von Pfeilern und Säulen als Stützen des Langhauses geht auf das Vorbild Gernrodes zurück. Zwischen 1108 und 1110 erhielt der Chor seine heutige Form, er wurde nach Osten erweitert, und zwei sakristeiartige Räume wurden angebaut.

Gegen Ende des 12. Jh. entstanden die Doppelturm-Westfassade nach dem Vorbild von Gernrode und ein Tonnengewölbe im Langhaus, dessen Vorlagen an den Hochschiffwänden erhalten sind.

Im 16. Jh., nach der Säkularisierung des Klosters, verlor die Kirche beide Seitenschiffe, das Gewölbe, den nördlichen Flügel des Querhauses, das südliche Kryptenschiff und die östliche Chorhälfte.

Bei der Instandsetzung 1953–1956 wurden barocke Einbauten entfernt und das südliche Seitenschiff ergänzt, so daß die Kirche wieder zu den Glanzstücken romanischer Baukunst im Harzgebiet zählt.

Wernigerode liegt am Nordrand des Harzes, am Fuße bewaldeter Berghänge. Es entstand aus einer Rodungssiedlung und erhielt im Jahre 1229 das Stadtrecht. Im 12. Jh. entstand neben der Altstadt eine Neustadt, die im wesentlichen von Ackerbürgern bewohnt war. Wenn auch nur wenige Häuser aus dem Mittelalter erhalten sind, so vermittelt die Stadt mit ihren winkligen Straßen und den reichen Fachwerkhäusern doch einen Eindruck von der urspr. Anlage.

Von der *Stadtbefestigung* steht noch ein Mauerrest mit zwei Schalentürmen. Das bekannteste Bauwerk Wernigerodes ist das spätgotische *Rathaus,* ein Fachwerkbau mit steil aufstrebenden Erkertürmen und einer doppelläufigen Freitreppe (Abb. 15). Thomas Hilleborch und Andreas Sprengel errichteten 1492–1498 auf dem Erdgeschoß eines alten Spiel- und Tanzhauses den heutigen Bau, der seit der Mitte des 16. Jh. nach weiteren geringfügigen Umbauten durch den Sohn Hilleborchs als Rathaus genutzt wird. Rechts neben dem Wappen über dem Portal ist ein Spruch zu lesen, dessen Ursprung nicht geklärt ist. Er spiegelt Selbstsicherheit und Selbstironie der Wernigeroder Bürger in gleichem Maße wider: Einer acht's, der andere betracht's, der dritte verlacht's, was macht's.

Von den vier Pfarrkirchen hat *St. Theobaldi* (Nöschenrode) am stärksten seine Ursprünglichkeit bewahrt. Der einschiffige spätgotische Bau, 1685 mit einer bemalten Holztonne gewölbt, birgt einen schönen geschnitzten *Marienaltar* und eine volkstümliche barocke *Triumphkreuzgruppe. St. Johannis,* im Ursprung romanisch, wurde im 15. Jh. gotisch umgestaltet, aus dieser Zeit stammt auch der *Schnitzaltar* mit Szenen aus dem Marienleben. Die Oberpfarrkirche *St. Sylvester,* eine langgestreckte frühgotische Anlage mit rechteckigem Chor, wurde im 17. Jh. mehrfach umgebaut, die letzten Veränderungen geschahen 1881. Die Pfarrkirche *Unser Lieben Frauen* entstand 1762, der neugotische Westturm 1890.

Vor allem in der Burg- und Westernstraße sowie der Breiten Straße (Nr. 4 ältestes Haus der Straße von 1528) haben sich viele *Fachwerkhäuser* erhalten, zum Teil mit reichem ornamentalen Schmuck. Am bekanntesten ist das Haus Breite Straße 72, das sog. *Krummelsche Haus.* Ein Berliner Kaufmann ließ den barocken Fachwerkbau 1674 errichten. Die Reliefs in den Brüstungsfeldern zeigen in der unteren Reihe: 1. Stadtansicht (wahrscheinlich Wernigerode), 2. die Gerechtigkeit, 3. Afrika, 4. Vanitas (»Des Menschen Sterblichkeit«), 5. Amerika; darüber: 1. Europa, 2. Asien, 3. Stadtansicht, 4. Lebensbaum, 5. betende Frau und Priester (das letzte 1875 angefertigt).

Beherrschend steht über der Stadt das *Schloß Wernigerode.* Von der Anlage aus dem 13. Jh. ist kaum etwas erhalten geblieben. Bereits in den folgenden Jahrhunderten mehrfach verändert, wurde die Anlage 1671–1676 zum Barockschloß umgestaltet. Der Flügel zum Agnesberg hin stammt aus dieser Zeit. Die Fürsten zu Stolberg-Wernigerode ließen das Schloß 1858–1883 zum historistischen Repräsentationsbau umgestalten. Der neugotische Bergfried und die zahlreichen Türmchen, Erker und Giebel verleihen dem Bau das Fluidum eines romantischen Märchenschlosses.

Lange Zeit als übler Eklektizismus geschmäht, findet heute die Baugesinnung, die Vergangenheit und Gegenwart, romantisches Empfinden und rationalen Zweck zu verbinden trachtete, zunehmend Verständnis und Achtung.

Seit 1949 ist im Schloß das »Feudalmuseum Wernigerode« untergebracht. Die Exponate (darunter Stilmöbel, Waffen etc.) in den 37 Schauräumen verdeutlichen die Entwicklung vom Hochmittelalter bis zum Ende der Fürstenherrschaft in Wernigerode.

Der *Münzenberg* und der *Schloßberg* überragen das alte Harzstädtchen *Quedlinburg.* Es sind äußerst gegensätzliche Ansichten, und doch bilden sie gemeinsam das typische Gesicht der Stadt. Das *Marienkloster* auf dem Münzenberg, 986 gegründet, wurde während des Großen Deutschen Bauernkrieges zerstört. Gesellen und Handwerker siedelten sich an, als Baumaterial für ihre Häuser verwendeten sie die Steine der Klosterruine. So entstand im Laufe des 16. Jh. die Siedlung mit ihren kleinen verschachtelten *Fachwerkhäusern* und den engen verwinkelten Straßen und Höfen.

Auf dem Schloßberg stand schon zu Beginn des 10. Jh. die Pfalz König Heinrichs I. In der kleinen Chorherrenkirche im Burggelände – etwa an der Stelle des heutigen Chores – wurde der König im Jahre 936 beigesetzt. Bald darauf verlegte Mathilde, die Witwe des Königs, das Chorherrenstift und gründete auf dem Burgberg ein *Damenstift.* Eine große Aufwertung des reichsunmittelbaren Stiftes bedeutete die Überführung der Gebeine des hl.

Servatius aus Maastricht nach Quedlinburg. Ein Brand vernichtete 1070 die gesamte Bebauung des Burgberges; es blieben nur der Westteil der heutigen Krypta und die Wegekapelle St. Nicolai in vinculis erhalten.

Im Jahre 1129 konnte im Beisein Kaiser Lothars die Stiftskirche erneut geweiht werden. 1308 wurde der romanische Chor abgebrochen und bis 1347 durch den gotischen ersetzt. Der südwestliche Turm stammt von 1882, zu dieser Zeit wurden auch der Nordwestturm und die Turmhalle ergänzt. Eine weitere Restaurierung von 1936–1939 führte zu einem recht zweifelhaften Ergebnis: Innerhalb des gotischen Chores wurde die romanisch nachempfundene Apsis eingezogen. Bis 1959 dauerte eine umfassende Wiederherstellung des Bauwerks (Abb. 136).

Durch das schlichte Nordportal – es ist neben Mainz das früheste deutsche Säulenportal – betreten wir den klar gegliederten Raum. Im Westen schließt eine Empore mit darunterliegender Halle die dreischiffige Basilika ab. Sächsischer Stützenwechsel, ausgeschiedene Vierung und kurzes Querhaus über dem Hochchor, darunter eine dreischiffige Krypta, über dem Lichtgaden eine flache Holzdecke – das alles vereint sich in vollendeter Harmonie der einzelnen Bauteile zu einem der schönsten Kirchenräume der ottonischen Baukunst. Die umlaufenden Schmuckfriese und die Kapitellplastik zeigen deutlich Parallelen zur Kirche S. Abbondio in Como: doppelter Zahnschnittfries mit Tauband in der Mitte, Kerbschnittmanier der Kapitelle, doppelt abgetreppter Rundbogenfries.

Im Westteil der weiträumigen *Hallenkrypta* unter dem Chor stehen noch zwei Säulen mit Pilzkapitellen aus dem ottonischen Vorgängerbau. Die *Confessio* im Osten stammt ebenfalls aus dem 1021 geweihten Vorgängerbau; sie war verschüttet und wurde erst 1869 wiederentdeckt. Davor liegen der Sarg der Königin Mathilde († 968) und unter einer Steinplatte der Bleisarg ihrer Enkelin, der Äbtissin Mathilde († 999). Neben der Königin lag urspr. König Heinrich I. bestattet; die Reste des Steinsarges wurden bei Grabungen gefunden.

Im Gewölbe der Krypta sind Fragmente von *Freskomalereien* erhalten, die vom Ende des 12. Jh. stammen. Urspr. war das gesamte Kircheninnere in dieser Weise bemalt. Identifizieren lassen sich Szenen zur Geschichte Susannas, das Urteil Salomonis, die Speisung der 5 000 und einige Einzelfiguren.

Vom südlichen Seitenschiff der Krypta führt eine Treppe zur ehem. selbständigen Wegekapelle *St. Nicolai in vinculis,* die später in den Kirchenbau einbezogen wurde. Sie entstand vor 997; die beiden Säulen mit ihren stark vereinfachten und reduzierten »ionischen« Kapitellen belegen den Rückgriff auf die Antike. Das stellt für das Mittelalter durchaus keinen Einzelfall dar. Seit Karl der Große Säulen aus Ravenna in seiner Pfalzkapelle in Aachen aufstellen ließ, hat es immer wieder Versuche gegeben, antike Kunstwerke in Neubauten einzubringen oder antike Formen umzusetzen und der eigenen Formensprache anzupassen.

Die Altstadt ist reich an interessanten Motiven und stimmungsvollen Ansichten. Da ist das Haus *Wordgasse 3,* ein Ständerbau des 15. Jh., der *Finkenherd* (Abb. 138) mit seinen niedrigen, malerischen Fachwerkbauten, nicht weit davon das *Geburtshaus des Dichters F. G. Klopstock.* Ihm gegenüber wurde in einem stattlichen Fachwerkbau des 17. Jh. ein stimmungsvolles Kaffeehaus eingerichtet. Vor dem *Rathaus,* einem zweigeschossigen Renaissancebau, steht der *Roland* von 1427.

Von den Sakralbauten der Stadt ist *St. Wiperti* durch seine *Krypta* für die Kunstgeschichte besonders interessant. Es handelt sich um eine Umgangskrypta mit Nischen in der Außenwand. Der Mittelraum ist durch Säulen und Pfeiler vom Umgang getrennt, der »Sächsische Stützenwechsel« (Pfeiler-Säule-Säule-Pfeiler) ist bereits ausgebildet. Die Stützen der Apsis stammen aus karolingischer, die des Umganges (mit Pilzkapitellen) aus ottonischer Zeit. Die Datierung der Krypta ist sehr schwankend (9.–11. Jh.), auf alle Fälle ist sie die älteste Umgangskrypta in Sachsen. Bei diesem Bautyp befand sich im Mittelteil das Grab eines Heiligen oder Herrschers, das in Anbetung oder Gedenken umschritten werden konnte. Im 11. Jh. entsteht die Hallenkrypta, die für liturgische Handlungen größere Möglichkeiten bot.

Vieles ist noch sehenswert in dieser Stadt, die sich gern »Tor zum Harz« nennen läßt. Es muß dem aufmerksamen Besucher überlassen bleiben, sich ihre Schönheit und Vielfältigkeit weiter zu erschließen.

Die ehem. *Stiftskirche St. Cyriakus* in *Gernrode* gehört zu den bedeutendsten ottonischen Kirchenbauten. Ihr Gründer war Markgraf Gero, der durch die gnadenlose Unterwerfung der Slawen bei Kaiser Otto I. in großer Gunst gestanden hat.

Geros ältester Sohn starb 959, und dessen Witwe Hathui wurde erste Äbtissin der Stiftung, die – wie die Einrichtungen in Quedlinburg und Drübeck – dazu bestimmt war, unverheiratete Töchter des Adels aufzunehmen. Außerdem sollte die Kirche als Grablege Geros dienen. Das Stift war von ihm mit ausgedehntem Landbesitz versehen worden. Aus Rom stammt die Hauptreliquie der Kirche: ein Arm des hl. Cyriakus.

Der Denkmalpfleger Ferdinand von Quast restaurierte die Kirche 1859–1863 und ergänzte zerstörte Details. Das Bauwerk nimmt in der Kunstgeschichte einen hervorragenden Platz ein, sowohl durch seine architektonische Anlage als auch durch die plastische Ausstattung. Überraschend schon der Grundriß: Die Achse der beiden Chöre weicht von der des Langhauses ab. Während man früher örtliche Gegebenheiten als Ursache dieser Abweichung ansah, deuten neuere Forschungsergebnisse darauf hin, daß die Verschiebung gewollt war: Urspr. war Maria die Schutzherrin der Kirche, der Ostchor ist nach der Stelle ausgerichtet, an der zu Mariä Himmelfahrt die Sonne aufgeht. Später wurde St. Cyriakus zum Hauptpatron der Kirche; die Achse des Langhauses weist als Beobachtungstag den 9. August aus, am 8. August aber steht das Fest des hl. Cyriakus im Kirchenkalender.

Unter dem Ostchor liegt eine der ältesten Hallenkrypten, ein kleiner Raum mit vier symmetrisch angeordneten Pfeilern. Der Westchor, ebenfalls mit einer Krypta versehen, entstand im 12. Jh. Vor der Einfügung des Chores wurde der Bau im Westen wahrscheinlich durch eine Dreiturmgruppe abgeschlossen.

Auch im Langhaus begegnen wir einer Seltenheit in der ottonischen Baukunst: Über jedem Seitenschiff öffnet sich die Arkadenreihe einer Empore. Diese Bauform stammt aus dem Orient; aus Byzanz gelangte sie über Gallien bis in die östlichen Gebiete des ottonischen Reiches. Auch der Gernroder Stützenwechsel (Säule-Pfeiler-Säule) und die damit verbundene Betonung der Raummitte geht auf byzantinischen Einfluß zurück; er tritt hier erstmalig in Sachsen auf (Abb. 141). Die *Kapitelle* gehören zu den frühesten figürlichen Darstellungen dieser Art in Deutschland: Menschenköpfe wachsen aus dem Blattwerk heraus.

Die Stiftskirche von Gernrode birgt eines der Hauptwerke ottonischer Plastik: *Das Heilige Grab.* Der aus zwei Räumen bestehende Einbau im südlichen Seitenschiff war urspr. gewölbt. Der plastische Schmuck bezieht sich auf den biblischen Bericht des Ostergeschehens. Die nördliche Außenwand ist in neun Felder unterteilt: vier Eckfelder mit Flechtbandornamentik (nur unten links erhalten), in den Seitenfeldern Christus und Maria Magdalena (»Noli me tangere«), über dem urspr. offenen Mittelfeld Christus als Weltenherrscher. Die westliche Außenwand (Abb. 140) ist in drei Felder unterteilt, die von symbolischem Rankenwerk – Darstellung des Lebensbaumes – gerahmt werden. Im Mittelfeld steht eine zart modellierte Frauengestalt mit erhobenen Händen: Maria Magdalena in Anbetung vor dem Grab des Herrn. Die Figuren in der oberen Zone bedeuten die himmlische Sphäre: Johannes der Täufer (links) und Moses (rechts) weisen auf das Lamm Gottes, auf Christus, hin. Die untere Reihe symbolisiert die Menschenwelt. »Der Bär wird mit dem sündigen Menschen verglichen, den die Last seiner Sünden ebenfalls schwerfällig macht.« (G. W. Vorbrodt) In ähnlichem Sinne sind auch die übrigen Tierdarstellungen zu deuten. Im Grabraum selbst sind einige Stuckrelief-Figuren erhalten, beeindruckend vor allem der »Metronus«, die überlebensgroße Figur eines Märtyrer-Bischofs.

Die künstlerische Gestaltung des Heiligen Grabes ist in doppelter Hinsicht von großer Bedeutung. Hier wurde erstmalig nach Vorbildern aus der byzantinischen Kleinkunst – Buchdeckeln und Elfenbeinkästchen – ein Werk monumentaler Plastik errichtet. Wie bei den vergleichsweise winzigen Vorbildern rahmen Ranken den Bau, stehen die Stuckfiguren in streng geordneten Feldern. Die Gernroder Figuren sind zugleich ein Höhepunkt ottonischer Plastik. Leise, verhalten, von individueller Physiognomie und zarter Bewegung verkünden diese Figuren das heilige Geschehen.

Der *Taufstein* ist die kraftvolle Arbeit eines ländlichen Meisters aus dem späten 12. Jh. Die *Tumba* des Markgrafen Gero entstand 1519, ein spätgotisches Werk, dessen feine Ausführung einen begabten Meister ausweist.

Die klare Schönheit des Bauwerkes, seine interessante Geschichte und die überragende Qualität und Bedeutung der Gernroder Plastik stellen die ehrwürdige Stiftskirche in die erste Reihe der romanischen Bauwerke des Harzgebietes.

Auch die ehem. *Stiftskirche* von *Frose* ist eine Gründung des mächtigen Markgrafen Gero. Urspr. zum Mönchskloster bestimmt, wurde das Stift bereits 961 zu einer Propstei

Gernrodes. Anstelle der ottonischen Nonnenkloster-Kirche erfolgte um 1170 ein grundlegender Neubau, der im wesentlichen erhalten blieb.

Die kreuzförmige Basilika mit ausgeschiedener Vierung, Flachdecke und sächsischem Stützenwechsel ist trotz verschiedener Beschädigungen – z. B. ist die Wölbung der Apsis verschwunden – von beeindruckender Klarheit. Der Bau wird von einem kraftvollen zweitürmigen Westwerk ohne Eingang beherrscht, das im Erdgeschoß eine zweischiffige kreuzgewölbte Halle aufnimmt, darüber eine tonnengewölbte Empore, die sich durch Arkaden zum Langhaus öffnet.

Neben klaren romanischen Würfelkapitellen finden sich in den nördlichen Langhausarkaden zwei Palmettenkapitelle, deren Ornamentik in der Nachfolge von Königslutter steht. Im Kreuzgang der Abteikirche Königslutter – des »Kaiserdoms« Lothars von Supplinburg – finden sich die hervorragendsten Kapitelle des frühen 12. Jh.

Im östlichen Harz, im Selketal, steht die *Burg Falkenstein.* Der Grafensitz entstand nach 1120, doch nur bis zum Jahre 1332 blieb die Burg im Besitz der Falkensteiner. Zwischen 1230 und 1240 lebte Eike von Repkow auf der Burg; hier schuf er sein großes Gesetzeswerk, den »Sachsenspiegel«. Die gewaltige *Schildmauer* zeugt noch heute von der Wehrhaftigkeit der urspr. Anlage, wenn auch durch weitreichende Umbauten im 16. Jh. die Burg den Charakter eines Wohnschlosses erhielt. Auch das hier untergebrachte Museum mit einer Sammlung von Jagdwaffen und die landschaftlich reizvolle Umgebung machen einen Abstecher in diese Gegend interessant (Abb. 135). Die Burg ist mit dem Auto nicht zu erreichen, ein etwa halbstündiger Spaziergang muß deshalb eingeplant werden.

Die Askanier verlegten 1176 ihr Hauskloster St. Georg und Pankratius nach *Hecklingen.* Die Kirche dieses Benediktiner-Nonnenklosters ist unversehrt erhalten geblieben. Sie ist ein Lehrbeispiel sächsisch-thüringischer Romanik, alle typischen Elemente dieser Kunst vereinend: Chor mit ausgeschiedener Vierung, Flachdecke, Stützenwechsel, zweitürmiger eingangsloser Westriegel.

Typisch für diese Stilstufe ist die plastische Belebung des Mauerwerkes. Außen umzieht der Bausockel die Portale, die Ecken sind durch Rundstäbe gefaßt, die Apsiden zweigeschossig gestaltet. Im Innenraum sind die Stützen unter der Westempore reich ornamentiert, alles ist von feiner Ornamentik überzogen.

Zu den bedeutendsten Werken der sächsischen spätromanischen Plastik gehören die 14 Stuckengel mit Posaunen und Spruchbändern in den Arkadenzwickeln des Langhauses (um 1220). Anregungen aus der byzantinischen Elfenbeinkunst – 1204 war Byzanz von Venezianern und Kreuzfahrern geplündert worden – zeigen sich hier zu einem expressiven Linienstil verarbeitet (Abb. 124).

Naumburg, das Saale-Unstrut-Gebiet und der Kyffhäuser

Naumburg · Schulpforte · Bad Kösen · Saaleck · Großjena · Freyburg
Burgscheidungen · Memleben · Bad Frankenhausen · Göllingen · Kyffhäuser

Wenn von der deutschen Kunst des Mittelalters die Rede ist, wird in jedem Falle auch *Naumburg* genannt werden. Der »Naumburger Meister« und sein Werk blieben der Forschung lange ein Rätsel, es gibt eine Fülle von Deutungen dieses Phänomens. Ein Künstler, dessen persönlicher Werdegang nicht mehr zu ermitteln ist, von dem wir nur wissen, daß seine Wanderschaft von Frankreich über Mainz nach Naumburg führte, schuf für den dortigen Dom ein plastisches Werk, das sowohl inhaltlich als formal neue Maßstäbe setzte. Generationen fesselte diese Kunst, die Allgemeingültigkeit der Darstellungsweise wurde von den Nachfolgenden anerkannt, so daß die Plastiken sich behaupten konnten und keiner »modischen« Strömung, keinem Zeitgeschmack weichen mußten, wie wir das von vielen Werken der frühen Zeit wissen.

Zu dieser Ausstrahlungskraft eines künstlerischen Werkes kommt noch der natürliche Reiz der Landschaft, in der es entstand. Die Stadt liegt an der Schwelle zum Thüringer Land in die Flußlandschaft von Saale und Unstrut eingebettet. An den Kalksteinfelsen des Flußtales und der Umgebung wird seit Jahrhunderten Weinbau betrieben. Auch in unserer Zeit hat die Landschaft ihren natürlichen Reiz bewahren können.

Im Jahre 1028 wurde das Bistum Zeitz nach Naumburg – dem Sitz der Ekkardinger – verlegt. Das hatte eine rege Bautätigkeit zur Folge, und schon um die Mitte des Jahrhunderts war ein romanischer *Dom* vollendet. Von diesem Bau stammt noch der Mittelteil der Ostkrypta, wenn auch die Säulen zwischen 1170 und 1180 ersetzt wurden.

Der Neubau beginnt im Osten. Bis zur Weihe im Jahre 1242 sind Langhaus und Querschiff errichtet und eingewölbt, die beiden Krypten vergrößert und der östliche Lettner eingebaut. Der urspr. romanische Ostchor erfährt um 1300 eine gotische Umgestaltung. Nach Westen fortschreitend, mehren sich gotische Formen in Architektur und plastischem Schmuck, bis im Westchor eines der wichtigsten und schönsten Beispiele deutscher Frühgotik entsteht. Aus der Bauzeit des Chores stammen zu einem großen Teil die *Glasmalereien* des Nordwest-, Süd- und Nordfensters. Das West- und Südwestfenster sind Ergänzungen des 19. Jh. Von den Westtürmen konnte nur der südliche vollendet werden, was bis ins 15. Jh. dauerte. Die Ecktabernakel zeigen eindeutig das Vorbild: die

Kathedrale von Laon. Zinnenkranz und Haube sowie der südliche Turm stammen aus dem 19. Jh. So entstand die doppelchörige, viertürmige Basilika (Abb. 142).

Das plastische Werk des Naumburger Meisters im Dom umfaßt drei Gruppen: die Laubkapitelle des Westchores, den Lettner mit den Passionsreliefs und der Kreuzigungsgruppe und die Stifterfiguren. Die *Laubkapitelle* zeugen von genauer Naturbeobachtung, einzelne Blattarten lassen sich sicher bestimmen. Die naturalistischen Formen sind dennoch zu klaren ornamentalen Gebilden zusammengefaßt (Abb. 143). Es wurden nur pflanzliche Motive verwendet, mit Ausnahme der meisterlichen Darstellung eines Turmfalken an den Arkaden des nördlichen Laufganges.

Am *Westlettner* ist in einer Folge von Reliefs die Passion Christi dargestellt (Abb. 144). Im Durchgang, gleichsam den Menschen vor Augen stehend, empfangen den Eintretenden die Skulpturen der Kreuzigungsgruppe. Die Tiefenwirkung des Reliefs, die eindringliche, jedem Schematismus fernstehende Darstellung des Leidensweges, die ausdrucksvolle, individuelle Physiognomie der Dargestellten zeigen das Können eines überragenden Meisters. Diese künstlerische Sprache – Höhepunkt einer Entwicklung, die in Deutschland um 1200 einsetzte und bestrebt war, die Typenhaftigkeit der Romanik durch Steigerung individueller Merkmale, Körperhaftigkeit und Bewegung der Figuren zu überwinden – findet in den *Stifterfiguren* ihren krönenden Abschluß.

Zu der für ihre Zeit revolutionären Idee, im besonderen Bereich des Chores nicht heilige, sondern weltliche Personen darzustellen, kommt die neue künstlerische Form. Die Skulpturen sind keine Porträts – die Stifter waren zur Zeit des Naumburger Meisters über 100 Jahre tot. Es sind Idealfiguren, jedoch in meisterhafter, eine weite Skala physiognomischer Ausdrucksmöglichkeiten umfassender, individueller Gestaltung. Unmittelbar hinter dem Lettner stehen sich Dietrich III. von Brehna und seine Frau Gerburg gegenüber; es folgen an der südlichen Wand Konrad, Hermann und Reglindis (Abb. 145), Dietmar und Sizzo und an der nördlichen Dietrich, Gepa, Ekkehard und Uta, Timo und Wilhelm.

Das Werk des Naumburger Meisters fand keinen Nachfolger. Gotik und Mystik blieb das Streben nach Körperlichkeit und realistischem Individualismus fremd. Der Weg der Naumburger Hütte läßt sich weiter nach Meißen verfolgen, wo sich ihre Spuren verlieren.

Außer dem Dom bietet Naumburg noch viel Sehenswertes. Der Markt mit dem im wesentlichen spätgotischen *Rathaus* und den schönen *Bürgerhäusern* ringsum bildete das weltliche Zentrum der Stadt. Das älteste Haus, *Schlößchen* genannt (Markt 6), stammt von 1543; das stattlichste Gebäude ist wohl das *Residenzhaus,* es ging 1652 aus der Zusammenlegung von drei kleineren Häusern hervor.

Von der starken Stadtbefestigung ist lediglich das *Marientor* von 1446 erhalten geblieben. Die zwingerartige Anlage bildet zwischen Innen- und Außentor einen Hof, der von einem Wehrgang umgeben ist. Der Gang mit zwei Reihen spitzbogiger Arkaturen zeigt die ganze Fülle spätgotischer Dekoration (Abb. 146).

Die *Stadtkirche St. Wenzel* ist ein durch mehrere Brände und die anschließenden Wiederherstellungen im Stile der jeweiligen Zeit sehr eigenwillig geformtes Bauwerk. An den spätgotischen Chor schließt ein sehr kurzes, flachgedecktes, dreischiffiges Langhaus an, das im Westen segmentbogenförmig abschließt. Die *Stuckdecken* entstanden 1724, der geschnitzte *Hauptaltar* stammt von 1680. Wertvollster Besitz der Kirche sind zwei *Gemälde* Lucas Cranachs d. Ä.: »Die Anbetung der Könige« und »Christus und die Kinder« (1515–1520).

Damit wollen wir die alte Bischofsstadt Naumburg verlassen und einen der reizvollen Wanderwege einschlagen, die es von hier aus in das Saale-Unstrut-Gebiet gibt. Unser Weg führt saaleaufwärts über Schulpforte nach Bad Kösen. Wäldchen und Wiesen, der Fluß und die Kalksteinfelsen geben ein abwechslungsreiches, lebendiges Landschaftsbild.

Schulpforte nahm 1137 ein Zisterzienserkloster auf, dessen *Kirche* erhalten ist. In ihrer heutigen Gestalt entstand sie im Laufe des 13. Jh., und zwar in gotischen Formen, die Kenntnis der damaligen Entwicklung in Frankreich voraussetzen. Die dreischiffige Basilika entspricht in ihrer Gesamtanlage zisterziensischen Baugewohnheiten, besonders interessante Lösungen sind der einheitlich hochgotische Chor und die steil aufragende Westfassade. Sie ist in drei Geschosse gegliedert, das oberste, eine gewaltige Spitzbogennische, nimmt die Kreuzigungsgruppe – eine mehr handwerkliche Arbeit – auf.

Zisterziensische Bauformen der Maulbronner Bauhütte zeigt die um 1230 erbaute polygonale spätromanische *Abtskapelle.*

Von der Ausstattung ist wenig erhalten, darunter ein gemaltes *Triumphkreuz* (um 1250 ergänzt) und die *Grabtumba* Georgs von Meißen (um 1400, 1705 ergänzt).

Nach der Säkularisierung des Klosters gründete Moritz von Sachsen in Schulpforte 1543 eine fürstliche Landesschule, bedeutende Männer sind ihre Schüler gewesen. So waren Friedrich Gottlob Klopstock, Johann Gottlieb Fichte, Leopold von Ranke und Friedrich Nietzsche »Portenser«.

Nach etwa halbstündiger Wanderung erreichen wir *Bad Kösen,* ein kleines Solbad mit gut ausgestattetem »Kurmittelhaus« und einem hübsch angelegten Kurpark. Von hier führen Waldwege zur *Rudelsburg* und zur *Burg Saaleck* (Abb. 147). Im Sommer fährt auch ein Motorboot dorthin. Die Anlegestelle liegt unmittelbar unterhalb des Burgberges. Man kann auch mit dem Auto zur Rudelsburg hinauffahren. In der Burg ist eine Gaststätte untergebracht, und vom Bergfried bietet sich ein großartiger Blick über das Saale-Unstrut-Gebiet.

Folgen wir dem Lauf der Unstrut, erreichen wir bald *Großjena.* Der *»Markgrafenweinberg«* gehörte einst dem Naumburger Kammerrat und Kaufmann J. Steinauer. Im Jahre 1722 machten ihm Freunde ein außergewöhnliches Geschenk. Sie ließen von einem Naumburger Bildhauer, dessen Name nicht überliefert ist, überlebensgroße Reliefs aus der Felswand herausschlagen. Sie stellen Szenen aus der Bibel dar, die Bezug zum Weinbau und zur Jagd haben. In der reizvollen Gegend sind sie – wenn auch nicht von allererster künstlerischer Qualität – ein origineller und zugleich charakteristischer Bestandteil der Landschaft geworden (Abb. 148).

Auf dem benachbarten Hügel hatte der Leipziger Künstler Max Klinger (1857–1920) seinen Sommersitz. Heute befindet sich hier eine kleine *Gedächtnisstätte*.

Freyburg ist das Zentrum des Weinbaues an der Unstrut, die in sanftem Bogen südwestlich an der Stadt vorüberfließt. An ihrem östlichen Ufer erhebt sich hoch über Stadt und Fluß die Neuenburg.

Freyburg entstand als regelmäßig angelegte »civitas« im 13. Jh. Teile der Stadtbefestigung sind erhalten geblieben. An der östlichen Peripherie der Stadt steht die *Marienkirche*; Türme, Vierungsturm und Querschiff stammen aus der 1. Hälfte des 13. Jh. Der gotische Chor entstand um 1400. Das alte romanische Langhaus mußte 1499 einem gotischen Hallenbau weichen. Hauptstück der Innenausstattung ist der Marienaltar aus dem frühen 16. Jh.

Der Weg zur *Neuenburg* führt durch die Schloßstraße, in der sich das *Jahn-Museum* befindet. Der »Turnvater« Friedrich Ludwig Jahn lebte von 1825 bis zu seinem Tode 1852 in diesem Haus, das heute eine Ausstellung mit Dokumenten zu seinem Wirken und Gegenständen aus seinem persönlichen Besitz aufnimmt.

Ein steiler Fußweg führt weiter zur Burg hinauf. Die Neuenburg ist neben der Wartburg die bedeutendste Gründung der Thüringer Landgrafen, die hier zeitweilig residierten. Die Burg blieb von den kriegerischen Ereignissen der Geschichte nicht verschont, bereits 1139 wurde sie schwer zerstört. Als 1171 Kaiser Friedrich Barbarossa auf die Neuenburg kam, war sie bereits in neuer Wehrhaftigkeit wiedererstanden. In der Folgezeit mehrfach umgebaut und erneuert, entstand eine umfangreiche Anlage, die schließlich 1552–1557 Kurfürst August I. von Sachsen zum Wohnschloß ausbauen ließ (Abb. 151). Umfangreiche Restaurierungsarbeiten begannen 1978. Geplant ist die Nutzung der Anlage als Weinmuseum und Gaststätte.

Kunsthistorisch bedeutendster Teil der Burg ist die romanische Doppelkapelle, die in der 1. Hälfte des 13. Jh. entstand. Die übereinander angeordneten zwei Räume der Kapelle sind durch eine kleine Öffnung in der Mitte der Decke miteinander verbunden. Der obere Raum war den Adligen vorbehalten, der untere dem Gesinde bestimmt. So kam man der christlichen Forderung, daß sich die Gemeinde in einem Gotteshaus versammeln soll, nach, ohne mit den einfachen Menschen in Berührung treten zu müssen. Die Anordnung der beiden Räume übereinander – eine bei Burgen häufig auftretende Bauform – mag auch dadurch begründet sein, daß der begrenzte Raum innerhalb der Befestigung so rationell wie möglich genutzt werden mußte. Am auffallendsten im oberen Raum sind die »maurischen« Bögen der Wölbung. Wahrscheinlich spielten hier morgenländische Einflüsse eine Rolle, denn durch die Kreuzzüge war die orientalische Bauweise zumindest durch mündliche Überlieferung bekannt.

Wir wollen das Weinbaugebiet an Saale und Unstrut nicht verlassen, ohne auf das traditionelle Winzerfest hinzuweisen, das jährlich am letzten Wochenende im September hier stattfindet.

Folgen wir dem Lauf der Unstrut, erreichen wir bald *Burgscheidungen.* Die Burganlage aus dem Mittelalter ist durch zahlreiche Umbauten in ihrer urspr. Gestalt kaum noch zu erkennen. Der stattliche Barockflügel entstand zwischen 1724 und 1727 nach Plänen des Leipziger Baumeisters David Schatz. Heute ist im Schloß eine Parteischule der CDU untergebracht.

Die Straße folgt dem Lauf des Flusses und führt uns in das ca. 20 km östlich gelegene Dorf *Memleben.* Die im 10. Jh. gegründete Kaiserpfalz ist eng mit der Dynastiegeschichte der Ottonen verbunden; Heinrich I. starb hier im Jahre 936, sein Sohn Otto I. 973. Dieser stiftete 942 eine *Marienkirche* (Ost-West-Ausdehnung 82 m), von der nur Mauerreste geblieben sind. Erhalten und gesichert sind die reizvolle Ruine einer *Klosterkirche* aus der 1. Hälfte des 13. Jh. mit einer dreischiffigen *Hallenkrypta* sowie Teile der *Klostergebäude* (Abb. 137, 139). In der liebevoll gepflegten Anlage finden im Sommer Konzerte und andere Kulturveranstaltungen statt.

Auf dem Weg zum Kyffhäuser folgen wir zunächst dem Lauf der Unstrut in nordwestlicher Richtung und gelangen an der Burgruine Wendelstein und der Ritteburg vorbei nach Artern (20 km). Von dort erreichen wir nach nochmals 13 km Fahrt Bad Frankenhausen. Wirtschaftliche Grundlage der Stadt bildeten die Salzquellen, deren Nutzung schon im 10. Jh. begann. Im Jahre 1282 wird die Unterstadt als »civitas« aktenkundig, die Oberstadt entwickelt sich im 13./14. Jh.

Die Unterkirche, ursprünglich Zisterzienserinnen-Klosterkirche, wurde 1546 Hauptpfarrkirche der Stadt. Dieser mittelalterliche Kirchenbau brannte 1689 ab, und es entstand zwischen 1691 und 1701 die heutige protestantische Emporenkirche. Die *Innenausstattung* stammt im wesentlichen aus dieser Zeit, ein spätgotisches hölzernes *Kruzifix* und die *Taufschüssel* aus dem 17. Jh. gelangten aus der stark zerstörten Oberkirche hierher.

Östlich der Unterkirche steht das *Schloß,* heute Heimatmuseum. Der Renaissancebau entstand im 16. Jh. auf den Fundamenten der mittelalterlichen Burg, brannte 1689 ebenfalls aus und wurde um 1800 wiedererrichtet.

In der Stadt haben sich zahlreiche *Fachwerkbauten* und *Bürgerhäuser* des 16.–18. Jh. erhalten.

Mittelpunkt der Oberstadt war die zerstörte Oberkirche, deren stark geneigter *Turm* noch heute für das Stadtbild von Belang ist. Nördlich der Kirche steht der *Hausmannsturm,* Rest der Oberburg, die im 14. Jh. den nördlichsten Punkt der *Stadtbefestigung* bildete, von der Reste mit halbrunden Mauertürmen erhalten sind.

Bekannt wurde Bad Frankenhausen in den letzten Jahren durch die Errichtung einer *Bauernkriegs-Gedenkstätte* außerhalb der Stadt. In einem eigens dafür geschaffenen Rundbau entstand das größte Gemälde Europas. Der Leipziger Maler und Grafiker Werner Tübke arbeitete 13 Jahre an dem gewaltigen Rundbild von 120 m Länge und 14 m Höhe. Absicht des Künstlers war es, nicht nur eine Darstellung des Bauernkrieges zu geben, sondern das Weltbild einer Epoche zu gestalten. Das Gemälde wurde am 16. 10. 1987 von Werner Tübke signiert. Zum 500. Geburtstag Thomas Müntzers 1989 soll es der Öffentlichkeit übergeben werden.

Freunde der romanischen Baukunst seien noch auf die Ruine der *Benediktiner-Klosterkirche Göllingen* hingewiesen, nur etwa 10 km westlich der Stadt gelegen. Der Westbau der Kirche (um 1220) ist gut erhalten. Auf einer Halle mit vier Säulen, die fälschlich als Krypta bezeichnet wird, liegt eine hohe Turmhalle, ursprünglich war sie als Empore zum Kirchenschiff geöffnet. Eigenwillig erscheinen die achteckigen eleganten Obergeschosse des Turmes.

Die F 85 windet sich in kurzen Serpentinen in nördlicher Richtung von Bad Frankenhausen in das steil ansteigende Kyffhäuser-Gebirge hinein. Vom großen Parkplatz unterhalb des Gipfels führt ein Fußweg (ca. 15 min.) zur *Reichsburg Kyffhausen* und dem *Kaiser-Wilhelm-Nationaldenkmal* hinauf. Mit 600 m Länge war die im 12. Jh. errichtete Burg eine der größten Anlagen dieser Art. Sie bestand aus Ober-, Mittel- und Unterburg, wobei die drei Abschnitte in sich nochmals reich gegliedert waren. Erhalten sind große Teile der Ober- und Unterburg mit gewaltigen Befestigungsmauern, Türmen, Wohn- und Sakralbauten.

Das *Denkmal* wurde zum Gedächtnis an die Reichsgründung 1871 in den östlichen Teil der Oberburg hineingebaut. Der in nur sechs Jahren (1891–1896) aufgetürmte Rotsandsteinbau mündet in einer fast sieben Meter hohen Nachbildung der wilhelminischen Kaiserkrone. Zwischen erster und zweiter Terrasse öffnet sich der Durchblick in einen Felsenhof mit der Gestalt des erwachenden Kaisers Barbarossa. Darüber erhebt sich auf hohem Sockel das neun Meter hohe Reiterstandbild Wilhelms I. Die Pläne für die monumental-symbolhafte Architektur stammen von Bruno Schmitz, nach dessen Entwürfen auch das Leipziger Völkerschlachtdenkmal entstand. Wem diese Art heroischer Architektur wenig bietet, der wird sicher durch den wirklich großartigen Ausblick von der Plattform auf den Unterharz und die Goldene Aue entschädigt werden.

Von Merseburg ins Mansfelder Revier

Merseburg · Bad Lauchstädt · Querfurt · Eisleben · Seeburg · Mansfeld

Das Gebiet des Merseburger Domhügels war schon in vorgeschichtlicher Zeit besiedelt; im Hersfelder Zehntverzeichnis aus dem 9. Jh. wird der Ort bereits erwähnt. Heinrich I. ließ eine ummauerte Pfalz errichten, die hier, an der »Slawengrenze« des Reiches, große Bedeutung erlangte. Auf Kaiser Otto I. geht die Gründung des Bistums *Merseburg* im Jahre 968 zurück. Mitte des 16. Jh. übernahmen kursächsische Administratoren die Macht in der Stadt, 1604 erfolgte der Ausbau des Schlosses zur Residenz. Diese »Merseburger Herzogszeit« formte maßgeblich das Stadtbild, wie es bis zum Beginn unseres Jahrhunderts erhalten blieb. Nach dem ersten Weltkrieg begann in der Umgebung der Aufbau einer chemischen Industrie, einer der Gründe für die starke Zerstörung der Stadt im zweiten Weltkrieg. Die Sanierung der Überreste einer einstmals blühenden Altstadt geht nur schleppend voran. Wiederhergestellt werden konnte das malerische Ensemble von *Dom und Schloß* (Abb. 168). Der Dom St. Johannes und Laurentius wurde als spätgotische Halle anstelle eines romanischen Vorgängerbaues errichtet. Von dieser romanischen Basilika stammen die Untergeschosse der Westtürme und die *Hallenkrypta* unter Chor und Apsis, eine der ältesten Anlagen dieser Art in Mitteldeutschland. Sie entstand zeitgleich mit den runden Chorbegleittürmen, deren Bau im Jahre 1036 begann. Der westliche Vorraum der Krypta ist wohl gegen Ende des 12. Jh. angefügt worden; am Schlußstein des Türsturzes befindet sich die *Skulptur* der segnenden Gotteshand. *Chor und Querhaus* gehen auf eine Bauphase Mitte des 13. Jh. zurück. Das *Langhaus* selbst, eine weite dreischiffige Halle, wurde 1510–1517 auf Anregung Bischof Thilos von Throtha († 1514) errichtet, dessen Bronzetumba sich im nördlichen Querhaus befindet.

Hohe steinerne *Chorschranken* von 1235–1240 trennen den Chor vom Querschiff. Die Bemalung der nördlichen Schranke entstand zu Beginn des 16. Jh. und zeigt Bischof Thilo inmitten von Vorgängern und Nachfolgern; die Figuren wurden leider gegen Ende des 19. Jh. sehr entstellend übermalt.

Das historisch wichtigste Kunstwerk des Domes befindet sich im Vierungsraum: die bronzene *Grabplatte Rudolfs von Schwaben* (Abb. 167). Der Gegenkönig Heinrichs IV. starb an den Folgen seiner Verwundung, die er am 15. 10. 1080 in der Schlacht bei

Hohenmölsen erlitten hatte. Das älteste Bildnisgrabmal des deutschen Mittelalters verblüfft durch ausdrucksvolle Modulation sowie technische Perfektion des Bronzegusses. Vor der Vierung hängt ein monumentales *Holzkruzifix* von etwa 1240.

Im südlichen Arm des Querschiffes liegt hinter einer reich geschmückten Portalwand die 1670 eingerichtete *Fürstengruft* mit den Särgen der Merseburger Herzöge. Im Westen des Langhauses beherrscht die barocke *Orgelempore* mit dem von Friedrich Ladegast 1853–1855 einfühlsam erneuerten Orgelwerk den Raum.

Die Einwölbung der westlichen *Vorhalle* erfolgte 1535–1544 durch den Baumeister Johann Moestel, der – wie sein Kollege Hieronymus Lotter in Leipzig – auch Bürgermeister der Stadt war. Aus dem 2. Jahrzehnt des 16. Jh. stammt der *Kronleuchter* mit drei Rankenkronen und der hölzernen Doppelfigur der Dompatrone.

Von der überaus reichen und wertvollen künstlerischen Ausstattung des Domes seien noch die *Glasmalereien* im westlichen Mittelfenster der Vorhalle erwähnt, sieben Rundscheiben aus der Zeit zwischen 1270 und 1280. Ebenso muß auf die spätgotischen Schnitzarbeiten verwiesen werden, darunter das *Chorgestühl* des Caspar Schokholcz von 1446 und der sog. *Fünfsitz*.

In einer tonnengewölbten offenen Kapelle aus dem 12. Jh. im *Kreuzgang* südlich der Kirche liegt der *Grabstein eines Ritters,* eine vollplastische Liegefigur aus der Werkstatt des Naumburger Meisters.

Der Dom bildet den südlichen Abschluß des Schloßhofes. Die anderen Flügel des *Schlosses,* entstanden zwischen 1483 und 1665, sind jedoch von geschlossener, einheitlicher Wirkung. Die Dreiflügelanlage mit den hohen Zwerchhäusern, schönen Portalen, Treppentürmen und Erkern gehört zu den beeindruckendsten Schloßbauten Mitteldeutschlands.

Neben der *Stadtkirche St. Maximi,* einer gotischen Hallenkirche aus der Mitte des 15. Jh., und dem *Alten Rathaus* ist vor allem die *Neumarktkirche St. Thomas* von Belang. Von hier aus hat man einen schönen Blick auf die Domburg (Abb. 168). Die flachgedeckte Basilika St. Thomas entstand zwischen 1188 und 1230. Die Seitenschiffe hat man später abgetragen und das umliegende Terrain wegen der ständigen Überschwemmungen um etwa 2 m aufgeschüttet. An der Südseite (Friedhof) des stark verfallenen Baues, dessen Rekonstruktion begonnen hat, wurde eine der *Mittelschiffsäulen* ausgegraben. Bei der letzten Restaurierung 1825/26 hob man die Lage der beiden schönen *Portale* an der Nordseite dem heutigen Bodenniveau entsprechend an; am jetzigen Hauptportal findet sich eine ungewöhnliche Stützenform: vier Säulen sind ineinander verknotet.

Nur 10 km westlich von Merseburg liegt das »Modebad« der Goethezeit, *Bad Lauchstädt.* Die im Jahre 1700 entdeckte Mineralquelle bescherte dem Städtchen, das bereits 1430 das Stadtrecht erlangt hatte, eine Blütezeit, die bis ins 19. Jh. hinein andauerte. Goethe und Schiller verbrachten hier mehrere Kuraufenthalte. Goethe wirkte unmittelbar am Bau des *Theaters* mit, das 1802 unter Leitung von Heinrich Gentz errichtet wurde und in seiner urspr. Form erhalten blieb. Mittelpunkt der historischen Kuranlage, die vollständig restauriert werden konnte, ist der *Brunnen* mit steinerner Balustrade von 1776. Der Bau des *Kursaales* war 1780 vollendet; im Innern ist eine klassizistische Ausmalung nach Plänen Karl Friedrich Schinkels teilweise erhalten. Beiderseits des Brunnens stehen der *Quell-* und der *Badepavillon*; heute enthalten sie Sammlungen zur Geschichte von Bad und Goethe-Theater (Abb. 169).

Entlang der Laucha finden sich Reste der hölzernen *Kolonnaden;* alles erscheint klein, fast von Puppenstubencharakter und voll biedermeierlicher Zufriedenheit.

Wir setzen unsere Fahrt in westlicher Richtung fort und erreichen nach 20 km das Städtchen *Querfurt.* Von der *Stadtbefestigung* sind große Teile des inneren Ringes erhalten geblieben. Auf dem kleinen Marktplatz steht das Rathaus, ein *Spätrenaissancebau* aus dem 17. Jh. Die *Lampertikirche,* urspr. eine gotische Halle, wurde im 17. Jh. dem Zeitgeschmack entsprechend verändert.

Die *Burg,* in deren Schutz das Städtchen entstand, ließen die Grafen von Querfurt im 15. Jh. zu einer weiträumigen Anlage ausbauen. Die drei Türme »Dicker Heinrich«, »Marterturm« und »Pariser Turm« bestimmen das Bild der Anlage. Inmitten des heutigen Schlosses liegt die romanische *Burgkirche*; ihr Äußeres zeigt noch die klaren Formen, in denen der Bau zu Beginn des 12. Jh. errichtet wurde. Das einschiffige Langhaus endet in drei Apsiden; im Westen liegen eine Vorhalle und die Herrschaftsempore, im nördlichen Winkel zwischen Quer- und Langhaus wurde gegen Ende des 14. Jh. die Grabkapelle für Gebhard XIV. von Querfurt angebaut. Der Innenraum erfuhr 1716 eine barocke Umgestaltung. Wichtigstes Stück der Ausstattung ist die *Tumba* des Gebhard von Querfurt, die kurz nach dem Tode des Grafen 1383 entstand. Auf der Deckplatte liegt die Figur des Ritters in der Tracht des 14. Jh., an den Seitenwänden ist der Zug der Trauernden dargestellt. Aufbau und Ausführung der Tumba weisen nach Prag, wo die Plastik in der 2. Hälfte des 14. Jh. vor allem durch Peter Parler eine künstlerische Blüte erlebte (Abb. 153).

In nördlicher Richtung fahren wir nun 21 km auf der F 180, um die *Lutherstadt Eisleben* zu erreichen. Die Stadt erhielt 1946 den Namen des Reformators, der hier geboren wurde und hier gestorben ist. Im *Geburtshaus Luthers* in der Langen Gasse befindet sich heute eine Ausstellung zur Geschichte der Reformation, im *Sterbehaus* (Andreaskirchplatz 7) sind Schriften des Reformators, Briefe und Lutherbilder ausgestellt.

Die *Andreaskirche* entstand anstelle eines romanischen Vorgängerbaues im 15. Jh. als gotische Hallenkirche; die Hauben der Westtürme stammen von 1602. Der große Schnitzaltar (um 1500), die *Tumba* des Grafen Hoyer von Mansfeld (1541) und ein *Kanzelbehang* (frühes 16. Jh.) sind die besten Stücke der Ausstattung.

Der zweite bedeutende Kirchenbau Eislebens ist die *Annenkirche* auf einem Hügel in der ehem. Neustadt, die Albrecht VII. 1513 gegründet hatte, um die für den Bergbau benötigten Arbeitskräfte ansiedeln zu können. Die Kirche ist deshalb auch der Schutzpatronin der Bergleute, der hl. Anna, geweiht. Das zugehörige *Augustiner-Eremitenkloster* –

gleichfalls eine Stiftung Albrechts VII. – löste sich 1522 auf. Das Gebäude, ein schlichter Bau aus Bruchsteinmauerwerk mit fünf Fachwerkgiebeln, dient heute als Pfarrhaus.

Die Kirche wurde erst 1584–1586 vollendet, der Chor mit einem gotisierenden Gewölbe versehen und das Langhaus durch eine gemalte Kassettendecke abgeschlossen. Um die Brüstung des Chorgestühls zieht sich die *Eislebener Steinbilderbibel.* Hans Thon Uttendrup schuf 1585 die 29 Relieffelder auf sieben Sandsteinblöcken nach graphischen Vorlagen des Virgil Solis. Sie werden von Renaissanceornamenten gerahmt und zeigen Szenen aus dem Alten Testament sowie die vier Evangelisten und die Auferstehung Christi (Abb. 154).

Auf zwei weitere Sakralbauten sei noch hingewiesen. In der Turmkapelle der *Petri-Pauli-Kirche* – einer spätgotischen Halle mit reizvollen Stern- und Netzgewölben – steht der große *Annenaltar,* eine Arbeit aus dem frühen 16. Jh. Die *Nikolaikirche* birgt einen spätgotischen *Schnitzaltar,* in dessen Mittelschrein drei heilige Bischöfe dargestellt sind. Die Kirche mit dem mächtigen quadratischen Westturm entstand im 15. Jh.

Daß auch in Eisleben die Bürgerschaft bestrebt war, Macht und Einfluß zu gewinnen, belegen die *Rathäuser* der Alt- und Neustadt; das erste ein spätgotischer Bau aus dem frühen 16. Jh. (Abb. 152), das zweite ein Renaissancebau (1571–1589).

Nur 12 km östlich von Eisleben liegt der Süße See, ein beliebtes Erholungsgebiet des Mansfelder Landes. Hier gibt es ein Schiffsrestaurant, Campingplatz, Boots- und Badebetrieb. Auf einer Landzunge am östlichen Ende des Sees steht die *Burg Seeburg.* Diese gewaltige Volksburg wurde im Jahre 774 von den Franken erobert und im 11. Jh. zur Adelsburg ausgebaut. Aus dieser Zeit stammt die Kernburg mit dem starken Bergfried. Leider wird die gesamte Anlage seit langem von landwirtschaftlichen Betrieben genutzt, vieles wurde umgebaut und ging verloren.

Wer aus dem Halle-Merseburger Raum in den Harz weiterfahren will, etwa nach Gernrode und Quedlinburg (S. 200/202), sollte noch einmal kurz in dem Industrie- und Bergbaustädtchen *Mansfeld* anhalten, um die *Schloßkapelle* zu besichtigen, die zu einer im 11. Jh. gegründeten und im 16. Jh. zu einem Ensemble von drei Wohnschlössern (Vorder-, Mittel- und Hinterort) ausgebauten Anlage gehörte, in deren erhaltenen Resten heute ein Erholungsheim untergebracht ist. Die Schloßkapelle entstand Anfang des 15. Jh. Der hohe einschiffige Raum wird von einem Kreuzrippengewölbe überspannt. Ein geschmiedetes lettnerartiges *Gitter,* das um 1520 entstand, trennt Chor und Langhaus und nimmt die ebenfalls aus Eisengitter gebildete *Kanzel* auf. Der große *Flügelaltar* stammt aus der gleichen Zeit; sein Meister ist im Umkreis Lucas Cranachs d. Ä. zu suchen, vermutlich war es Hans Döring. Auf der südlichen Empore findet sich, ebenfalls um 1520 entstanden, ein astwerkgeschmücktes *Sakramentshaus* mit dem Mansfelder Wappen. Von den beachtlichen Stücken der Ausstattung, z. B. Taufstein (1522), Kruzifix (um 1500), Plastiken (um 1520) und Grabplatten, sei noch auf das *hölzerne Sakramentshaus* im Chor von 1537 hingewiesen; in der Tür eine sorgfältig geschnitzte Kreuzigungsszene (Abb. 170, 171).

Vom Zentrum der Reformation zu einer Insel des Klassizismus

Wittenberg · Halle · Bernburg · Nienburg · Dessau · Wörlitz

Wittenberg war, so beschreibt es der Chronist F. Myconius, bis zum Beginn des 16. Jh. »... ein arm unansehnlich Stadt«. Und in der Tat hatte die Elbestadt nach dem Tode des letzten askanischen Fürsten 1422 jegliche Bedeutung verloren. Doch die »Leipziger Teilung« von 1485, die das Kurfürstentum Sachsen in einen albertinischen und einen ernestinischen Teil spaltete, brachte für Wittenberg eine Wende: Der Verlust der Leipziger Universität veranlaßte Johann Friedrich den Weisen zu einer Neugründung mit Sitz in Wittenberg. 1502 entstand hier die erste landesfürstliche Universität in Deutschland, zunächst ohne Einwilligung des Papstes. Erster Dekan der theologischen Fakultät wurde der Augustiner Johann von Staupitz, der väterliche Freund und Förderer Martin Luthers. Seit 1507 lehrte auch Jodocus Trutfetter, der bereits das Studium der »Alten« und der Italiener anregte. Zwei Männer haben der Wittenberger Universität aber letzthin ihren Zulauf und ihre Bedeutung gebracht: Martin Luther und Philipp Melanchthon. Luther lehrte ständig seit 1511 in Wittenberg, wohin er auf Initiative Staupitz' schon 1508 als Magister der Philosophie gekommen war. Am 31. Oktober 1517 formulierte er hier seine trotzigen »95 Thesen über die Kraft des Ablasses«, die den Beginn der Reformation markieren.

Das zweite Wittenberger Ereignis von historischer Bedeutung ist die Antrittsrede des 21jährigen Magisters Philipp Melanchthon am 20. 8. 1518. Der zukünftige »praeceptor Germaniae«, der Lehrer der Deutschen, verkündet schon hier ein neues Bildungsideal: »ad fontes« (zurück zu den Quellen)! Sein ganzes Leben lang hat der große Humanist von Wittenberg aus in seine Zeit gewirkt. Die Reformation und die Geschichte der Universität machen so Bild und Bedeutung Wittenbergs aus.

Am Rande der Altstadt steht das Ensemble von *Lutherhaus* und dem *Augusteum,* das zur alten Wittenberger Universität gehörte. Nach 1502 begann der Neubau eines Konventhauses der Augustiner-Eremiten. Die Fenster des zweiten Stockwerkes zeigen in etwa die Lage der Mönchszellen. 1526 überließ der Kurfürst das Haus dann Martin Luther, der im Auditorium Vorlesungen hielt und im zweiten Stockwerk einigen Studenten Unterkunft gewährte.

Bis ins 19. Jh. hinein erfolgten verschiedene Veränderungen an dem Gebäude. Der nördliche Treppenturm, ein typischer Renaissance-Wendelstein, wurde in der 2. Hälfte des 16. Jh. angefügt. Das spätgotische *»Katharinenportal«* mit dem ältesten erhaltenen steinernen Bildnis Luthers und der Lutherrose (1540) stammt aus einer Pirnaer Steinmetzenwerkstatt.

Im 18. Jh. fiel der westliche Turm, der Ort des »Turmerlebnisses«, Festungsarbeiten zum Opfer. Im 19. Jh. wurde schließlich das Dach erhöht und mit der neugotischen Attika versehen. Dem Lutherhaus vorgelagert ist das »Augusteum«, das 1564–1583 als Wohnhaus für Studenten gebaut wurde. Der Bau an der Westseite des Hofes dürfte ebenfalls um 1560 entstanden sein. Seit dem Ende des 19. Jh. schließt der Arkadengang zwischen diesem Bau und dem Lutherhaus den Hof ab. Das Lutherhaus ist heute Museum. Es verfügt über die bedeutendste Sammlung von Schriften, Drucken, Malerei und Graphik der Reformationszeit in Deutschland.

Nur wenige Meter entfernt steht das *Melanchthonhaus,* ein Renaissancebau, der heute ebenfalls als Gedenkstätte dient. Zum Teil ist das urspr. Mobiliar erhalten, u. a. im Studier- und im Scholarenzimmer (Abb. 156).

Folgen wir der Collegienstraße weiter in Richtung Stadtzentrum, gelangen wir bald auf den rechteckigen Markt mit dem *Rathaus* (Abb. 157), das ab 1522 errichtet wurde. Auf dem Markt stehen unter zierlichen neugotischen Baldachinen die *Denkmäler* der beiden großen Humanisten und Theologen, das Luthers von Gottfried Schadow (1821) und das Melanchthons von F. Drake (1865). In einem der schönen *Renaissancehäuser* am Markt wohnte der Wittenberger Apotheker, Bürgermeister und Hofmaler Lucas Cranach d. Ä., dessen Werk zum Bedeutendsten der deutschen Renaissance gehört.

Auch die Kirchen der Stadt sind eng mit dem Wirken der Reformatoren verbunden. Die *Stadtkirche St. Marien* war die Predigtstätte Luthers. Der alten um 1300 erbauten Kirche wurde ab 1412 ein Erweiterungsbau in Form einer gotischen Halle vorgesetzt, die alte Kirche diente nun als deren Chor. Er birgt den *Reformationsaltar,* eines der Hauptwerke Lucas Cranachs d. Ä. (Abb. 155). Eines der besten plastischen Werke der Renaissance in Sachsen ist das *Grabmal* für L. Cranach d. J., das der Dresdener Bildhauer Sebastian Walter zu Beginn des 17. Jh. schuf.

Auch die *Schloßkirche,* die zugleich Universitätskirche war, ist mit der Geschichte der Reformation durch Luthers Thesenanschlag aufs engste verbunden. Die Kunstschätze der Kirche, darunter eine riesige Reliquiensammlung, das »Wittenberger Heiltum«, sind in den Wirren der Geschichte verlorengegangen. Auch die von Conrad Pflüger 1490 bis 1499 gebaute Kirche selbst hat wenig von ihrer alten Gestalt bewahrt. Die letzte große Umgestaltung erfuhr sie 1883–1892. Geblieben sind einige Werke in Stein und Metall, darunter die *Bronzegrabplatte* Friedrichs des Weisen von Peter Vischer d. J. (1527).

Martin Luther starb am 18. 2. 1546 in Eisleben, sein Weggefährte Philipp Melanchthon am 19. 4. 1560 in Wittenberg. Beide fanden in der Schloßkirche zu Wittenberg ihre letzte Ruhestätte.

Verfolgen wir die Geschichte der Wittenberger Universität weiter, führt unser Weg nach *Halle* an der Saale. Nach dem Wiener Kongreß, der den nördlichen Teil Sachsens Preußen zusprach, wurde die Wittenberger Universität 1817 der Hallenser eingegliedert. In Halle bestand schon 1694 eine Universität, die im 18. Jh. ein Zentrum des Pietismus in Deutschland war und auch den Ideen der Aufklärung aufgeschlossen gegenüberstand. Das heutige *Hauptgebäude der Universität* (Universitätsplatz) ist ein Werk des Klassizismus, es entstand 1832–1834.

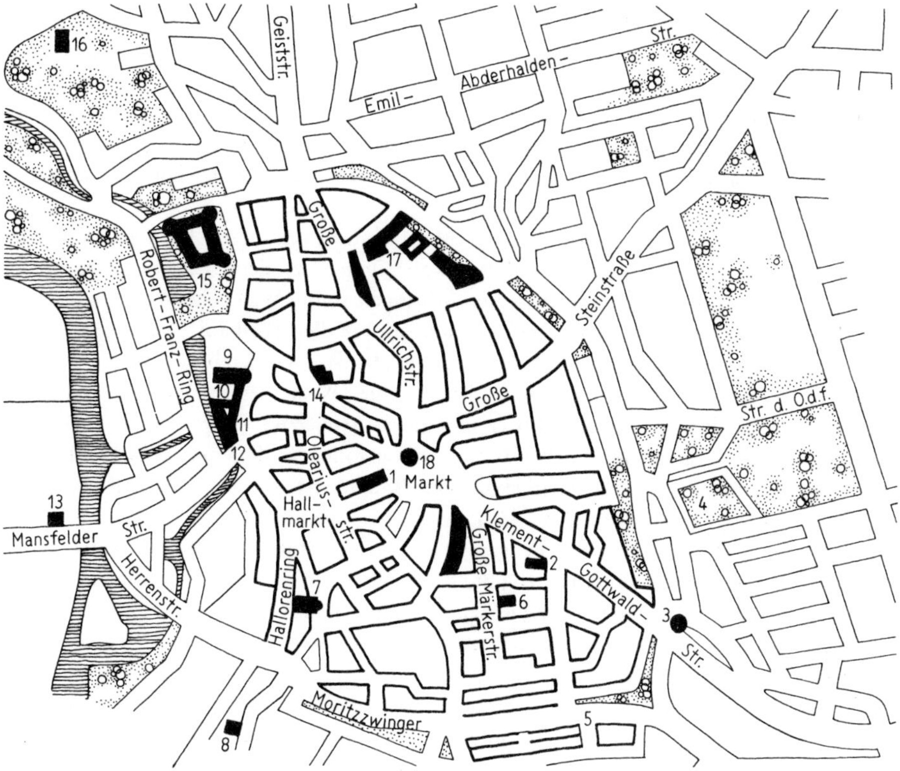

Halle 1 Pfarrkirche Unser Lieben Frauen 2 Ulrichskirche 3 Leipziger Turm 4 Stadtgottesacker 5 Hauptgebäude des Franckeschen Waisenhauses 6 Heimatmuseum 7 Pfarrkirche St. Moritz 8 Pfarrkirche St. Georg 9 Dom 10 Kapelle der Neuen Residenz 11 Neue Residenz 12 Museum für mitteldeutsche Erdgeschichte mit Geiseltalsammlung 13 Halloren-Museum 14 Händel-Haus 15 Moritzburg 16 Pfarrkirche St. Laurentii 17 Hauptgebäude der Universität 18 Roter Turm

Begründer des hallischen Pietismus war August Hermann Francke, dessen großzügige Gründungen – eine Armenschule, ein Waisenhaus, eine Erziehungsanstalt und Pensionate für Schüler und Studenten – noch heute als *Franckesche Stiftungen* (Franckeplatz) Studenten der Universität als Domizil dienen. Im Hauptgebäude, einem viergeschossigen Barockbau, befinden sich das Naturalienkabinett und die Historische Sammlung der Stiftung. Hier wird auch eine Bibelsammlung der ehem. Cansteinschen Bibelanstalt aufbewahrt. Die Ausstellungen sind nur nach Voranmeldung zu besichtigen. Vor dem ehem. Waisenhaus steht ein *Denkmal* des Stifters von Chr. D. Rauch, das im 19. Jh. entstand.

Ihre Gründung und frühe Bedeutung verdankt die Stadt der Salzgewinnung. Im *Halloren-Museum* (Mansfelder Str. 52) wird die Entwicklung der Salzgewinnung dargestellt, hier ist u. a. auch der Halloren-Schatz, einer der prächtigsten deutschen Innungsschätze, ausgestellt. Das Museum ist nur nach Voranmeldung zu besichtigen.

Seit dem Ende des 13. Jh. Mitglied der Hanse, konnte Halle seine Bedeutung als Handels- und Stapelplatz ständig ausbauen, es erlebte eine Blütezeit, die bis ins 16. Jh. andauerte. In diesen Zeitraum fallen die bedeutendsten baukünstlerischen Leistungen in der Stadt.

Die *Marktkirche Unser Lieben Frauen* entstand aus zwei älteren Kirchenbauten, der Marien- und der Gertrudenkirche, deren Vereinigung ein dem Selbstbewußtsein der reichen Stadt entsprechendes Bauwerk hervorbringen sollte. Wahrscheinlich nach Plänen des Hallenser Baumeisters Caspar Kraft nahm man 1528 die Arbeit auf. Die beiden kleinen Kirchen, die in Ost-West-Richtung hintereinander standen, wurden bis auf ihre Westfassaden und die Türme abgetragen. Zwischen diesen beiden Westteilen entstand eine hochgotische dreischiffige Halle, die nun im Osten und im Westen je zwei Türme aufweist. Der Bau war 1536 mit dem Einzug der reichen Netzgewölbe vollendet. Das der deutschen Hallengotik eigene Streben zur Vereinheitlichung des Raumes ist hier zur letzten Konsequenz getrieben: Es gibt keinen Chor (Abb. 165).

Nach 1551 gab es eine zweite Bauetappe: Nickel Hoffmann, einer der bedeutenden deutschen Renaissance-Baumeister, zog die Emporen ein und ließ die »Hausmannstürme« erhöhen und den Verbindungssteg zwischen ihnen anbringen.

Hauptstück der Ausstattung ist der große *Flügelaltar,* den Kardinal Albrecht von Brandenburg, Erzbischof von Magdeburg und Mainz, 1529 stiftete. Der geöffnete Mittelschrein zeigt die Madonna auf der Mondsichel, links von ihr kniet in Anbetung der Kardinal. Im Besitz der Kirche befindet sich die *Marienbibliothek,* sie wurde 1561 gegründet und umfaßt ca. 28 000 Bände.

In unmittelbarer Nachbarschaft der Kirche erhebt sich der *Rote Turm,* 1418 begann der Bau dieses gewaltigen Monumentes städtischen Freiheitswillens. Der Turm, dessen hochaufragende Haube 1945 zerstört und 1975 wiederhergestellt wurde, hat eine Höhe von 85 m.

Ebenfalls eng mit der stadtgeschichtlichen Entwicklung verknüpft ist die Entstehung des *Domes* in seiner heutigen Gestalt. Die Kirche gehörte urspr. zu einem Dominikanerkloster, das Kardinal Albrecht 1520 in das Moritzkloster verlegte; danach wandelte er das Dominikanerkloster in ein Stift um. Seitdem wurde die Kirche als »Dom« bezeichnet. Der Kardinal hatte ehrgeizige Pläne. Er war ein kunstsinniger und weltaufgeschlossener Mann, beschäftigte bedeutende Meister seiner Zeit, unter ihnen Matthias Grünewald, stand in Kontakt mit Erasmus von Rotterdam und Ulrich von Hutten und war Reformen zugeneigt, die er aber ohne Loslösung von Rom realisieren wollte. Das Stift sollte eine Art »Gegenuniversität« zum evangelischen Wittenberg werden. Die hochfliegenden Pläne blieben Träume, zur Universitätsgründung kam es nicht. Der begonnene Bau wurde zur »Neuen Residenz«, dem Wohnschloß des Kardinals. Albrecht mußte jedoch schon 1541 vor der Reformation kapitulieren, er zog sich ins katholische Würzburg zurück. Mit besonderer Leidenschaft sammelte er Reliquien: Im Jahre 1521 besaß er 21 441 Partikel und 42 ganze Heiligenkörper in prunkvollen Reliquiaren. Dieses »Hallesche Heiltum«, heute in alle Winde zerstreut, ist uns durch das Heiltumsbuch von 1520 und den Aschaffenburger Codex von 1526 bekannt. Die Abbildungen in diesen Büchern wurden von vielen Künstlern als Vorlagen für ihre Arbeiten benutzt.

Auch den Dom, in dem die Reliquien aufbewahrt wurden, ließ Albrecht zu einem repräsentativen Bauwerk ausgestalten. Es wurden Emporen eingezogen und um den Dachansatz ein Mauerkranz mit Rundbögen aufgesetzt. Diese Bögen waren urspr. reicher gegliedert und bemalt. Von der Ausstattung sind die *Pfeilerfiguren* und Teile des *Chorgestühls* erhalten: Christus, die Apostel, Maria Magdalena, Mauritius und Erasmus. In den Baldachinen sind die 14 Nothelfer dargestellt. Die Skulpturen stehen stilistisch an der Schwelle von der Gotik zur Renaissance, inhaltlich bedeuten sie eine Fürbitte, bei der Matthiasfigur ist das ORA PRO NOBIS (bitte für uns) noch zu lesen. Neben der interessanten Geschichte dieser Kirche sind vor allem die Rundgiebel von Interesse: Diese Bauform verbreitete sich in Sachsen und Anhalt, so finden wir sie besonders schön am Bernburger Schloß. Leider befindet sich die Kirche noch immer in sehr schlechtem baulichen Zustand.

St. Moritz ist die urspr. Hauptkirche der Stadt, sie steht am alten Marktplatz. Von 1388 bis ins 16. Jh. hinein dauerte der gotische Neubau, Reste des Vorgängerbaues fanden sich in der südlichen Turmmauer. Baumeister war Konrad von Einbeck, auf den auch die plastische Ausgestaltung der Kirche zurückgeht. Nach seinem Tode führte Johann Bode, der auch den Roten Turm errichtete, die Bauarbeiten zu Ende. Die Westfassade entstand in ihrer jetzigen Gestalt im 18. Jh., seitdem wurden nur noch Erhaltungsarbeiten durchgeführt.

Die *Skulpturen* Einbecks, der in Prag in der Bauhütte Peter Parlers gelernt hat, stellen einen Höhepunkt in der Entwicklung der mitteldeutschen Plastik des frühen 15. Jh. dar. Ihr durch die Plastik Schlesiens und Böhmens inspirierter drastischer Realismus macht sie zu Ausdrucksträgern spätmittelalterlicher Leidensmystik, zugleich sind sie jedoch Aufbruch in die Neuzeit, der Schmerzensmann und die Schmerzensmaria »stehen mit dem Menschen auf einer Ebene und beziehen ihn in die Gruppe ein« (W. Schadendorf). Sechs

Werke des großen Meisters befinden sich in der Kirche: der hl. Mauritius (1411), Schmerzensmann und *Schmerzensmaria* (Abb. 164) im nördlichen Chor (1416), ein Relief mit der Anbetung des Kindes in der Vorhalle, Christus an der Geißelsäule (1420) und schließlich die Büste im Nordchor. Es ist ein Selbstporträt Konrads von Einbeck, eines der frühen selbständigen Werke dieser Art in der deutschen Plastik des Mittelalters.

Neben der vierten mittelalterlichen Kirche Halles, der *Pfarrkirche St. Ulrich,* einem spätgotischen zweischiffigen Bauwerk, das zur Konzerthalle umgestaltet wurde, verdienen mehrere *Bürgerhäuser* Beachtung; vor allem Rannische Straße 16, 17 und 20 (Renaissance und Rokoko), Großer Berlin 16 (Barock) und Große Märkerstraße 10 (Renaissance), das heute ein Heimatmuseum beherbergt. Das *Händel-Haus* (Große Nikolaistr. 5) ist Gedenkmuseum für den großen Hallenser Musiker, es besitzt auch eine umfangreiche Musikinstrumentensammlung.

Schließlich sollte der Besucher nicht versäumen, die *Moritzburg* zu besuchen, eine im Kern spätgotische Vierflügelanlage, die heute der *Staatlichen Galerie Moritzburg* als Domizil dient. Zum Besitz des Museums gehört neben reichen und vielseitigen kunsthandwerklichen Beständen (Abb. 166) eine qualitätvolle Sammlung deutscher Malerei und Graphik des 20. Jh., deren Schwerpunkte Expressionismus und proletarische Kunst sind.

An der Saale steht die *Burg Giebichenstein,* beherrschend auf dem Uferfelsen die Ruine der Oberburg, landseitig die Wirtschaftsgebäude, die 1920/21 zu Schulgebäuden und Werkstätten umgebaut wurden und noch heute die Hochschule für Formgestaltung beherbergen.

In unmittelbarer Nähe der Stadt Halle sind zwei wichtige Zeugnisse mittelalterlicher Baukunst zu besichtigen. Auf einem Porphyrfelsen nahe dem Dorf *Landsberg* steht als Rest einer ausgedehnten Burganlage die *Doppelkapelle St. Crucis* (Abb. 163). Der sehr gut erhaltene Bau entstand in der 2. Hälfte des 12. Jh. Nicht weit entfernt erhebt sich der *Petersberg* mit der ehem. Stiftskirche der Augustiner-Chorherren, deren Bau 1128 begann. Die Kirche war Grablege der Wettiner; Sandsteinnachbildungen der urspr. Bronzeplatten, Werke der Dresdener Bildhauer Hans und Christoph Walter, sind im Langhaus zu finden. Nach einem Brand 1565 verfiel die Kirche, in den Jahren 1853 bis 1857 erfolgte eine historisierende Restaurierung durch den Denkmalpfleger Ferdinand von Quast, seit 1958 wurde die Kirche teilweise wiederhergestellt.

Folgen wir der F 6 parallel zum Lauf der Saale nach Norden bis Könnern und anschließend der F 71, erreichen wir bald die kleine Stadt *Bernburg. Schloß Bernburg* steht am Rande der Stadt, auf hohem Felsen über der Saale. Im 11. Jh. bauten die Askanier ihren Grafensitz in eine bereits vorhandene Fluchtburg hinein (Abb. 150).

Renaissancebauten des 16. Jh. prägen die heutige Schloßanlage. Dem Haupteingang gegenüber steht das »Langhaus«. Andreas Günther aus Halle begann 1538/39 diesen reich gegliederten Bau mit rhythmischen Giebeln und zwei schönen Erkern. Vollendet wurde der Umbau zum Renaissanceschloß durch den Hallenser Baumeister Nickel Hoffmann.

Die Reliefs schuf Meister Peter von Echternach 1568/69. Auf dem linken Erker sind Hoffnung, Barmherzigkeit, Stärke und Treue dargestellt.

Nach Westen, der Saale zu, schließt ein zweigeschossiger Bau mit urspr. offener Loggia an das »Langhaus« an. Es folgen ein Renaissancebau mit barockem Portal von 1718, ein weiteres Gebäude von 1565 und die Reste der romanischen Burgkapelle. Neben dem »Alten Haus«, erhebt sich der »Blaue Turm«, der im 16. Jh. einen Renaissancegiebel erhielt. Im Osten schließt eine hohe barocke Mauer mit geschwungener Krone den Schloßhof ab, dahinter liegen verschiedene Wirtschaftsgebäude. Die gesamte Anlage wurde in den letzten Jahren renoviert, dabei ein Großteil der Bauplastik durch Kopien ersetzt. Die Originale sind im Schloßmuseum untergebracht, dessen interessante Ausstellungsgestaltung vorbildlich genannt werden kann.

Auch die Stadt Bernburg hat dem Besucher manches Reizvolle zu bieten. Die *Stadtmauer* aus dem 15.–17. Jh. ist zu einem großen Teil erhalten geblieben. Die *Kirchen* wurden vielfach umgebaut und verändert, so daß außer der romanischen Dorfkirche in Bernburg-Waldau (Abb. 149) keine mehr einen einheitlichen Stil aufweist. Viele *Bürgerhäuser* stammen aus der Renaissance- und Barockzeit, so die Häuser Markt 21 (um 1530), Breite Straße 103 (Mitte 16. Jh.) und 58 (1567), Breite Straße 115 (1775) und Markt 28 (ehem. Regierungsgebäude 1746).

Wenige Kilometer von Bernburg saaleabwärts liegt das Städtchen *Nienburg*. Es geht auf eine der frühen Klostergründungen in dieser Gegend zurück: Um 975 entstand hier die *Benediktinerabtei Maria und St. Cyprianus*.

Eine für Sachsen typische ottonische Basilika mit kreuzförmigem Grundriß und flacher Decke wurde 1242 durch Feuer zerstört, und es entstand der erhaltene, für das 13. Jh. äußerst progressive Bau. Die Apsis ist nicht wie bisher rund, sondern fünffach gebrochen. Statt der Nebenapsiden gibt es flach geschlossene Chorkapellen. Das Langhaus, als Basilika begonnen, wurde ab 1282 als hochgotische Halle fortgeführt, ein frühes Beispiel für diese typisch deutsche Bauform. Im Westen war eine Zweiturmanlage geplant, jedoch erst zu Beginn des 16. Jh. entstanden das vierte Westjoch und der Mittelturm. Die Klostergebäude verfielen nach der Reformation, die Kirche – nun von der Gemeinde genutzt – blieb erhalten.

Das interessanteste Stück der Innenausstattung ist das Fragment eines steinernen *Osterleuchters* in der Sakristei, um 1300 von einem sächsischen Meister gefertigt. In zwei Zonen stehen auf den Symbolen der Tierkreiszeichen zwölf Figuren, die für die einzelnen Monate typische Werkzeuge in den Händen halten. Sie gehören zu den frühesten Monatsdarstellungen in der deutschen Plastik (Abb. 162). Bemerkenswert ist auch die *Grabplatte* für den Grafen Thietmar und dessen Sohn, ein reiches Werk der Gotik, um 1350 entstanden.

Von Nienburg führt unser Weg in östlicher Richtung weiter nach *Dessau*, das eigentlich erst gegen Ende des 18. Jh. Bedeutung für die Kunstentwicklung erlangte. Seit 1603

Residenz des kleinen Fürstentums Anhalt, war es bis zu diesem Zeitpunkt ein unbedeutendes Provinzstädtchen. Fürst Leopold Friedrich Franz war ein den Künsten aufgeschlossener, weitgereister Mann, der besonders dem machtvoll aufstrebenden Klassizismus zugetan war. Mit dem Baumeister Erdmannsdorff und dem Gärtner Eyserbeck nahm er zwei Künstler in seinen Dienst, die in der Lage waren, seine Vorstellungen zu verwirklichen.

In der Stadt selbst ist fast nichts an historischer Substanz erhalten, am 7. 3. 1945 fiel die Innenstadt unter schweren Bombenangriffen zu 95 Prozent in Trümmer. Nur der provisorisch wiederhergestellte *Westflügel des Schlosses,* die Ruine der gotischen *Marienkirche* und einige klassizistische Bürgerhäuser finden sich noch im Stadtbild. In der unmittelbaren Umgebung jedoch überstanden drei Schloßbauten den zweiten Weltkrieg. Erdmannsdorff baute ab 1780 das *Schloß Georgium,* einen zweigeschossigen Bau mit Pilastergliederung, das heute die Staatliche Galerie aufnimmt. Sie verfügt über eine beachtliche Kollektion altdeutscher, niederländischer und französischer Meister sowie über eine umfangreiche graphische Sammlung. Der kleine Park entstand nach Eyserbecks Plänen.

Auch *Schloß Luisium* und der umgebende Park stammen von den beiden genannten Meistern. Das Schloß war 1778 vollendet, die Innenausstattung greift in klassizistischer Manier auf pompejanische und etruskische Motive zurück. Im Park finden sich einige Kleinarchitekturen, die in ihrer romantisch-klassizistischen Art das »empfindsame Zeitalter« manifestieren.

Ein dritter, wenig älterer Schloßbau findet sich in *Dessau-Mosigkau.* Er entstand 1752 bis 1757 nach Plänen G.W. von Knobelsdorffs. Die Innenausstattung des U-förmigen Bauwerkes (Möbel, Porzellane und Fayencen) ist weitgehend erhalten, darunter die sog. Oranische Erbschaft, eine bedeutende Sammlung niederländischer und deutscher Malerei des 17. Jh. Im Gartensaal sind die Bilder noch in der urspr. Ordnung angebracht – die Wände sind fast vollständig zugehängt (Abb. 158).

Nicht nur künstlerisch – auch geistesgeschichtlich ist das späte 18 Jh. für Dessau von Bedeutung. J. B. Basedow gründete hier, von dem Gedankengut der Aufklärung getragen, eine Erziehungsanstalt, das Philanthropinum. Seine Arbeit sollte für die Pädagogik von besonderer Bedeutung werden, von allem sein von Chodowiecki illustriertes »Elementarwerk« fand weite Verbreitung.

Erst 1925 tritt Dessau wieder in das Blickfeld der Kunstgeschichte. Das *Staatliche Bauhaus* siedelt unter Leitung Walter Gropius' von Weimar nach Dessau über. Ein Jahr später war das nach Gropius' Plänen errichtete Hochschulgebäude fertiggestellt. Die endgültige Überwindung des Historismus, die Besinnung auf schlichte Schönheit und funktionsgerechte Formen revolutionierten die Kunst Europas. Das Gebäude – heute sind darin verschiedene Institutionen und ein Bauhausmuseum untergebracht – wurde 1978/79 umfassend restauriert.

Eine Kostbarkeit, die uns an den Ausgangspunkt unserer Reise – an Wittenberg – denken läßt, findet sich in der *Dorfkirche* des Ortsteiles *Dessau-Mildensee.* Die ehem. Propstei des Benediktinerklosters Nienburg, ein Ziegelbau aus dem 13. Jh., der im 19. Jh.

neugotisch verändert wurde, beherbergt heute die *Altargemälde* der Dessauer Schloßkirche. Lucas Cranach d. J. malte die Tafeln, darunter ein Abendmahlsbild, das die Reformatoren als Jünger Jesu darstellt.

In *Oranienbaum,* einem kleinen Landstädtchen, ließ Fürstin Henriette Katharina von Anhalt-Dessau 1683–1698 durch den holländischen Baumeister Cornelius Ryckwaert ein reizvolles Sommerschloß errichten. Die Dreiflügelanlage – Pavillons und Stallungen sind als Fachwerkbauten ausgeführt – umfaßt einen Ehrenhof, die Gartenseite öffnet sich nach einem Park mit Teehaus und einem Türmchen im »chinesischen Geschmack«. Die Ausstattung des Schlosses (heute Staatsarchiv) ist nur in Fragmenten erhalten; im Keller befindet sich der völlig mit Delfter Kacheln ausgelegte Sommer-Speisesaal.

Auf dem Marktplatz steht in einer Sandsteinvase das Wahrzeichen des Städtchens: ein kleiner geschmiedeter Orangenbaum mit goldenen Früchten.

Zwischen Wittenberg und Dessau schlängelt sich die Elbe in vielen Windungen dahin. Weite Auenwälder, Wiesen, Tümpel und Seen bilden eine parkähnliche Landschaft. Hier ließ Fürst Franz von Anhalt-Dessau in der 2. Hälfte des 18. Jh. einen Landschaftspark im englischen Stil anlegen, den ersten dieser Art in Mitteleuropa.

Der Fürst reiste mit dem Architekten Erdmannsdorff nach Italien, um die klassische Kunst zu studieren. Der Gärtner Eyserbeck, im wesentlichen Schöpfer der Parkanlagen, hatte in Holland und England studiert. So konnte in *Wörlitz* ein Park im damals modernsten Sinne entstehen, alles ist auf harmonische Ruhe, auf die enge Verbindung von

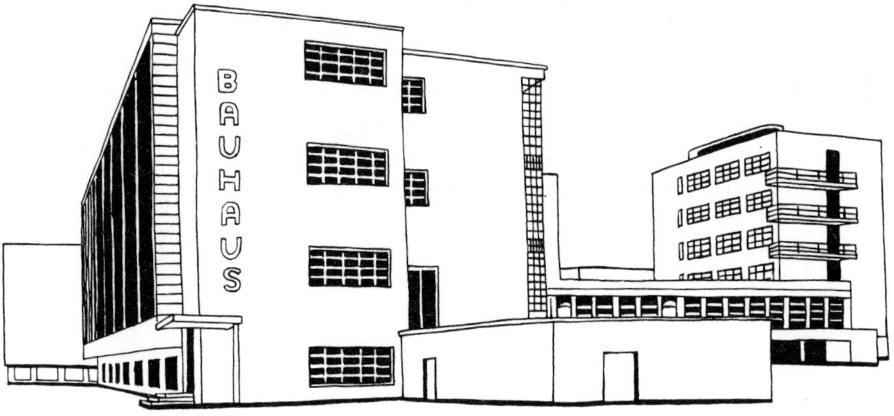

Dessau Vom Bauhaus gingen Impulse aus, die zur Erneuerung der Architektur, der Formgestaltung und des Kunsthandwerkes in ganz Europa führten.
Auch in dem von Walter Gropius entworfenen Schulgebäude zeigt sich die neue, auf Klarheit der Formen und zweckmäßige Schönheit gerichtete Baugesinnung.

Architektur und Landschaft abgestimmt. Ohne feste Begrenzung geht der Park in die umgebenden Wälder und Wiesen über.

Die vier Teile der Anlage – Schloßgarten, Neumarks Garten und Roseninsel, Schochs Garten, die Neuen Anlagen – verbinden sich mit Floragarten und Weidenheger zu einem harmonischen Ganzen, durch vielerlei interessante Blickbeziehungen miteinander verbunden.

An zentraler Stelle errichtete Erdmannsdorff 1769–1773 das *Schloß*. Es ist der erste klassizistische Schloßbau in Deutschland, das früheste Beispiel der Überwindung barocker Form. Ein Portikus mit vier Säulen und breiter Freitreppe betont die Achse der ruhigen, fast schmucklosen Fassade. Die frühklassizistische Innenausstattung entstand nach Angaben Erdmannsdorffs, Freunde aus Italien schickten antike Fundstücke oder Kopien davon; diese *Wörlitzer Antiken* sind noch heute zu besichtigen.

Im Park entstand eine ganze Reihe *Kleinarchitekturen:* Tempel, Pavillons, Grotten und Brücken. Sie stammen zum Teil von Erdmannsdorff, zum Teil von dem Oberhofbaumeister Hesekiel. Das wichtigste seiner Werke – es entstand unter Beteiligung Erdmannsdorffs – ist das *Gotische Haus*, das 1773 als Gärtnerwohnung errichtet und um 1813 zum Wohnsitz des Fürsten ausgebaut wurde. Die Innenausstattung ist weitgehend erhalten. Hier hat Franz Leopold seine Kunstsammlung untergebracht, neben wertvollen Gemälden (u. a. von Cranach und aus der Schule van Dycks) ist besonders eine Kollektion Schweizer Glasmalereien (15.–17. Jh.) von Bedeutung. Der Gelehrte J. K. Lavater erwarb die Glasmalereien im Auftrag des Fürsten. Sie wurden auf reizvolle Weise in die neugotische Verglasung einbezogen. Das »Gotische Haus« – es zählt zu den frühesten neugotischen Bauwerken Deutschlands – ist wie das Schloß heute Museum (Abb. 15).

Wenn die *Stadtkirche* auch nicht zu den eigentlichen Parkarchitekturen gehört, beeinflußte sie doch die Gestaltung der Landschaft. Immer wieder gibt es interessante Durchblicke auf den neugotischen Turm, der so bestimmendes Element des Landschaftsparkes wurde. Die urspr. um 1150 von Albrecht dem Bären gegründete Kirche wurde mehrfach umgebaut, bis sie zwischen 1805 und 1810 durch Hesekiel ihre heutige Gestalt erhielt und in die Planung der Parkanlagen einbezogen wurde.

Eckhard Hollmann

107 *Magdeburg*
Liebfrauenkirche. Der Blick nach Osten zeigt deutlich die frühgotische Wandverkleidung über den Arkaden des Langhauses.

108 *Magdeburg* Dom. Der heilige Mauritius, entstanden um 1245.

109 *Magdeburg* Dom. Der sog. Bischofsgang umzieht in Emporenhöhe den Chor.

110 *Magdeburg* Dom. Blick in den Chor. Die für den Vorgängerbau aus Ravenna geholten Säulen wurden wieder in den Bau einbezogen.

111 *Magdeburg* Dom. Grabplatte des Friedrich von Wettin, entstanden zwischen 1152–1160, ein Hauptwerk der strengen hochromanischen Grabplastik.

112 *Magdeburg* Dom. Der reich gegliederte Chor wird von dem Bischofsgang und einem Chorumgang mit Kapellenkranz umzogen.

113 *Magdeburg* Dom. Das hölzerne Mahnmal für die Gefallenen des ersten Weltkrieges von Ernst Barlach entstand zwischen 1927 und 1929.

114 *Magdeburg* Dom. Das Jungfrauenportal der Nordvorhalle umfaßt 10 Skulpturen, entstanden zwischen 1240 und 1250, die urspr. für ein Portal gedacht waren. Die Figuren sind in der Tracht des 13. Jh. dargestellt.

115 *Tangermünde* Rathaus. Die Prachtfassade des Ostflügels, um 1430 entstanden, zeigt die ganze Fülle und Feingliedrigkeit gotischer Backsteinbaukunst.

116 *Tangermünde* Burg. Aus dem späten Mittelalter stammen die beiden Türme, deren Obergeschosse und Helme allerdings 1902/03 ergänzt wurden.

117 *Havelberg* Dom. Die Sandstein-Skulpturen der Chorschranken, um 1400 entstanden, sind in eindrucksvoll drastischer Formensprache gestaltet.

118 *Gröningen* Klosterkirche. Die Stuckreliefs der Empore, in der Spätzeit der strengen Romanik um 1170 entstanden, zeigen in der Mitte Christus auf dem Regenbogen thronend, rechts und links ihm zugewandt je sechs Apostel.

119 *Hamersleben* Stiftskirche. Blick von Nordosten.

120 *Hamersleben* Stiftskirche. Die Apostelfiguren an der erhaltenen nördlichen Chorschranke stehen in der Tradition der Halberstädter Liebfrauenkirche.

121 *Schönhausen* Dorfkirche.

122 *Salzwedel* Marienkirche. Der fast 8 m breite und mehr als 6 m hohe spätgotische Schnitzaltar, von dem nur der Mittelschrein abgebildet ist, entstand um 1510 und wird drei Meistern zugeschrieben. Er umfaßt 30 Relieffelder und 22 vollplastische Figuren.

123 *Salzwedel* Mönchskirche. Das Mittelbild des Hauptaltars von L. Cranach d. J. zeigt den »Weinberg des Herrn«. Der Maler nimmt mit diesem Werk für die Reformation Stellung. Die Tafel befindet sich z. Zt. im Danneil-Museum.

Wundern Magstu O leser milde,
Was das sey für ein seltzam Bilde.
So stehen thut an dieser Stadt,
Vnd viel gemeldes innen hat.
Was bedeuten die zwene hauff.
Der bergk die Christliche Kirch bedeudt.
Darin seindt bos vnde fromme leudt.
Auff einer Seide papisten sindt,
Den brun des Lebens sie auch Füllen,
Durch ihre werck gottes gnade zu hullen,
Vorfinstern also gottes wordt.
Das leuchtet klar an allem Ort.
Dargegen auff der andern Seit
Stehen viel tapffer gelerte leut.
Mit ihren instrumenten all
So man im weinberg haben sol.
Thun trewlich fordern gottes ehr.
Den brun des lebens auch gar Rein.
Vnde machen wider offenbar,
Gottes gnade so verfinstert war.
Die rechte meinung O frommer Christ,
Dieses Kunstreichen bildes ist.
Darumb danck du gott fur sein gnad,
Der vns sein wort wider geben hat
Vnd bit das ers erhalt Rein,
Welches vns von Christo ist bereit.
Mit allen gleubigen in Ewigkeit.

124 *Hecklingen* Pfarrkirche. Von den 14 Stuckengeln in den Zwickeln der Langhausarkaden tragen zehn Spruchbänder und vier Posaunen, sie entstanden in Umsetzung byzantinischer Vorbilder um 1220–1230.

125 *Seehausen* Petrikirche. Das romanische Westportal rückte durch Anbauten ins Kircheninnere.

126 *Seehausen* Petrikirche. Blick von Südwesten.

127 *Halberstadt* Dom. Der Blick von Südosten läßt den Aufbau der kreuzförmigen gotischen Basilika, die in fünf Bauetappen entstand, gut erkennen.

128 *Halberstadt* Dom.
Zum Domschatz gehört der Abrahamsteppich, der um 1160 entstand. Die Szene zeigt den Erzengel Michael im Kampf mit dem Drachen.

129 *Halberstadt* Dom. Der Höhendrang des Raumes wird noch durch die aufstrebenden, feingliedrigen Formen des spätgotischen Lettners verstärkt, die den Blick zu der beherrschenden romanischen Triumphkreuzgruppe emporführen.

130 *Halberstadt* Dom.
Im Chorumgang steht die sog. Verkündigungsgruppe, die mit dem Erfurter Severimeister in Verbindung gebracht wird.

131 *Halberstadt* Dom. Die vergoldete Weihbrotschale ist byzantinischer Herkunft und gelangte 1205 nach Halberstadt.

132 *Halberstadt* Dom. Zwei Seraphim flankieren die Kreuzigungsgruppe, deren Figuren weit überlebensgroß sind. Beim Umbau des Domes im 15. Jh. wurde der Tragebalken verkürzt, so daß nur noch zehn der zwölf Apostelbüsten vorhanden sind.

133 *Halberstadt*
Liebfrauenkirche. Ansicht von Südosten.

134 *Halberstadt*
Liebfrauenkirche. Die in den Blendarkaden der Chorschranken sitzenden Apostel sind von fast klassischer Körperlichkeit und mit sehr differenziertem Gesichtsausdruck dargestellt.

135 *Burg Falkenstein* Die um 1120 gegründete Burg war von 1437–1945 Besitz der Herren von Asseburg.

136 *Quedlinburg* Stiftskirche und Schloß überragen das alte Harzstädtchen.

137 *Memleben* Ruine der Klosterkirche. Mittelschiff nach Westen.

138 *Quedlinburg* Finkenherd. Hier soll Heinrich I. die Nachricht erreicht haben, daß er zum deutschen König gewählt worden war.

139 *Memleben* Krypta der Klosterkirche.

140 *Gernrode* Stiftskirche. Die Westwand des Heiligen Grabes zeigt Maria Magdalena, umrahmt von symbolhafter Ornamentik.

141 *Gernrode* Stiftskirche. Im Ostteil der frühottonischen Kirche wurde ihr Stifter, der Markgraf Gero, beigesetzt.

142 *Naumburg* Blick von Südosten über Stadt und Dom.

143 *Naumburg* Dom. Die Kapitelle des Westlettners. Sehr naturnahe Blattformen sind in strenge rhythmische Ordnung gebracht.

144 *Naumburg* Dom. Die Lettnerreliefs gehören zum Hauptwerk des Naumburger Meisters.

145 *Naumburg* Dom. Die Stifterfiguren im Westchor, zu denen auch Hermann und Reglindis gehören, bilden den Höhepunkt der deutschen Plastik des 13. Jh.

146 *Naumburg* Marientor. Die spätgotische Anlage ist eine späte Form der mittelalterlichen Barbakane. Zwei Tore schließen den sog. Zwinger ein.

147 *Rudelsburg und Burg Saaleck* Hoch über der Saale stehen die Ruinen zweier Burganlagen, die beide von den Markgrafen von Meißen gegründet wurden.

148 *Großjena* Steinauers Weinberg. Auf den Großreliefs, die 1722 entstanden, sind biblische Szenen dargestellt.

149 *Bernburg-Waldau*
Dorfkirche. Die Staffelung des Baukörpers vom Westriegel bis zur Apsis im Osten ist charakteristisch für viele romanische und frühgotische Dorfkirchen im mittleren Deutschland.

150 *Bernburg* Schloß.
Die Bauformen der im 16. Jh. zum Wohnschloß ausgebauten Anlage fanden in Sachsen manche Nachfolger.

151 *Neuenburg*
Die weiträumige Anlage diente während des Bauernkrieges Herzog Georg dem Bärtigen als Stützpunkt.

152 *Eisleben* Vor dem Altstädtischen Rathaus aus dem 16. Jh. steht das Denkmal Martin Luthers.

153 *Querfurt* Schloßkapelle. In der Tradition der Prager Parlerhütte steht die Grabtumba des Gebhard von Querfurt aus dem Jahre 1383.

154 *Eisleben* Die Tradition der »Biblia pauperum« setzt in der 2. Hälfte des 16. Jh. in eigenwilliger Form die »Eislebener Steinbilderbibel« in der Annenkirche fort.

155 *Wittenberg* Stadtkirche.
Der Reformationsaltar, ein Hauptwerk L. Cranachs d. Ä., zeigt auf der Mitteltafel das Abendmahl. Die Jünger tragen die Züge berühmter Persönlichkeiten der Reformationszeit. Links ist die Taufe Melanchthons, rechts die Beichte Bugenhagens dargestellt, auf der Predella der Gekreuzigte und der predigende Luther.

156 *Wittenberg* Melanchthonhaus.
Das Studierzimmer.

157 *Wittenberg* Markt mit Rathaus und Stadtkirche.

158 *Mosigkau* Gartensaal des Schlosses mit Bildergalerie in barocker Originalhängung.

159 *Stendal* Uenglinger Torturm. Wehrhaftigkeit und Freude am schmückenden Detail vereint dieser Wehrturm, der etwa 1440 entstand.

160 *Stendal* Jacobikirche. Der feingliedrige hölzerne Lettner ist charakteristisch für die Gotik in Stendal.

161 *Stendal* Marienkirche und Rathaus.

162 *Nienburg* Pfarrkirche. Die sechsseitige Säule mit symbolischen Monatsdarstellungen entstand um 1300.

163 *Landsberg* Doppelkapelle. Der kubische Bau ist Rest einer stattlichen Burganlage aus dem 12. Jh.

164 *Halle* Moritzkirche. Die Schmerzensmutter des Konrad von Einbeck verdeutlicht die realistisch-dramatische Richtung spätester Gotik in Mitteldeutschland.

165 *Halle* Marktkirche Unser Lieben Frauen. Der Drang zur Vereinheitlichung des Raumes kommt in dieser spätgotischen Hallenkirche vollendet zum Ausdruck.

166 *Halle* Moritzburg. Aus dem Amtshaus der Salzsieder, das 1900 abgerissen wurde, kam das »Brautzimmer« von 1616 in die Moritzburg.

167 *Merseburg* Grabplatte Rudolfs von Schwaben im Dom. Der Gegenkönig Heinrichs IV. war in der Schlacht bei Hohenmölsen tödlich verwundet worden.

168 *Merseburg* Dom und Schloß. Blick vom Turm der Thomaskirche auf die eindrucksvolle Anlage.

169 *Bad Lauchstädt* Kuranlagen. Die im Jahre 1700 entdeckte Mineralquelle machte das Städtchen bald zum »Modebad« der damaligen Zeit.

170 *Mansfeld* Portal der Schloßkirche.

171 *Mansfeld* Schloß. Hoffassade.

Die Bezirke
Dresden, Karl-Marx-Stadt und Leipzig
(ehemals Sachsen)

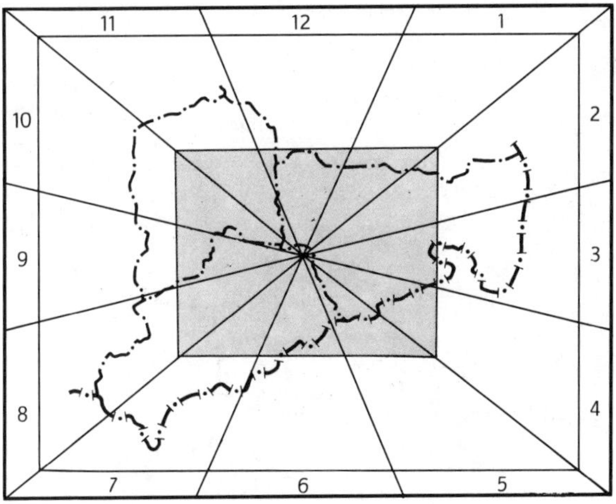

Dommitzsch
Elbe
Bad Düben
87
183a
183
Torgau
183
Delitzsch
184
2
Bezirk
87
Bezirk
Belgern
182
Schkeuditzer Kreuz
Podelwitz
Eilenburg
Gröditz
Bezirk
Halle
Schkeuditz
Taucha
181
6
Wurzen
Strehla
87
LEIPZIG
Luppa
Markranstädt
Oschatz
Riesa
Markkleeberg
Mulde
Wermsdorf
6
169
Zwenkau
Rötha
Grimma
Böhlen
Pegau
2
95
Leipzig
Meißen
Freiberger Mulde
Bad Lausick
Döbeln
Borna
Colditz
175
101
Tautenhain
Frohburg
Geringswalde
Meuselwitz
Geithain
Nossen
180
Rochlitz
Gnandstein
Höfchen
Siebenlehn
Altenburg
Kohren-Sahlis
Wechselburg
Mittweida
Bezirk
169
Rochsburg
Schmölln
93
Burgstädt
Freiberg
Frankenberg
Gößnitz
180
Wolkenburg
95
173
Flöha
Posterstein
Waldenburg
Oederan
Augustusburg
Glauchau
Hohenstein-Ernstthal
Thurm
Karl-
101
Lugau
KARL-MARX-STADT
Zschopau-Lengefeld
Sayda
ZWICKAU
Lichtenstein
Bezirk Gera
Forchheim
Stollberg
Lauterbach
173
Thum
174
Olbernhau
Thierfeld
Reichenbach
Ehrenfriedersdorf
Wolkenstein
Marienberg
Mylau
Marx-
169
93
Netzschkau
Frohnau
Annaberg-Buchholz
Schneeberg
Aue
94
282
92
Schlettau
Lauter
101
PLAUEN
Rodewisch
Schwarzenberg
Zwick. Mulde
Scheibenberg
Auerbach
169
Kürbitz
Falkenstein
Stadt
Kurort Oberwiesenthal
95
Oelsnitz
175
Klingenthal
92
Adorf
Markneukirchen

Cottbus
Großenhain
101
97
Königsbrück
Kamenz
Panschwitz-Kuckau
96
Radibor
156
115
Neiße
Bezirk
Moritzburg
Coswig
Schartenburg
Radebeul
Seifersdorf
Rammenau
Bischofswerda
Bautzen
GÖRLITZ
Reichenbach
6
DRESDEN
173
Freital
Stolpen
98
Neusalza-Spremberg
Ebersbach
Löbau
178
Herrnhut
Ostritz
96
Hohnstein
Heidenau
Elbe
Pirna
Weesenstein
172
Königstein
Bad Schandau
Hainewalde
99
Zittau
Dresden
Bärenstein
170
Lauenstein
Altenberg
Kurort Seiffen
Zeichenerklärung
Staatsgrenze im Wasserlauf
Staatsgrenze
Bezirksgrenze
Autobahn mit Abfahrt
180
Fernverkehrsstraße mit Nummer
Sonstige Straße
DRESDEN
Moritzburg
Ort mit Sehenswürdigkeit
Grenzübergang

Altenburg 9 □ Bartholomäikirche: Ende 15. Jh. Turm 1660–1669, Krypta 12. Jh.
»Rote Spitzen«: Westbau einer 1172 geweihten Marienkirche
Brüderkirche: 1905
Schloß: Bergfried »Flasche« 11. Jh., Schloßkirche 15. Jh., Hauptbauzeit 1742–1744, Erweiterungen 19. Jh.
Rathaus: 1562–1564

Annaberg-Buchholz 7 □ Annenkirche: 1499–1525, Hauptbeispiel der sächsischen spätgotischen Hallenkirchen

Augustusburg 7 ■ Schloß: 1567–1573, Restaurierung um 1800

Bad Lausick 11 ■ Kilianskirche: 1. Hälfte 12. Jh.

Bärenstein 5 ■ Schloß: Rundturm 15./16. Jh., 3 Schloßteile 17.–19. Jh.

Bautzen 2 □ Petridom: um 1300 und 2. Hälfte 15. Jh., seit 1524 Simultankirche
Nikolaikirche: 15. Jh., seit 1634 Ruine, heute Friedhof
Michaeliskirche: 15. Jh.
Taucherkirche: 16./17. Jh., im 19. Jh. teilweise verändert
Ortenburg: 15. Jh. und 2. Hälfte 17. Jh. Stuckdecke im Audienzsaal 1662
Rathaus: Hauptbauzeit 1729–1732
Bürgerhäuser: vor allem 17./18. Jh.
Alte Wasserkunst: 1558
Lauentorturm: 14. Jh., Haube 1739
Reichentorturm (Schiefer Turm): Ende 15. Jh., Barockaufbau 1715–1718

Borna 10 □ Katharinenkirche: Romanische Teile im Westbau, sonst. 15. Jh., Schnitzaltar von Hans Witten, frühes 16. Jh.
Kunigundenkirche: Ende 12. Jh., 1923–1933 und 1976–1978 restauriert

Colditz 10 ■ Altes Rathaus: 1537/38
Schloß: Kern 11. Jh., Hauptbauzeit 1506–1527

Coswig 1 ■ Pfarrkirche: 1497, umgebaut 1735. Reiche barocke Malereien

Döbeln 10 ■ Nikolaikirche: 14./15. Jh. Bedeutender Schnitzaltar von 1510

Dresden 2 ■ Residenzschloß: Hauptbauzeit 16. Jh.
Palais im Großen Garten: 1678–1683
Zwinger: 1711–1728, Semperbau 1847–1854
Japanisches Palais: 1. Hälfte 18. Jh.
Palais Brühl-Marcolini: 1. Hälfte 18. Jh.
Landhaus: 1770–1776, restauriert 1963–1967
Gewandhaus: 1768–1779, Wiederaufbau 1967
Frauenkirche: 1726–1734, 1945 zerstört
Kreuzkirche: 1764–1792, 1945 ausgebrannt, Innenraum provisorisch wiederhergestellt
Hofkirche: 1739–1755
Semperoper: 1871–1878, 1945 ausgebrannt, Wiederaufbau 1979–1985
Brühlsche Terrasse: heutige Bebauung 18./19. Jh., Landtagsgebäude 1901–1906, Sekundogenitur 1907

Dresden-Pillnitz 2 ■ Schloß: 18. Jh., Neues Palais 1818–1826

Dresden-Hellerau 2 ■ Festspielhaus: 1910

Dresden-Tolkewitz 2 ■ Krematorium: 1908–1912

Dresden-Strehlen 2 ■ Christuskirche: 1905

Ebersbach 3 □ Dorfkirche: Langhaus 1682, Ostteile 1726–1733

Forchheim 6 ■ Dorfkirche: 1719–1726, Silbermann-Orgel von 1726

Freiberg 7 ■ Dom St. Marien: Hauptbauzeit 1484–1512, Goldene Pforte und Triumphkreuzgruppe um 1230, Chor 1585–1594 umgestaltet, Annenkapelle 1509–1514
Petrikirche: 1. Hälfte 15. Jh.
Rathaus: im Kern 1470–1474, mehrere Umbauten, zuletzt 1920
Altes Kaufhaus (Ratskeller): 1545/46, Saalanbau 1685
Donatsturm: Teil der Stadtbefestigung 15. Jh.

Frohnau 7 □ Hammerwerk: Kern 14. Jh.

Geithain 9 ■ Nikolaikirche: Westbau um 1200, Halle Anfang 16. Jh., Deckenmalerei 1594/95

Pfarre der Nikolaikirche: Wandmalereien 1562

Geithain-Wickershain 9 ■ Marienkirche: 13. und 15. Jh.

Gnandstein 9 □ Burg: heutige Bauten 12.–18. Jh.

Görlitz 3 □ Peter- und Paul-Kirche: 1423–1497
Oberkirche: Chor 2. Hälfte 14. Jh., Langhaus Ende 15./Anfang 16. Jh.
Heiliges Grab: 1481–1504
Rathaus: 14.–16. Jh.
Frauenturm: 14. Jh., Stadtwappen 1477
Kaisertrutz: Ende 15. Jh., umgebaut 1850
Kaufhaus am Demianiplatz: 1912/13
Alte Ratsapotheke am Untermarkt: um 1550
Haus Untermarkt 4: um 1500, barocke Einbauten
Biblisches Haus (Neißstr. 29): um 1570
Haus Petersstr. 4: Kern 15. Jh., Ende 17. Jh. barock umgebaut

Grimma 10 ■ Liebfrauenkirche: 13.–15. Jh.

Grimma-Hohnstädt 10 ■ Göschenhaus: 1775

Großenhain 12 ■ Marienkirche: 1744–1748

Hainewalde 3 □ Kanitz-Kyausche-Gruftkapelle: 1715

Heidenau 3 ■ Park Großsedlitz: 1719–1723, Obere Orangerie um 1720, Untere Orangerie 1861–1864

Höfchen 9 ■ Burg Kriebstein: 12.–15. Jh.

Hohnstein 3 ■ Burg: im wesentl. 16. Jh.

Kamenz 2 ■ Marienkirche: hauptsächl. 15. Jh.
Katechismuskirche: 2. Hälfte 14. Jh., erneuert 1724
Justkirche: 14. Jh. Wand- und Gewölbemalereien um 1380
Klosterkirche St. Annen: 1493–1507
Rathaus: 1842, Andreasbrunnen: 1570

Karl-Marx-Stadt 7 ■ Schloßkirche: Teile des östl. Baues 12. Jh., Chor 1499, Langhaus und Umbau des Querschiffes 1514–1526, Westabschluß 1897
Jakobikirche: urspr. 14./15. Jh., 1875–1879 und 1911/12 verändert, 1945 zerstört, Chor wiederhergestellt, Restaurierung seit 1978
Roter Turm: 12.–15. Jh.
Neues Rathaus: 1907–1911

Karl-Marx-Stadt-Ebersdorf 7 ■ Ehem. Stiftskirche: frühes 15. Jh.

Kohren-Sahlis 9 ■ Gut Rüdigsdorf: Freskenzyklus im Schwindt-Pavillon 1838

Königstein 4 ■ Festung: begonnen Mitte 16. Jh., bis Ende 18. Jh. ausgebaut

Kürbitz 8 □ Dorfkirche: 1624–1626

Lauenstein 5 ■ Burg: 14.–17. Jh.
Stadtkirche: Ende 15. Jh., 1584 erneuert, Bünausche Grabkapelle um 1600

Lauterbach/Erzgeb. 6 □ Wehrkirche: 2. Hälfte 15. Jh., 1663 verändert

Leipzig 10 □ Nikolaikirche: Gründung 2. Hälfte 12. Jh., Chor 14. Jh., Langhaus 1513–1526, 1784–1797 klassizistisch-romantische Umgestaltung des Innenraumes
Thomaskirche: Chor 2. Hälfte 14. Jh., Langhaus 1482–1496, Renaissance-emporen 1570
Altes Rathaus: 1556/57
Alte Börse: 1678–1687, 1943 ausgebrannt, Außenbau 1953 restauriert
Romanushaus: 1701–1704
»Haus Kaffeebaum«: Kern 16. Jh., Fassade 1725
Gohliser Schlößchen: 1755/56
Neues Rathaus: 1907, Turm der Pleißenburg aus dem 16. Jh. einbezogen
Georgi-Dimitroff-Museum (ehem. Reichsgericht): 1888–1895
Völkerschlachtdenkmal: 1898–1913
Russische Kirche: geweiht 1913
Deutsche Bücherei: 1913–1916
Hauptbahnhof: 1907–1915

Marienberg 6 □ Marienkirche: spätgot. Halle mit Renaissanceelementen 1558–1564, nach Brand 1610 Wiederaufbau 1616–1675
Rathaus: 1539

Markneukirchen 7 □ Paulusschlössel (Instrumenten-Museum): 1784

Meißen 12 ■ Dom: 13./14. Jh., Fürstenkapelle nach 1423, Turmhelme 1904–1909
Dompropstei: 1497–1503
Ehem. Bischofsschloß: 16. Jh.
Albrechtsburg: Hauptbauzeit 1471–1485, historisierende Ausmalung der Säle 1871
Frauenkirche: 1457
Martinskirche: um 1220
Nikolaikirche: 13. Jh., 1923–1928 zur Gedenkstätte ausgebaut, Innenausgestaltung z. T. aus Meißner Porzellan
Rathaus: um 1472, mehrfach verändert
Tuchmachertor: um 1600
Bürgerhäuser: Bennohaus Ende 15. Jh., Apotheke (Markt 4) 1560, Bahrmannsches Brauhaus (An der Frauenkirche 3) 1569–1571, Burgstraße 8 um 1670, Burgstraße 11 und 28 18. Jh.

Mittweida 9 ■ Marienkirche: 15./16. Jh.

Moritzburg 1 ■ Jagdschloß: Kern 1542–1546, Umbau 1582–1584, Kapelle 1661–1667, Erweiterung zur heutigen Form 1723–1726
Fasanenschlößchen: 1769–1782

Mylau 8 □ Göltzschtalbrücke: vollendet 1851

Nossen 10 ■ Klosterruine Altzella: um 1170–1200, Abriß nach 1540, Bau einer Begräbniskapelle 1676–1680, englischer Park um 1800

Oschatz 11 ■ Ehem. Franziskanerkirche: Kern 1381–1428, um 1500 erweitert, Chor 1924 umgebaut, Restaurierung ab 1982
Ägidienkirche: nach 1443. Umfassende Restaurierung im historisierenden Sinne 1846–1849
Rathaus: im Kern 1537, von G. Semper 1842 wiedererrichtet
Marktbrunnen: 1588 (Kopie)

Ostritz 3 □ Kloster Marienthal: 17./18. Jh.

Panschwitz-Kuckau 2 ■ Kloster Marienstern: gegründet 1248, Kirche im wesentl. 15. Jh., Barockbauten (Äbtissinnenhaus u. Neuer Konvent) 17./18. Jh. Reiche Ausstattung

Pegau 10 □ Laurentiuskirche: im wesentl. 15. Jh.
Rathaus: 1559

Pirna 3 ■ Marienkirche: 1502–1546, spätgot. Gewölbe
Dominikanerkirche: 14. Jh.
Rathaus: im Kern 16. Jh., im 19. Jh. stark verändert
Bürgerhäuser: 16./17. Jh. (Niedere Burgstraße 1 Renaissanceportal von 1540)

Plauen 8 □ Johanniskirche: Bau ab 1230, nach Brand 1548 teilw. Neubau, Turmaufsätze 1685, Restaurierung 1951–1958
Lutherkirche: 1693–1722
Rathaus: 16. Jh., Veränderungen im 19. Jh.
Bürgerhäuser: 18. Jh. (Nobelstr. 9, 11, 13)

Podelwitz (Kreis Grimma) 11 □ Schloß: 16. Jh., Anbau 1893

Posterstein 9 □ Dorfkirche: 15.–18. Jh., einheitl. Ausstattung 1689
Burg: im wesentl. 16. Jh.

Radebeul 1 ■ Bennoschlößchen: um 1600
Schloß Hoflößnitz: um 1680
Wackerbarths Ruhe: 1727–1729

Radibor 2 □ Dorfkirche: nur Chor erhalten, Sammlung barocker Plastik
Neue Kirche: um 1900 (Plastik 15. und 16. Jh.)

Rammenau 2 ■ Schloß: 1721–1725

Rochlitz 9 ■ Petrikirche: Chor 1470, Langhaus 1476
Kunigundenkirche: 1476, Restaurierung 1933–1935
Schloß: »Jupen« Anfang 13. Jh., Hauptbauzeit Ende 15./Anfang 16. Jh.

Rochsburg 9 ■ Kern 12. Jh., Ausbau 1470–1482, Umbau 1592–1596

Rötha 10 □ Marienkirche: 1. Hälfte 16. Jh., Restaurierung 1955
Schloß: 1668

Scharfenberg 12 ■ Scharfenburg: Hauptbauzeit 15./16. Jh.
Schneeberg 7 □ Wolfgangskirche: 1515–1540 Bürgerhäuser: 18. Jh. (Ernst-Schneller-Platz 1 u. 2, Bortenreutherhaus, heute Museum für bergmännische Volkskunst)
Schwarzenberg 7 □ Georgskirche: 1690–1699 Schloß: Bergfried 12. Jh., Hauptbauzeit 1555–1558, mehrfache Veränderungen. Sammlung von Zinn und Eisenguß aus dem Erzgebirge
Seifersdorf 2 ■ Schloß: um 1520, neugotischer Umbau 1822 (Schinkel)
Seiffen 6 ■ Dorfkirche: 1779, mehrfach verändert, Spielzeugmuseum
Stolpen 3 ■ Veste: Kern 13. Jh., erh. Teile in Ost-West-Richtung: »Klengelsburg« 1675, Kornhaus 1518, Johannisturm (»Coselturm)« 1609, Schösserturm 1476–1487, Seigerturm 1560, Kapelle 1. Hälfte 15. Jh., Siebenspitzenturm 1451–1476
Strehla 12 ■ Stadtkirche: 15./16. Jh. Schloß: 15./16. Jh., Nordflügel Umbau 1890 Rathaus: 1751
Tautenhain 10 ■ Dorfkirche: Chorturm 1. Hälfte 14. Jh., Ausstattung 17. Jh., Ausmalung durch Conrad Felixmüller 1951/52
Thierfeld 7 ■ Dorfkirche: Chorturm 13. Jh., Schiff: 1732–1734 (Wandmalereien um 1300)
Thurm 8 ■ Dorfkirche: 1729–1731, Schnitzaltar 1508
Torgau 12 □ Marienkirche: Westbau 1. Hälfte 13. Jh., Halle 15./16. Jh. Rathaus: 1. Hälfte 16. Jh., Umbau 1875 Bürgerhäuser: 16.–18. Jh. (Leipziger Str. 26 und 28 um 1500, Markt 2, 3 und 4, Nonnenstraße 7, Bäckerstraße 2, 3 und 7 16. Jh., Wintergrüne 4 17. Jh., Ritterstr. 10 18. Jh.) Schloß Hartenfels: 15./16. Jh.
Wechselburg 9 ■ Stiftskirche: 2. Hälfte 12. Jh., Lettner 1230–1235
Weesenstein 4 ■ Bergfried um 1300, Ausbau zum Wohnschloß 16. Jh., Gartenflügel nach 1740
Wermsdorf 11 ■ Altes Schloß: 1608–1626 Schloß Hubertusburg: 1721–1733
Wolkenburg 9 ■ Alte Dorfkirche: Anfang 15. Jh. Neue Dorfkirche: 1794–1804
Wurzen 11 ■ Dom St. Marien: Kern 1114, Erweiterung 1260–1280, Mitte 14. Jh. Ausbau zur Halle, Chor 1503–1515
Zittau 3 □ Petri-Pauli-Kirche: Sakristei (ehem. Nikolauskapelle) 2. Hälfte 13. Jh., Obergeschoß 17. Jh., Chor vollendet 1293, Langhaus 15. Jh., barocke Umbauten, Turmabschluß 1758 Frauenkirche: gegründet 2. Hälfte 12. Jh., nach Brand 1572 Ostteile ausgebaut Kreuzkirche: Anfang 15. Jh. Johanniskirche: Kern 1485, Neubau 1766 Klosterhof (Stadtmuseum): Kern 15. Jh., Obergeschoß des Westflügels 1662 Bürgerhäuser: 17./18. Jh. (Platz der Jugend, August-Bebel-Platz)
Zwickau 8 □ Marienkirche: 14./15. Jh., Chorumbau 1563–1565. Reiche Ausstattung Katharinenkirche: Kern 1. Hälfte 13. Jh., Turm und Chor 1. Hälfte 15. Jh., Langhaus 2. Hälfte 15. Jh. Gewandhaus: 1522–1525 Dünnebierhaus (Innere Dresdner Str. 1): 1480

Die Elbmetropole und ihr Hinterland

Dresden · Radebeul · Meißen · Pirna · Weesenstein · Lauenstein
Stolpen · Königstein

Der Ruf *Dresdens* gründet sich auf seine in ganz Europa bekannten Kunstsammlungen, seine berühmten Bauwerke und die Schönheit der umgebenden Landschaft.

1485, nach der Leipziger Teilung, wurde die Stadt zur Residenz der Albertiner, und seit 1547 war sie Hauptstadt des Kurfürstentums Sachsen. Unter Moritz – dem »Judas von Meißen«, der im Bunde mit Kaiser Karl V. gegen seinen Vetter, Johann Friedrich den Großmütigen, zu Felde gezogen war und so die Kurwürde erlangt hatte – begann der Ausbau Dresdens zur Renaissancestadt.

Die alte Markgrafenburg sollte zu einem prunkvollen *Residenzschloß* umgebaut werden. Dem Georgenbau, von dem nur noch ein Portal vorhanden ist, folgten der Moritzbau, Großer und Kleiner Schloßhof, der 1982/83 wiederhergestellte Lange Gang (1905/06 entstand an der Außenseite auf Meißner Porzellankacheln der Fürstenzug) und der Stallhof, der heute das *Verkehrsmuseum* beherbergt. Das Schloß – es soll wiederaufgebaut werden – brannte 1945 aus, nur wenige Innenräume, so der Pretiosensaal des Grünen Gewölbes, sind erhalten geblieben.

Der Dreißigjährige Krieg machte der ersten Blütezeit Dresdens ein Ende. Dank einer florierenden Landwirtschaft und eines entwickelten Handwerks überwand Sachsen die Kriegsfolgen relativ rasch. Die Entwicklung – mit den Worten Absolutismus und Merkantilismus bezeichnet – ging einem neuen Höhepunkt entgegen. Das entscheidende Jahr hieß 1694 – der erst 24jährige Friedrich August, später gern der Starke genannt, wurde sächsischer Kurfürst und drei Jahre später mit Hilfe von Intrigen und durch Übertritt zum Katholizismus König von Polen. »Die Fürsten schaffen sich Unsterblichkeit durch ihre Bauten« war einer seiner Leitsätze. Der Ausbau Dresdens zur glanzvollen Barockstadt begann. Und wenn auch – bedingt durch Verschwendungssucht und Expansionspolitik – nur ein Teil der Vorhaben ausgeführt werden konnte, so hat das Entstandene doch Dresden den Ruf eingebracht, eine der schönsten und reichsten Städte Europas zu sein. Die Veduten Belottos, Canaletto genannt, in der Gemäldegalerie zeugen noch von der Schönheit der Stadt, die »Elbflorenz« genannt wurde.

Der erste bedeutende Barockbau war bereits 1678–1683 entstanden, das *Palais im Großen Garten.* Sein Erbauer, Johann Georg Starke, griff auf Vorbilder aus dem französischen Schloßbau zurück, die er jedoch sehr eigenständig weiterentwickelte. 1711 begannen die Arbeiten am Festspielplatz des Hofes, dem berühmten *Zwinger.* Hofbaumeister Matthäus Daniel Pöppelmann und der Bildhauer Balthasar Permoser schufen hier in enger Verbindung von Architektur und Plastik eine der bedeutendsten Lösungen des deutschen Spätbarock (Abb. 20, 181).

Es hatte bereits einen Vorgängerbau gegeben, ein hölzernes Amphitheater mit Arkadengang und drei Toren. Diese Anlage war anläßlich eines Besuches des dänischen Königs nach Plänen Pöppelmanns errichtet worden und stand bis 1714. Sie diente allerlei höfischen Festen, Aufzügen und Lustbarkeiten. Bereits 1710 hatte Pöppelmann den Auftrag zur Errichtung einer Orangerie erhalten, er begann mit dem Bau des mittleren Wallpavillons, des Mathematisch-Physikalischen Salons und des Französischen Pavillons samt den verbindenden Galerien. Nach mehrmaligem Planwechsel war der Zwinger 1718 bis auf die Nordseite in der heutigen Gestalt fertiggestellt. Die Elbseite, für die ein repräsentativer Schloßflügel vorgesehen war, blieb unbebaut. Erst 1854 vollendete der Galeriebau Gottfried Sempers in Formen der italienischen Hochrenaissance das Werk. Die Beschreibung des Zwingers wäre unvollständig ohne die Erwähnung des hinter der westlichen Galerie liegenden *Nymphenbades* (Abb. 179). Die Brunnengrotte vereint Architektur, Plastik und Natur zu einem intimen Barockkunstwerk von außergewöhnlichem Reiz (Kunstsammlungen im Zwinger siehe S. 267f.). Von den vielen Hof- und Bürgerbauten der Barockzeit ist so gut wie nichts erhalten geblieben. Das *Japanische Palais* (Landesmuseum für Vorgeschichte, Staatl. Museum für Völkerkunde) in der Neustadt sollte die Porzellansammlung Augusts des Starken aufnehmen, die Erweiterungsbauten begannen 1727. Das ehem. *Palais Brühl-Marcolini* ist heute Krankenhaus, in seinem Garten steht der *Neptunbrunnen* (Abb. 180). Das *Gewandhaus* (Ringstr. 1) wurde 1967 als Hotel aufgebaut, ebenfalls restauriert wurde das *Landhaus* (Ernst-Thälmann-Straße), heute Museum für Stadtgeschichte.

Die barocke *Frauenkirche* mit der für das alte Dresden so charakteristischen Kuppel wurde 1945 zerstört, die Ruine soll als Gedenkstätte bestehenbleiben. Die *Kreuzkirche* am Altmarkt, seit der Reformation Stadtkirche und seit dem Mittelalter Heimstatt des Kreuzchores, fiel der Beschießung durch preußische Truppen im Siebenjährigen Krieg zum Opfer, ein sinnfälliges Zeichen für das Ende der »Augusteischen Ära«. Der barocke Nachfolgebau brannte in jener Schreckensnacht am 14. Februar 1945 aus, konnte jedoch wiederhergestellt werden. Pläne für die katholische *Hofkirche* gehen bereits auf August den Starken zurück, doch erst 1739 wurde unter Leitung Gaetano Chiaveris mit den Arbeiten begonnen. Der Barockbau mit ovalem Grundriß und reichem plastischen Schmuck wurde 1945 ebenfalls stark zerstört und ab 1946 restauriert (Abb. 178). Der Wiederaufbau der traditionsreichen Semperoper wurde im Frühjahr 1985 abgeschlossen (Abb. 19).

Doch kehren wir noch einmal in die barocke Blütezeit Dresdens zurück. Der ehrgeizige »Sächsische Herkules« begnügte sich nicht mit der Errichtung einzelner Prunkbauten, sein Ziel war ein Gesamtkunstwerk von nicht gekannten Ausmaßen.

Venedig hatte August den Starken außerordentlich beeindruckt. Nach diesem Vorbild sollte der Fluß »Hauptstraße« der Stadt mit prachtvollen Uferbauten werden. Dieser Achse entgegen entstand eine Nord-Süd-Verbindung von der Neustadt über die ehem. Augustusbrücke zur Schloßstraße.

Der Blick auf das Altstädter Elbufer mit der *Brühlschen Terrasse* ist noch immer charakteristisch für die Stadt, wenn auch die heutige Bebauung (ehem. Landtagsgebäude von P. Wallot, Sekundogenitur, Akademie der Künste und die breite Treppe am Schloßplatz) im 19. und frühen 20. Jh. entstand. An der Nordostecke der Terrasse ist das *Moritzmonument* von 1553 angebracht (der sterbende Moritz reicht seinem Bruder August das Kurschwert).

Wohl ebenso wie die architektonischen Schönheiten – von denen nur ein kleiner Teil die sinnlosen amerikanischen Bombenangriffe im Februar 1945 überlebt hat – sind es die klingenden Namen großer Künstler und die Schätze der Dresdener Sammlungen gewesen, die der Stadt zu ihrem Ruhm verhalfen. Von Bernardo Belotto über die Romantiker C. D. Friedrich und Ph. O. Runge reicht die Kette berühmter Maler bis zu den jungen Architekturstudenten, die als Künstlergemeinschaft »Die Brücke« in die Kunstgeschichte eingegangen sind. Heinrich Schütz komponierte in Dresden die erste deutsche Oper »Daphne«, C. M. von Weber war Hofkapellmeister, Richard Wagner und Robert Schumann lebten hier. Den Ruf, eine »Weltstadt der Kunst« zu sein, verdankt Dresden jedoch in erster Linie den Kunstschätzen, die in mehr als 400 Jahren hier zusammengebracht wurden. Im Jahre 1560 ließ der Kurfürst August alles, was an Raritäten, Wunderdingen, Kunstgewerbe und Werken der bildenden Kunst in seinem Besitz war, in einer »Kunst- und Wunderkammer« zusammentragen. Hauptstück dieses Kabinettes war ein Kirschkern mit 180 eingeschnitzten Menschenköpfen, der noch heute im Grünen Gewölbe unter einer Lupe zu besichtigen ist.

Sieben Räume des Schlosses waren mit diesen Schätzen gefüllt, Gemälde von Cranach, Dürer und anderen berühmten Malern der Zeit dienten als Wandschmuck dieser Gemächer. Weiter gab es noch die »Silberkammer« und die »Geheime Verwahrung«, in der Gold, Schmuck, Geld und Urkunden aufbewahrt wurden.

Im 17. und 18. Jh. ließ mit zunehmender Aufklärung und dem Aufschwung der Wissenschaften das Interesse an den »Wunderdingen« nach, sie erschienen als Repräsentationsstücke nicht mehr recht geeignet. Es wurden nun zunehmend mehr Werke der bildenden Kunst angeschafft. Maßgeblichen Einfluß auf diese Entwicklung kommt dem Oberhofarchitekten Le Plat zu, der in Paris die erste höfische Kunstsammlung gesehen hatte, die 1701 durch Ludwig XIV. ins Leben gerufen worden war. Er betrieb die Gründung des Grünen Gewölbes (1721), in dem die kunsthandwerklichen Arbeiten der drei bestehenden Kammern zusammengefaßt wurden. Ein Jahr später schließlich entstand die Gemäldegalerie, für die Le Plat im Auftrag des Kurfürsten im In- und Ausland ganze Sammlungen und berühmte Einzelstücke erwarb. Ebenfalls im 1. Viertel des 18. Jh. wurden das Kupferstich-Kabinett, die Skulpturensammlung und das Münzkabinett gegründet. Die Rüst- und Harnischkammer – eine Sammlung von Prunkwaffen aus ganz Europa – blieb bis 1832 bestehen, danach gelangten ihre Bestände in das Historische Museum.

Die *Gemäldegalerie Alte Meister* ist seit 1855 im Semperbau des Zwingers untergebracht. In ihrem Besitz befinden sich Meisterwerke der europäischen Malerei des 15.–18. Jh. Albrecht Dürers berühmter »Dresdener Altar«, Holbeins d. J. »Bildnis des Morette« und Lucas Cranachs d. Ä. »Adam und Eva« gehören zu den wichtigsten Werken der altdeutschen Malerei. Die italienische Renaissancemalerei ist u. a. durch Giorgiones »Schlummernde Venus«, Raffaels »Sixtinische Madonna« und Tizians »Zinsgroschen« vertreten. Bernardo Belotto, genannt Canaletto, hat das alte Dresden in seinen Veduten getreulich geschildert. Die großen Meister des flämischen und holländischen Barock – Rubens, van Dyck, Rembrandt, Frans Hals, Vermeer van Delft, Jacob van Ruisdael – sind mit Hauptwerken vertreten.

Die *Gemäldegalerie Neue Meister* – im Albertinum auf den Brühlschen Terrassen untergebracht – umfaßt im wesentlichen fünf Sammelgebiete: die deutsche Romantik, den französischen und den deutschen Impressionismus, die sog. Wegbereiter der modernen Kunst, den deutschen Expressionismus und die Gegenwartsmalerei der DDR. Caspar David Friedrichs Gemälde »Zwei Männer in Betrachtung des Mondes« und das »Hünengrab am Meer«, Ludwig Richters »Überfahrt am Schreckenstein« und die Serie der »Afrikabilder« von Max Slevogt zählen zu den wichtigsten Erwerbungen. Erst nach 1918 erweiterte man die Sammeltätigkeit über Deutschland hinaus, es konnten Bilder der französischen Impressionisten und Werke von Gauguin, Toulouse-Lautrec, van Gogh, Ensor und Munch angekauft werden. Der vierte Sammelkomplex ist durch Namen wie Kirchner, Pechstein, Nolde, Schmidt-Rottluff, Feininger, Beckmann und Klee charakterisiert. Vieles davon fiel nach 1933 der Aktion »Entartete Kunst« zum Opfer. In den letzten Jahren entstand auch eine repräsentative Sammlung von DDR-Malerei.

Die anderen Sammlungen Dresdens – nicht minder wertvoll und interessant – können hier nur genannt werden. *Das Kupferstich-Kabinett* (Günzstraße 34) gehört zu den reichsten und vielseitigsten europäischen Graphiksammlungen. Allein aus seinen Beständen ließe sich eine »Geschichte der Graphik« mühelos illustrieren. Das *Grüne Gewölbe* im Albertinum besitzt mehr als 3 000 kunsthandwerkliche Arbeiten, darunter den »Hofstaat des Großmoguls Aureng-Zeb« von Johann Melchior Dinglinger, geschmückt mit 4 909 Diamantrosen, 164 Smaragden, 160 Rubinen, 16 Perlen, 2 Kameen und 1 Saphir, 391 weitere Edelsteine sind im Laufe der Zeit verlorengegangen. Zur Sammlung des *Historischen Museums* zählen etwa 10 000 Prunkwaffen, von denen nur ein kleiner Teil im Semperbau des Zwingers zu besichtigen ist. Ebenfalls im Zwinger befindet sich die *Porzellansammlung*. Sie umfaßt Altmeißener Tafelservice und Porzellanplastiken, chinesische Arbeiten und die umfangreichste europäische Sammlung japanischen Porzellans.

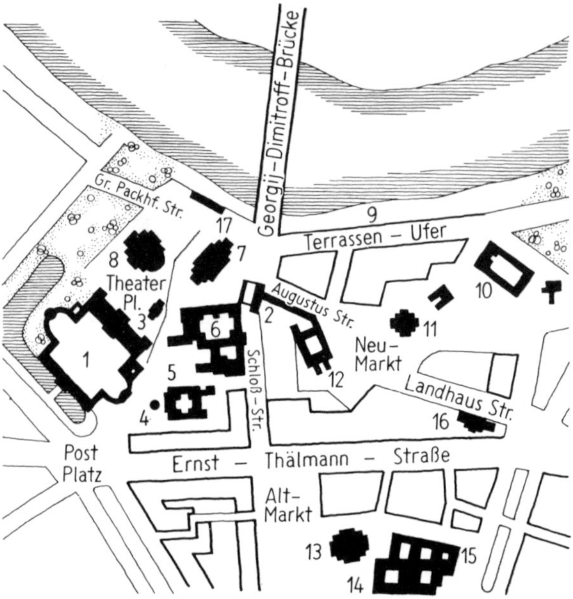

Dresden 1 Zwinger 2 Langer Gang 3 Altstädter Wache 4 Cholerabrunnen 5 Taschenbergpalais 6 Schloß 7 Katholische Kirche 8 Opernhaus 9 Brühlsche Terrasse 10 Albertinum 11 Ruine der Frauenkirche und Luther-Denkmal 12 Stallhof 13 Kreuzkirche 14 Neues Rathaus 15 Gewandhaus 16 Landhaus 17 Gaststätte »Italienisches Dörfchen«

Skulpturen und *Münzen* sind im Albertinum zu besichtigen. Das *Museum für Volkskunst* befindet sich im Jägerhof. Das *Museum für Kunsthandwerk* ist jetzt im Schloß Pillnitz untergebracht. Es besitzt Möbel, Textilien, Zinngegenstände, Keramiken und Gläser sowie eine Musikinstrumenten-Sammlung. Alle Sammlungen waren während des zweiten Weltkrieges ausgelagert, vieles ist durch hektische Umtransporte in den letzten Kriegsmonaten zerstört worden. Einige Verstecke wurden 1945 geplündert, bevor die Rote Armee die Kunstwerke bergen konnte. Den größten Teil der Sammlungen retteten sowjetische Spezialtrupps, 1958 kehrten die letzten der geborgenen Kunstwerke nach Dresden zurück.

Auch die Umgebung der Stadt wurde – im Sinne des angestrebten Gesamtkunstwerkes – in die barocken Planungen einbezogen. Eine reichliche halbe Stunde benötigt der Elbdampfer, um die 12 km lange Strecke bis nach *Pillnitz* zurückzulegen. Das Rittergut gelangte 1718 in den Besitz Augusts des Starken, der Pöppelmann mit der Errichtung eines »indianischen Lustschlosses« beauftragte. In wenigen Jahren entstanden das Wasserpalais und in gleicher Formensprache das Bergpalais (Abb. 21). Die geschweiften Dächer, die phantasievoll gestalteten Schornsteine und die Bemalung der Außenfronten mit Chinoiserien geben der Gesamtanlage in der Tat einen fremdartig-geheimnisvollen und doch zugleich einladend-heiteren Charakter. Gegen Ende des 18. Jh. wurde der englische Park mit verschiedenen Gartenarchitekturen angelegt (Rundtempel, Chinesischer Pavillon, Gotische Ruine), die beiden Schloßbauten wurden verlängert und 1818–1826 durch das Neue Palais miteinander verbunden. Heute ist im Neuen Palais das Museum für Kunsthandwerk untergebracht (Abb. 172).

1723 kaufte August der Starke den Park *Großsedlitz* (Heidenau). J. Chr. Knöffel, M. D. Pöppelmann und Z. Longuelune fertigten Pläne für die Erweiterung der Parkanlagen und einen Schloßneubau, der nie verwirklicht wurde, an. In urspr. Form erhalten hat sich die Obere Orangerie von Knöffel. Gegenüber der Unteren Orangerie liegt die Stille Musik, eine Treppenanlage mit musizierenden Putten. Das Portal am Haupteingang stammt vom ehem. Landhaus in Dresden, es wurde 1960 hierher gebracht. Die barocke Parkanlage ist in ihrer heiteren Ruhe heute ein Ort der Entspannung und Erholung (Abb. 173).

Das dritte Schloß außerhalb der Stadt, das im wesentlichen auf die barocke Glanzzeit Dresdens zurückgeht, ist *Moritzburg* (Abb. 22). Eine Pappelallee verbindet den ehem. Jagdsitz mit der Stadt. 1723–1726 ließ August der Starke den Bau beträchtlich erweitern, mit Ecktürmen versehen und von einem künstlichen See umgeben. Das Schloß wird heute als Barockmuseum genutzt, vergoldete Ledertapeten, Möbel, verschiedene Porzellane, Gläser, Jagdwaffen und Gebrauchsgegenstände lassen den Besucher etwas vom Glanz der höfischen Jagdgesellschaften spüren. Das *Fasanerieschlößchen* entstand zwischen 1769 und 1782.

Auf der Fahrt elbabwärts nach Meißen erreichen wir nach etwa halbstündiger Fahrt *Radebeul,* eine Villen- und Gartenstadt, umgeben von den Weinbergen der Lößnitz. Hier stehen das Sterbehaus Karl Mays, die Villa Bärenfett, heute *Indianermuseum* (Hölderlinstraße 15), und die *Staatliche Puppentheatersammlung* (Barkengasse 6).

Seit dem 17. Jh. entstanden in der reizvollen Umgebung Radebeuls Weinberghäuser des Dresdener Adels und reicher Bürger. Im Ortsteil Niederlößnitz ist vor allem *Wackerbarths Ruhe* (heute VE Weingut) nennenswert, in Oberlößnitz befinden sich das schlichte *Bennoschlößchen* (Bennostraße 35) und *Schloß Hoflößnitz* (Knollweg), ein Renaissancebau mit Fachwerkobergeschoß. Den Festsaal schmücken *Deckenmalereien* auf Leinwand, brasilianische Phantasievögel darstellend, und allegorische Wandmalereien auf Holz. Das Haus ist heute Heimatmuseum mit interessanten Exponaten zur Geschichte des Weinbaues im Lößnitzgebiet (Abb. 182).

Etwa 20 km von Radebeul entfernt, liegt am linken Elbufer hoch über dem Fluß die Burg *Scharfenberg.* Die Romantiker Novalis, Fichte, Körner und andere waren hier oftmals Gäste des Burgherrn von Miltitz. In der Burg, die im Kern aus dem 13. Jh. stammt und im

16. Jh. und nach dem Dreißigjährigen Krieg erweitert wurde, ist heute ein *Heimatmuseum* untergebracht.

Doch folgen wir weiter der Landstraße am Elbufer entlang, und schon bald öffnet sich der Blick auf das romantische Städtchen *Meißen*, darüber steil aufragend der Felsen mit *Albrechtsburg* und *Dom* (Abb. 174). Meißen ist heute nach Bautzen die besterhaltene mittelalterliche Stadtanlage in Sachsen. Sie entstand aus vier Kernen – Burgberg, Jahrmarktsiedlung, Marktstadt, Afranische Freiheit –, die im 14. Jh. von einer gemeinsamen Mauer umschlossen wurden, von der Reste erhalten sind.

1471 begann Arnold von Westfalen mit dem Bau der *Albrechtsburg*, die allerdings infolge der politischen Entwicklung nicht Wohnsitz des Herzogs wurde. Der spätgotische Bau verdeutlicht den Übergang von der Burgen- zur Schloßarchitektur. Durchlaufende Stockwerke gliedern nunmehr den Bau im Gegensatz zur mittelalterlichen Burg, in der die Räume nicht durchgängig in einheitlichen Geschossen zusammengefaßt waren. Dadurch entfallen die verwinkelten Gänge und Treppen. An die Stelle kleiner Mauerdurchbrüche sind große Fenster getreten, die Fassaden entsprechen der klaren Anordnung der Innenräume. Die kunstvoll gewölbten Säle beherbergen heute eine umfangreiche kunstgeschichtliche Sammlung (sächsische Plastik, frühes Meißener Porzellan) (Abb. 176).

Am bekanntesten wurde die Burg wohl als Erzeugerstätte des Meißener Porzellans. 1705 war die alchimistische Werkstatt zum ersten Mal auf die Albrechtsburg gekommen, wurde dann wegen des Krieges auf die Festung Königstein verlegt und kehrte 1710 – nun schon als Porzellanmanufaktur – nach Meißen zurück. In der Frühzeit wurden sowohl der Erfinder des »Weißen Goldes«, Johann Friedrich Böttger, als auch alle Arbeiter der Manufaktur – von denen keiner sämtliche Arbeitsvorgänge kannte – wie Gefangene gehalten. Erst nachdem auch in anderen europäischen Ländern die Porzellanherstellung bekannt geworden war, lockerte man die Geheimhaltung. Den Siegeszug des Porzellans im 18. Jh. – für den Rokokogeschmack schien es das ideale Material zu sein – begleiten die Namen Ehrenfried Walter von Tschirnhaus, Johann Friedrich Böttger, Johann Gregor Höroldt, Johann Gottlob Kirchner und Johann Kändler.

Meißen Das Augustus-Rex-Monogramm steht am Beginn der Meißener Porzellanherstellung neben der Bezeichnung K.P.M. (Königliche Porcellain Manufactur), die verschiedenen Schwertermarken lassen das Alter eines Stückes mit ziemlicher Sicherheit bestimmen.

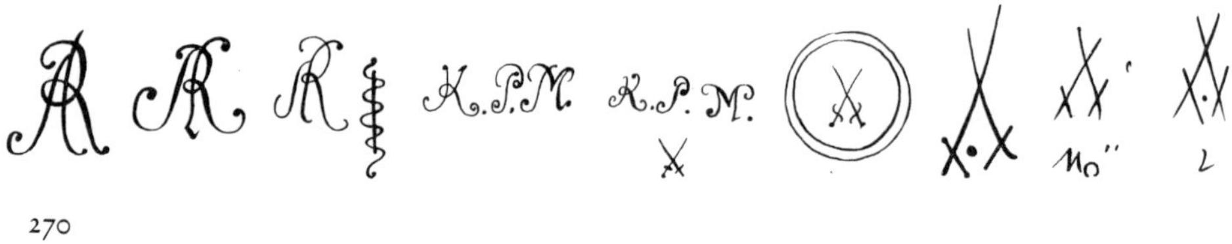

Albrechtsburg, Domstift und Dom zählen dank ihrer wunderbaren architektonischen Geschlossenheit zu den bedeutendsten architektonischen Leistungen der Gotik. Der Bau des heutigen *Domes* – Reste einer ersten Kirche (Bauzeit 1006–1073) wurden 1910 unter dem Chor entdeckt – begann in der Mitte des 13. Jh. als kreuzförmige, gewölbte Basilika,

Meißen Albrechtsburg.

das Langhaus wurde im Laufe des 14. Jh. als Halle aufgeführt. 1293 waren Chor und Querschiff vollendet. Die Bauarbeiten erstreckten sich bei mehrmaliger Planänderung bis in die siebziger Jahre des 15. Jh., als unter Leitung Arnolds von Westfalen die Westfassade entstand. Erst am Anfang unseres Jahrhunderts wurde das Bauwerk durch die Errichtung der Westtürme vollendet.

Um die Mitte des 13. Jh. – nach der Fertigstellung des Naumburger Westchores – kam die Naumburger Hütte nach Meißen. Wahrscheinlich war ein Figurenportal geplant, das jedoch nicht vollendet wurde. Von den entstandenen *Skulpturen* sind Kaiser Otto I. und Kaiserin Adelheid, der Evangelist Johannes und der hl. Donatus an den Chorwänden aufgestellt (Abb. 175); Maria, Johannes der Täufer und der Diakon befinden sich in der *Achteckkapelle,* einem Anbau aus dem 13. Jh. Die Figuren sind nach den großen Zyklen von Bamberg, Magdeburg und Naumburg die wichtigsten Werke der deutschen Plastik am Ende des 13. Jh.

Umgeben von einem kleinen Friedhof, auf dem bedeutende Lehrer der ehem. Fürstenschule (heute Hochschule für landwirtschaftliche Produktionsgenossenschaften) bestattet sind, steht die Stiftskirche *St. Afra.* Der heutige Bau, mehrfach verändert, geht im Kern auf das 13. Jh. zurück und vereint bis zur letzten umfassenden Restaurierung 1875 Bauteile aus

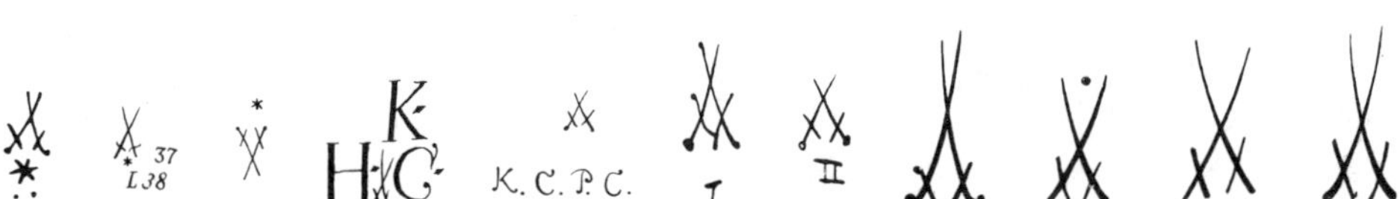

allen Jahrhunderten. Die *Afranische Pfarre* mit dem schönen Renaissanceerker (Rundmedaillons zeigen Petrus und Paulus), die vielen sehenswerten *Kurienbauten, Freihöfe* und *Bürgerhäuser* der Stadt können lediglich der individuellen Entdeckerfreude der Reisenden empfohlen werden. Auch Teile der ehem. Befestigungen sind erhalten geblieben. Wir wollen Meißen nicht ohne Hinweis auf den stimmungsvollen und traditionsreichen *»Weinschank Vincenz Richter«* im ehem. Tuchmacherhaus (An der Frauenkirche 12) verlassen, in dem dem Einkehrenden einheimische Weine von überraschend guter Qualität angeboten werden (Abb. 177).

Für die Fahrt elbaufwärts zur Festung Königstein benutzen wir von Dresden die F 172 und erreichen nach etwa halbstündiger Fahrt die Stadt *Pirna.* In diesem Ort, um 1200 als »Kolonialstadt« gegründet, haben sich zahlreiche *Bürgerhäuser* aus dem 16. und 17. Jh. erhalten (Rathaus, Markt 7, 12, 17; Niedere Burgstraße 1; Obere Burgstraße 1; Höfe mit Galerien in der Frongasse und Schloßstraße 13).

Bedeutend ist vor allem die *Marienkirche,* ein spätgotischer Hallenbau mit reichem Netzgewölbe. Im Chor sind die Ausläufer der Rippen als Baumstämme gebildet, an denen »Wilde Männer« emporklettern; im Ostteil des südlichen Seitenschiffes lösen sich einige der kunstvoll geschwungenen Rippen völlig vom Gewölbe ab. Spiralförmig schlängeln sie sich – jeder tragenden Funktion beraubt – als reine Schmuckelemente die Wand hinab (Abb. 183). Von einer *Klosteranlage* der Dominikaner haben sich die Kirche (2. Hälfte 14. Jh. zur zweischiffigen Halle umgebaut) und der Kapitelsaal erhalten, der heute als *Heimatmuseum* genutzt wird.

Von Pirna (oder auch Großsedlitz) bietet sich Gelegenheit zu einer an Eindrücken reichen Fahrt das Müglitztal entlang, an den Schlössern Weesenstein und Bärenstein vorbei nach Lauenstein im Osterzgebirge. *Weesenstein,* auf einem Felsen über der Müglitz errichtet, beeindruckt durch seine reiche *Innenausstattung.* Eine Flucht von etwa 20 Räumen ist mit Möbeln und Tapeten des 18. und 19. Jh. ausgestattet. Die Zimmer mit vergoldeten, punzierten Ledertapeten sowie Bildtapeten aus Frankreich und China sind mit entsprechenden Möbeln und Ausstattungen versehen. Die Sammlung reicht vom Spätbarock bis zur Neurenaissance (Abb. 184/185). *Schloß Bärenstein* ist heute Erholungsheim, die großartig gelegene *Burg Lauenstein* wird als Heimatmuseum genutzt.

Der *Altar,* die *Moseskanzel* und der *Taufstein* der *Stadtkirche* von Lauenstein gelten als die bedeutendsten Renaissancearbeiten dieser Art in Sachsen. Berühmt ist auch die Grabkapelle der Familie von Bünau aus dem frühen 17. Jh.

Etwa 30 km östlich von Dresden liegen das Städtchen und die *Burg Stolpen.* Im 12. Jh. verlief durch diese Gegend die Grenze zwischen meißnischem und wendischem Gebiet. Zu deren Schutz ließen die Meißener Bischöfe die Burg erweitern und ausbauen. 340 Jahre blieb die Anlage im Besitz der Bischöfe, bis sie am 18. Januar 1559 durch Gebietstausch der sächsische Kurfürst August erwarb.

Die auf einem hohen Basaltfelsen um vier Höfe gruppierte Burganlage ist vor allem als Verbannungsort der Reichsgräfin Cosel bekannt geworden, die hier – nachdem August der Starke sie verstoßen hatte – von 1716–1738 inhaftiert war. Sie blieb dann bis zu ihrem Tode 1765 freiwillig auf der Burg.

Die sechstürmige weitläufige Anlage war 1675 erweitert und durch Bastionen verstärkt worden. 1813 sprengten die Franzosen auf dem Rückzug nach Dresden die Befestigungen. Erhalten sind u. a. der Johannisturm (»Coselturm«) von 1509 mit schönem Zellengewölbe im Gerichtssaal des Erdgeschosses und der Seigerturm, dessen Volutengiebel von 1560 stammen. Das Schloßmuseum besitzt eine umfangreiche *Waffensammlung,* auch eine *Folterkammer* mit allerlei fürchterlichen Geräten und Dokumenten zur zeitgenössischen Gerichtsbarkeit ist hier zu besichtigen. Vom »Coselturm« aus kann man weit in das Elbsandsteingebirge, das Osterzgebirge und in die Oberlausitz schauen (Abb. 188).

Von Stolpen führt die serpentinenartig gewundene Straße nach *Hohnstein* in der Sächsischen Schweiz. Das Städtchen – als »Stadt der Puppenspieler« bekannt – ist ein beliebter Erholungsort. Die eindrucksvolle *Burg* wird als Jugendherberge genutzt (Abb. 189).

Nach etwa halbstündiger Fahrt von Hohnstein erreicht man bei Bad Schandau wieder die Elbe. Kurz nach dem Städtchen *Königstein* führt die Straße steil aus dem Elbtal zur *Festung* empor. Je näher man dem Festungsberg kommt, desto unwahrscheinlicher wirken seine gewaltigen Ausmaße. Vor dem Bau mag der Berg ähnlich zerklüftet gewesen sein wie der Lilienstein oder der Pfaffenstein. Unter den Kurfürsten August und Christian erfolgte der Ausbau der Burg zur gewaltigsten Festung Deutschlands. Der zerklüftete Felsen wurde durch Mauerwerk ausgeglichen, so daß ein künstliches Plateau von ca. 550 m Länge und ca. 300 m Breite entstand. Der Weg um die Mauerkrone ist 1 700 m lang. Ende des Jahres 1589 arbeiteten 104 Steinbrecher, 9 Steinmetzen mit Gesellen, 90 Maurer, 42 Zimmerleute, 15 Bergleute, 70 Lohn- und 190 Fronarbeiter am Festungsbau; 556 Menschen waren lediglich mit dem Herbeischaffen von Baumaterial beschäftigt. Bis ins 19. Jh. dauerte der Ausbau dieser gigantischen Anlage (Abb. 186).

Durch drei Zugbrücken und eine Zwingermauer ist der *Haupteingang* gesichert. Hinter diesem steigt steil die Auffahrt an: Der untere Teil, die »dunkle Appareille« ist überwölbt und mit verschiedenen Verteidigungsanlagen versehen (Fallgatter, Pechnasen); der obere Teil, die »helle Appareille« führt schließlich zum Plateau empor. Linker Hand liegt die *Georgenburg,* im 17. Jh. aus der alten Kaiserburg entstanden (Abb. 187). Gleichzeitig errichtete man auf dem Plateau die *Magdalenenburg.* Im *Brunnenhaus,* einem schlichten Barockbau von Jean de Bodt, befindet sich der 152,5 m tiefe Brunnen, dessen Bau 1562 begann. Das *Alte Zeughaus* diente später als Staatsgefängnis. Viele bekannte Männer wurden hier gefangengehalten: der Kanzler Krell (1599–1601), J. F. Böttger, der Erfinder des europäischen Porzellans (1706/07), der Anarchist M. Bakunin (1849/50), der Sozialdemokrat August Bebel (1874), der Karikaturist Th. Th. Heine (1899), der Dichter

F. Wedekind (1899) und der Arbeiterführer Fritz Heckert (1920). Die *Alte Kaserne* stammt von 1598, das *Neue Zeughaus* von 1631, die *Friedrichsburg* ließ August der Starke zu einem Lustschlößchen umbauen. An der Südseite des Berges liegen tief in den Felsen gehauen in drei Geschossen untereinander die *Kasematten.* Während des zweiten Weltkrieges lagerten hier Teile der Dresdener Gemäldesammlung und Exponate des Grünen Gewölbes.

Ein Spaziergang um die Mauerkrone des Plateaus herum bleibt ein unvergeßliches Erlebnis. Im Tal strömt tief unter dem Felsen in weitem Bogen die Elbe, Höhenzüge des östlichen Erzgebirges, Ausläufer der Lausitzer Berge und des Böhmischen Mittelgebirges bieten sich dem Blick.

Festung Königstein Blick von Westen. Links steht der älteste Teil der Anlage, die Georgenburg, die durch den gestaffelten Haupteingang zu erreichen ist. In der Mitte liegen die Garnisonskirche, die Magdalenenburg, das Brunnen- und das Schatzhaus. Rechts davon die Kaserne und noch weiter südlich das Alte Zeughaus.

In die Heimat der Sorben

Bautzen · Görlitz

Durch sanftes Hügelland führt der Weg von Dresden nach Bautzen. Es lohnt sich, bei Buckau die Autobahn noch einmal zu verlassen und das *Barockschloß Rammenau* zu besuchen. In der von Johann Christoph Knöffel oder einem seiner Schüler errichteten Dreiflügelanlage sind noch Teile der urspr. Ausstattung erhalten, darunter das Chinesische Zimmer, Stukkaturen in mehreren Räumen und vor allem die illusionistischen Wandmalereien im Treppenhaus. Um 1790 entstanden das Pompejanische und das Bulgarische Zimmer, die bei der Restaurierung 1961–1967 wiederhergestellt wurden. Heute ist im Schloß ein Museum für den deutschen Philosophen Johann Gottlieb Fichte, der am 19.5. 1762 in Rammenau geboren wurde, untergebracht.

Die Stadt *Bautzen* mit ihren Bastionen, Mauern und Türmen, bekrönt von der Ortenburg, bietet ein eindrucksvolles Bild. Hier stand schon im frühen Mittelalter die altsorbische Siedlung Budusin, und noch heute ist Bautzen Mittelpunkt des Sorbentums in der Oberlausitz. Das Deutsch-Sorbische Volkstheater und das Staatliche Ensemble für Sorbische Volkskunst wirken hier. Im wiedererrichteten Haus der Sorben (Postplatz) ist eine umfangreiche literaturgeschichtliche Sammlung untergebracht. In Bautzen tagt auch die Domowina, das sorbische Parlament. In den Dörfern um die Stadt begegnet man nur noch selten, zu Feiertagen und Familienfesten, den altsorbischen Bräuchen und den traditionellen Trachten.

Die Marktsiedlung Budusin, an der Hohen Straße (Leipzig–Breslau, heute Wrocław) gelegen, erhielt im frühen 13. Jh. durch den böhmischen König das Stadtrecht. Reger Handel, Tuchmacherei und metallverarbeitendes Gewerbe, seit dem 15. Jh. auch die Papierherstellung, ließen die Stadt bald zu einem wichtigen ökonomischen und politischen Faktor in der Oberlausitz werden. Seit 1346 nahm sie im Oberlausitzer Sechsstädtebund (Bautzen, Görlitz, Zittau, Kamenz, Löbau, Lauban) eine führende Rolle ein.

Seit Mitte des 16. Jh. gestaltete sich die Entwicklung bedeutend ungünstiger. 1547 im Schmalkaldischen Krieg verweigerte der Sechsstädtebund König Ferdinand von Böhmen die Unterstützung gegen den Schmalkaldischen Bund. Für diesen »Pönfall« schwer bestraft und entrechtet, hat die Stadt alten Glanz nie mehr zurückgewonnen. Im Dreißigjährigen

Krieg wurde sie einmal von den Sachsen, einmal von den Kaiserlichen niedergebrannt, im 18. Jh. ging ihre Bedeutung immer mehr zurück. Im Nordischen Krieg, im Siebenjährigen Krieg, in den Befreiungskriegen und schließlich im zweiten Weltkrieg mußte sie schwere Zerstörungen hinnehmen.

Diese glücklose Geschichte scheint unglaublich angesichts dessen, was trotzdem die Jahrhunderte überdauerte. Überwältigend ist das Stadtbild: am Fuße des Felsens malerisch gestaffelt die alten Häuser, darüber mächtig aufragend die *Ortenburg* mit ihren Mauern und den charakteristischen Renaissancegiebeln. Von den Türmen der Stadt am einprägsamsten ist die bauchige *Wasserkunst,* 1558 anstelle eines hölzernen Pumpwerkes aus dem Mittelalter errichtet. Eine Wanderung am gegenüberliegenden Spreeufer entlang – im Halbkreis der Flußbiegung folgend – bietet immer wieder neue, überraschend schöne Ansichten.

Die Innenstadt lebt vor allem von den zahlreichen *Bürgerbauten* des 17. und 18. Jh. Auch das eigenwillige *Rathaus* mit dem schlanken Turm stammt – auf den Resten eines mittelalterlichen Vorgängerbaues errichtet – aus dieser Zeit.

Sowohl kulturhistorisch als baugeschichtlich bedeutend ist der *Petridom,* diese gewaltige gotische Hallenkirche mit dem seltsam geknickten Grundriß. Seit 1523 wird hier, wenn wohl auch nicht immer in vollendeter Harmonie, Ökumene geübt. Heute nur noch durch eine schmale Balustrade, früher durch ein hohes Gitter getrennt, existieren die beiden Konfessionen friedlich nebeneinander (Abb. 190).

An steilem Felshang nahe der Ortenburg steht die Ruine der spätgotischen *Nikolaikirche.* In den Umfassungsmauern und im Kirchgarten ist ein Friedhof angelegt worden; der Besucher wird durch das stille, malerische Bild unwillkürlich an die Gemälde eines C. D. Friedrich oder eines Carus erinnert.

Die kleine dreischiffige *Michaeliskirche* bildet mit der benachbarten Alten Wasserkunst ein reizvolles Ensemble; der spätgotische Hallenbau mit Netzgewölbe wurde um 1500

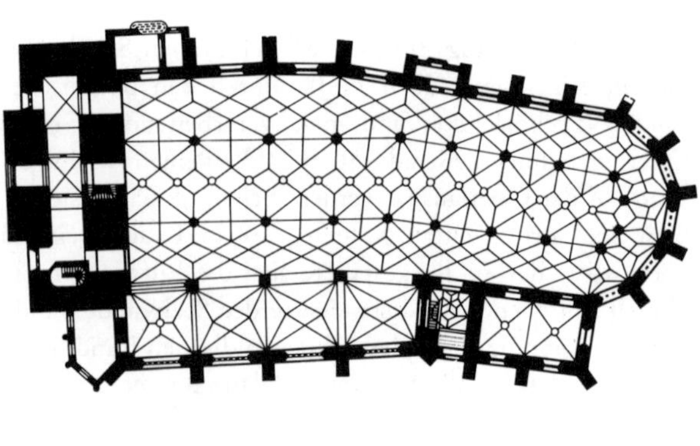

Bautzen Petridom.

vollendet, erst im 17. Jh. bekam der Turm den Wehrgang mit Rundbogenarkatur und einen neuen Helm.

Vor dem äußeren Reichentor liegt die *Taucherkirche,* ein Saalbau aus dem 17. Jh. mit einem der für den sächsischen Barock so charakteristischen Kanzelaltäre.

Zwei interessante Tortürme sollen nicht unerwähnt bleiben, der *Lauentorturm* und der *Reichentorturm,* der Schiefe Turm von Bautzen. Umfassende Sicherungsarbeiten konnten den Turm vor dem Einsturz bewahren, von seiner Plattform bietet sich dem Besucher ein weiter Blick über die Stadt und in das Lausitzer Bergland.

Die *Ortenburg,* als Grenzfeste des Meißener Markgrafen um 1000 errichtet, erfuhr 1483–1486 auf Befehl des ungarischen Königs Matthias I. Corvinus – des damaligen Herrn der Oberlausitz – einen völligen Neubau. Ständige Umbauten dauerten bis ins 19. Jh. 1907 wurde die Anlage restauriert, heute wird sie von verschiedenen Institutionen genutzt. Für die Besucher sind nur noch der *Schloßturm* und der *Audienzsaal* mit seiner prachtvollen barocken Stuckdecke zugänglich. Sie entstand 1662 und zeigt in neun Feldern die Geschichte der Lausitz bis zur Belehnung des sächsischen Kurfürsten Johann Georg I. im Jahre 1635 (Abb. 191).

Folgen wir der »via regia«, dem Handelsweg aus dem frühen Mittelalter, weiter in östlicher Richtung, erreichen wir nach knapp einstündiger Fahrt (auf der F 6) *Görlitz.* Eine historische Glanzzeit erlebte die Stadt seit dem späten Mittelalter, als sie unter der Oberhoheit des böhmischen Königs stand. Eine reiche Oberschicht von Grundbesitzern und Großhändlern sowie ein blühendes Gewerbe – vor allem Tuchmacherei und Waidverarbeitung – brachten der Stadt die bedeutende Stellung im Sechsstädtebund und nicht zuletzt eine reiche Bautätigkeit.

Während der Industrialisierung im 19. Jh. verschob sich das Zentrum der Stadt in die neubebauten Gebiete, so daß die Altstadt im wesentlichen unversehrt erhalten blieb.

Eine Brandkatastrophe hatte 1525 einen Großteil der Stadt vernichtet. Unter Leitung der einheimischen Baumeisterfamilie Roskopf begann der Aufbau in der Formensprache der Renaissance, zum Teil auf den alten gotischen Grundmauern. Typisch für Görlitz war das Arkadenhaus mit Halle und eigener Kapelle. Die engen Straßen, die immer wieder neue Blickwinkel freigeben, die Laubengänge, die durch Pilaster und Gesimse reizvoll gegliederten Fassaden machen einen Spaziergang zum genußvollen Erlebnis. Der Untermarkt bildet den Mittelpunkt der Altstadt. Das *Rathaus,* von Wendel Roskopf d. Ä. umgebaut und erweitert, erhielt an seiner Südwestecke die schön geschwungene Freitreppe und eine Verkündigungskanzel (1537/38). Wendel Roskopf fand eine geschickte bauliche Lösung: Die Freitreppe führt an dem damals bereits vorhandenen spätgotischen *Portal* vorbei und weiter zu dem *Renaissanceportal* empor, optischen Ausgleich bietet die Verkündigungskanzel. Die asymmetrische Komposition wird durch die *Kandelabersäule* mit der Justitia (1591) und das *Wappen* des Königs Matthias I. Corvinus (1488) ergänzt (Abb. 194). Kanzelbrüstung und Säule wurden 1951 – um die Originale zu erhalten – durch Kopien

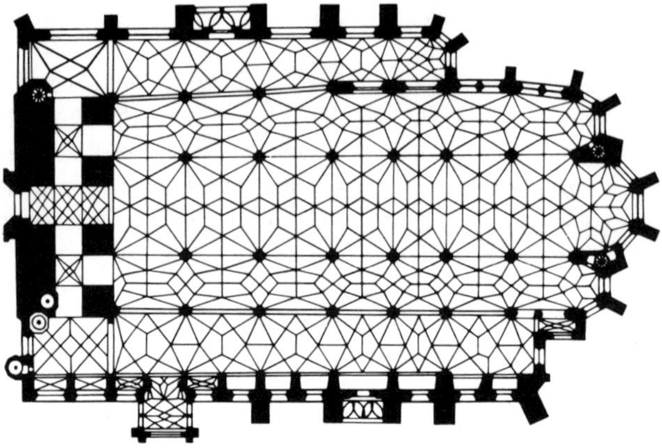

Görlitz
Peter-und-Pauls-Kirche.

ersetzt. Instandgesetzt werden konnte auch der Mechanismus der *Rathausuhr,* der jede Minute dem Kriegerkopf den Mund öffnet.

Von den herrlichen *Renaissance- und Barockhäusern* am Untermarkt (Abb. 195) ist besonders der *Schönhof* (Jugendherberge, Brüderstraße 8) zu nennen, ein Werk W. Roskopfs d. Ä. Der Eckerker liegt der Freitreppe des Rathauses gegenüber. Eine der schönen Zentralhallen – sie nahm die Treppenanlage auf – findet sich im *Haus Untermarkt 4.* Trotz barocker Einbauten hat sie viel von ihrem alten Charakter bewahrt, das Netzgewölbe entstand um 1500. Vieles muß der Entdeckerfreude des Besuchers überlassen bleiben, man sollte jedoch auf keinen Fall versäumen, die interessante Fassade des *Biblischen Hauses* (Neißstraße 29) zu betrachten. Die Felder zwischen den Geschossen »erzählen« biblische Szenen; einer Darstellung aus dem Neuen Testament in der oberen Zone ist über dem Erdgeschoß die Entsprechung aus dem Alten Testament zugeordnet: Verkündigung – Geburt Christi – Jordantaufe – Abendmahl – Kreuzigung / Erschaffung der Eva – Sündenfall – Abrahams Opfer – Moses empfängt die Gebote – Errichtung der ehernen Schlange (Abb. 199).

Im *Haus Neißstraße 29* befindet sich ein kleines Museum mit stadtgeschichtlicher Sammlung und Bibliothek. Die gesamte Altstadt steht unter Denkmalschutz, einen so reichen Bestand an Wohnbauten der Renaissance und des Barock gibt es in keiner anderen Stadt der DDR.

Beherrschender Sakralbau der Stadt ist die *Peter-und-Pauls-Kirche.* Der zweigeschossige Westriegel stammt noch aus romanischer Zeit. Im frühen 15. Jh. setzten Erweiterungsarbeiten ein, die 1497 mit der Einwölbung der fünfschiffigen Halle in grazilen Netz- und Sternformen abgeschlossen waren. Die Türme (85 m) entstanden 1889–1891.

Die *Oberkirche* gehörte zu dem 1234 begründeten Franziskanerkloster. Der in asketischer Einfachheit errichtete Bau birgt mehrere bedeutende Kunstwerke; spätgotisches *Chorgestühl,* eine steinerne *Grablegungsgruppe* von 1492, eine gute Holzskulptur des

Christus in der Rast und einen prachtvollen geschnitzten *Vierflügelaltar. Gewölbemalereien* aus dem 15. Jh. sind teilweise erhalten.

Ehemals vor den Toren der Stadt befand sich die interessante *Anlage des Heiligen Grabes,* 1481–1504 errichtet. Sie besteht aus drei kleinen Bauten, der Heilig-Kreuz-Kapelle, dem Salbhäuschen und der Heilig-Grab-Kapelle (Abb. 196), die wahrscheinlich nach den Holzschnitten aus Breydenbachs »Pilgerfahrten ins Heilige Land«, erschienen in Mainz 1486, gestaltet worden sind und anschaulich die Kreuzigung, Grablegung und Auferstehung Christi illustrieren. So symbolisieren drei große Steine vor dem Eingang zur Grabkammer die zerbrochene Grabplatte.

Von den vielen Schönheiten, die der aufmerksame Besucher in der alten traditionsreichen Neißestadt finden kann, sollen noch die Reste der *Stadtbefestigung* genannt sein: Der Kaisertrutz war Vorwerk des Reichenbacher Tores, dessen Turm erhalten ist. 1850 wurde er zur Stadtwache umgebaut, heute ist hier ein Museum untergebracht. Auch der Dicke Turm des ehem. Frauentores und der massive Rundturm des Nikolaiturmes haben die Entfestigung der Stadt im 19. Jh. überdauert.

Durch das Erzgebirge in das sächsische Industriegebiet

Freiberg · Marienberg · Annaberg · Schneeberg · Karl-Marx-Stadt · Augustusburg

Die F 173 führt von Dresden in südwestlicher Richtung durch die reizvolle Landschaft des Vorerzgebirges nach Freiberg und weiter nach Karl-Marx-Stadt.

Freiberg verdankt seine Entstehung reichen Silberfunden im Jahre 1186. Bergleute, Handwerker und Kaufleute strömten herbei. Bereits in der Mitte des 13. Jh. hatten sich vier Stadtteile herausgebildet, die »Sächsstadt« im Osten, daran nach Westen anschließend das Viertel um die Nikolaikirche, nördlich davon ließen sich um die Marienkirche (Dom) Händler und Beamte nieder, und zu Anfang des 13. Jh. begann der Bau einer regelmäßigen Anlage um den Obermarkt im Süden der Stadt. Von Mauern umschlossen, hatte damit die Stadt jenen Umfang erreicht, den sie bis in das 19. Jh. hinein beibehielt.

Wir beginnen unseren Rundgang durch die Stadt am Obermarkt mit dem langgestreckten *Rathaus*, dessen älteste Teile im 15. Jh. entstanden (Stabwerkportale an der Südseite). Der rechteckige Platz wird von stattlichen Bürgerhäusern gerahmt, vor dem Rathaus steht ein *Brunnen* von 1897 mit der Standfigur Ottos des Reichen. An der Nordseite des Platzes befindet sich das *Alte Kaufhaus*, den darin befindlichen Ratskeller betritt man durch ein schönes Frührenaissanceportal.

Durch die Weingasse und Herderstraße führt der Weg zum Untermarkt. Wuchtig und blockhaft erhebt sich hier die *Marienkirche*. Zwischen 1484 und 1512 erfolgte der Neubau der gewaltigen spätgotischen Halle. Das alte Westportal, die *Goldene Pforte*, wurde an die Südseite versetzt (Abb. 200). Seit 1902 schützt ein Vorbau in Formen des Jugendstiles das kostbare Portal vor Witterungseinflüssen. Die Goldene Pforte entstand um 1230. Sie faßt das Bildprogramm, wie es an den Westfassaden der großen französischen Kathedralen zu finden ist, in kleinerem Rahmen zusammen. Die Gewändefiguren stellen auf der linken Seite Daniel, die Königin von Saba, König Salomo und Johannes den Täufer dar, rechts folgen der Evangelist Johannes, David, Bathseba und Aaron. In den Archivolten wechseln figürliche und ornamentale Darstellungen einander ab, von innen nach außen: 1. Marienkrönung, 2. Abraham empfängt die geretteten Seelen, 3. Zwei Engel huldigen der Taube, dem Symbol des Heiligen Geistes, darunter Apostel und Evangelisten, 4. Die Auferstehenden werden von einem Engel empfangen. Im Tympanon thront, von Engeln gerahmt, die

Muttergottes. Das Portal war urspr. stark farbig gefaßt. Eine weitere Besonderheit am Außenbau bildet der Chor; er wurde 1386 verlängert und erhöht. 1588–1594 verwandelte G. M. Nosseni aus Lugano durch Hinzufügung von Sockelprofilen, Kapitellen und Pyramiden die Strebepfeiler in Pilaster; ein Versuch, klassische Elemente mit der Gotik zu verbinden.

Im Inneren der Kirche – zwischen die eingezogenen Strebepfeiler wurde hier zum ersten Male eine »obersächsische« Empore eingefügt – zeugt die reiche künstlerische Ausstattung vom Glanz der alten Bergbaustadt. Die *Tulpenkanzel,* um 1510 von Hans Witten geschaffen, ist ein Werk der letzten, der barocken Phase der sächsisch-thüringischen Gotik. Dargestellt ist die Legende vom Bergmann, dem Daniel unter dem Schatzbaum das Silbererz zeigt. Daneben steht die *Bergmannskanzel* von 1638, sie wurde von den Predigern gegenüber der nur schwer zu besteigenden Tulpenkanzel bevorzugt (Abb. 201). Ihren Namen erhielt sie von den Stützfiguren; Korb und Treppe werden von je einem Bergmann getragen. Die spätromanische *Triumphkreuzgruppe* gehört neben den Gruppen von Halberstadt und Wechselburg zu den Hauptwerken der mitteldeutschen Holzbildnerei des 13. Jh. Sie befand sich urspr. über dem romanischen Lettner, von dem Fragmente im Stadt- und Bergbaumuseum (ehem. Thümerei, nördlich vom Dom) aufbewahrt werden.

Vor den eingezogenen Strebepfeilern stehen lebensgroße *Apostelfiguren,* um 1500 entstanden, ihr Schöpfer wird nach ihnen Meister der Freiberger Domapostel genannt. An den Achteckpfeilern sind Figuren der *klugen und törichten Jungfrauen* angebracht, um 1510 von mehreren unbekannten Meistern geschnitzt. Der *Hauptaltar* stammt in seiner heutigen Form von 1649, das Gemälde – es zeigt das Abendmahl in beiderlei Gestalt – ist eine bedeutende Arbeit von 1560.

Die umlaufenden Emporen trennen im Osten das Langhaus vom Chor, der in der 2. Hälfte des 16. Jh. zur Grabstätte der Wettiner umgestaltet wurde. Im Vorchor wurde 1563 das gewaltige *Kenotaph* des Kurfürsten Moritz aufgestellt, das erste Renaissancefreigrab in Sachsen. Viele Meister haben an dem Werk gemeinsam gearbeitet. Dahinter öffnet sich der durch Nosseni barock umgestaltete Chor. Die Wände wurden mit verschiedenfarbigem Marmor verkleidet, im Osten schließt eine gewaltige *Epitapharchitektur* den Raum ab. In den Seitennischen knien auf hohen Sockeln die lebensgroßen Bronzestatuen der anbetenden Fürsten. Über dem Raum öffnet sich in illusionistischer Weise ein barocker Himmel, die Verbindung von Stuckfiguren und Malerei erzeugt eine verblüffende optische Wirkung (Abb. 18). Im Süden schließt sich an die Fürstengruft die Allerheiligenkapelle mit dem *Grabmal für die Kurfürstinnen* Sophie von Sachsen († 1711) und Wilhelmine von der Pfalz († 1706) an. Die klassizistisch veränderte Architektur steht in einem spannungsreichen Gegensatz zu den bewegten Sandsteinfiguren des Bildhauers Balthasar Permoser (1702–1704).

Durch die Wallstraße gelangen wir zum ehem. *Schloß Freudenstein,* einem Renaissancebau von 1566, der 1784–1805 in ein Militärmagazin umgewandelt und danach mehrfach umgebaut wurde. Heute ist das Gebäude Lagerhaus eines Großbetriebes.

Nördlich vom Schloß sind Reste der *Stadtbefestigung* und ein zweigeschossiges, spätgotisches Gebäude mit Kielbogenfenstern und Zellengewölben im Erdgeschoß erhalten, das zum alten *Franziskanerkloster* gehörte.

Auch an der östlichen Peripherie des Stadtkernes finden sich noch Reste der Stadtbefestigung mit dem *Donatsturm,* der im 15. Jh. zum Schutz des gleichnamigen Tores errichtet worden ist. Von dort gelangen wir durch Donatsgasse, Kesselgasse und August-Bebel-Straße zum Petriplatz mit der gleichnamigen *Kirche.*

Die dreischiffige spätgotische Hallenkirche, auf dem höchsten Punkt des Stadtgebietes errichtet, stammt im wesentlichen aus der 1. Hälfte des 15. Jh. Reste eines romanischen Vorgängerbaues wurden in den Neubau einbezogen (Teile der Westtürme und des Langhauses). Das Innere erfuhr 1728–1732 eine umfassende Neugestaltung, auch die Haube des südlichen Westturmes und die Aufstockung des Hahnenturmes im Nordosten fallen etwa in diese Zeit. Von der ehem. barocken *Innenausstattung* sind die Sandsteintaufe, die Kanzel, das Lesepult und die Silbermannorgel die bedeutendsten Stücke. Die stark verwahrloste Kirche wurde zu einem Gemeindezentrum ausgebaut. Im Westteil und unter den Seitenemporen sind Sozial- und Gemeinderäume untergebracht. Das Mittelschiff dient als Festkirche und Konzerthalle; der Chor ist durch eine Glaswand vom Mittelschiff getrennt und bildet die eigentliche Gemeindekirche. Vor der Glaswand erhebt sich eine 6 m hohe modernistisch-kunsthandwerkliche Plastik (»Corpus«) von Friedrich Press.

Von Freiberg führt uns die F 101 in südlicher Richtung in die Erzgebirgslandschaft hinein. Kurz hinter Pockau, etwa 30 km von Freiberg entfernt, liegt der kleine Ort *Kalkwerk,* der seinen Namen einem Kalkbergwerk mit Brennöfen aus dem Jahre 1873 verdankt. Die kunstvoll aus Feldsteinen gemauerten Öfen sind von der Straße aus zu sehen, ebenso der Eingang zum Stollen, in dem während der letzten Kriegsjahre über 100 Gemälde der Dresdener Kunstsammlungen eingelagert waren. Das kulturhistorisch und technisch interessante Denkmal wird zum Museum ausgebaut.

9 km hinter Pockau biegen wir nach links auf die F 174 ab und erreichen nach 5 km Fahrt die Stadt *Marienberg.* Der große rechteckige Marktplatz mit dem 1539 erbauten *Rathaus* deutet an, daß Marienberg – 1521 als Tochterstadt Annabergs gegründet – eine reiche Kommune war. Das beweist auch die große dreischiffige Hallenkirche *St. Marien,* nur wenige Schritte vom Marktplatz entfernt. Das 1558–1564 errichtete Gotteshaus brannte 1610 vollständig aus. Andreas Klengel aus Dresden setzte 1669–1675 die riesigen toskanischen Säulen und das Kreuzgewölbe ein. Die umlaufende Empore ist durch kräftige Stuckreliefs geschmückt. Sie tragen ebenfalls zu dem eigenwilligen Raumeindruck bei, der diesen Kirchenbau auszeichnet (Abb. 192). Von der Ausstattung seien der manieristische *Hauptaltar* von Andreas Helmert (1617) mit zwei spätgotischen Schnitzfiguren (Moses und Johannes der Täufer) beiderseits des Aufsatzes und die beiden *Bergmannsleuchter* (1614, erneuert 1743) besonders erwähnt. Zum Kirchenbesitz gehören auch einige qualitätvolle barocke Tafelbilder und Grabmäler.

Wir kehren auf die F 101 zurück, und nach ca. 10 km Fahrt erhebt sich links der Straße die *Burg Wolkenstein.* Die um 1500 begonnene und mehrfach umgebaute Anlage dient heute Wohnzwecken und bietet somit nur noch den landschaftlichen Reiz. Durch das kleine Thermalbad *Wiesenbad* fahren wir weiter in die alte Bergstadt *Annaberg-Buchholz.*

Am Pöhlberg ereignete sich 1492 der erste Silberfund in dieser Gegend, schon fünf Jahre darauf entstand die Stadt mit rechteckigem Markt und regelmäßigem Straßennetz. Über 8000 Einwohner zählte sie schon 1509, mehr also, als damals Leipzig besaß. Von 1499–1512 dauerte der Bau einer großen dreischiffigen Hallenkirche, die St. Anna, der Schutzheiligen der Bergleute, geweiht wurde.

Der schmucklose, aus Feldsteinen ausgeführte Bau der *Annenkirche* läßt die architektonische Harmonie und Leichtigkeit der Formen im Innenraum nicht vermuten. Aus den schlanken Achteckpfeilern schwingt sich schwerelos das kunstvoll geschlossene Sterngewölbe; die reichste und zugleich harmonischste Lösung dieser letzten »barocken« Stufe in der Entwicklung der deutschen Hallengotik ist erreicht (Abb. 203).

Die reiche Bergstadt konnte ihre Kirche aufwendig ausstatten. Um die Emporen ziehen sich 100 *Brüstungsreliefs,* vom gleichen Meister stammen die beiden *Portale* der südlichen Sakristei, die schon Frührenaissanceformen aufweisen. Von Hans Witten, dem bedeutendsten sächsischen Meister der Spätgotik, dessen Tulpenkanzel wir in Freiberg bewunderten, stammen drei Werke: der *Taufstein,* ein *Kreuzigungsrelief* und die *Schöne Tür* im Ostteil des südlichen Seitenschiffes. Das 1512 geschaffene Portal kam 1577 aus dem aufgelösten Franziskanerkloster in die Annenkirche. Es zeigt die Vision des hl. Franziskus: Der Heilige (rechts) blickt gemeinsam mit der Jungfrau Maria (links) anbetend zum Gnadenstuhl hinauf. Bei der Überführung in das protestantische Gotteshaus wurden auf der oberen Kante Adam und Eva sowie Moses und Johannes zugefügt, um das ikonographische Programm auszuweiten und so die bisher rein katholische Thematik abzuschwächen.

Adolf Daucher in Augsburg schuf den marmornen *Hauptaltar,* der 1522 geweiht wurde. Von den übrigen Altären – alle von beachtlicher Qualität – ist der 1521 aufgestellte *Bergaltar* im nördlichen Seitenschiff der interessanteste. Das Gemälde auf seiner Rückseite zeigt die Legende des hl. Daniel, des Schutzpatrones der Bergleute, mit reizvollen Darstellungen des Bergbaues im frühen 16. Jh. (Abb. 204). Die gesamte Kirche wurde in den letzten Jahren hervorragend restauriert.

Das 1887 gegründete *Erzgebirgsmuseum* sammelt erzgebirgische Volkskunst und dokumentiert die geschichtliche Entwicklung des Berglandes. Ein technisches Denkmal von besonderem Rang ist der *Frohnauer Hammer.* Das im Laufe des 17. Jh. aus einer Mühle hervorgegangene Hammerwerk arbeitete bis 1904.

Etwa 30 km von Annaberg entfernt liegt die Bergstadt *Schneeberg,* die im Jahre 1481 das Stadt- und Bergrecht erhielt. Inmitten des rundförmigen Stadtkernes steht die *Wolfgangskirche,* eine der großen gotischen Hallenkirchen im Erzgebirge (Abb. 202). Der äußerlich sehr schlichte Bau wurde 1515 begonnen und 1540 durch den Abschluß der Wölbung und den Einbau der Emporen vollendet. Die 1945 ausgebrannte Kirche konnte wiederhergestellt werden, auch das Hauptwerk ihrer Ausstattung, die zwölf Tafeln des *Flügelaltars* von L. Cranach d. Ä., wurden gerettet.

Das Bild des unregelmäßigen großen Marktplatzes (Käthe-Kollwitz-Platz) wird durch das *Rathaus* (18. Jh., nach 1853 grundlegend erneuert) und eine Reihe barocker Bürgerhäuser bestimmt. Aus der Zeit nach dem Stadtbrand von 1719 sind noch mehrere *Barockwohnbauten* erhalten, so das »Fürstenhaus« (Sparkasse) und die Häuser 1–3 am alten Fürstenmarkt (Ernst-Schneller-Platz) und das *Borthenreutherhaus* am alten Topfmarkt (Rosa-Luxemburg-Platz), in dem heute das Museum für bergmännische Volkskunst und Heimatgeschichte untergebracht ist.

Von Schneeberg erreichen wir auf der F 169 über Stollberg die Bezirksstadt *Karl-Marx-Stadt.* Das alte Chemnitz, heute eine der wichtigsten Industriestädte der DDR, wurde als freie Reichsstadt im 12. Jh. gegründet. Die Ansiedlung entstand in unmittelbarer Nähe des Benediktinerklosters Chemnitz, dessen Abt als einziger seines Standes selbständiger Reichsfürst war. 1540 hielt die Reformation in Chemnitz Einzug, das Kloster wurde zum landesherrlichen Schloß umgebaut. Tuchmacherei und Fernhandel ließen die Stadt bald zu großer wirtschaftlicher Bedeutung gelangen. Seit 1530 arbeitete Georg Agricola als Arzt in Chemnitz, hier verfaßte er auch das bedeutendste Werk der damaligen Montanwissenschaft »De re metallica«.

Im 17. Jh. arbeitete die Chemnitzer Textilindustrie auf der Basis von Verlagswesen und Manufaktur, gegen Ende des 18. Jh. setzte sich die farbikmäßige Baumwollspinnerei durch. Steinkohlenfunde in der Umgebung begünstigten die Maschinenbauindustrie. Chemnitz entwickelte sich zur nüchternen Industriestadt des 19. Jh., zum »Sächsischen Manchester«. Im Februar und März 1945 fiel der größte Teil des Stadtkerns anglo-amerikanischen Luftangriffen zum Opfer, so daß nur noch wenige bedeutende Baudenkmäler erhalten sind.

Außerhalb des unmittelbaren Stadtkerns, auf dem Schloßberg, stehen die ehem. *Klosterkirche St. Marien* (Schloßkirche) und Reste der *Klostergebäude* (Schloßbergmuseum).

Die Kirche entstand in ihrer heutigen Form als spätgotische Halle im wesentlichen zwischen 1499 (Erhöhung des Chores) und 1526 (Fertigstellung des Langhauses). Teile eines romanischen Vorgängerbaues blieben erhalten (Nebenchöre, Teile des südlichen Querschiffes). Die Nordseite des Langhauses ist zur Hauptfassade ausgebildet. Die Fenster sind zweiteilig, da im Inneren eine Empore umläuft. Das *Hauptportal,* von Astwerk gerahmt, reicht weit über das Untergeschoß hinaus. Dargestellt sind unten Kaiser Lothar, Kaiserin Richenza, innen zwei Äbte, darüber im Hauptgeschoß: St. Benedikt, der Evangelist Johannes, Maria mit dem Kind, Johannes der Täufer und St. Scholastika. Das 3. Geschoß zeigt den Gnadenstuhl, umgeben von musizierenden Engeln. Das Portal ist im wesentlichen ein Werk des Hans Witten, es entstand wie die Geißelsäule im Chor in der letzten, repräsentativ-naturalistischen Phase der deutschen Gotik (Abb. 193; bei Restaurierungsarbeiten ins Innere verlegt). 1932 wurden im Chor Reste spätgotischer *Gewölbemalereien* mit Darstellungen der Evangelisten freigelegt.

Wahrscheinlich vom alten Lettner stammen ein *Kruzifix* und ein auf Holz gemaltes *Marienbild.* Ebenso sind vier Gemälde von Lucas Cranach d. Ä. bzw. seiner Werkstatt und ein *Bildnis* des Hilarius von Rehburg, 1525 von Carl von Köln gemalt, erhalten geblieben.

Im Zentrum der Stadt finden sich zwei weitere Kirchen: die 1165 als königliche Gründung errichtete *Stadtkirche St. Jakobi,* eine dreischiffige spätgotische Halle mit Jugendstil-Westfassade, 1945 stark zerstört und nach umfangreichen Grabungen zum Teil wiederhergestellt, und die *Pfarrkirche St. Johannis,* ein Jugendstilbau von 1913, der spätgotische Teile verwendete.

Einzig unversehrter Teil des alten Stadtkerns ist der Theaterplatz mit dem *Opernhaus* (1947–1951 wiederaufgebaut) und dem *Museum,* dessen Jugendstil-Innenarchitektur erhalten blieb. Es besitzt vor allem einen großen Fundus impressionistischer und expressionistischer Malerei, darunter 24 Gemälde von Karl Schmidt-Rottluff. Eine Einmaligkeit in Europa ist der *versteinerte Wald,* etwa 250 Millionen Jahre alte, verkieselte Bäume, an der Ostseite des Museums. Er gehört zu der umfangreichen Sammlung des *Sterzeleaneums,* die im Museum zu besichtigen ist. Der Direktor der Naturwissenschaftlichen Sammlungen zu Chemnitz, Johann Traugott Sterzel, brachte eine große Zahl versteinerter Bäume und Hölzer zusammen. Der längste Stamm (26,3 m) wurde 1911 gefunden, der Durchmesser des stärksten Stammes betrug 5 m.

An der Straße der Nationen, steht der *Rote Turm,* dessen untere Teile bereits im 12. Jh. errichtet wurden, das Backsteinobergeschoß wurde gegen Ende des 15. Jh. aufgesetzt. Der Turm ist in ein modernes Ausstellungsgebäude einbezogen.

Mittelpunkt des neugestalteten Zentrums sind das *Hotelhochhaus* »Kongreß« und der Karl-Marx-Platz mit dem gewaltigen *Denkmal* für den Begründer des wissenschaftlichen Kommunismus. Es wurde 1968 von dem sowjetischen Künstler Lew Kerbel geschaffen.

Außerhalb des Stadtkerns liegt in *Ebersdorf* die ehem. *Stiftskirche Unser Lieben Frauen.* Im 15. Jh. Wallfahrtskirche, entstand in dieser Zeit ein spätgotischer Neubau. Die Fundamente des romanischen Vorgängerbaues, einer Saalkirche, wurden 1962 ergraben. Die zweischiffige Hallenkirche birgt eine reiche Ausstattung. Von 1513 stammt der spätgotische *Hochaltar* mit vier beweglichen und zwei festen Flügeln, im Mittelschrein Schnitzfiguren der Maria, Barbara und Dorothea, die Flügelgemälde von H. Hesse, zum Teil nach Stichen Lucas Cranachs d. Ä. Neben vielen bedeutenden Werken des 14. und 15. Jh. (Sitzmadonna, Vesperbild, Sakramentshaus, Schmerzensmann, Auferstandener u. a.) kommt besonders den *Werken des Meisters Hans Witten* Bedeutung zu: dem Grabstein des Dietrich von Harras (1502–1505), dem großen Kruzifix, einer Schnitzarbeit von 1513, und zwei lebensgroßen Holzskulpturen, einen Diakon und einen Engel darstellend, aus der gleichen Zeit.

Ebenfalls nicht weit vom Zentrum entfernt liegt *Burg Rabenstein.* Ein romanischer Bergfried und Wohngebäude sind erhalten. Im *Museum* werden Waffen und Eisengerät gezeigt. Grabungsergebnisse veranschaulichen die Geschichte der Burg. Die Rabensteiner unterirdischen *Felsendome* – ein altes Kalksteinbergwerk, das zum Schaubergwerk ausgebaut wurde – sind teilweise zu besichtigen.

Etwa 15 km von Karl-Marx-Stadt entfernt, erhebt sich auf einer Bergplatte das wuchtige Renaissanceschloß *Augustusburg.* Von 1568–1572 leitete der Leipziger Baumeister Hieronymus Lotter die Arbeiten, 1573 wurde der Bau unter Leitung des Grafen Rochus von Lynar vollendet. Im 16. und 17. Jh. diente die gewaltige Vierflügelanlage den Wettinern als Jagdschloß, später wurde sie als Lazarett und Gefängnis benutzt. Der Restaurierung von 1798–1802 fiel eine ganze Reihe schmückender Bauteile (Erker, Umgang) zum Opfer (Abb. 21).

Von der prachtvollen Innenausstattung des Jagdschlosses, das einstmals 5 Säle, 7 Vorsäle, 76 Zimmer, 93 Kammern und 3 Küchen besaß, ist nur wenig erhalten geblieben: im Hasenhaus *Malereien* zum Thema »Verkehrte Welt«, der Krieg der Hasen gegen die Menschen und das Reich der Hasen. Ebenfalls von dem sächsischen Hofmaler Heinrich Göding stammen die Malereien im *Venussaal* (1570–1572). Im östlichen Flügel liegt die 1572 geweihte und 1961 restaurierte *Schloßkirche,* der letzte große Bau dieser Art in Sachsen. Die klare, schlichte Raumordnung ist typisch für die protestantischen Kirchen des 16. Jh. Der *Altar* mit einem Gemälde L. Cranachs d. J. (Kurfürst August und Familie vor dem Gekreuzigten) entstand 1571, die *Kanzel* – deren Tafeln vom selben Maler stammen – im Jahre 1573. Das *Brunnenhaus* birgt einen 170 m tiefen Brunnen, die Anlage wurde 1831 wiederhergestellt.

Im Schloß sind heute ein *Museum für Jagdtier- und Vogelkunde,* ein *Museum für Zweitakt-Motorräder,* eine Jugendherberge und eine Gaststätte untergebracht.

Von der Elbmetropole zur Messestadt Leipzig

Oschatz · Wermsdorf · Torgau · Leipzig

Die Autobahn Dresden–Leipzig bildet die schnellste Verbindung zwischen den beiden größten sächsischen Städten. Wir wollen jedoch die F 6 bis Oschatz benutzen und von dort auf der gut ausgebauten Landstraße über Dahlen weiter nach Torgau fahren. Von dort, der F 87 folgend, erreichen wir nach reichlich einstündiger Fahrt die Messestadt.

Oschatz bietet dem Ankommenden mit der schönen Architekturgruppe von Ägidienkirche und Rathaus, deren Dächer und Türme hoch über die Wohnhäuser hinausragen, ein stattliches Bild. Die *Ägidienkirche,* im Kern eine spätgotische Halle, brannte 1842 aus und wurde in den Folgejahren durch C. A. von Heideloff wiederhergestellt. Die heutige Form des Langhauses und der Türme geht auf diese Restaurierung zurück. Im Inneren sind ein *Altarkruzifix* (um 1400), mehrere spätgotische *Schnitzfiguren, Grabdenkmale* und einige *Tafelbilder* (16. und 17. Jh.) von Bedeutung.

Das schöne *Rathaus* entstand 1537, es wurde mehrfach verändert und nach einem Brand 1842 von Gottfried Semper wiederaufgebaut. Vor dem Rathaus steht die Nachbildung eines *Brunnens* von 1588 mit Baldachin und toskanischen Säulen (Abb. 216).

Die Altbausubstanz des freundlichen, sauberen Städtchens ist in gutem Zustand. So wurden viele der alten Bürgerhäuser renoviert und die ehem. *Franziskaner-Klosterkirche* zu einem Gemeindezentrum ausgebaut. Nicht weit von hier ist ein Teil der alten Stadtbefestigung mit zwei Rundtürmen erhalten geblieben.

Von Oschatz aus lohnt sich ein Abstecher nach *Wermsdorf.* J. Chr. Knöffel baute 1743–1751 das gewaltige dreigeschossige *Jagdschloß Hubertusburg* (Abb. 212). Teile eines Vorgängerbaues bezog er ein. Die Innenausstattung des residenzähnlichen, prachtvollen Bauwerkes ging im Siebenjährigen Krieg fast vollständig verloren. Der größte Teil des Schlosses dient heute als Heilanstalt. In einigen Räumen ist das *Heimatmuseum* untergebracht. Im Südflügel des Hauptgebäudes liegt die katholische Schloßkapelle. Eine *Gedenkstätte* erinnert an August Bebel und Wilhelm Liebknecht, die 1872–1874 im Schloß, das damals als Landesgefängnis diente, inhaftiert waren. Im Dorf steht das *Alte Jagdschloß*, ein Renaissancebau aus dem frühen 17. Jh.

Wir fahren nun in nördlicher Richtung weiter nach *Luppa* (4 km) mit seinem herrlichen Badesee und von dort über Dahlen nach *Torgau,* wo wir wieder die Elbe erreichen.

Die flache Landschaft ist hier nur durch einzelne Baumgruppen gegliedert. Direkt am Elbufer erhebt sich das stattliche *Schloß Hartenfels,* einer der schönsten deutschen Schloßbauten der Frührenaissance.

Die nahezu dreieckige Anlage – urspr. waren vier Flügel um einen quadratischen Hof geplant – besteht aus Westflügel (A), Schloßkirche mit Martinskapelle (B), Johann-Friedrich-Bau (C), Albrechtsbau und Theatersaal (D). Zwischen Schloßkirche und Westflügel wurde der alte Bergfried in den Neubau einbezogen. Am bedeutendsten ist der Johann-Friedrich-Bau mit dem offenen Wendelstein, dem prachtvollsten deutschen Beispiel dieses aus Frankreich stammenden Bautyps (Abb. 217).

Die für Sachsen und Thüringen bedeutendsten Baumeister ihrer Zeit hatten an Schloß Hartenfels gearbeitet. Arnold von Westfalen und Conrad Pflüger errichteten den Albrechtsbau, Konrad Krebs ist der Schöpfer des Johann-Friedrich-Baues, Nicolaus Gromann baute die Schloßkirche. Das 1544 von Martin Luther geweihte Bauwerk war die erste protestantische Schloßkirche.

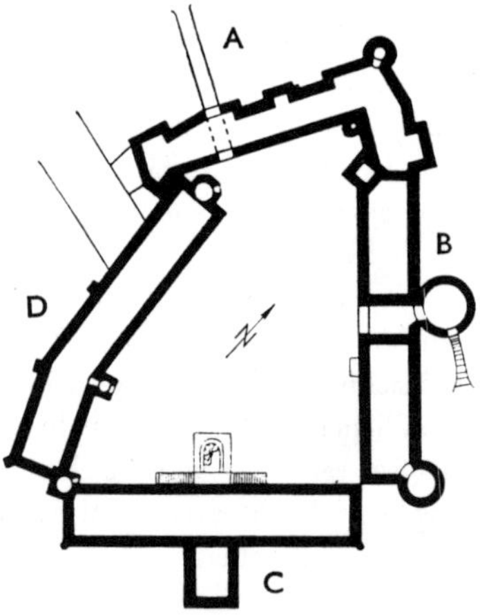

Torgau Schloß Hartenfels.

Zwei spätgotische *Bürgerhäuser* haben sich in der Leipziger Straße erhalten (26 und 28). An vielen Stellen der Stadt sind Häuser oder Bauteile aus Renaissance und Barock zu entdecken, so das schlichte *Rathaus* mit seinem reich gestalteten Runderker an der Südostecke und die Bürgerhäuser schräg gegenüber an der Breiten Straße.

Die *Pfarrkirche St. Marien,* ein interessanter dreischiffiger Hallenbau mit Zellengewölbe im Chor, wurde einem romantischen Westteil angefügt. Im Inneren einige gute Arbeiten: *Bronzegrabplatte* der Sophie von Mecklenburg, ein Werk der Nürnberger Vischer-Hütte von 1504; der *Grabstein* der Frau Martin Luthers, Katharina von Bora, † 1552; *Tafelbilder* mit den 14 Nothelfern von Lucas Cranach d. Ä. in der Sakristei; den gewaltigen barocken *Hochaltar* schuf 1694–1698 G. Simonetti.

»Mein Leipzig lob ich mir, es ist ein Klein Paris und bildet seine Leute...« Dieser bekannte Ausspruch Johann Wolfgang Goethes charakterisiert eine lebendige, weltoffene Handelsstadt mit langer kultureller Tradition, Sinn für Kunst und Lebensart, gepaart mit nüchternem Geschäftssinn. So erlebte Goethe die Stadt in den Jahren 1765–1768 als Student der dortigen Universität. In dieser Zeit hatte *Leipzig* bereits die drei Bereiche vereint, die heute wesentlich noch seine Bedeutung ausmachen: die Messe, die Universität und das Buchwesen. Bereits im 13. Jh. erließ Markgraf Dietrich von Landsberg ein Schutzprivileg für Kaufleute, und im 15. Jh. stärkte die enge Verbindung mit Nürnberg, dessen größte Handelsunternehmen ständige Niederlassungen in Leipzig unterhielten, den Messe- und Handelsplatz. 1507 schließlich bestätigte Kaiser Maximilian I. die Messefreiheiten und das Jahrmarktsverbot im Umkreis von 15 Meilen.

Erst 1896 – der Warenstrom war nicht mehr zu bewältigen – wurde die Verkaufsmesse in eine Mustermesse umgewandelt. Vor allem im frühen 20. Jh. prägte der Bau von Messehäusern mit ihren einladenden Passagen das Gesicht des Stadtzentrums.

Die *Universität* entstand 1409, nachdem ein Großteil der in Prag lebenden und studierenden Deutschen von dort abgewandert war und eine neue Wirkungsstätte suchte. Mit 396 eingeschriebenen Scholaren ging die »Universitas studii Lipsiensis« in ihr erstes Semester. Blütezeiten waren das frühe 16. Jh., als nach der Reformation, angeregt durch Melanchthon, die Hochschule neugeordnet wurde, und das 18. Jh., die große Zeit der Aufklärung. J. Chr. Gottsched und die bekannte Theatergruppe der Neuberin machten Leipzig zu einem Platz moderner Schauspielkunst. Seit 1744 zählte Chr. F. Gellert zu den Professoren, und zwei Jahre später schrieben sich die Studenten G. E. Lessing und F. G. Klopstock in die Matrikel ein. A. F. Oeser gründete 1764 die erste Kunstakademie in den Räumen der Pleißenburg, hier nahm auch der junge Goethe Zeichenunterricht.

Die dritte Komponente, Buchdruck und Buchhandel, war bereits im frühen 16. Jh. in Leipzig heimisch.

Schon in der Frühzeit des Druckwesens zogen die Messen und die Universität Verleger und »Buchführer«, reisende Buchhändler, in die Stadt. Eine erste Hochkonjunktur im Leipziger Buchgewerbe drückt sich darin aus, daß ab 1595 ein eigener »Meßkatalog« durch den Buchhändler Große herausgebracht wurde. Nach dem Dreißigjährigen Krieg wies dieser Katalog ständig mehr Neuerscheinungen aus, als in der Konkurrenzstadt Frankfurt am Main verlegt wurden. Besonderes Gewicht erlangten in der Leipziger Buchgeschichte des 18. Jh. Ph. E. Reich und G. J. Göschen, zu deren Autoren Gellert, Lessing, Wieland, Lavater, Schiller, Klopstock und Goethe zählten.

Im frühen 19. Jh. entwickelte sich in Leipzig – dem nunmehr unbestrittenen Buchzentrum Deutschlands – das Kommissionswesen. 1825 gründeten unter dem Vorsitz des

Verlegers Dr. Friedrich Campe rund 100 Buchhändler den Börsenverein der Deutschen Buchhändler, der noch heute besteht. Höhepunkt in der Entwicklung nicht nur des Leipziger Buchwesens war die Gründung der *Deutschen Bücherei* im Jahre 1913. Drei Jahre später bezog sie das Gebäude am Deutschen Platz, einen modernen Zweckbau, der heutigen Anforderungen raummäßig nicht mehr genügt. In den Jahren 1978–1980 entstanden aus diesem Grunde drei »Büchertürme« nördlich vom Hauptgebäude, die sich leider dem architektonischen Umfeld nicht anpassen. Die Bibliothek sammelt seit Bestehen alle deutschsprachigen Veröffentlichungen.

Beginnen wir unseren Rundgang durch die alte Messe-, Universitäts- und Buchstadt am *Hauptbahnhof.* Bereits 1839 war die erste große deutsche Eisenbahnstrecke zwischen Leipzig und Dresden eröffnet worden. Um die Jahrhundertwende reichten die sechs kleinen Bahnhöfe (von denen der Bayrische Bahnhof von 1842 noch in Betrieb ist) nicht mehr aus. Zwischen 1907 und 1915 entstand der großartige Kopfbahnhof, der noch heute mit seinen 26 Gleisen einer der größten in Europa ist.

Durch die Nikolaistraße gelangen wir zum Brühl, der traditionellen Straße der Rauchwarenhändler. An den Neubauten Brühlpelz und Leipzig-Information am Sachsenplatz vorüber führt der Weg zur Katharinenstraße. Das *Haus des Bürgermeisters Romanus* – heute haben hier die Genossenschaft Bildender Künstler und andere kulturelle Institutionen ihren Sitz – entstand 1701–1704. Der reiche plastische Dekor, die kraftvolle Gliederung durch Kolossalpilaster und die geschwungenen Giebel geben dem Gebäude einen palaisartigen Charakter.

Die Katharinenstraße weist noch drei schöne Barockfassaden auf, darunter das 1983–1985 restaurierte *Fregehaus* (Nr. 11) mit reich dekoriertem Mittelerker, die erste Etage dieses Gebäudes beherbergt eine Galerie. Der ganze Straßenzug zeigt die für Leipzig so charakteristischen hohen Mansarddächer.

Die Katharinenstraße mündet in den Marktplatz ein. Unter Leitung von Hieronymus Lotter – dem bedeutenden Leipziger Baumeister, der sechsmal zum Bürgermeister gewählt wurde – entstand hier ab 1556 unter Benutzung älterer Grundmauern das *Alte Rathaus.* Der langgestreckte massive Bau erscheint kraftvoll, aber doch voll Anmut und Eleganz. Hohe Zwerchhäuser mit Volutengiebeln und der Turm mit hölzernem Altan und barocker Haube (1744) lockern den strengen Baukörper auf. Die Kolonnaden des Erdgeschosses sind eine geschickt dem Charakter des Gebäudes angepaßte Zutat der Restaurierung von 1909. Im Inneren ist das Museum für Geschichte der Stadt Leipzig mit vielen interessanten Sammlungen (darunter ca. 24 000 Stadtansichten und eine wichtige musikgeschichtliche Kollektion) untergebracht (Abb. 16). Nur wenige Schritte vom Rathaus entfernt, Ecke Grimmaische und Nikolaistraße, wurde 1985 an einem Neubau die Nachbildung eines der schönsten Leipziger Renaissanceerker, des *Fürstenerkers,* angebracht.

Von Hieronymus Lotter stammt auch die *Alte Waage,* die 1943 zerstört und 1964/65 wiederaufgebaut wurde. Die Giebelseite zum Markt weist heute wieder die urspr. Gestaltung auf, die Langseite ist modern.

Der Weg zur Thomaskirche führt uns an Barthels Hof, einem der alten Leipziger Handelshöfe, vorbei und durch das Barfußgäßchen weiter zu der in alter Schönheit wiedererstandenen historischen Gaststätte *Zum Kaffeebaum.* Zu den vielen berühmten Stammgästen zählten der Fabel- und Liederdichter Chr. F. Gellert, G. E. Lessing und R. Schumann. Die *Thomaskirche* ist in besonderer Weise mit dem Namen Johann Sebastian Bachs verbunden, der hier seit 1723 als Thomaskantor wirkte und dessen Motetten noch heute vom Thomanerchor gesungen werden. Im Jahre 1950 hat der große Musiker im Chor der Kirche seine letzte Ruhestätte gefunden, die Gebeine wurden aus der zerstörten Johanniskirche hierher überführt. Auf dem Thomaskirchhof steht seit 1908 das bronzene *Standbild J. S. Bachs* von Carl Seffner (Abb. 206); seitlich des Platzes befinden sich im *Bosehaus* die Ausstellungsräume der Nationalen Forschungs- und Gedenkstätten Johann Sebastian Bach.

Ältester Teil der Kirche ist der gotische Chor, der im 14. Jh. unter Benutzung romanischer Teile entstand. Das Langhaus mit dem schönen Netzgewölbe von Conrad Pflüger wurde 1428–1496 errichtet. Die Thomaskirche gehört zur früheren Gruppe der spätgotischen sächsischen Hallenkirchen. Hieronymus Lotter zog die Emporen in den Seitenschiffen ein. Zwischen 1961 und 1964 wurde die Kirche restauriert.

Durch die Grimmaische Straße gelangen wir zum Naschmarkt mit der *Alten Börse,* dem Kleinod barocker Architektur (Abb. 205). Gegenüber öffnet sich die Mädler-Passage mit Geschäften und Cafés und dem Eingang zu *Auerbachs Keller,* in dem der junge Goethe oft verkehrte und wo auch eine Szene des »Faust I« spielt. Im Faßkeller hängt eine große Holzskulptur, die den Faßritt des Dr. Faust zeigt.

Unser Weg führt weiter zur *Nikolaikirche.* Von dem urspr. Bau – er wurde bereits 1165, zwei Jahre nach der Verleihung des Stadtrechtes, begonnen – sind Reste in den Grundmauern erhalten. Zwischen 1513 und 1526 entstand eine dreischiffige fünfjochige Halle. Die eigenwillige, interessante Gestaltung des Innenraumes im romantisch-klassizistischen Sinne stammt von C. Dauthe und A. F. Oeser (1784–1794). Kannelierte Säulen enden in filigranen Palmwedeln, das Netzgewölbe wurde mit Stuckkassetten verkleidet. Der Raum symbolisiert in dieser Gestalt die romantische Vorstellung vom Paradiesgarten. Die Verwendung griechisch-antiker Elemente (korinthische Säulen zwischen den Fenstern und als Träger der Emporen) zeigt die eigenartige Verbindung, die romantisches Empfinden und klassizistischer Geist hier eingegangen sind. Das große *Altargemälde* stammt von A. F. Oeser. Eine spätgotische *Kanzel* mit Reliefdarstellungen des Schmerzensmannes und der Kirchenväter steht in der südlichen Turmhalle. Die Restaurierung dieses einmaligen Kirchenraumes wurde 1974 beendet.

Nach wenigen Schritten erreichen wir den Karl-Marx-Platz mit dem 1956–1961 errichteten *Opernhaus* und dem Neubau der *Universität.* Das Ensemble von Hochhaus, Seminargebäude, Hörsälen und Mensa wird durch den Bau des *Neuen Gewandhauses* abgeschlossen. Das Monumentalgemälde, das über alle Stockwerke des Foyers reicht, stammt von dem Leipziger Maler Sighard Gille (Abb. 17, 207).

An der Peripherie des Stadtkernes steht das 1899–1907 anstelle der alten Pleißenburg erbaute *Neue Rathaus.* Einige hundert Meter entfernt ragt die Kuppel des Dimitroff-Museums, des ehem. *Reichsgerichtes,* auf. Der gewaltige historistische Bau – in dessen großem Saal Georgi Dimitroff 1933 zum Ankläger gegen das nationalsozialistische Gewaltregime wurde – nimmt heute das Dimitroff-Museum und das Museum der bildenden Künste auf.

Unmittelbar am Gelände der Technischen Messe, im Süden der Stadt, erinnern das *Völkerschlachtdenkmal* und die *Russische Kirche* an den Sieg über die »Grande armée« Napoleons im Oktober 1813 auf den Schlachtfeldern um Leipzig. Das Denkmal entstand 1898–1913, ein gewaltiges, 91 m hohes Monument, errichtet auf einem künstlich aufgeworfenen Erdhügel von 30 m Höhe. In dem wuchtigen Bau mit seiner glockenförmigen Kuppel befindet sich eine 60 m hohe Halle mit vier riesigen Sitzfiguren, die Tapferkeit, Opferfreudigkeit, Glaubensstärke und Volkskraft symbolisieren. Die Pläne für die Anlage stammen von B. Schmitz und C. Thieme, die Bildhauerarbeiten von C. Behrens und F. Metzner (Abb. 208).

Die *Russische Kirche* entstand 1913 zur Erinnerung an die in der Völkerschlacht gefallenen russischen Soldaten. Seitdem ist sie Heimstatt einer kleinen russisch-orthodoxen Kirchgemeinde. Der Baumeister, W. Propowski aus dem damaligen Petrograd, orientierte sich an Nowgoroder Kirchenbauten des 16. Jh. (Abb. 209).

Der Stadtteil Gohlis im Norden Leipzigs war bis ins frühe 19. Jh. ein eigenständiges Dorf vor den Toren der Stadt. Hier ließ sich der Großkaufmann und Ratsherr C. Richter im Stile eines fürstlichen Landsitzes 1755/56 das *Gohliser Schlößchen* (Menckestr. 23) errichten. Im Inneren des Gebäudes ist ein allegorisches Deckenfresko (Leben der Psyche) von A. F. Oeser erhalten geblieben.

Nur wenige Minuten Fußweg entfernt, steht in der Menckestraße das *Schillerhaus* (Nr. 43). In dem schlichten Bauernhaus erinnert eine kleine Ausstellung an den Leipziger Aufenthalt des Dichters.

Ein Blick nach Altenburg und in das Kohrener Land

Altenburg · Kohren-Sahlis · Rochsburg · Wechselburg · Rochlitz

Altenburg und seine Umgebung gehören traditionell weniger nach Sachsen als zum Thüringer Land. Von 1812–1919 war die Stadt Residenz eines selbständigen Herzogtums, danach gehörte sie bis 1952 – als sie Kreisstadt im Bezirk Leipzig wurde – zum Land Thüringen. Bereits 976 urkundlich erwähnt, stieg Altenburg im 12. Jh. zur Reichsstadt auf, kam aber schon im 13. Jh. als Pfand, später als Reichslehen an die Wettiner. Die alte, im 12. Jh. ummauerte Stadt wuchs aus drei Siedlungskernen zusammen, dem alten Markt im Nordosten (heute Brühl), dem neuen Markt und dem Nikolaiviertel im Südwesten. Außerhalb dieses ummauerten Gebietes lagen das Schloß auf hohem Porphyrfelsen und der ebenfalls ummauerte Bezirk des Bergerklosters. Die »Roten Spitzen«, die Westtürme der ansonsten zerstörten *Marienkirche* des Klosters, beherrschen ein Stadtviertel mit engen, winkligen Gassen und alten, meist zweigeschossigen Häusern. Die Marienkirche wurde 1172 anläßlich eines Aufenthaltes Kaiser Friedrich I. Barbarossa geweiht. Hier ist eine beachtliche *Sammlung* mittelalterlicher Holzskulpturen untergebracht (Besichtigung nach Voranmeldung).

Der älteste Teil des *Schlosses* stammt aus dem 10. Jh.; der Unterbau des später aufgestockten Hausmannsturmes, in dessen Innerem ein stufenloser Wendelgang emporführt. Im 11. Jh. entstand die »Flasche«, ein romanischer Bergfried, der später als Kerkerturm Verwendung fand. Von der Pfalz Kaiser Barbarossas, der sechsmal in Altenburg weilte, ist nichts erhalten. Die Bauarbeiten an der heutigen Anlage, dem Herzogschloß, dauerten vom 15. bis ins 19. Jh. Nach einem Brand betraute der Herzog den Baumeister Moyses von Altenburg mit dem Neubau der Schloßkirche. Auf hohe Kavaten gestützt, gehört sie zu den markantesten Bauteilen des Schlosses (Abb. 211). In ihrem Innenraum beeindrucken besonders die reichen Netz- und Sterngewölbe des Chores und das spätgotische geschnitzte Chorgestühl. In die Geschichte eingegangen ist das Altenburger Schloß durch den Prinzenraub. Der Ritter Kunz von Kaufungen entführte 1455 die beiden Söhne des Kürfürsten, Ernst und Albert, die dann, der Legende nach, von einem tapferen Köhler befreit wurden. Kunz von Kaufungen wurde nach seiner Gefangennahme auf dem Markt von Freiberg enthauptet.

Mittelpunkt der Stadt ist der langgestreckte, zumeist von hohen schmalen Häusern gesäumte Marktplatz mit dem schönen *Renaissancerathaus,* das Nicolaus Gromann in den Jahren 1562–1564 errichtete. Der hohe Turm, durch Lisenen und Gesimse streng geordnet, und der würfelförmige horizontal gegliederte Baukörper mit dem aufstrebenden Dach und den hohen Zwerchhäusern zeigen die eigenwillige Handschrift eines begabten Baumeisters. Die Betonung liegt weder in der Senkrechten, dem steilen Aufstreben, wie es aus der Gotik geläufig war, noch in der Horizontalen, die in der Renaissance allgemein akzentuiert wurde – das harmonische, in sich ruhende Gleichgewicht der Proportionen zeichnet diesen Bau aus (Abb. 210).

Vieles ist in der als »Skatstadt« berühmten alten Residenz sehenswert: der *Nikolaiturm,* Rest einer gleichnamigen Kirche, das *Seckendorffsche Palais* mit seinem wuchtigen Giebel, die *Bartholomäikirche,* eine im wesentlichen spätgotische Halle, die zwischen ihren Grundmauern ein Kleinod romanischer Architektur bewahrt hat, eine *Krypta* mit wuchtigem Mittelpfeiler. Eine besondere Kostbarkeit ist auch die im Haus Moskauer Str. 8 im Jahre 1964 freigelegte *Modeldecke,* von den wenigen in Sachsen und Thüringen erhaltenen eine der schönsten. Bei dieser Art des plastischen Schmuckes werden mit Hilfe hölzerner Negativformen – der sog. Modeln – Tonreliefs auf den feuchten Putz aufgebracht.

Bekannt ist die Sammlung frühitalienischer Malerei im *Staatlichen Lindenau-Museum.* Freiherr Bernhard von Lindenau (1779–1854), ein Wissenschaftler und Kunstkenner von Rang, hatte den Wert der »vor-raffaelischen« Malerei erkannt. Ihm gelang es, eine Sammlung italienischer Tafelbilder der Gotik und Frührenaissance zusammenzubringen. Es ist die bedeutendste Kollektion ihrer Art außerhalb Italiens. Lindenau konnte auch eine beachtliche Anzahl griechischer und etruskischer Vasen erwerben. Des weiteren besitzt das Museum eine interessante Sammlung DDR-Kunst.

Dem Spielkarten- und vor allem dem Skatfreund ist Altenburg als Sitz des *Spielkartenmuseums* im Schloß, der Spielkartenfabrik und des Skatgerichtes geläufig. Angesichts dieser Vielzahl wertvoller Kunst- und Kulturdenkmäler ist der Anblick der vom Verfall bedrohten Altstadt besonders schmerzlich.

Das Kohrener Land war schon im 16. Jh. ein reiches blühendes Bauernland. Landwirtschafts- und Obstanbaugebiete wechseln mit »Bauernwäldern« und größeren Forsten. Das sanfte Hügelland ist vielerorts von großem landschaftlichen Reiz: das Muldental, der Park Rüdigsdorf, die Umgebung der *Burg Gnandstein.* Diese Burg entstand im 10. Jh. zum Schutze der Straße Leipzig–Prag. Auf einem langgestreckten Höhenrücken gelegen, gruppieren sich die Gebäude um zwei Höfe. In dem östlichen inneren Burghof steht ein romanischer Bergfried von ca. 35 m Höhe. Mächtige Schildmauern, ein romanischer und ein gotischer Palas sind die ältesten Teile der Anlage. Die Burgkapelle mit Zellengewölbe, in der sich drei *Altäre* aus der Werkstatt Peter Breuers (1502/03) befinden, stammt vom Ende des 15. Jh. Die übrige Bebauung erfolgte bis ins 18. Jh. hinein. In der Burg sind ein *Heimatmuseum* und eine Gaststätte untergebracht.

Im 12. und 13. Jh. bildete Kohren gemeinsam mit Frohburg und Gnandstein ein strategisch wichtiges Burgendreieck, das jedoch bald danach an Bedeutung verlor; die *Burg Kohren* verfiel, zwei Rundtürme haben sich erhalten.

Heute ist das Städtchen *Kohren-Sahlis* vor allem durch seine Töpferwerkstätten bekannt. Alljährlich findet am 3. Wochenende im Juni der Topfmarkt statt, der viele Kauf- und Schaulustige anlockt. Wer nicht lange vor Öffnung der Buden morgens um 8 Uhr am Platze ist, hat kaum Aussicht, etwas von dem beliebten blauweißen Steingutgeschirr zu erstehen. Das *Töpfermuseum* gibt Aufschluß über die Geschichte dieses Handwerks in der Gegend. Im Ortsteil *Rüdigsdorf*, in einem kleinen Park, liegt das Gutshaus mit dem berühmten *Schwind-Pavillon*, den der romantische Maler 1838 mit einem *Freskenzyklus* zum Thema Amor und Psyche schmückte. Verblüffend bei einem Romantiker ist die illusionistische Wirkung der Malerei: Die flache Decke scheint gewölbt (Abb. 218).

Die *Rochsburg*, eine der besterhaltenen Burgen Sachsens, erhebt sich in malerischer Umgebung auf einem Felsrücken über der Zwickauer Mulde. Sie entwickelte sich aus dem starken Bergfried. Im späten 15. Jh. wurde sie unter Mitwirkung Arnolds von Westfalen umgebaut und erweitert. Der Kernburg mit dem Bergfried ist ein dreieckiger Wirtschaftshof vorgelagert. Ein Museum unterrichtet umfassend über die Geschichte der weitläufigen beeindruckenden Burganlage (Abb. 213).

Bemerkenswert ist auch die *Dorfkirche*, in der 2. Hälfte des 12. Jh. in enger Anlehnung an die bedeutenden romanischen Bauten in Wechselburg und Frose erbaut. Das Säulenportal im Westen trägt im Tympanon eine Reliefdarstellung des Agnus Dei.

Nur wenige Kilometer entfernt liegt *Wechselburg* mit der ehem. *Augustiner-Chorherren-Stiftskirche*, einem der bedeutenden romanischen Bauwerke Sachsens. Die Kirche entstand zwischen 1160 und 1180, der Raum allerdings erfuhr im 15. Jh. und 1683/84 tiefgreifende Veränderungen, ab 1953 erfolgte eine Restaurierung.

Im Inneren der dreigeschossigen Pfeilerbasilika mit Querschiff stand vor den westlichen Vierungspfeilern bis 1686 der spätromanische *Lettner*, dessen Skulpturen zu den besten Arbeiten dieser Zeit gehören. Teile des Lettners wurden gegen Ende des 17. Jh. in die barocke Altarwand im Ostchor einbezogen. Anhand dieser erhaltenen Stücke und mit Hilfe alter Ansichten konnte der *Lettner* in den letzten Jahren rekonstruiert werden. Leider ist von seiner urspr. farbigen Fassung nichts erhalten geblieben. In den Nischen beidseitig des mittleren Durchganges stehen die über 2 m hohen Steinfiguren des Abraham (auf dem Löwen) und des Melchisedek (auf dem Drachen), in der oberen Zone sind der Prophet Daniel, König David, König Salomo und der Prophet Jesaja dargestellt. Die Kanzel über dem triumphbogenartigen Durchgang zeigt an der Vorderseite den thronenden Christus in der Mandorla, in den Zwickeln die Evangelistensymbole (Maiestas Domini). Maria und Johannes der Täufer weisen auf Christus hin. Die Reliefs der beiden Seitenwände stellen die Aufrichtung der ehernen Schlange und die Opferung Isaaks durch

Abraham dar. Die gewaltige *Triumphkreuzgruppe* zeigt deutlich französischen Einfluß (Chartreser Nordportal); in der Vermenschlichung Christi, in der lebendigen Gestaltung der Bewegungen und dem Ausdruck des Leidens in den Gesichtern bereiten diese Figuren das Werk des Naumburger Meisters vor. Überhaupt kann das ikonographische Programm des Lettners als eine Vorstufe zum Naumburger Westlettner betrachtet werden: Alles ist auf den Opfertod Christi bezogen (Errichtung der ehernen Schlange als Vorwegnahme der Kreuzigung, die Rettung Isaaks durch die Engel als Parallele zur Auferstehung). Auch wird der Gedanke der Trinität (Christus, Gottvater und Heiliger Geist) mit dem der Kreuzigung verbunden (Abb. 215).

Das *Grabmal* des Stifterehepaares, Dedo und Mechthild von Groitzsch, entstand wenige Jahre nach den Lettnerfiguren, um 1235. Es ist in der Nachfolge des Doppelgrabmales Heinrichs des Löwen und seiner Gemahlin in Braunschweig von 1227 einzuordnen.

Die Stadt *Rochlitz* entstand im 12. Jh. an der Zwickauer Mulde unterhalb einer Markgrafenburg. Für Sachsen ist diese Art der Stadtanlage höchst selten: Sie bestand lediglich aus einem großen langgestreckten Marktplatz mit *Kirche* und *Rathaus*, umgeben von einer Reihe Häusern, hinter denen sich die Stadtmauer entlangzog. Die Luftaufnahme macht diese Situation deutlich (Abb. 214). Das *Schloß*, auf den Burgbau des 12. Jh. zurückgehend, besteht aus mehreren Gebäuden, die sich um einen unregelmäßig angelegten Hof gruppieren. Die sog. Jupen, quadratische Türme mit gotischen Helmen, entstanden Anfang des 13. Jh. Im Osten sieht man das sog. *Querhaus* stehen, einen gegen Ende des 15. Jh. erweiterten romanischen Bau. Darin befinden sich mehrere Räume mit eindrucksvollen Balkendecken aus der Spätgotik. Das Fürstenhaus, bereits 1537–1547 umgebaut, erhielt um 1590 das Obergeschoß aufgesetzt. Das im Schloß untergebrachte *Museum* verfügt über eine beachtliche Kollektion bäuerlicher Keramik des 18. und 19. Jh.

Eckhard Hollmann

172 *Pillnitz* Schloß. Die weiträumige Anlage an der Elbe ließ August der Starke zum phantasievoll gestalteten Lustschloß ausbauen.

173 *Großsedlitz* Park. Ein weiterer Bauplan des ehrgeizigen Kurfürsten blieb Fragment; nur die Treppenanlage und die Orangerie gelangten zur Ausführung.

174 *Meißen* Der Burgberg hoch über der Elbe war Sitz der Markgrafen und Bischöfe.

175 *Meißen* Dom. Blick in den Chor. Das mittlere Fenster ist – wenn auch ergänzt – in mittelalterlicher Farbenpracht erhalten geblieben.

176 *Meißen* Albrechtsburg. Die Säle wurden im 19. Jh. historisierend ausgemalt.

177 *Meißen* Das stimmungsvolle Weinlokal Vincenz Richter.

178 *Dresden* Blick auf die katholische Hofkirche und die Semperoper.

179 *Dresden* Zwinger. Der besondere Reiz des Nymphenbades besteht im leichten spielerischen Zusammenklang von Natur, Architektur und Plastik.

180 *Dresden* Marcolini-Brunnen. In kraftvollen Barockformen sind Neptun und sein Gefolge dargestellt.

181 *Dresden* Zwinger. Matthäus Daniel Pöppelmann und Balthasar Permoser gelang eines der kostbarsten Bauwerke der europäischen Barockarchitektur.

182 *Radebeul* Schloß Hoflößnitz. Seit dem 17. Jh. ließen Adlige und wohlhabende Dresdener Bürger in der Lößnitz Weinberghäuser errichten.

183 *Pirna* Marienkirche. Das überaus reiche Stern- und Netzgewölbe mit phantasievollen Rippenformen war 1546 vollendet.

184 *Weesenstein* Schloß. Die Anlage entstand im 13. Jh. und wurde bis ins 18. Jh. hinein erweitert und ausgebaut, der Turm erhielt eine schlanke Barockhaube.

185 *Weesenstein* Schloß. Das Chinesische Zimmer gehört zu einer Flucht von etwa 20 Räumen, deren Ausstattung aus dem 18. und 19. Jh. erhalten blieb.

186 *Königstein* Blick von Südosten auf die Stadt und den Königstein mit der gewaltigen Festung.

187 *Königstein* Festung. In der Georgenburg lebte der Erfinder des europäischen Porzellans, J. F. Böttger, als Gefangener Augusts des Starken.

188 *Stolpen* Veste. Die im 12. Jh. gegründete Anlage war 1716–1738 Verbannungsort der Reichsgräfin Cosel, die dann bis zu ihrem Tode 1765 hier lebte.

189 *Hohnstein* Burg. Die Hauptbauzeit dieser malerischen Anlage inmitten der Sächsischen Schweiz lag im 15. und 16. Jh.

190 *Bautzen* Dom St. Peter. In der katholischen Sakristei steht der Rokokoaltar von Johann Hajek.

191 *Bautzen* Ortenburg. Die Stuckdecke, urspr. stark farbig gefaßt, stellt in neun Feldern die Geschichte der Oberlausitz dar.

192 *Marienberg* St. Marien. Innenansicht.

193 *Karl-Marx-Stadt* Schloßkirche. Baumstämme bilden den Rahmen für das viergeschossige Portal, das Hans Witten zugeschrieben wird und 1525 vollendet war.

194 *Görlitz* Die Rathaustreppe mit Verkündigungskanzel entstand 1537/38, die Justitia gegen Ende des 16. Jh.

195 *Görlitz* Blick zum Untermarkt mit der Ratsapotheke, im Hintergrund die Türme der Peter-und-Pauls-Kirche.

196 *Görlitz* Grabeskapelle des Heiligen Grabes. Der Bürgermeister Georg Emmerich ließ die Anlage nach seiner Rückkehr von einer Reise in das Heilige Land, die er 1464/65 unternommen hatte, errichten.

197 *Görlitz* Kaufhaus. Der Lichthof des schön proportionierten Baues, der 1912/13 entstand, ist in Details noch dem Jugendstil verpflichtet, geht aber in der schlichten klaren Raumgliederung schon neue Wege.

198 *Görlitz* Haus Petersstraße 4. Das Arkadenhaus mit Halle und Kapelle ist für Görlitz charakeristisch, dieser Binnenhof entstand gegen Ende des 17. Jh.

199 *Görlitz* Das Biblische Haus. Die Fassade mit zwei Reliefbändern und klar gegliedertem Portal entstand um 1570.

200 *Freiberg* Dom. Die Goldene Pforte – den Namen verdankt sie der urspr. stark farbigen Fassung – ist das früheste Werk staufischer Großplastik im mitteldeutschen Raum.

201 *Freiberg* Dom. Die Tulpenkanzel des Hans Witten gehört in die letzte barocke Phase der Spätgotik. Rechts im Vordergrund die Bergmannskanzel.

202 *Schneeberg* Die Wolfgangskirche überragt die Häuser der Stadt, von denen einige reich dekorierte Fassaden aus dem 18. Jh. aufweisen.

203 *Annaberg* Annenkirche. Die elegant gezogenen Gewölbe auf den schlanken Achteckpfeilern tragen maßgeblich zu dem lichten harmonischen Eindruck bei, den diese spätgotische Hallenkirche ausstrahlt.

204 *Annaberg* Annenkirche. Zur reichen Ausstattung gehört der 1525 aufgestellte Bergaltar. Das Gemälde auf seiner Rückseite vermittelt ein instruktives Bild vom Berg- und Hüttenwesen der damaligen Zeit.

205 *Leipzig* Ein Kleinod barocker Architektur ist die Alte Börse am Naschmarkt.

206 *Leipzig*
Johann Sebastian Bach war von 1723 bis zu seinem Tode Thomaskantor. Sein Standbild steht seit 1908 vor dem südlichen Eingang der Thomaskirche.

207 *Leipzig*
Neues Gewandhaus. Ansicht vom Karl-Marx-Platz.

208 *Leipzig*
Völkerschlachtdenkmal. Die riesige Relieffigur St. Michaels bewacht die Freitreppe, die zum Denkmal hinaufführt.

209 *Leipzig* Die Russische Kirche wurde 1913 zur Erinnerung an die während der Völkerschlacht bei Leipzig gefallenen russischen Soldaten errichtet.

210 *Altenburg* Rathaus. Der nahezu würfelförmige Bau mit Fassadenturm, hohem Pyramidendach und reliefgeschmücktem Rund-erker gehört zu den reifsten Leistungen der deutschen Renaissancebaukunst.

211 *Altenburg* Schloß. Der Blick von Südosten zeigt die Auffahrt und die spätgotische Schloßkirche.

212 *Wermsdorf* Schloß Hubertusburg. Die weiträumige Anlage um einen Hof von 97 × 80 m ließ August der Starke als Jagdsitz errichten.

213 *Rochsburg* Die Burg über der Zwickauer Mulde gehört zu den am besten erhaltenen in Sachsen.

214 *Rochlitz* Das Luftbild zeigt deutlich die Umrisse der Altstadt, die nur aus den öffentlichen Bauten und einem Häuserring bestand.

215 *Wechselburg* Stiftskirche. Der Lettner, dessen erhaltene Figuren und Teile zwischen 1230 und 1240 entstanden, konnte rekonstruiert werden.

216 *Oschatz* Markt. Das von Semper umgestaltete Rathaus, die Ägidienkirche und der Renaissancebrunnen bilden eine eindrucksvolle Baugruppe.

217 *Torgau* Schloß Hartenfels. Der offene Wendelstein steht in französischer Tradition.

218 *Kohren-Sahlis* Schwind-Pavillon. In dem restaurierten Gartenpavillion, den Moritz von Schwind mit Fresken ausgestattet hat, finden im Sommer anspruchsvolle Kammerkonzerte statt.

Die Bezirke
Erfurt, Gera und Suhl
(ehemals Thüringen)

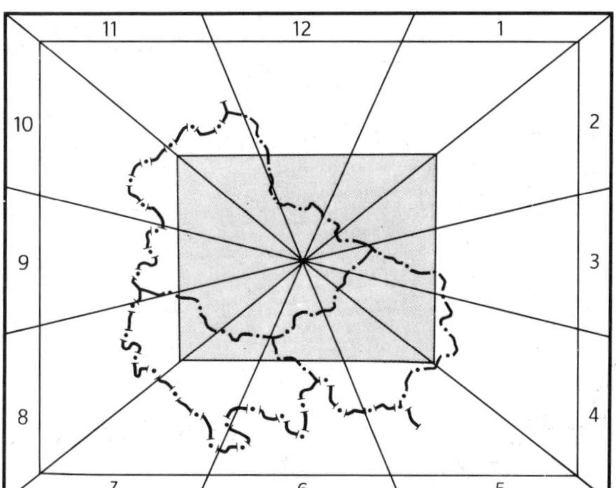

Bezirk Erfurt
Nordhausen
Worbis
Münchenlohra
Großlohra
Leinefelde
Heiligenstadt
Sondershausen
Dingelstädt
Ebeleben
Kindelbrück
Schlotheim
Greußen
Weißensee
Mühlhausen
Bad Tennstedt
Unstrut
Sömmerda
Treffurt
Merxleben
Bad Langensalza
Gebesee
Creuzburg
Gräfentonna
ERFURT
EISENACH
Brandenburg
GOTHA
Molsdorf
Wanders-
leben
Burg Gleichen
Waltershausen
Elleben
Mühlburg
Reinhardtsbrunn
Wachsen-
burg
Arnstadt
Bad
Salzungen
Friedrichroda
Vacha
Ohrdruf
Oberndorf
Stadtlengsfeld
Bad Liebenstein
Plaue
Werra
Stadtilm
Breitungen
Schmalkalden
Dermbach
Ilmenau
Lange-
wiesen
Wasungen
Zella-Mehlis
Kaltennordheim
Gehren
Königsee
Bezirk
Walldorf
Kühndorf
Suhl
Meiningen
Rohr
Suhl
Themar
Neuhaus
Henneberg
Veßra
Schleusingen
Bibra
Hildburghausen
Eisfeld
Heldburg
4
81
243
80
247
4
249
84
176
86
247
4
247
7
7
84
19
88
88
62
62
285
280
19
280
19
247
89
281
89

Zeichenerklärung
Staatsgrenze
Bezirksgrenze
Autobahn mit Abfahrt
Fernverkehrsstraße mit Nummer
Sonstige Straße
WEIMAR
Wachsenburg
Ort mit Sehenswürdigkeit
Grenzübergang
zirk Halle
Kölleda
Buttelstedt
WEIMAR
Kapellendorf
Umpferstedt
Bad Berka
Blankenhain
Kranichfeld
Teichel
Großkochberg
aulinzella
Bad Blankenburg
Rudolstadt
Graba
Saalfeld
Camburg
Dornburg
Saale
JENA
Bürgel
Thalbürgel
Kahla
Orlamünde
Hermsdorfer Kreuz
Bezirk Gera
Bezirk Leipzig
Eisenberg
Krossen
Tautenhain
Bad Köstritz
Bad Klosterlausnitz
GERA
Ronneburg
Weida
Weiße Elster
Neustadt/Orla
Triptis
Auma
Pößneck
Könitz
Ranis
Leutenberg
Burgk
Bleilochtalsperre
Saalburg
Kirschkau
Zeulenroda
Greiz
Elsterberg
Schleiz
Mühltroff
Bezirk Karl-Marx-Stadt
Wurzbach
Lobenstein
Gefell
Hirschberg
Sonneberg

Arnstadt 7 ■ Liebfrauenkirche: 13. Jh.
Bachkirche: 15. und 18. Jh.
Oberkirche: 1300–1350
Neues Palais: 1728–1732
Bibra 7 □ Dorfkirche: Ende 15. Jh., reiche Ausstattung
Brandenburg 9 □ Burgruine: 12./13. Jh.
Breitungen 8 □ Schloß Herrenbreitungen: 16. Jh.
Dorfkirche Frauenbreitungen: Turm 12. Jh., Kirche 1615
Burgk 5 □ Schloß: Kern 12. Jh., Neubau 1403, Erweiterungen, Umbau und Innenausstattung 16./17. Jh.
Creuzburg 9 □ Liboriuskapelle: um 1500, Wandmalereien um 1520
Dermbach 8 □ Kath. Pfarrkirche: 1732–1735
Dornburg 3 ■ Schlösser: 13.–18. Jh., Goethe-Gedenkstätte
Eisenach 9 □ Nikolaikirche: Ende 12. Jh.
Georgskirche: 16.–19. Jh.
Stadtschloß (Thüringer Museum): 18. Jh.
Rathaus: 16./17. Jh.
Lutherhaus (Lutherplatz 8): 15., 16./17. Jh.
Bachhaus (Frauenplan 21): 17. Jh., Gedenkstätte und Musikinstrumentensammlung
Reuterhaus: 19. Jh., Gedenkstätte und Richard-Wagner-Sammlung
Burschenschaftsdenkmal: 1902
Wartburg: Palas um 1190–1220, um 1250 aufgestockt. Rekonstruktion bzw. Wiederaufbau der Burg 1838–1890
Eisenberg 3 □ Schloßkapelle: geweiht 1692 (Kanzelaltar)
Eisfeld 6 □ Stadtkirche: um 1500, Innenausstattung nach 1601
Elleben 6 ■ Dorfkirche: 1729, Schnitzaltar von 1498
Erfurt 9 ■ Dom: 12.–14. Jh., Umbauten des 19. Jh. bei der Restaurierung seit 1964 beseitigt, reiche Bauplastik und Ausstattung
St. Severi: 13.–15. Jh. Severisarkophag um 1365
Dominikanerkirche: um 1278–1370
Franziskanerkirche: 1316 – Anfang 15. Jh. (Langhaus 1944 zerstört)
Augustinerkirche: 14. Jh.
Ägidienkirche: 14. Jh.
Kaufmannskirche: 1291–1368
Karthause: 1371–1375, Westfassade 1728
Reglerkirche: 12. und 14. Jh., Regleraltar 1450–1460
Schottenkirche: 12. Jh., Chor nach 1472, Umbau 1711–1729
Ursulinerinnenkloster: 17. Jh., Kirche 13. Jh., Vesperbild 1320–1330
Ehem. Statthalterpalais: 1711–1720
Ehem. Packhof (Angermuseum): 1705–1711
Krämerbrücke: 14. Jh.
Bürgerhäuser: 16.–19. Jh.
iga – Internat. Gartenbauausstellung auf dem Gelände der ehem. Cyriaksburg
Gera 3 □ Rathaus: 1573–1576
Orangerie: 1729–1732 (Otto-Dix-Kabinett)
Gleichen, Drei 7 ■ Burgruine Gleichen: 1008 erstmals genannt
Burgruine Mühlburg: 704 erstmals genannt, Hauptbauzeit 13. Jh.
Wachsenburg: 932 erstmals genannt, zu Hotel und Museum ausgebaut
Gotha 8 ■ Margaretenkirche: um 1500, umgebaut 1652
Rathaus (Altes Langhaus): 1567–1577, 19. Jh.
Bürgerhäuser: 16.–19. Jh.
Schloß Friedenstein: 1643–1655
Schloß Friedrichsthal: 1711
Graba 5 ■ Stadtkirche: Chor 15. Jh., Langhaus 18. Jh. einheitl. Rokokoausstattung
Gräfentonna 9 ■ Pfarrkirche: spätgotischer Saalbau, barocker Umbau 1692
Greiz 4 □ Oberes Schloß: im Kern 13. Jh., Ausbau 18. Jh.
Unteres Schloß: 1802–1809 (Heimatmuseum)
Sommerpalais: 1779–1789 (Bücher- und

Kupferstichsammlung)
Landschaftspark: Ende 18. Jh.
Großkochberg 5 ■ »Hohes Haus«: 15. Jh., Goethe-Gedenkstätte, klassizistisches Theater und kleiner Landschaftspark
Heiligenstadt 10 □ Martinskirche: 1304–1487 (Martinstympanon)
Marienkirche: Westbau um 1300, Halle 2. Hälfte 14. Jh.
Ägidienkirche: 14. Jh.
Jesuitenkolleg: 1739/40 (Heimatmuseum)
Bürgerhäuser: Mainzer Haus (Am Berge 2) 1. Hälfte 15. Jh., Windische Gasse 28 von 1540, Karl-Marx-Str. 41 und 43 von 1740
Heldburg 6 □ Veste: erstmals genannt 1317, bedeutend »Französischer Bau« 1560–1564
Henneberg 7 □ Burgruine: 1037 erstmals genannt
Hildburghausen 7 □ Rathaus: Kern 1395, Umbau 1572
Stadtkirche: 1781–1785
Ilmenau 6 ■ Stadtkirche: Ende 15. Jh., nach Brand 1603 und 1752 verändert (Kanzelaltar von Krohne)
Jena 3 ■ Michaelskirche: Baubeginn um 1390, Wölbung vollendet 1506, Turm 1555/56
Rathaus: Ende 14. Jh., Turm 18. Jh.
Ernst-Abbe-Denkmal: 1909–1911
Lobdeburg: Ende 12. Jh.
Kahla 4 ■ Stadtkirche: 15. Jh.
Leuchtenburg: im wesentl. 12.–16. Jh., heute Heimatmuseum, Jugendherberge und Gaststätte
Kapellendorf 3 ■ Wasserburg: im wesentl. 14. Jh. (Burgmuseum)
Kirschkau 4 □ Dorfkirche: 1735 (mit Kanzelaltar)
Klosterlausnitz 3 □ Ehem. Augustiner-Chorfrauenstift: 11./12. Jh., Restaurierung 1855–1866
Könitz 5 ■ Burg: im Kern 12. Jh., Hauptbauzeit 1443–1562
Krossen 3 □ Schloß: 1585, Umbau 1. Hälfte 18. Jh.
Kühndorf 7 □ Johanniterburg: Ende 13. Jh., Umbau 14./15. Jh., Verfall ab 17. Jh.
Liebenstein 8 □ Burgruine: Hauptbauzeit 14. Jh.
Meiningen 7 □ Stadtkirche: 1443–1445, Umbau 1884–1889
Schloß Landsberg: 1836–1840, Neugotik
Schloß Elisabethenburg (Staatl. Museen): 17. Jh.
Goethe-Park: begonnen 1782, Kleinarchitekturen und Denkmale
Molsdorf 8 ■ Schloß: heutige Gestalt 1. Hälfte 18. Jh. (Schloßmuseum und Café)
Mühlburg 8 ■ siehe Gleichen
Mühlhausen 10 ■ Marienkirche: Nordturm 12. Jh., Südturm 13. Jh., Halle 14. Jh., bedeutende Plastik 2. Hälfte 14. Jh.
St. Blasius: 13./14. Jh.
Stadtbefestigung: 13./14. Jh., weitgehend erhalten
Rathaus: Mischbau 14.–19. Jh.
Bürgerhäuser: Fachwerkbauten 17./18. Jh.
Münchenlohra 11 □ Benediktinerinnenkloster: Kirche um 1200
Neustadt 4 ■ Stadtkirche: 15./16. Jh.
Rathaus: um 1500
Nordhausen 12 □ Dom: Krypta Ende 12. Jh., Bau ins 16. Jh., Vollendung der Gewölbe 19. Jh.
St. Blasius: Westbau 13. Jh., Halle 15. Jh.
Stadtbefestigung: 12, 14. und 15. Jh., teilweise erhalten
Rathaus: 1608–1610, nach 1952 wiederaufgebaut. Roland 1717
Bürgerhäuser: »Finkenburg« frühes 15. Jh., »Flohburg« um 1500
Oberndorf 6 ■ Dorfkirche: um 1200, Seitenschiffe zerstört
Orlamünde 4 ■ Kemenate: Breitwohnturm, 1. Hälfte 11. Jh.
Paulinzella 6 ■ Benediktinerkloster: Querschiff um 1120, Weihe 1124

Pößneck 5 ■ Rathaus: 1478–1486, Giebel 1490/91 und 1499, Freitreppe 1530/31
Ranis 5 ■ Burg: 13. Jh., Wohnbau 16. Jh.
Reinhardsbrunn 8 ■ Schloß: 1827–1835, neugotisch unter Verwendung barocker Teile
Rohr 7 □ Dorfkirche: im Kern romanische Pfalzkapelle (Krypta) 10. Jh., barocke Ausstattung 17./18. Jh.
Rudolstadt 5 ■ Heidecksburg: 18. Jh., gut erhaltene Rokokoausstattung
Saalfeld 5 ■ St. Johannis: 14./15. Jh., Chorwölbung 1514
Rathaus: 1526–1537
Apotheke: als Kemenate um 1180 errichtet, seit 1682 Apotheke, 1882 wiederhergestellt
Hoher Schwarm: Burgruine, Hauptbauzeit 14. Jh.
Schloß Kitzerstein: Hauptbauzeit 1. Hälfte 16. Jh.
Schloß: 17./18. Jh.
Schleiz 5 □ Bergkirche: 15. Jh., einheitl. Barockausstattung
Schmalkalden 8 □ St. Georg: Baubeginn 1437, vollendet um 1510
Hessenhof: Fachwerkbau 1551–1553, Umbau 1837
Schloß Wilhelmsburg: Baubeginn 1585
Sondershausen 11 □ Schloß: Nord- und Ostflügel 1553, Südflügel um 1700, Westflügel ab 1766, heute Museum und Bibliothek
Karussell: 1708/09, restauriert 1957–1960
Suhl 7 □ Ehem. Malzhaus (Waffenmuseum): um 1650
Suhl-Heinrichs 7 □ Rathaus: 1657
Fachwerkhäuser: vorrangig 16.–18. Jh.
Thalbürgel 3 ■ Benediktinerkloster: 12. Jh., Wiederherstellung nach 1863
Themar 7 □ Stadtkirche: Baubeginn 1488, mehrfache Veränderungen
Treffurt 9 □ St. Bonifatius: Ostseite um 1260, Langhaus 14. Jh., im 19. Jh. stark überarbeitet
Burgruine Normannstein: 12. und 14. Jh.
Fachwerkhäuser: z. T. 17. Jh.
Vessra 7 □ Prämonstratenserkloster: 12./13. Jh., seit 1939 Ruine
Wachsenburg 7 ■ siehe Gleichen
Walldorf 8 □ Kirchenburg: Anlage im 12. Jh., seit dem 15. Jh. Kirchenburg
Waltershausen 8 ■ Stadtkirche: 1719–1723, schöner einheitl. Barockbau
Schloß Tenneberg: hauptsächl. Mitte 16. Jh.
Weida 4 □ Osterburg: Kern 12. Jh., Umbauten und Erweiterungen im 15. und 17. Jh., heute Museum und Jugendherberge
Weimar 3 ■ Herderkirche: 1498–1500, barocker Ausbau 1735–1745
Schloß: »Bastille« 1545, Schloßbau 17. Jh., 1774 Brand, danach Wiederaufbau, klassizistische Innenraumgestaltung 1801–1803, Westflügel Mitte 19. Jh., Verbindungstrakt 1914, seit 1923 Museum
Landesbibliothek (ehem. Grünes Schloß): 1562–1569, Umbau 1761–1766, Anbauten im 19. Jh.
Wittumspalais: 1767
Ehem. Fürstenhaus (Musikhochschule): 1774, umgebaut 1889
Goethehaus am Frauenplan: 1709
Schillerhaus: 18. Jh.
Kirms-Krackow-Haus: hauptsächl. 18. Jh.
Bertuchhaus: 1802–1806
Lucas-Cranach-Haus: 1549
Goethes Gartenhaus: 17. Jh.
Römisches Haus: 1791–1797
Schloß Belvedere: 1. Hälfte 18. Jh.
Schloß Tiefurt: heutige Gestalt 1781–1806, Landschaftspark und Kleinarchitekturen
Schloß Ettersburg: 1. Hälfte 18. Jh., Gartenfassade 1842, Landschaftspark 1845
Nationaltheater: 1908
Hochschule für Architektur und Bauwesen: 1904/05, 1911
Mahn- und Gedenkstätte Buchenwald: Anlage seit 1958
Schillermuseum: 1988 eröffnet
Zeulenroda 4 □ Rathaus: 1825–1828

Erfordia turrita – turmreiches Erfurt

»Sollt einmal durch Erfurt fahren
das ich sonst so oft durchschritten,
Und ich schien nach vielen Jahren
wohlempfangen, wohlgelitten.
Wenn mich Alten alte Frauen
aus der Bude froh begrüßet,
glaubt ich Jugendzeit zu schauen,
die einander wir versüßet.«

So lautet die ein wenig wehmütige Reminiszenz Johann Wolfgang Goethes im »Westöstlichen Diwan« an die nun mehr als 1200 Jahre alte Stadt mitten in Thüringen, von der aus wir uns auf den Weg machen wollen, dieses bezaubernde Land etwas näher kennenzulernen. Natürlich werden wir von der Betulichkeit jener klassischen Tage nur noch wenig finden, aber den Zeugen einer langen und teilweise glanzvollen Geschichte begegnen wir auf Schritt und Tritt.

Das Bistum Erfurt wurde 749 von Bischof Bonifatius begründet, der im Jahre 719 vom Papst mit der Missionierung der Thüringer betraut worden war. Die Stadt entwickelte sich rasch, begünstigt durch ihre Rolle als Grenzhandelsplatz zu den slawischen Gebieten und ihre Lage an der Kreuzung zweier wichtiger Handelswege, der Nürnberger Geleitstraße, die vom Mittelmeer zur Ostsee führte, und der »via regia«, dem wichtigen Verbindungsweg in Richtung West-Ost.

Im 13. Jh. erreichte die Stadt einen ersten Höhepunkt ihrer wirtschaftlichen Entwicklung, wovon viele Märkte – nach Handelsobjekten geordnet (Kohlen- und Salzmarkt; Vieh-, Fisch- und Pferdemarkt; »Rutenmarkt« für Ölfrüchte und Sämereien) – zeugen.

In den sog. Krämen boten Händler Importwaren an. Bezahlt wurde mit Geld; schon seit etwa dem Jahre 1000 hatte Erfurt eine eigene Münze.

Hauptexportartikel aber war das Waid, eine zur Herstellung blauen Farbstoffes gebrauchte Pflanze: »Isatis tinctoria« aus der Familie der Kreuzblütler. Auf dem Gelände an der *Cyriaksburg*, dem weitläufigen Terrain der seit 1961 jährlich stattfindenden Internationalen Gartenbauausstellung »iga«, kann man die Rekonstruktion einer Waidmühle besichtigen. Der Waidhandel beeinflußte auch das äußere Gesicht der Stadt; in den Bürgerhäusern wurden Gewölbe und Lagerräume benötigt. Unter den hohen spitzen Dächern befanden sich die Waidböden.

Die mittelalterliche *Krämerbrücke* (1325), eine nördlich der Alpen einzigartige, beiderseits mit Fachwerkhäusern bebaute Brückenstraße, schon im 10. Jh. als »pons rerum venalium« erwähnt, spannt sich über den Flußlauf der Gera. Sie erinnert mit ihren mehr als 30 Häusern, für deren Restaurierung bedeutende Mittel ausgegeben wurden, noch an die Zeit des florierenden Straßenhandels. Heute sind hier eine kleine Galerie, Antiquitätengeschäfte und einige Souvenirläden untergebracht. Ehe aber die immer reicher werdenden Kaufmannsgeschlechter ihre prunkvollen Bürger-Domizile errichteten, hatte Erfurt schon seine Wahrzeichen gesetzt. »Erfordia turrita«, turmreiches Erfurt, ist die Stadt ihrer vielen Kirch-, Tor- und Wachttürme wegen einst genannt worden. Beeindruckend ist das monumentale gotische Ensemble des *Domes* und der *St.-Severi-Kirche* (Abb. 222). Im 2. Viertel des 14. Jh. begann man mit der Erweiterung des Domhügels durch riesige Kavaten und dem Bau des gotischen Chores. Zur gleichen Zeit entstand das Triangel an der nördlichen Querschiffsfront. Dieser dreieckige Portalvorbau bildet das Ziel des Treppenweges, der »Geraden«, von der Stadt hinauf zum Dom. In den *Portalen* befinden sich die Figuren der Apostel, der klugen und törichten Jungfrauen sowie Ecclesia und Synagoge. Die Apostelpaare weisen enge Beziehungen zur französischen Kathedralplastik auf. Die klugen und törichten Jungfrauen stehen in der Nachfolge der Magdeburger Domfiguren, überbieten diese jedoch an Ekstase und im Ausdruck des Schmerzes und der Verzweiflung.

Unter dem Chor liegt eine *Krypta*, das Langhaus wurde in seiner heutigen Form 1455–1465 als dreischiffige Halle errichtet. Die bedeutendsten plastischen Werke der Innenausstattung sind der »Wolfram«, eine romanische *Leuchterfigur*, die früher wahrscheinlich als Pultträger diente, der *Altaraufsatz* von 1160 mit der sog. Stuckmadonna und die *Grabplatte* Lamberts II., eines Grafen von Gleichen († 1227). Auch der sog. *Einhornaltar* (das Einhorn als Zeichen der Jungfräulichkeit Mariae), die *Gedenkplatte* für den Propst Henning Goden und die riesigen *Chorfenster*, die sowohl thematisch als auch in ihrer Gestaltung zu den bedeutendsten Werken der mittelalterlichen Glasmalerei zählen, müssen erwähnt werden. Diese farbigen Fenster umfassen nahezu das gesamte ikonographische Programm der mittelalterlichen christlichen Kunst.

Der *Domschatz* vereint hervorragende Werke: mittelalterliche und barocke Plastik, Reliquienbehälter, Textilien und Silberschmiedearbeiten.

Unmittelbar neben dem Dom ragen die spitzen Turmhelme von *St. Severi*, der ehem. Kirche der Augustiner-Chorherren, auf. Mit dem Bau der fünfschiffigen Halle wurde um 1280 begonnen, um 1400 die Einwölbung beendet, 1472 entstand das riesige, alle Schiffe übergreifende Walmdach.

Von der reichen Ausstattung sei vor allem der *Severi-Sarkophag* (um 1365) erwähnt. Die rührende Legende dieses Heiligen berichtet, daß sich Severus, ein Tuchmacher aus Ravenna, aus purer Neugier zur Bischofswahl begeben hätte. Eine Taube, die sich auf seinem Haupte niederließ, wies ihn als Auserwählten des Herrn aus. Die Tumba zeigt auf der einen Langseite diese Geschichte, auf der zweiten die Anbetung der Könige. Die körperhaft-kräftig erzählende Art der Darstellung weist auf den stilistischen Zusammenhang mit Straßburg hin. Die Deckplatte, Severus mit Frau und Tochter darstellend, befindet sich an der Ostwand des Langhauses (Abb. 223).

In Erfurt gab es um 1300 neben mehr als 20 Pfarrkirchen auch zahlreiche Klosterkirchen. Ihre Gründungen erfolgten in einem wirtschaftlich aufblühenden und politisch weitgehend gesicherten Stadtgefüge, das neben der Mainzer Oberhoheit noch sächsischen Schutz genoß. Wiederholt stattfindende Reichstage lassen auch das kaiserliche Wohlwollen sowie die Bedeutung der Stadt schon im frühen 13. Jh. erkennen. Aus der großen Zahl bemerkenswerter Erfurter Kirchenbauten, deren Baubeginn ins 13. Jh. zurückreicht, verdienen die der Bettelorden hervorgehoben zu werden. So lassen sich schon bald nach der Gründung ihres Ordens 1216 die Dominikaner auch in Erfurt nieder (1229) und beginnen nach 1278 den Bau der *Dominikaner-* oder *Predigerkirche.* Es ist eine langgestreckte dreischiffige Pfeilerbasilika, deren hohe Seitenschiffe und der dadurch nur geringfügig gegebene Unterschied zum Mittelschiff der Raumwirkung der späteren Hallenkirche schon vorgreifen. Überdies schaffen schlank aufstrebende Achteckpfeiler und die im äußeren Gewölbe sitzenden Lichtgaden die der Gotik eigentümliche Höhensteigerung des Innenraumes. An bedeutenden Ausstattungsstücken verfügt die ehem. Klosterkirche, die zwischen 1370 und 1380 vollendet worden ist, neben einem spätgotischen *Lettner* von 1410 über einen geschnitzten doppelflügeligen *Hochaltar,* der von Linhart Koenbergk 1492 fertiggestellt wurde. Dabei ist noch nicht ermittelt, ob der Name dem Schnitzer gehörte oder dem Maler, der die Flügel des Altars mit farbenprächtigen Szenen aus der Leidensgeschichte Christi versehen hat. Ein bemerkenswertes vielfiguriges Kreuzigungsgemälde, der sog. *Kalvarienberg,* ist zwischen 1350 und 1360 in die Westwand der Chorschranken eingefügt worden (Abb. 226). Es ist – wie die zur gleichen Zeit entstandene Plastik der *Maria mit Kind* – ein Gemälde von erstaunlicher Natürlichkeit (unter dem Kreuz der Stifter aus der Erfurter Patrizierfamilie Lange), dessen derbe Volksfiguren italienische Einflüsse vermuten lassen. Die genannten Werke der Innenausstattung der Erfurter Predigerkirche verraten schon den Einfluß des reichen Bürgertums der Stadt (Diesseitigkeit der Figuren, Mitglieder des Erfurter Patriziats werden Vorbilder für die Figurendarstellung, Erfurter Werkstätten beteiligen sich an den Arbeiten), was andererseits die allgemeine Wirkung des Dominikanerordens auf das Stadtbürgertum belegt.

Tatsächlich hat die Mystik, wie sie von bedeutenden Dominikanern, von Thomas von Aquino bis Heinrich Seuse und Johannes Tauler, vertreten wurde, eine erstaunliche Resonanz gefunden, bis sie sich schließlich mit den erbärmlichen praktischen Maßnahmen der kirchlichen Inquisition selbst überlebte.

Einem anderen Bettelorden, den Franziskanern, verdankt die *Franziskaner-* oder *Barfüßerkirche* ihre Grundsteinlegung. Die dreischiffige Basilika ist wie die Dominikanerkirche ein Werk der Gotik und vornehmlich im 14. Jh. erbaut. Das Langhaus ist 1944 zerstört worden, so daß die frühere Monumentalität des langgestreckten und mit gleichmäßig hochstrebenden Spitzbogenfenstern versehenen Baues nur noch erahnt werden kann. Wichtig für die Entwicklung der Bauornamentik sind die sechs figürlichen Schlußsteine im südlichen Seitenschiff, von denen einer das Färberhandwerk versinnbildlicht: Vier Männer rühren in einem Kübel. Als Geschenk der Erfurter Färberzunft darf auch ein *Kreuzigungstriptychon* von etwa 1460 angesehen werden. Hervorzuheben sind außerdem die östlichen Fenster des Chores mit Szenen aus der Lebens- und Leidensgeschichte Christi sowie aus der Buß- und Wanderpredigerzeit des heiliggesprochenen Franz von Assisi.

Mit der kurzen Beschreibung dieser Kirchen ist das Ensemble der Erfurter Klosterkirchen längst nicht erschöpft. *Augustiner-* und *Reglerkirche* wären noch zu nennen, ebenso die *Schottenkirche* (Abb. 224), das *Benediktinerkloster* auf dem Petersberg oder das *Ursulinerinnenkloster*, das übrigens als kostbaren Schatz eines der ergreifendsten *Vesperbilder* des 14. Jh. hütet.

So wie romanische und gotische Architektur von den Klöstern aus auf die allgemeine Bauentwicklung wirkten und selbst das städtebauliche Bild der Stadt stark prägten, haben die Orden, die bedeutenden Erfurter Kirchen den Namen gaben, wie eben die Franziskaner (Barfüßer), die Dominikaner (Prediger), Augustiner-Eremiten und die »servi sanctae Mariae« (Marienknechte), auch das geistig-kulturelle Leben der Stadt beeinflußt. Erinnert sei hier nur an Meister Eckart, der um 1300 Prior des Dominikanerklosters war und schon 1294 seine erste deutsche Predigt gehalten hatte. Studien persischer und arabischer Philosophen und die »Reden der Unterweisung«, die seinen Schülern die Kunst des Disputierens vermitteln sollten, brachten ihm 1327 die Anklage der Ketzerei ein. Eine anonyme »Deutsche Theologie«, von seinen Schülern verfaßt, hat später Martin Luther herausgegeben.

Der Name des großen deutschen Reformators, der von 1501–1505 in Erfurt studierte, ist auch mit dem Schwarzen Kloster der Augustiner-Eremiten verknüpft. Nach dem sog. Stotternheimer Gelübde (»Heilige Anna, ich will ein Mönch werden«) trat Martin Luther 1505 in dieses Kloster ein.

Schon im 13. und 14. Jh. gab es in der Stadt Ordensschulen von hohem Rang, und es mehrten sich die Stimmen, die lautkräftig eine Hochschule forderten. Im Jahre 1392 konnte die Universität feierlich eröffnet werden. Sie war, nach Köln, die zweite städtische Universitätsgründung im Reiche und verhalf Erfurt am Ende des 15. Jh. zu einem Zentrum des deutschen Humanismus. »König« der Humanisten war Eobanus Hessus, Meister der Rhetorik und Poesie, der eine »Elegie der Trunksucht« verfaßte, enge Beziehungen zu den Großen seiner Zeit, zu Erasmus und Reuchlin, unterhielt und Martin Luther auf dessen Gang nach Worms in Erfurt begeistert empfing. In Erfurt entstanden, auch unter Mitwirkung Ulrich von Huttens, die berühmten »Dunkelmännerbriefe«, die sich gegen mittelalterliche Scholastik und dogmatische Intoleranz wendeten.

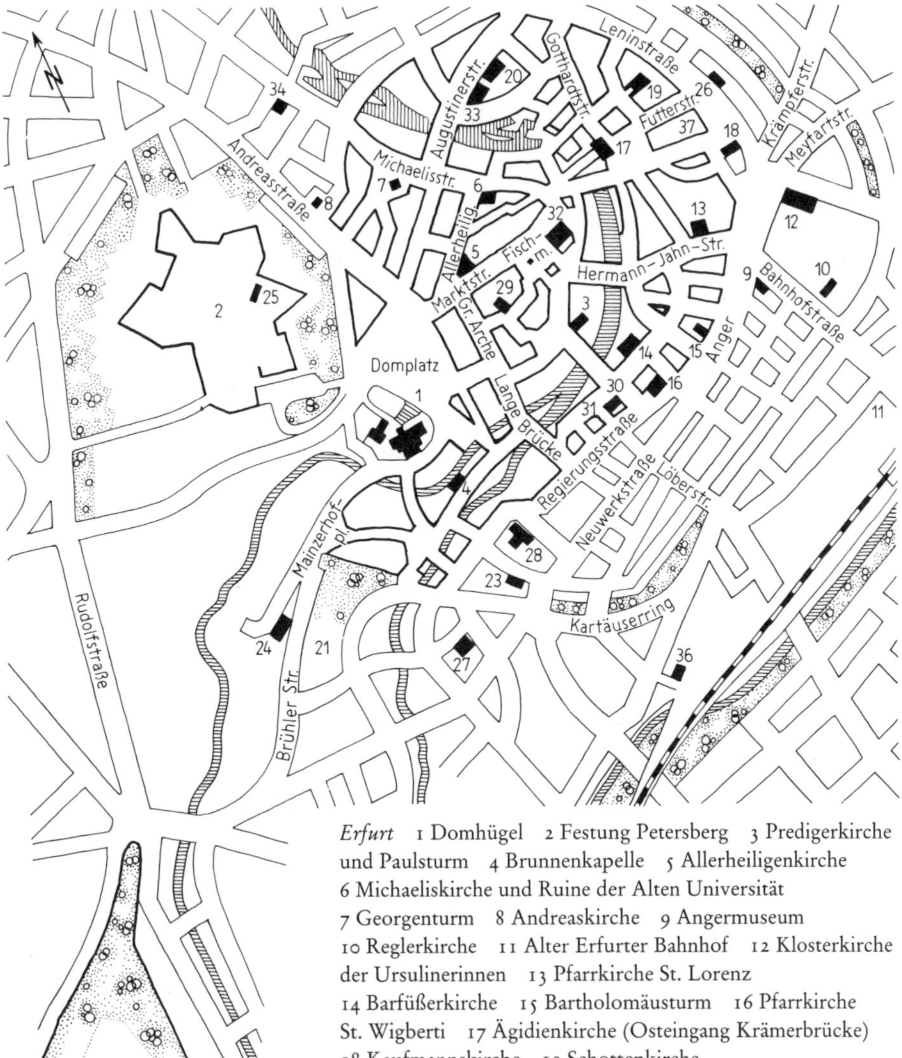

Erfurt 1 Domhügel 2 Festung Petersberg 3 Predigerkirche und Paulsturm 4 Brunnenkapelle 5 Allerheiligenkirche 6 Michaeliskirche und Ruine der Alten Universität 7 Georgenturm 8 Andreaskirche 9 Angermuseum 10 Reglerkirche 11 Alter Erfurter Bahnhof 12 Klosterkirche der Ursulinerinnen 13 Pfarrkirche St. Lorenz 14 Barfüßerkirche 15 Bartholomäusturm 16 Pfarrkirche St. Wigberti 17 Ägidienkirche (Osteingang Krämerbrücke) 18 Kaufmannskirche 19 Schottenkirche 20 Augustinerkirche 21 Brühl 22 Cyriaksburg und Internationale Gartenbauausstellung 23 Neuwerkskirche 24 Pfarrkapelle St. Martini 25 Ehem. Peterskirche 26 Haus zum Stockfisch 27 Oper 28 Schauspielhaus 29 Magdalenenkirche 30 Barfüßerstraße 31 Statthalterei 32 Rathaus 33 Nikolaiturm 34 Kornhaus

Die geistige Bewegung des Humanismus und die Reformation mündeten schließlich in den Großen Deutschen Bauernkrieg ein, der auch in Erfurt im April 1525 die aufständischen Bauern im Verein mit den städtischen Plebejern für kurze Zeit an die Macht brachte. Die folgenden 100 Jahre, die Erfurt im Kräftespiel unterschiedlicher feudaler Interessen und Parteien erlebte, unter denen sich die kurmainzische Oberhoheit behauptete, schenkten der Stadt reizvolle *Bürgerbauten.* Links der Gera, am Fuße des Domes, gruppieren sich um den Fischmarkt mit dem *Roland,* einem Werk des Niederländers von der Milla (1591), das Haus *Zum Breiten Herd* (Nr. 13), ein gut restaurierter Renaissancebau von 1584 und das Haus *Zum Roten Ochsen* (Nr. 7) von 1562.

Im Haus *Zur Hohen Lilie* (Domplatz 31), einem beliebten Weinrestaurant, residierte während des Dreißigjährigen Krieges König Gustav Adolf von Schweden. Das Gebäude entstand 1538. In der Allerheiligenstraße findet sich das spätgotische Haus *Zum Roten Stern* mit schönem Erker (Nr. 11), in der Michaelisstraße das *Zum Güldenen Krönbacken* (Nr. 16), ein Renaissancebau von 1561.

Rechts der Gera bildete im südlichen Teil der Anger das Zentrum, er diente urspr. als Waidmarkt. Am Haus *Zum Güldenen Hecht,* dem Sitz der Familie Dachenröder, zweigen Neuwerk- und Regierungsstraße ab. Im Norden dieses Stadtteiles liegt der Wenigenmarkt mit der Krämerbrücke. In der heutigen Leninstraße sind zwei weitere Renaissancehäuser zu besichtigen: Das Haus *Zum Stockfisch* (Nr. 169) von 1607 und daneben das Haus *Zum Mohrenkopf* von 1610.

Aber auch der Mainzer Hof errichtete nach dem Dreißigjährigen Krieg, der die Stadt wirtschaftlich und politisch geschwächt hatte und sie wieder der absoluten kurfürstlichen Unterwerfung aussetzte, neue Zeichen seiner Macht. Maximilian von Welsch entwarf so prunkvolle Barockbauten wie die *Statthalterei* (Platz der DSF, Abb. 225) und den *Kurmainzischen Packhof,* in dem heute das *Angermuseum* untergebracht ist. Es besitzt deutsche Tafelbilder und Skulpturen des 14. und 15. Jh. sowie reiche kunsthandwerkliche Bestände aus dem 16.–18. Jh. (Thüringer Fayencen und Porzellane, europäisches Glas).

Erst zu Beginn des 18. Jh. konnte Erfurt die durch die Auswirkungen des Dreißigjährigen Krieges und den Niedergang des Waidhandels bedingte wirtschaftliche Stagnation überwinden. Es war vor allem Christian Reichart, dem die Stadt neue Formen der landwirtschaftlichen Nutzung und den erwerbsmäßigen Ausbau des Gartenbaus verdankte. Die erste Samenexportfirma des Jakob Platz entstand 1756. Auch andere Industrien kamen zur Entfaltung. Ab 1717 arbeitete eine Fayencefabrik, und es entwickelte sich eine Textil- und Schuhindustrie. So trugen Soldaten der amerikanischen Armee während des Unabhängigkeitskrieges Schuhe aus Erfurter Manufakturen.

Mitte des Jahrhunderts folgte der wirtschaftlichen Wiedererstarkung auch eine geistige »Renaissance«, 1754 wird die »Akademie der nützlichen Wissenschaften« gegründet. Christoph Martin Wieland wohnte an der Krämerbrücke; Wilhelm von Humboldt, Herder, Schiller und Goethe weilten in der Stadt. Berühmt wurden die »Dienstagabendgesellschaften« des Statthalters Karl Theodor von Dalberg und die Treffen im Dachenröderschen Hause »Zum Großen Schiff und Güldenen Hecht«, die ganz im Zeichen der neuen geistigen Bewegung, der Aufklärung, standen.

Diese Glanzzeit der Stadt endete mit der Besetzung durch preußische Truppen im Jahre 1802. Auch nach der Besetzung durch die Franzosen 1806 kam es noch zu manchem wichtigen Ereignis. Während des Erfurter Fürstentages im Jahre 1808 spielte eine Pariser Schauspieltruppe vor einem »Parterre von Königen«, und am Rande der Ereignisse fand die denkwürdige Begegnung zwischen Goethe und Napoleon statt, die der Kaiser mit den Worten »Voilà un homme!« (»Das ist ein Mann!«) eröffnet haben soll.

Im 19. Jh. ging Erfurt den Weg fast aller größeren deutschen Städte. Der Anschluß an das Eisenbahnnetz erleichterte die Industrialisierung. Das politische Geschehen jedoch verlagerte sich – bedingt durch die Vormachtstellung Preußens – nach Norden, dennoch geschah in Thüringen für die weitere Entwicklung in Deutschland Bedeutungsvolles. 1891 wurde in den *Kongreßsälen* in der Futterstraße das »Erfurter Programm« der Sozialdemokratie beschlossen, ein wichtiges Ereignis für die gesamte deutsche Arbeiterbewegung.

Der zweite Weltkrieg hat auch in den wertvollen Baubestand Erfurts Lücken gerissen. Eine umfängliche Aufbau- und Restaurierungsarbeit in den letzten 40 Jahren hat aber dazu beigetragen, daß die kostbaren alten Gebäude der Stadt in Gestalt und Farbe vielfach ihre urspr. Form zurückerhalten haben und zusammen mit den Bauleistungen unserer Zeit die reizvolle Vielgestaltigkeit des Erfurter Stadtbildes wiedergewinnen ließen.

Auf dem Wege zur Wartburg

Drei Gleichen · Arnstadt · Molsdorf · Gotha · Eisenach

Auf dem Wege nach Eisenach, das nur eine knappe Stunde Autobahnfahrt von Erfurt entfernt liegt, genießen wir das Panorama der *Drei Gleichen,* der legendenumwobenen Thüringer Burgen des Mittelalters, die beiderseits der Autobahn von Rastplätzen aus bequem zu erreichen sind. Die Burg *Gleichen,* von der die älteste Nachricht aus dem Jahre 1008 stammt, ist die am besten erhaltene Ruine, während die *Mühlburg* (Mitte 13. Jh.) stark verfallen und die am weitesten östlich liegende *Wachsenburg* zum Touristenhotel ausgebaut ist.

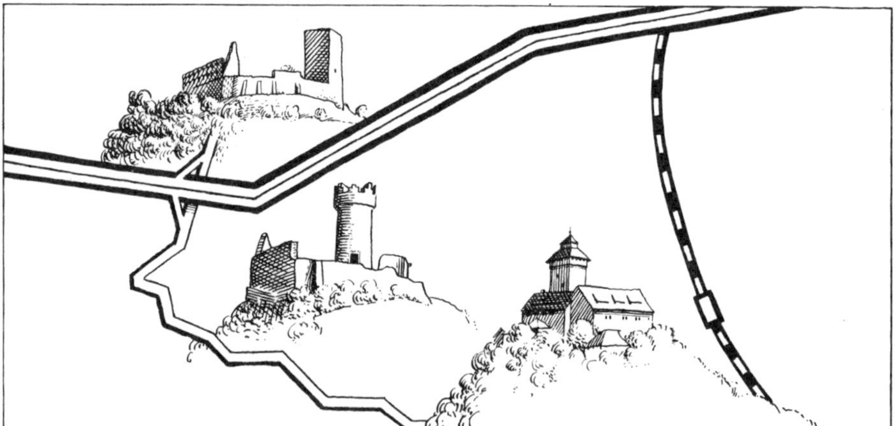

Drei Gleichen Nördlich der Autobahnabfahrt Wandersleben steht die Burg Gleichen; südlich der Autobahn, zwischen der Landstraße und der Bahnlinie nach Arnstadt, erheben sich in Sichtweite die Ruine der Mühlburg und die Wachsenburg.

Arnstadt Im Schloßmuseum wird die berühmte Puppenstadt »Mon Plaisir« der Fürstin Augusta Dorothea von Schwarzburg-Arnstadt aufbewahrt, die das Leben der kleinen Residenzstadt des frühen 18. Jh. in allen Einzelheiten widerspiegelt.

Wer sich hier einquartiert, sollte nicht versäumen, das nahe gelegene *Arnstadt* zum Ziel einer Tageswanderung zu machen. In der sorgfältig restaurierten *Liebfrauenkirche* begegnet uns eines der bedeutendsten spätromanischen Baudenkmäler Thüringens, das als herausragendes Bauwerk der Stadt gilt, die als erster Ort Thüringens überhaupt urkundliche Erwähnung fand, und zwar in einer in Würzburg ausgestellten Schenkungsurkunde von 704. Die dreischiffige Basilika ist zwischen 1215 und 1235 begonnen worden. In einem zweiten Bauabschnitt unter Einflüssen von Walkenrieder Baumeistern in der 2. Hälfte des 13. Jh. entstanden die Kreuzrippengewölbe des Langhauses. An den Portalen, den spätromanischen Türmen, dem Vierungsturm, dem gestaffelten Chor und dem Querhaus sowie in Details der Ausstattung läßt sich ein ganzes Kapitel mittelalterlicher Bau- und Kunstgeschichte ablesen.

Der nördliche Nebenchor beherbergt die Grabstätte des Grafen Günther XXV. von Schwarzburg, eines der Stadtherren von Arnstadt im 14. Jh., und seiner Gemahlin Elisabeth. Die Platte der *Doppeltumba* mit den sie tragenden Figuren, Gefolgsleuten des Verstorbenen in böhmischen Trachten, sind Arbeiten der Prager Parler-Werkstatt oder aus deren Umkreis. Diese Werkstatt hat zur Zeit Karls IV. bedeutende Prager Bauwerke wie die Karlsbrücke mit dem Altstädter Brückenturm geschaffen. Der gleichen Werkstatt wird auch der *Grabstein* des 1376 gestorbenen Theoderich von Witzleben zugeschrieben. Zu den Kostbarkeiten der Kirche gehören außerdem ein spätgotischer *Schnitzaltar* von 1498 sowie die *Schöne Madonna*, eine fast lebensgroße Holzplastik von etwa 1415, die in der Sakristei Aufstellung gefunden hat.

Einen Besuch verdient auch die *Bachkirche,* an der noch heute das Werk von Johann Sebastian Bach besonders gepflegt wird, der hier von 1703–1707 als Organist wirkte.

An fürstlichen Bauten verzeichnet Arnstadt das *Neue Palais,* ein vom Fürstenhaus Schwarzburg-Sondershausen in der 1. Hälfte des 18. Jh. erbautes Schloß, das eine in einem Porzellankabinett aufgestellte *Sammlung chinesischen Porzellans* aus dem 17. und 18. Jh. enthält. Ebenso beeindruckend ist die sog. *Puppenstadt* Mon Plaisir. Sie besteht aus mehr als 80 Puppenzimmern, die von über 400 Puppen bevölkert werden. Hier hat die Sammelleidenschaft einer verschwenderisch veranlagten Fürstengemahlin, der Augusta Dorothea von Schwarzburg-Arnstadt, eine bis ins Detail gehende Darstellung über die Gewohnheiten der Menschen ihrer Zeit hinterlassen.

Ein fürstliches Kleinod ganz anderer Art begegnet uns am Rande der Autobahn in dem kleinen Ort *Molsdorf.* Es ist das von dem bekannten Thüringer Baumeister Gottfried Heinrich Krohne seit etwa 1744 im Rokokostil umgebaute ehem. Wasserschloß aus dem 16. Jh., das dem Gothaer Fürstenhaus zu abwechslungsreichen Geselligkeiten gedient hat. Nach umfangreichen Rekonstruktions- und Restaurierungsarbeiten in den letzten zwei Jahrzehnten wird es nun teils als Museum, teils als Gaststätte genutzt.

Etwa 15 Kilometer westlich von Molsdorf liegt *Gotha,* eine erstmals 775 erwähnte, heute ca. 60 000 Einwohner zählende Kleinstadt mit vielerlei Sehenswürdigkeiten. Der langgestreckte Marktplatz mit dem *Rathaus,* das urspr. ein Kaufhaus war und sogar als Fürstenresidenz diente, liegt im Zentrum der Altstadt, deren Straßenzüge ein regelmäßiges Gitterwerk bilden. Der Markt wird im Süden durch eine breite Freitreppe begrenzt, die hinauf zum *Schloß Friedenstein* führt. Dieser weiträumige Frühbarockbau – der erste Schloßbau in Deutschland nach dem Dreißigjährigen Krieg – wurde im Jahre 1655 vollendet. Die Dreiflügelanlage mit mächtigen Ecktürmen und einem niedrigen Verbindungsbau umschließt einen weiten Hof, der von einem Arkadengang umzogen wird (Abb. 227). Die Innenausstattung aus der Gründungszeit der Residenz ist nicht erhalten, wohl aber interessante Innenarchitekturen vom Ende des 17. Jh. Im Westturm befindet sich eines der ältesten *Barocktheater,* dessen Bühnentechnik fast vollständig erhalten blieb. Das Gothaer Hoftheater, nach dem Schauspieler Konrad Ekhof benannt, war die erste ständige Einrichtung dieser Art an einem deutschen Fürstenhof (Abb. 229).

Die Ausstattung der einschiffigen *Schloßkirche,* deren schönes Renaissanceportal noch vom Vorgängerbau des Schlosses – der Burg Grimmenstein, die 1567 durch sächsische Truppen geschleift wurde – stammt, und die des barocken *Festsaales* entstanden ebenfalls gegen Ende des 17. Jh. Daneben sind noch zahlreiche Zimmer mit Innendekor aus der Zeit des Barock, des Rokoko und des Klassizismus erhalten. Heute befinden sich im Schloß ein *Museum* und die *Forschungsbibliothek.* Mit Werken des Mittelalters und der Renaissance (»Gothaer Liebespaar«, Arbeiten von Cranach d. Ä. und des Hausbuchmeisters) sowie niederländischer Malerei (Rubens, Hals, van Goyen, van Dyck) gehört die Gothaer

Sammlung zu den besten Thüringens. Das Kupferstichkabinett besitzt etwa 30000 Blätter, das Münzkabinett ca. 100000 Exponate. Daneben sind noch eine beachtliche Sammlung antiker Vasen, Kunsthandwerk und eine chinesische Sammlung vorhanden. Die Bibliothek verfügt über mehr als 500000 Bände, darunter etwa 8000 europäische und orientalische Handschriften, weitgehend Zeugnisse der Sammelleidenschaft der Gothaer Residenten.

Die »villa Gothaha« wird als alte Siedlung schon im Zehntverzeichnis Karls des Großen erwähnt, gewann aber erst im 17. Jh. unter Ernst dem Frommen Bedeutung. Von seinem Machtantritt an – er zog am 24. 10. 1640 ins Rathaus ein – blieb Gotha bis 1825 Residenz.

Im 17. Jh. erlebte die Stadt vier große Brände, so daß aus der Zeit vor dem Dreißigjährigen Krieg wenig erhalten ist. Die ältesten *Bürgerhäuser* befinden sich zwischen Brühl und Judengasse. Das *Alte Waidhaus,* ein Renaissancebau von 1576 (Gretengasse) weist darauf hin, daß im 15. und 16. Jh. der Waidanbau auch für Gotha eine Rolle gespielt hat. Das Haus *Zum König Sal(omon)* am Brühl und das ehem. *Ständehaus* am oberen Hauptmarkt stammen aus dem späten 16. Jh. Ebenfalls am Markt liegt das *Cranachhaus,* das in seiner jetzigen Form im 18. Jh. entstand. Das Portal und ein eingelassenes Wappen mit dem Cranachschen Familienzeichen – der geflügelten Schlange – deuten jedoch auf eine frühere Entstehung hin. Die Hauptkirche der Stadt, *St. Margarethen,* eine dreischiffige Hallenanlage, wurde 1494 begonnen und im 17. Jh. barock verändert.

Die wichtigsten Bauwerke des 18. Jh. sind die *Orangerie,* die durch ihre Achsenlage zu Schloß Friedenstein in die Gesamtanlage des Schlosses gehört, und das *Schloß Friedrichsthal,* das am Fuße des Berges nach französischem Vorbild errichtet wurde. Der *Schloßpark* entstand 1806–1811 unter Leitung des Hofgärtners Wehmeyer. Der Gothaer Hof unterhielt im 18. Jh. enge Beziehungen zu französischen Aufklärern, u. a. zu Diderot, 1753 war Voltaire Gast. Der Gothaer Verleger Ettinger druckte einige seiner Werke.

Im 19. Jh. entwickelte sich Gotha zu einer bedeutenden Stätte des bürgerlichen Liberalismus. Im Verlag Justus Perthes entstanden so bedeutende Werke wie »Der deutsche Buchhandel als Bedingung des Daseins einer deutschen Literatur« und »Stielers Handatlas«, der weite Verbreitung fand. Im Jahre 1849 tagte hier das Gothaer Nachparlament, jener klägliche Rest der Frankfurter Nationalversammlung, in die das fortschrittliche Deutschland so viele Hoffnungen gesetzt hatte.

Im Mai 1875 blickte vor allem die Arbeiterschaft nach Gotha; in den Sälen des *Tivoli* – heute Gedenkstätte der Deutschen Arbeiterbewegung – fand der Vereinigungsparteitag der Eisenacher (unter Bebel) und der Lassalleaner statt (Abb. 228).

Vom Gothaer Land sind vielerlei Impulse ausgegangen, die auf die deutsche Bildungsgeschichte gewirkt haben. In *Schnepfenthal* bei Waltershausen, nur wenige Kilometer von Gotha entfernt, wirkte der bekannte Pädagoge Christian Gotthelf Salzmann. Die von ihm 1785 gegründete *Erziehungsanstalt,* in der die vertrauensvolle Zusammenarbeit zwischen Lehrern und Schülern, die Erziehung zur körperlichen Tüchtigkeit und zur Naturliebe zum Bildungsideal erhoben worden waren, wirkte weit über die Grenzen Thüringens hinaus und beeinflußte die fortschrittliche Pädagogik vieler Jahrzehnte. An Salzmanns

Seite stand J. Ch. GutsMuths, der Vater der volkstümlichen Sportbewegung, der Turnen und Gymnastik unterrichtete und vielerlei sportliche Spiele einführte. Der alte Turnplatz, rekonstruierte Modelle historischer Turngeräte sowie eine reiche Bibliothek vermitteln ein lebendiges Bild von den pädagogischen Bemühungen der Aufklärungszeit.

Nach diesem kleinen Abstecher erreichen wir von Gotha aus nach etwa halbstündiger Autobahnfahrt die Wartburgstadt *Eisenach*, die jährlich etwa 300 000 Touristen aus aller Welt anzieht. Schon längst ist die Stadt über das Tal hinausgewachsen; malerisch schmiegen sich die Häuser an die bewaldeten Hänge, und immer wieder verlockt die Burg zum Aufstieg, um von dort weit hinaus ins Thüringer Land zu schauen.

Die sagenumwobene Gründung der Wartburg durch den legendären Ludwig den Springer datiert laut erster urkundlicher Nennung in das Jahr 1067. Seitdem galt sie als Stammburg der Ludowinger und erlebte schon im Mittelalter bedeutende Ereignisse der Kulturgeschichte, wie den vermutlich 1206/07 stattgefundenen Sängerkrieg, zu dem sich die bedeutenden höfischen Dichter jener Zeit – Wolfram von Eschenbach, Walther von der Vogelweide und Heinrich von Veldeke – versammelten. Seitdem ist die Wartburg mit bedeutenden Ereignissen der deutschen Geschichte verbunden. 1521–1522 legte Martin Luther hier mit seiner ersten deutschen Bibelübersetzung ein einigendes Band um die deutschen Lande, 300 Jahre später erging vom ersten Wartburgfest der Burschenschaften 1817 der Ruf nach Einheit und demokratischer Freiheit an die deutschen Landsleute, und die Verbrennung eines Korporalstabes und eines preußischen Zopfes sollte symbolisch die Zeit des Feudalismus vernichten.

Die *Wartburg* (Abb. 221) hat neben ihrer nationalgeschichtlichen Bedeutung auch hohen kunsthistorischen Wert, auch wenn sichere Belege über ihre älteste Gestalt nicht vorhanden sind. Ihr wertvollster architektonischer Teil ist der *Palas*, der zwischen 1190 und 1220 errichtet wurde. Dieses dreigeschossige, rechteckige Landgrafenhaus (das dritte Stockwerk wurde um 1250 hinzugefügt) gehört zu den besterhaltenen Palasbauten aus staufischer Zeit. Zum Hofe hin öffnet sich der Palas in gruppenweise angeordneten Rundbogenfenstern. Die mehr als 200 Kapitelle an den Bogengalerien sind von großer Schönheit, sie werden dem Besten der spätromanischen Bauplastik zugerechnet. Phantastische Gebilde, Tiere und ornamentales Beiwerk verbinden sich zu großem figürlichen Reichtum.

Die Repräsentationsabsicht der ludowingischen Landgrafen läßt sich auch daran erkennen, daß der Palas hauptsächlich Festsäle aufnahm. Im Erdgeschoß sind es der *Rittersaal* und die *Elisabethkemenate*, die mit bekannten historischen Begebenheiten in Zusammenhang stehen. Hier hat die heiliggesprochene Landgräfin Elisabeth in der Zeit von 1211–1227 gelebt. Wegen ihrer Abneigung gegen das ausschweifende Leben der Hofgesellschaft und der Unterstützung der Armen war sie im Volk sehr beliebt. Im zweiten Geschoß befinden sich die *Lutherstube* (Abb. 220), das *Landgrafenzimmer*, der *Sängersaal* und die *Galerie*. Die Räume schmücken *Fresken* Moritz von Schwinds, die er zur Geschichte des ludowingischen Adelsgeschlechts, zum Minnesängerwettstreit und zur

Lebensgeschichte Elisabeths gestaltet hat. Im oberen Geschoß findet sich ein weiterer im 19. Jh. ausgestalteter Festsaal.

Ihre wesentliche Erneuerung erfuhr die Burg in den Jahren 1838–1890 unter den Baumeistern F. W. Sältzer und H. von Ritgen; die neue Kemenate, die Torhalle zwischen Vor- und Hauptburg und der Bergfried kamen hinzu. Eine Restaurierung der Gesamtanlage, 1952 begonnen, wurde 1967 abgeschlossen.

Am Fuße des Burgberges liegt die um 1180 von den Thüringer Landgrafen gegründete Stadt, deren Zentrum der sog. Sonnabendsmarkt (heute Platz der Deutsch-Sowjetischen Freundschaft) vor der *Nikolaikirche* war. Diese gegen Ende des 12. Jh. errichtete dreischiffige Basilika mit flacher Decke und eindrucksvoll schlichtem romanischen Innenraum bildet mit dem erhaltenen *Nikolaitor* und dem sechseckigen Turm eine geschlossene Baugruppe. Mehrere Gassen führen von hier in westlicher Richtung zum alten »Mittwochsmarkt«, dem heutigen Hauptmarkt der Stadt. Der Platz wird beherrscht von dem wuchtigen Bau der *Georgenkirche,* in der sich die Deckplatte vom Grab Ludwigs des Springers befindet. Die im Kern spätgotische Anlage wurde mehrfach umgebaut. Gegenüber der Kirche liegt an der nördlichen Marktseite das *Stadtschloß,* das 1742 durch den Ausbau mehrerer Bürgerhäuser entstand. Heute beherbergt es das *Thüringer Museum* mit einer beachtlichen Sammlung Thüringer Gläser und Porzellane. Zum Museum gehört auch die frühgotische, 1902 umgebaute *Predigerkirche.* Hier hat eine umfangreiche Sammlung mittelalterlicher Skulpturen ihren Platz gefunden. Im Süden wird der Markt vom *Rathaus* begrenzt, einem von Renaissanceformen bestimmten Gebäude.

Seit 1488 besuchte der junger Luther die Lateinschule St. Georg, vermutlich wohnte er im »Gasthof zur Sonne« in der Georgenstraße. Erst mehr als 30 Jahre später rückte das Wirken des Reformators auf der Wartburg die Stadt Eisenach in den Blickpunkt der Geschichte. An seinen Aufenthalt erinnert ein schöner Fachwerkbau, das *Lutherhaus* (Lutherplatz 8) mit dem »Lutherstübchen« und einer Sammlung von Bibeldrucken und geistlichen Büchern (Abb. 219).

Auch mit einem denkwürdigen Datum der deutschen Musikgeschichte, dem 21. 3. 1685, ist Eisenach verknüpft; an diesem Tage wurde Johann Sebastian Bach geboren. Das *Bachhaus* am Frauenplan beherbergt eine Sammlung historischer Musikinstrumente mit rund 300 Ausstellungsstücken aus der Schaffenszeit des großen Barockmusikers. Außerhalb der Altstadt, am Wege zur Wartburg, liegt das *Reuterhaus* (Reuterweg 2); eine Ausstellung in den Wohnräumen mit historischer Ausstattung dokumentiert Leben und Werk des 1874 in Eisenach verstorbenen niederdeutschen Dichters. Eine von der Stadt angekaufte Richard-Wagner-Sammlung befindet sich hier seit 1895. Sie enthält unter anderem die Tannhäuser-Partitur mit handschriftlichen Korrekturen des Komponisten.

Wie Erfurt und Gotha hat auch Eisenach seinen Platz in der Geschichte der deutschen Arbeiterbewegung. Im Gasthaus *Zum Goldenen Löwen* fand 1869 der Gründungskongreß der Sozialdemokratischen Arbeiterpartei statt.

Einst Sitz des »Ewigen Rates« ...

Bad Langensalza · Mühlhausen

Von Eisenach erreichen wir über die Fernstraßen F 84 und F 247 die Kreisstadt Mühlhausen, in der rund 400 Gebäude eine rote Hausnummer tragen – Kennzeichen des geschützten Baudenkmales. Dabei kreuzen wir nach einer beschaulichen Fahrt durch das Thüringer Becken *Bad Langensalza,* die Vaterstadt des bekannten Arztes und Heilpraktikers Christoph Wilhelm Hufeland und noch heute Schwefelbad von Ruf, das mit seinen bewährten Heilerfolgen zur Beliebtheit der Thüringer Kuranlagen beigetragen hat. Ebenso wie Mühlhausen verfügt Bad Langensalza über eine noch weitgehend erhaltene *Ummauerung* mit zahlreichen Wehrtürmen und dem sog. *Klagetor,* die dem geschäftigen Treiben der mittelalterlichen Stadt Schutz vor feudaler Befehdung bieten sollten. Schmuckvolle *Patrizierhäuser* im Renaissancestil, die oft der in West- wie in Ostthüringen verbreiteten Fachwerkbauweise folgen, das barocke *Rathaus* mit dem Marktbrunnen und die *Stadtkirche St. Bonifatius,* eine mit Baubeginn 1395 breit angelegte dreischiffige Halle, gehören zu den bemerkenswerten Baudenkmälern der Stadt und stimmen uns ein auf die Sehenswürdigkeiten, mit denen uns die einstige Freie Reichsstadt Mühlhausen erwartet.

Mühlhausen, der zunächst nördlichste Punkt unserer Reise durch Thüringen und geeigneter Ausgangspunkt für Ausflüge ins nahe, landschaftlich wie siedlungsgeschichtlich gleichermaßen reizvolle Eichsfeld, ist eine Stätte bedeutungsvoller mittelalterlicher Baukunst. Mühlhausen ist aber auch die Stadt Thomas Müntzers. Der große Volksreformator und bedeutendste Führer im deutschen Bauernkrieg war 1524 nach unruhevollen Aufenthalten als Prediger in Zwickau und im Mansfelder Revier hierher geflohen. In Mühlhausen organisierte er den Volksaufstand und setzte am 17. März 1525, nachdem der patrizialische Stadtrat gestürzt war, den sog. Ewigen Rat in sein Amt ein, mit dem er einen primitiven Gleichheitskommunismus zu verwirklichen suchte. Wir wissen, wie diese bedeutende Volkserhebung endete. Trotz leidenschaftlicher Versuche, die zersplitterten Bauernmassen zu sammeln und sich der Hilfe der Mansfelder Bergknappen zu vergewissern, unterlag der Bauernführer mit seinen Mannen der erdrückenden feudalen Übermacht am 14./15. Mai 1525 in der Schlacht bei Frankenhausen, wobei er selbst gefangengenommen, grausam gefoltert und schließlich am 27. Mai vor den Toren der Stadt hingerichtet wurde. Im historischen *Rathaus* kündet noch heute ein großes Ölgemälde »Thomas Müntzer setzt den Ewigen Rat ein« von diesen Ereignissen. Dieses Rathaus, ein architektonisches Kleinod, in dem wichtige stadtgeschichtliche Dokumente archiviert sind, ist übrigens nicht, wie in vielen anderen deutschen Städten, Mittelpunkt eines weitläufigen Marktplatzes. Es versteckt sich zwischen engen Straßen und Gassen auf der Grenze zweier Handelsplätze der Vergangenheit, dem ehem. Untermarkt (heute Wilhelm-Pieck-Platz) und dem alten Obermarkt (heute Karl-Marx-Platz). Der mit einem romantisch anmutenden Innenhof ausgestattete Stein- und Fachwerkbau verschiedener Bauperioden, die nachweisbar vom 14. bis ins 19. Jh. reichen, symbolisiert durch seinen Standort die Zusammenlegung der urspr. voneinander unabhängigen Alt- und Neustadt zu einem einheitlichen Gemeinwesen.

Vom Rathaus aus treten wir einen Rundgang durch die Stadt an. Er führt uns an der alten *Apotheke* vorbei zu den schmuckvollen *Bürgerhäusern* in der Flechtaer Straße und den historischen Bürgerbauten am Wilhelm-Pieck-Platz. Der sog. Bürenhof (Nr. 7) entstand bereits im frühen 14. Jh. und wurde 1607 umgebaut, das alte Backhaus (Nr. 15) ist ein Barockhaus von 1631. Hier dürfte Johann Sebastian Bach an manchen Abenden vorbeigeschritten sein, als in den Jahren 1707 und 1708 die den Platz beherrschende, doppeltürmige *St.-Blasius-Kirche* seine Wirkungsstätte darstellte. Sie war die Hauptpfarrkirche der Altstadt und wurde 1227 dem Deutschritterorden übertragen. Die dreischiffige gotische Hallenkirche, die einzelne Elemente aus dem Vorgängerbau, einer romanischen Basilika, übernommen hat, verfügt über reizvolle Ausstattungsstücke. Dazu zählen das schmiedeeiserne *Gitter* zwischen Hauptchor und Querschiff von 1640, der *Grabstein* des Bischofs Kristian von Samland, der eng mit dem Deutschen Orden verbunden war und in Mühlhausen 1295 verstarb, und der des Dietrich von Ammern aus der Mitte des 14. Jh. sowie der spätgotische Flügelaltar und die um 1500 entstandene Kanzel.

Wir verlassen die Pfarrkirche St. Blasius und überschreiten den Wilhelm-Pieck-Platz in Richtung Kornmarkt, wo in alter Schönheit die schlanktürmige *Barfüßerklosterkirche* wiedererstanden ist und eine Bauernkriegsgedenkstätte aufgenommen hat und wo wir neben der *Alten Schule* von 1721 weitere Bürgerhäuser von kulturhistorischem Rang finden. Bald kreuzen wir den Steinweg und stehen vor dem monumentalen Bau der *Pfarrkirche St. Marien,* die mit ihrem 98 m hohen Turm nicht nur die Promenade des ehem. Obermarktes überragt (Abb. 243).

Sie war die Hauptkirche der früheren Neustadt. Nach dem Erfurter Dom ist sie das größte sakrale Bauwerk Thüringens. Durch die Predigten Thomas Müntzers wurde sie ebenso berühmt wie durch ihre interessante Baugeschichte und ihre eigenwillige Gestaltung. Vom ersten Bau der Marienkirche vor 1200 sind Reste im Westbau nachgewiesen worden. In ihrer heutigen weiträumigen Gestalt als fünfschiffige Hallenkirche ist sie der hohen Gotik des 14. Jh. zuzuordnen. Der eigentliche Neubaubeginn wird auf etwa 1315 (nach dem Stadtbrand) datiert. Die Langhausfundamente der alten Basilika dürften dabei übernommen worden sein, nur wurde den Seitenschiffen noch je ein äußeres Schiff hinzugefügt, so daß nun vier Reihen hochstrebender Pfeiler den Raum reizvoll gliedern. Der Chor wurde 1327 vollendet, Querschiff und Langhaus dagegen sind ein Werk der 2. Hälfte des 14. Jh. Dafür sprechen nicht allein die den Formen des Prager Dombaues entlehnten Langhauspfeiler und die zierlichen Treppengiebel, sondern vorrangig die ausdrucksstarke Front des *Südgiebels* (Abb. 244). Von der Brüstung eines Scheinaltans beugen sich die etwa lebensgroßen Figuren Kaiser Karls IV., seiner Gemahlin, einer Hofdame und eines Kammerherrn herab, so als hätten sie an der Vereidigung der Ratsherrengesellschaft teilgenommen. Diese Figurenszene ist lange Zeit als eindrucksvoller Beleg für das Reichsbewußtsein der Stadt gewürdigt worden, obwohl sich hier in erster Linie stilistische Elemente wiederholt haben, wie sie beim Bau der Nürnberger Frauenkirche oder am Wiener Stephansdom bereits zu finden sind. Die Fenster des Hauptchores sind mit eindrucksvollen *Glasgemälden* aus dem 14. und 15. Jh. geschmückt, Beispiele des Formenreichtums mittelalterlicher Glasmalerei in Thüringen.

Neben einer stattlichen Zahl von Pfarrkirchen bieten Handwerker- und Patrizierhäuser (ehem. Brotlaube, Thurn- und Taxissches Posthaus u. a.) mit meisterhaft geschnitzten Haustüren und Haustoren sowie mit zahlreichen Decken- und Wandmalereien des Mittelalters eine Fülle individueller Entdeckungsmöglichkeiten in dieser Stadt. Wir wollen zum Schluß nur noch einen Blick auf die alte *Stadtmauer* werfen, die mit ihren Toren und Türmen, ihren Wällen und Gräben, auch wenn sie vielfach schon abgetragen oder verschüttet sind, noch heute einen Eindruck von der Wehrhaftigkeit und Größe des mittelalterlichen Stadtgefüges vermittelt.

In die »Bergrepublik« am Rennsteig

Oberhof · Suhl · Meiningen · Schmalkalden

Ein Abstecher in die Thüringer Berge ist immer lohnenswert. Von der Autobahnabfahrt Gotha-Ohrdruf aus erreichen wir über die F 247 sehr rasch unser Ziel, den traditionsreichen südlichen Teil des Thüringer Waldes mit Suhl, Meiningen und Schmalkalden. Wir durchfahren dabei eines der beliebtesten Erholungsgebiete der DDR, dessen Zentrum *Oberhof* mit dem Interhotel Panorama und dem Erholungsheim Rennsteig ist (Abb. 230). Der Kurort liegt inmitten ausgedehnter Mischwälder und Bergwiesen, die im Sommer zu reizvollen Wanderungen einladen. So gehört der Rennsteig zu den schönsten Wanderwegen der deutschen Mittelgebirge. Im Winter bieten die Urlauberorte des Thüringer Waldes Spitzensportlern vieler Länder ideale Trainingsmöglichkeiten.

Das Oberhofer Rondell mit dem Naturpark »Hochgebirgsflora aller Erdteile« verlockt zu weiteren Abstechern, da von der F 247 aus die Urlaubs- und Erholungsorte *Georgenthal, Finsterbergen, Tabarz* und *Friedrichroda* (mit dem als Touristenhotel genutzten Schloß Reinhardsbrunn) oder die höchsten Erhebungen dieses Gebirgszuges, der Große Inselsberg (916 m), der Schneekopf (978 m) und der Große Beerberg (982 m), leicht erreicht werden können.

Suhl, die südlichste Bezirksstadt der DDR, ist ebenso wie das in unmittelbarer Nähe liegende *Zella-Mehlis* ein altes Zentrum der Thüringer Waffenproduktion. Beide Städte verdanken dem meisterhaften Können ihrer Waffenschmiede und -graveure ihren Weltruf als hervorragende Hersteller von Jagd- und Sportwaffen. Die Waffenschmiede Europas, als welche Suhl schon zur Zeit des Dreißigjährigen Krieges galt, vergegenwärtigt die technikgeschichtliche Entwicklung der Handfeuerwaffe im ehem. *Malzhaus,* einem langgezogenen Fachwerkbau von 1650, das als *Waffenmuseum* eingerichtet worden ist. Die Waffenschmiedekunst (Waffenschmieddenkmal von 1903 auf dem Marktplatz) und die damit verknüpfte Förderung der Eisenindustrie und der Feinmechanik gaben also dem Flecken, der erst 1527 durch einen der Grafen von Henneberg das Stadtrecht verliehen bekam, das Gepräge. Um so mehr verwundert es, daß die Stadt bau- und architekturgeschichtlich gesehen nicht mehr aus dem Reichtum schöpfte, der ihr durch diesen Industriezweig zufloß, auch wenn in Rechnung gestellt werden muß, daß das alte Stadtgefüge 1634 fast gänzlich niedergebrannt wurde. So sind neben der Hauptkirche *St. Marien,* einem mehrfach abgebrannten, urspr. spätgotischen Bau, und dem 1731–1739 errichteten einschiffigen Barockbau der *Kreuzkirche* mit reichverziertem *Kanzelaltar* nur eine Reihe gut restaurierter schmuckvoller *Bürgerhäuser* im Zentrum der Stadt bemerkenswert.

Reichhaltige Sehenswürdigkeiten beherbergt der erst 1936 eingemeindete Stadtteil *Suhl-Heinrichs.* In der alten Dorfkirche *St. Ulrich,* 1116 erstmals erwähnt, ist im Chor ein Freskenzyklus aus dem späten 15. Jh. erhalten geblieben.

Von den erhaltenen Fachwerkbauten, die teilweise bis ins 16. Jh. zurückgehen, hebt sich besonders reizvoll das barocke Rathaus von 1657 ab (Abb. 248). Das feingliedrige Fachwerk zeigt in seiner ornamentalen Reichhaltigkeit fränkischen Einfluß.

Neben diesen historischen Bauwerken stehen die in jüngster Zeit entstandenen *Kultur- und Gesellschaftsbauten.* Besonders das Warenhaus Centrum, das Interhotel Thüringen-Tourist, die neue Kongreßhalle und das Haus der Gewerkschaften zeugen von dem Gestaltungswillen eines experimentierfreudigen Architektenkollektivs.

Im Tal der Hasel entlang oder über Zella-Mehlis und die F 280 erreichen wir *Meiningen.* Die Meininger Bühne hat zwischen 1875 und 1890 Theatergeschichte gemacht. Damals gastierte das Schauspielensemble der Stadt in wichtigen Städten Europas, es half, die Bühnen dieser Zeit von überlebten und erstarrten Formen zu befreien. Das historisch getreue Bühnenbild und das der Zeit genau verpflichtete Kostüm zusammen mit einer auf Ensembleleistung bedachten Inszenierung führten vor allem zur Erneuerung des klassischen Dramas. Die Dokumentation dieser »Reform der Schauspielkunst«, die bald darauf in die realistische Bühnenkunst Stanislawskis mündete, findet sich in wesentlichen Zeugnissen im *Theatermuseum* der Stadt, während die Nachfahren jener Theaterperiode ihr Domizil im 1908/09 erbauten *Theater* gefunden haben und von hier auch nach wie vor dem Thüringer Theaterleben wichtige Impulse vermitteln.

Diese bemerkenswerte kulturgeschichtliche Tat der Meininger Theaterleute stand übrigens unter direkter Leitung Herzog Georgs II. In der langen Geschichte der Meininger Residenz ist das eine der wenigen fortschrittlichen Kulturleistungen geblieben. Abgesehen vom hohen Rang, den das Meininger Orchester in der Zeit von 1880 bis 1914 unter der Stabführung von Richard Strauss, Hans von Bülow und Max Reger genoß, erstickte das Leben am herzoglichen Hof an zu armselig angelegten Reformprogrammen.

Meiningen hat schon in fränkischer Zeit bestanden (982 urkundlich erwähnt) und wahrscheinlich wie andere bedeutungsvolle Plätze entlang der Werra zum königlichen Fiskus gehört. Der planmäßige Ausbau der Stadt dürfte sich ab dem 12. Jh. vollzogen haben, nachdem eine Wasserburg der Bischöfe von Würzburg die Ausbreitung der Stadt auf das rechte Werraufer ermöglicht hatte. Die ehem. Wasserburg wurde 1432 zerstört, durch den Bischof Lorenz von Bibra 1511 wiedererrichtet und unter Herzog Bernhard von 1682–1692 als Sitz der Herzöge von Sachsen-Meiningen zur barocken Dreiflügelanlage ausgebaut. *Schloß Elisabethenburg,* vom Baumeister Samuel Rust geprägt, ist wie viele andere Thüringer Schlösser aus dem 17. Jh. ein äußerlich relativ spartanisch wirkender Bau. Um so reicher sind dafür die Innenräume ausgestattet. Es finden sich festliche Stuckdekore an Wänden und Decken der einzelnen Säle; auch in der im Südflügel befindlichen *Schloßkirche* ist die in Quadrate geteilte Decke mit wertvollen Stuckarbeiten der Gebrüder Rust versehen. Das Schloß beheimatet heute die *Staatlichen Museen* zu Meiningen, die neben der Kunstsammlung mit bemerkenswerten Werken, vornehmlich der frühen italienischen und niederländischen Malerei, das schon erwähnte Theatermuseum sowie eine musikgeschichtliche Sektion mit Max-Reger-Archiv, eine kulturgeschichtliche und eine naturwissenschaftliche Abteilung aufgenommen haben.

Auf einer Erhebung im Werragrund ließ Herzog Bernhard II. zwischen 1836 und 1840 an der Stelle einer zerstörten mittelalterlichen Burganlage das *Schloß Landsberg* errichten. A. W. Doebner benutzte Formen der englischen Neugotik, es entstand ein aufwendig gestaltetes Bauwerk, ein »Märchenschloß« im Sinne der deutschen Romantik (Abb. 246).

Das historische Fluidum der Zeit der Empfindsamkeit atmet die großräumige Anlage des *Goetheparks,* des ehem. *Englischen Gartens.* Hier konnte der Hofgärtner Christian Zocher, der mit der Gestaltung dieses Parks in den achtziger Jahren des 18. Jh. begonnen hat, seiner Phantasie freien Raum lassen. Urspr. waren neben den verschlungenen Wegen und Bächen, künstlichen Seen und Inseln viele Arten von Kleinbauten zu finden: Brücken und Denkmäler, Tempel, Tier- und Gewächshäuser. Die Anlage ist 1845 durch Theodor Buttmann nochmals umgestaltet worden. Es sind noch zahlreiche *Denkmale* (für Jean Paul und Max Reger), die herzogliche *Grabkapelle* und der dem in Meiningen gestorbenen Märchensammler Ludwig Bechstein gewidmete *Brunnen* erhalten.

Freilich sind in Meiningen neben den fürstlichen, auf Repräsentanz bedachten Bauherren auch andere Auftraggeber wirksam geworden. Bemerkenswert ist die *Stadtkirche,* ein neugotischer Bau der Jahre 1884–1889 sowie eine Reihe schöner Bürgerhäuser in Stein- und Fachwerkbauweise.

Letzte Station unseres Besuches im Südwestzipfel Thüringens ist *Schmalkalden,* eine Stadt mit einer verwickelten politischen Geschichte. Als villa Smalacalta von 874 beurkundet, wurde sie in den Streitigkeiten zwischen Kaiser Heinrich IV. und Rudolf von Schwaben im 11. Jh. gänzlich zerstört und – nach Baudatierungen von urspr. Resten der Georgenkirche und des alten Marktes – erst im späten 12. Jh. wiederaufgebaut. Nach vielerlei Erbstreitigkeiten im Henneberger Grafengeschlecht war sie von 1360–1583 gemeinsamer Besitz der Grafen von Henneberg und der Landgrafen von Hessen, danach hessen-kasselsche Exklave in Thüringen. Auch im Reformationsstreit spielte die Stadt eine bedeutende Rolle. 1531 wurde hier der »Schmalkaldische Bund« gegründet, ein Zusammenschluß protestantischer Fürsten und Städte zur Verteidigung ihres Glaubensbekenntnisses. Auf einem der Konvente wurde 1537 Martin Luther Gelegenheit gegeben, in den sog. »Schmalkaldischen Artikeln« die Hauptlehren der evangelisch-protestantischen Konfession nochmals in prononcierter Form zusammenzufassen, was nicht ohne Gegenreaktion seitens der katholischen Stände blieb und schließlich zum »Schmalkaldischen Krieg« von 1546/47 führte.

Baugeschichtlich sind mit dieser bewegten Zeit einige wertvolle Denkmäler verbunden, als ältestes die *Stadtkirche St. Georg*. Von ihrem Südturm abgesehen, der bis in spätromanische Zeit zurückgeht, läßt sich ihr Baubeginn zwischen 1437 und 1439 ansetzen. Chorweihe war erst 1500, und die endgültige Fertigstellung erfolgte im 1. Jahrzehnt des 16. Jh. Es ist eine dreischiffige Hallenkirche von beeindruckender Größenwirkung mit verzweigten Netz- und Sterngewölben. Das Mittelschiff wird von einem eigenwilligen Ziergewölbe geprägt, das auf schlanken Pfeilern ruht.

Der *Hessenhof* am früheren Neuen Markt, dem jetzigen Platz der Deutsch-Sowjetischen Freundschaft Nr. 5, gilt (seinem Namen gemäß) als alter Sitz der herrschaftlichen hessischen Beamtenschaft. Der Fachwerkbau von 1551–1553, beträchtlich umgebaut im Jahre 1837, dessen Kellergewölbe noch vom Anfang des 13. Jh. stammen, enthält eine der ältesten mittelalterlichen *Malereien*, die in Deutschland zu profanen Themen aus jener Zeit entdeckt worden sind. Es ist eine Freskenfolge zu Hartmann von Aues meisterhaftem Versroman »Iwein«, die im Hauptbild das Hochzeitsmahl des Helden gestaltet.

Schmalkalden Die Neue Hütte ist ein Beispiel klassizistischer Industriearchitektur aus der 1. Hälfte des 19. Jh.

Ein Denkmal von besonderem Reiz ist *Schloß Wilhelmsburg,* benannt nach dem Landgrafen Wilhelm IV. von Hessen-Kassel, der den Bau nach neuesten Forschungen 1585 in Angriff nahm. Unter seinem Sohn Moritz wurden die Arbeiten 1627 beendet. Das Schloß steht im Mittelpunkt denkmalpflegerischer Bemühungen in Thüringen, zumal es in architektur- und kunstgeschichtlicher Sicht lange Zeit unterschätzt worden ist. Dabei zählt die Wilhelmsburg mit ihren Außenanlagen (Terrassengärten und Wasserkunst, Große und Kleine Pfalz, Marstall, Kanzlei, Torhaus, Brau- und Backhaus, Zwinger mit Kristallturm) zu den wichtigen Werken der deutschen Renaissancebaukunst. Tatsächlich war die Wilhelmsburg als geplante Jagd- und Sommerresidenz in ihren räumlichen Absichten den Bedürfnissen der Hofhaltung angepaßt.

Der Bau ist als regelmäßige Vierflügelanlage ausgeführt. Die Einzelflügel waren mit Zweckhäusern geschmückt, oktogonale Treppentürme finden sich in den Hofecken, zwei Tordurchfahrten in Ost-West-Richtung ermöglichen den Zugang. Baulich wurde das Schloß 1820 verändert; es wurden Dächer versetzt, die Giebelhäuser abgebrochen u.a.m. Ist dadurch auch die Außenarchitektur in ihrer Vielfalt zuweilen beeinträchtigt, so glänzen die Innenräume durch ihre reichhaltige Ausstattung. Alle Räume sind mit wertvollen *Stukkaturen* oder *Wandmalereien* versehen (Abb. 247). Sie umrahmen Türen und Fenster und verbinden in Beschlag- oder Rollwerkformen Tier-, Putten- und Fruchtmotive bzw. biblische und mythologische Figuren miteinander. Sie gehen auf den Einfluß niederländischer Ornamentstichvorlagen zurück, die Wilhelm Vernukken, dem Hofbildhauer aus Kassel, unter dessen Leitung die Arbeiten ausgeführt wurden, bekannt waren.

Als meisterhafter Zusammenklang von Architektur und Dekoration ist vor allem die *Schloßkapelle* hervorzuheben, aber auch der ihr benachbarte *Weiße Saal,* der seinen Namen nach den weißen Wand- und Deckenstukkaturen erhalten hat. Von den Malereien und Stuckdekorationen sind in aufwendiger denkmalpflegerischer Arbeit viele erst in jüngster Zeit freigelegt worden. Alle Restaurierungsarbeiten zielen darauf hin, in Form und Farbe die Originalität dieser bedeutsamen Zeugnisse deutscher Renaissancekunst wiederherzustellen.

Schloß Wilhelmsburg wird wie viele andere Schlösser in der DDR als *Museum* genutzt. Es dokumentiert über die eigene historische Ausstattung hinaus vor allem die geschichtliche und wirtschaftliche Entwicklung seines Heimatkreises.

Die Kleineisenindustrie mit ihren formschönen Werkzeugen und Bestecken, zurückzuverfolgen bis ins 14. und 15. Jh., war auf vielen bekannten Messen vertreten. In ihrer Nachbarschaft florierten Bergbau und Hüttenindustrie. So finden wir in Schmalkalden neben den beeindruckenden künstlerischen Sehenswürdigkeiten auch ein technisches Denkmal von Rang. Die *Neue Hütte,* direkt vor den Toren der Stadt, ist ein Beispiel klassizistischer Industriearchitektur aus der 1. Hälfte des 19. Jh. und in seiner ausgewogenen ästhetischen Zweckmäßigkeit ebenso einen Besuch wert wie das *Schaubergwerk Finstertal* unter Aspekten der modernen Bergbautechnik.

Auf den Spuren Goethes

Weimar · Jena

Nur eine halbe Stunde Autobahnfahrt von Erfurt entfernt liegt *Weimar,* das wie kaum eine andere Stadt Thüringens in die europäische Kulturgeschichte eingegangen ist. Erstmals 975 als Versammlungsstätte eines Hoftages Kaiser Ottos II. genannt und seit etwa 1200 urkundlich belegt, erlebt es nach einer wechselvollen Geschichte fürstlicher Landesteilungen unter der Regentschaft des Herzogs Karl August und dem Patronat der Herzoginwitwe Anna Amalia in der 2. Hälfte des 18. Jh. die Blüte der klassischen deutschen Literatur. Mit Johann Wolfgang Goethe (seit 1775), Johann Gottfried Herder, Friedrich Schiller, Christoph Martin Wieland und dem gebürtigen Weimarer Friedrich Justin Bertuch u.v.a.m. versammeln sich die bedeutenden Köpfe jener Zeit und verleihen Weimar eine geradezu weltweite literarische Ausstrahlungskraft. Viele Kulturdenkmale Weimars sind mit dem Leben und Wirken dieser Männer verbunden. Im Zentrum der Stadt begegnen wir zunächst dem *Goethehaus* am Frauenplan, einem zweigeschossigen, relativ schmucklosen Barockbau, der Goethe von 1782 bis zu seinem Tode als Wohnsitz gedient hat und nach der Schenkung des Herzogs im Jahre 1792 von dem Dichter nach eigenen Vorstellungen klassizistisch umgebaut worden ist (Abb. 233). Von seiner Weimarer Heimstätte aus, die bereits seit 1886 das Goethe-Nationalmuseum aufgenommen hat und heute reichhaltige Schätze seiner Bibliothek und seiner naturwissenschaftlichen Sammlungen beherbergt, hatte es der deutsche Nationaldichter nicht weit, um seinen Freund Friedrich Schiller zu besuchen. Dieser bewohnte von 1802 bis zu seinem Tode das *Haus* in der heutigen *Schillerstraße 21,* an der einstigen Esplanade mit dem Gänsemännchenbrunnen, einer heute modern gestalteten Fußgängerzone (Abb. 232). Unzählige Besucher haben die historisch getreu aufgebauten Arbeits- und Wohnräume des leidenschaftlichen Verfechters menschlicher Freiheitsideale gesehen. Im November 1988 wurde das neuerbaute *Schillermuseum* eröffnet, das das Leben und die Wirkungsgeschichte der Werke des Dichters darstellt. Am Haupteingang ist eine Bronzeplastik »Hommage à Schiller« von Wieland Förster aufgestellt. Friedrich Schillers bedeutendste dramatische Werke – »Maria Stuart«, »Wilhelm Tell« und »Wallenstein« – erlebten ihre Erstaufführung im Weimarer Theater, dem heutigen *Nationaltheater* am Theaterplatz. Dieser urspr. im Jahre 1779 vollendete

Barockbau, nach einem Brand von 1825 in klassizistischer Manier wiedererrichtet, Anfang unseres Jahrhunderts nochmals abgerissen und in seiner heutigen Form wiederaufgebaut, war eine weitere Wirkungsstätte Goethes, an der zu seiner Zeit und zum Teil unter seiner langjährigen Intendanz berühmte Theaterleute wie die Koch'sche Truppe, Konrad Ekhof und Kotzebue die reiche Theatertradition der thüringischen Fürstenhöfe begründet haben; unter anderem erlebten hier »Egmont«, »Wallenstein«, »Wilhelm Tell« und »Maria Stewart« ihre Uraufführung. Vor dem Theater hat das *Goethe-Schiller-Denkmal*, von dem Dresdener Ernst Rietschel 1857 entworfen, seinen Platz gefunden (Abb. 231).

Am *Haus der Frau von Stein* (An der Ackerwand) vorbei gehen wir zum ehem. Schloßpark, in dem *Goethes Gartenhaus* steht. Das unauffällige Häuschen aus dem 17. Jh., ein Geschenk Karl Augusts fast unmittelbar im Anschluß an Goethes Übersiedlung nach Weimar, darf als Geburtsstätte der schönsten Werke Goethescher Lyrik angesehen werden. Der weitgehend nach Plänen von Goethe entworfene Park wird gegenwärtig nach denkmalpflegerischen Gesichtspunkten neu gestaltet. Unter Beachtung des überlieferten Zustandes mit wertvollem Baumbestand und steinernen Zeugen – dem *Römischen Haus*, der *Bastille* und dem *Shakespearedenkmal* – werden umfangreiche Neuanpflanzungen durchgeführt.

Das wohl stattlichste Renaissancebürgerhaus Weimars ist das 1549 von Nicolaus Gromann errichtete *Cranachhaus*. Der Hofmaler Kurfürst Johanns des Großmütigen lebte hier in den Jahren 1552/53. Zu den zahlreichen Sehenswürdigkeiten der Stadt gehört auch das *Kirms-Krackow-Haus* (Jacobstraße 10), das heute als Gedenkstätte für Johann Gottfried Herder genutzt wird. Mit seinem malerisch von hölzernen Galerien umschlossenen Innenhof zählt es zu jenen stattlichen Wohnhäusern, die inmitten fürstlicher Prachtentfaltung vom bürgerlichen Bauwillen des 18. Jh. zeugen. In diese Reihe gehört auch das *Haus von Friedrich Justin Bertuch*, dem »Beaumarchais« der Goethezeit, zugleich Publizist, Schriftsteller, Verleger und Unternehmer, in der heutigen Karl-Liebknecht-Straße. Dieses Haus dient als *Stadtmuseum;* es enthält bemerkenswerte Sammlungen zur bäuerlichen Kultur des Weimarer Landes sowie zur Geschichte der örtlichen Arbeiterbewegung.

Johann Gottfried Herder, der eigentliche Wegbereiter der deutschen Klassik, war auf Betreiben Goethes als Hofprediger nach Weimar berufen worden, wo er bald als Generalsuperintendent der *Stadtkirche St. Peter und Paul* vorstand. Seitdem auch als Herderkirche bekannt, wurde der dreischiffige, urspr. spätgotische Hallenbau nach einer 1735–1745 barocken Erneuerung 1945 stark zerstört und in den Jahren 1948–1953 wiederhergestellt. In der Innenausstattung ist besonders der große Flügelaltar mit der Kreuzigung Christi bemerkenswert. Die 1555 von Lucas Cranach d. J. vollendete Tafel zeigt links und rechts des Kreuzes Martin Luther und den Vater des Künstlers, Lucas Cranach d. Ä. Seit 1547 war die Kirche Grabstätte der ernestinischen Fürsten; eine Reihe schöner *Epitaphe* ist erhalten geblieben, darunter das für Herzog Johann Wilhelm von dem bedeutenden Thüringer Baumeister und Plastiker Nicolaus Gromann, dem Erbauer der Rathäuser in Altenburg und Gera. An Sakralbauten muß außerdem die *Jakobskirche* genannt werden, auf deren Friedhof sich die Gräber Lucas Cranachs, Christiane Goethes und die erste Grabstätte Schillers im Kassengewölbe befinden.

Die vielfältigen Interessen des Weimarer Fürstenhofes drückten sich in einer lebhaften Bautätigkeit aus. Auf dem Gelände einer urspr. mittelalterlichen Wasserburg, die 1424 durch einen Brand gänzlich zerstört wurde, erhebt sich das *Schloß*, das Anfang des 16. Jh. unter maßgeblicher Leitung Nicolaus Gromanns errichtet wurde. Die wechselvolle architektonische Geschichte dieser Anlage verzeichnet einen erneuten Brand 1618 und den anschließenden Neuaufbau durch den italienischen Baumeister Giovanni Bonalino, ab 1650 durch Johann Moritz Richter. Die entstandene Dreiflügelanlage wurde für den

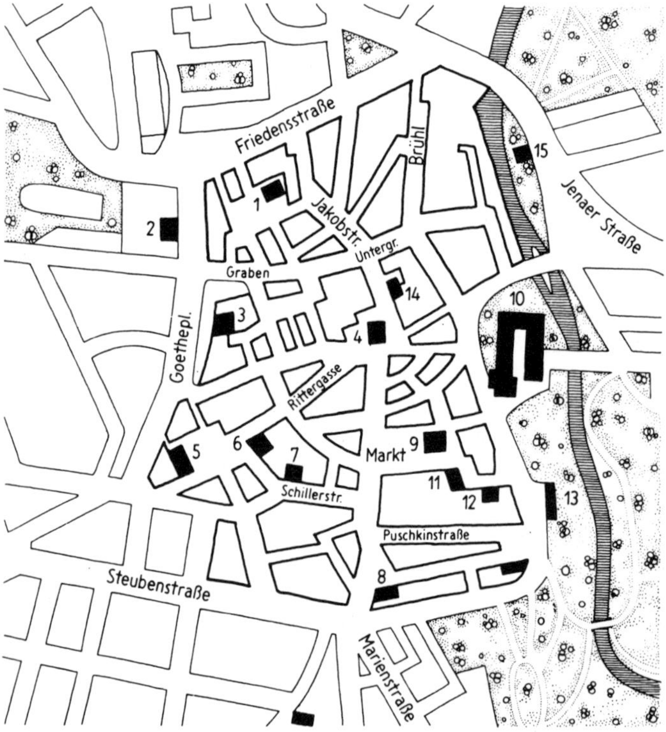

Weimar 1 Jakobskirche 2 Bertuchhaus und Stadtmuseum 3 Kasseturm 4 Herderdenkmal 5 Deutsches Nationaltheater und Goethe-Schiller-Denkmal 6 Wittumspalais 7 Schillerhaus 8 Goethehaus mit Goethe-Nationalmuseum 9 Lucas-Cranach-Haus 10 Schloß mit Staatlichen Kunstsammlungen 11 Rotes Schloß 12 Fürstenhaus 13 Grünes Schloß 14 Kirms-Krackow-Haus 15 Goethe-Schiller-Archiv

Schloßbau in Thüringen und Sachsen für die nächsten Jahrzehnte maßgebend. An der weiteren Vollendung hat dann schon Johann Wolfgang Goethe mit planerischen Entwürfen mitgewirkt, nachdem das Schloß 1774 wieder ausgebrannt war und in verschiedenen Baustufen ab 1789 zunächst unter Baumeister J. A. Arens, ab 1798 unter N. F. Thouret und von 1801–1803 unter Leitung von Heinrich Gentz und unter Teilnahme des Bildhauers Friedrich Tieck wiederaufgebaut wurde. Das *Treppenhaus,* der große *Festsaal* sowie die *Falkengalerie* gehören dabei wohl zu den besten und schönsten Schöpfungen klassizistischer Raumkunst. Heute beherbergt das Schloß die *Staatlichen Kunstsammlungen* mit Kunstwerken von der Antike bis zur Gegenwart sowie die *Nationalen Forschungs- und Gedenkstätten der klassischen deutschen Literatur* in Weimar. Die Cranachgalerie, die Sammlungen zur niederländischen Kunst des 17. Jh., zur Kunst des Klassizismus u.a.m., die Bestände aus dem ehem. Weimarer Bauhaus und die graphische Sammlung mit mehr als 10 000 Zeichnungen und 40 000 graphischen Blättern machen einen Besuch dieser bedeutenden Kultureinrichtung lohnenswert.

Im *Wittumspalais* (Am Palais 3), einem zweigeschossigen Barockbau von 1767, sind mehrere im Stile der Goethezeit eingerichtete Räume erhalten geblieben. Möbel, Büsten und Porzellane, aber auch Gemälde von Anton Graff und der Malerfamilie Tischbein halten die Erinnerung an die Tafelrunden der Herzogin Anna Amalia lebendig.

Sowohl das Gebäude als auch der reiche Bestand der *Zentralbibliothek der deutschen Klassik* verdienen Erwähnung. Das südlich vom Stadtschloß gelegene ehem. Grüne Schloß entstand 1562–1569 als Wohnbau für den Herzog Johann Wilhelm. Der von einer Arkatur umzogene Rechteckbau wurde 1761–1766 zur Bibliothek umgestaltet. In dieser Zeit entstand auch der Rokokosaal (Abb. 235). In die 1. Hälfte des 19. Jh. datieren der klassizistische Anbau an der Südseite, die Einbeziehung eines Turmes der Stadtbefestigung und die Erweiterung des Gebäudes um zwei Achsen in nördlicher Richtung.

Die Bibliothek besitzt bei einem Gesamtbestand von über 800 000 Bänden mit ca. 11 000 Bänden zum Faust-Thema die größte »Bibliothek Faustiana« der Welt.

Auch die weitere Umgebung von Weimar wurde zum Schauplatz fürstlichen Prunkstrebens. So finden wir auf den Weimar nordwestlich vorgelagerten Waldhöhen das *Schloß Ettersburg,* ein Jagdschloß von schlichtem Reiz mit dem 1845 von Hermann Fürst von Pückler-Muskau gestalteten Landschaftspark. Auf der Eichenleite steht das fürstliche *Lustschloß Belvedere* (Abb. 234). Der reizvolle Barockbau, geprägt durch J. A. Richter sowie G. H. Krohne, und die zahlreichen Nebenbauten und Kleinarchitekturen verleihen dem ganzen Terrain einen heiteren Charakter.

Schloß Tiefurt, nur etwa 4 km von Weimar entfernt, vervollständigt das Ensemble von Schloßbauten in Weimars näherer Umgebung. Das barocke urspr. Kammerguts-Pächterhaus war lange Zeit Sommersitz der Herzogin Anna Amalia. Das Haus mit seinen in Rokoko, Klassizismus und Biedermeier gehaltenen Räumen, ausgestattet mit schönen Gemälden und Plastiken, liegt in einem gepflegten, von K. L. von Knebel angelegten Landschaftspark.

Weimar hat mit der Tradition seiner kunstreichen Landschaft und mit der Nachwirkung des »Geistes der Goethezeit« auch nach Goethes Tod im Jahre 1832 immer wieder bedeutende Männer angezogen. Erinnert sei nur an das Wirken Franz Liszts, Richard Strauss' und Friedrich Nietzsches. Auch erfolgte im Jahre 1860 die Gründung der Kunstschule, an der hervorragende Künstler wie Böcklin, Liebermann und Rohlfs tätig waren. Durch die Vereinigung mit der 1902 von Henry van der Velde gegründeten Kunstgewerbeschule entstand das Bauhaus, dessen Tätigkeit auf die Kunst- und Kulturentwicklung weit über Deutschland hinaus Einfluß genommen hat. Walter Gropius, der Berliner Architekt, hat hier unter seiner Leitung Künstler bedeutenden Ranges wie Klee, Feininger, Kandinsky, Marcks, Moholy-Nagy und Schlemmer versammelt. Das Bauhaus hat neben der bildenden Kunst vorrangig die Innen- und Außenarchitektur sowie die Industrieformgestaltung beeinflußt. Zeugen dieser Kunstrichtung sind nicht nur zahllose Entwürfe von bleibender Bedeutung für die Produktion der Manufakturen (Porzellan) und Kleinindustrie gewesen, sondern auch das von Gropius 1923 gebaute Haus *Am Horn* und vornehmlich jenes ausdrucksstarke *Denkmal,* das er 1921 auf dem Weimarer Zentralfriedhof für die während des Kapp-Putsches gefallenen Arbeiter errichtete (Abb. 237). Manche Tradition des Weimarer Bauhauses, das nach seiner offiziellen Auflösung im Jahre 1924 ab 1925 in Dessau die Arbeit wieder aufnahm, wird heute von der *Hochschule für Architektur und Bauwesen* (Cranachstraße 47) weitergeführt.

Wer Weimar als die Stadt der Kunst und Wissenschaft kennt, kann nur schwer begreifen, daß wenige Kilometer entfernt der Ungeist faschistischer Barbarei schwerste Opfer gefordert hat. Auf dem Ettersberg, dort, wo Goethe des »Wanderers Nachtlied« gesungen und Schiller die letzten Verse des »Don Carlos« geschrieben hat, befand sich das faschistische Konzentrationslager Buchenwald, in dem mehr als 56000 Menschen aus 18 Nationen zu Tode gequält wurden. Die *Nationale Mahn- und Gedenkstätte Buchenwald,* 1954–1958 entstanden, mit Ehrenhain, Straße der Nationen, Glockenturm und der Plastikgruppe von Fritz Cremer, erinnert beständig an den Schwur der Überlebenden, für den Aufbau einer neuen Welt des Friedens und der Freiheit zu kämpfen (Abb. 236).

»Zum akademischen Leben ist Jena der beste Ort« hatte Friedrich Schiller am 16. Mai 1795 enthusiastisch ausgerufen. Immerhin mußte er es ja wissen. Seit seiner berühmt gewordenen Antrittsvorlesung zum Thema »Was heißt und zu welchem Ende studiert man Universalgeschichte?«, die er am 26. Mai 1789 im größten Jenenser Hörsaal, dem Griesbachschen Hause, gehalten hatte, waren nun schon sechs Jahre vergangen. Tatsächlich war während dieser Zeit in *Jena* nicht nur der Bund der beiden größten deutschen Dichter besiegelt worden, dem wir einige der schönsten Werke deutscher Vers- und Prosadichtung verdanken, sondern die berühmte Alma mater Jenensis, 1558 gegründet und schon im 17. und 18. Jh. eine der meistbesuchten Universitäten in Deutschland (teilweise bis zu 2000 Studenten), begann, eine Schar bedeutender Männer um sich zu versammeln. Neben Friedrich Schiller finden wir Johann Gottlieb Fichte, ausgangs des 18. Jh. Schelling und die

Gebrüder Schlegel und um sie viele berühmte Gestalten der Frühromantik: Ludwig Tieck und Clemens von Brentano, Heinrich Steffens und Novalis. Und überall, trotz weitgehender geistig-weltanschaulicher Differenziertheit und Distanz, spürt man die lenkende Hand Goethes, der auf Wunsch des Weimarer Herzogs Karl August die Aufsicht über bestimmte wissenschaftliche und künstlerische Institute der Universitätsstadt übernahm (1794 über Botanisches Institut und Botanischen Garten, 1797 über die herzogliche Bibliothek). Goethe wohnte selbst einige Wochen des Jahres in diesem »lieben, närrischen Nest«, wie er es später einmal nannte, und verfaßte hier auch einige seiner wichtigsten naturwissenschaftlichen Schriften. Die *Goethe-Gedenkstätte* im alten Inspektorhaus des Botanischen Gartens (Goetheallee 26) dokumentiert das Interesse des Dichters an den Geschicken von Stadt und Universität, die von diesen geistig produktiven Jahrzehnten um die Jahrhundertwende noch lange gezehrt haben. Es entfaltete sich hier um Fichte, Schelling und ab 1801 auch mit Friedrich Hegel nicht nur die klassische deutsche Philosophie, mit Goethe und Schiller die klassische deutsche Literatur, mit dem Kreis um die Schlegels ein wichtiger Abschnitt der Literaturtheorie, -kritik und Ästhetik jener Zeit, sondern auch der Fortschritt in den Naturwissenschaften, wenn an Professoren wie Loder, Hufeland oder Lorenz Oken gedacht wird. Und nicht zu vergessen ist, daß schließlich in Jena, wo einst Johann Christian Günther seine »Studenten- und Trinklieder« gesungen hat und die Ausschweifungen des Studentenlebens die saturierte Bürgerschaft belasteten, die politische Geschichte der deuschen Studentenschaft begann. 1815 wurde im Gasthof *ZurTanne* die »Deutsche Burschenschaft« als erste bürgerliche Studentenbewegung gegründet, die bald darauf das am 18. Oktober stattfindende nationale Wartburgfest organisierte.

An diese Zeit fortschrittlichen Aufbegehrens erinnert das im Vorgarten der Universität aufgestellte *Burschenschaftsdenkmal,* von A. Donndorf 1883 geschaffen, ebenso wie das 1908/09 entstandene Gemälde des Schweizer Malers Ferdinand Hodler »Auszug der Jenenser Studenten zu den Freiheitskriegen 1813« (Abb. 240). Dieses aus Anlaß der 350-Jahr-Feier der Universität bestellte Werk hat seinen Platz an der Stirnwand der Aula dieser traditionsreichen Bildungsstätte gefunden. Die *Universität* selbst erhielt ihre Hauptgebäude zum gleichen Anlaß, erbaut in den Jahren 1905–1908 nach Entwürfen des Münchener Architekten Theodor Fischer.

Wir können die Universitätsgeschichte nicht weiter verfolgen. Aus der Fülle der Fakten und Begebenheiten soll noch erwähnt werden, daß 1841 der Begründer des wissenschaftlichen Sozialismus, Karl Marx, mit einer Arbeit »Über die Differenz der demokratischen und der epikureischen Naturphilosophie« zum Dr. phil. promovierte und daß Ernst Haeckel als Professor der Zoologie in den Jahren 1862–1909 von Jena aus die biologische Entwicklungslehre popularisierte. Das von ihm 1908 gestiftete, in vielen Ländern bekannte *Phyletische Museum* und das *Ernst-Haeckel-Haus* pflegen heute sein Erbe (Berggasse 7).

So bedeutsam die Geschichte der Universität verlaufen war, so viele berühmte Männer sich hier auch versammelt hatten, so wichtige Daten deutscher Geschichte wie die napoleonische Siegesschlacht bei Jena-Auerstedt oder die Burschenschaftsbewegung auch mit dieser Stadt verknüpft sind, Jena blieb das verträumte »liebe, närrische Nest«, das wirtschaftlich und territorial nur zögernd über seine mittelalterlichen Grenzen hinauswuchs.

Erst die mechanische Werkstatt, die der junge Carl Zeiss 1846 einrichtete, und die 20 Jahre später erfolgende Verbindung von Zeiss mit dem Universitätsphysiker Ernst Abbe verhießen der Stadt unter wirtschaftlichen Gesichtspunkten neue Dimensionen. Tatsächlich entwickelte sich aus dem feinmechanischen »Atelier«, das 1870 erst 30 Mitarbeiter zählte, innerhalb weniger Jahrzehnte ein Unternehmen von Weltgeltung, das für die feinmechanisch-optische Industrie und den wissenschaftlichen Gerätebau Normen gesetzt hat. Neben Ernst Abbe, der ab 1875 Teilhaber des Betriebes wurde und als Wissenschaftler wie als Unternehmer mit dessen Entwicklung eng verbunden war, muß auch die Bedeutung des Glaschemikers Otto Schott herausgestellt werden. Er war es schließlich, der 1884 mit der Gründung des Glaswerkes Schott und Genossen und dessen Produktion jene Glassorten herstellte, die die Jenaer Mikroskope und andere optische Geräte erst unübertrefflich machten. In dieser wirtschaftlichen Blütezeit setzte Jena für die deutschen Universitäten ein Beispiel, wie Produktionspraxis und wissenschaftliche Forschung erfolgreich aufeinander abgestimmt und dem technischen Fortschritt dienstbar gemacht werden können. Weniger die umstrittenen sozialen Aspekte der Zeiss-Stiftung als gerade diese Prämissen wissenschaftlich-praktischen Wirkens sind es, die Ernst Abbe unvergessen machten.

Das *Abbedenkmal,* für den 1905 Verstorbenen in den Jahren 1909–1911 erbaut, ist das Werk mehrerer Künstler. Henry van de Velde entwarf den achteckigen, sachlich schönen Tempelbau. Constantin Meunier schuf die Reliefs von Arbeitern an den Innenwänden, und Max Klinger ist der Schöpfer der Herme Ernst Abbes.

Auch das Jenaer *Volkshaus* ist mit der Persönlichkeit Ernst Abbes verknüpft. Mehr oder weniger unter seiner Schirmherrschaft in den Jahren 1901–1903 von dem Leipziger Architekten Arwed Roßbach erbaut, erinnert es mit Erkern, Giebeln und Maßwerkverzierungen an die bekannten Renaissanceschlösser des Thüringer Raumes. In seinen Räumlichkeiten – der große Saal faßt 1500 Personen – haben bedeutende Veranstaltungen der deutschen Arbeiterbewegung stattgefunden.

Die Zeiss-Werke und das Glaswerk Schott und Genossen sind für Jena eine Art von Statussymbol geworden. Aber auch die reizvollen historischen Denkmäler der Stadt sind nicht weniger interessant. Die *Stadtkirche St. Michael* verfügt über eine steinerne *Kanzel* in den Südarkaden und das hölzerne *Standbild* des Erzengels Michael, auch *»Angelus Jenensis«* genannt. Anfang des 13. Jh. entstand es in einer Bamberger Werkstatt. Bemerkenswert ist weiterhin das reichgeschmückte *Südportal,* das wie unter einem Baldachin zwischen zwei Strebepfeilern eingelassen ist und mit dem Brautportal der Nürnberger Sebalduskirche stilistische Verwandtschaft aufweist. Die *St.-Michaelkirche,* ein dreischiffiger spätgotischer Hallenbau, geht auf eine Gründung der Zisterziensernonnen im ausgehenden 14. Jh. zurück und wurde 1506 vollendet, der Turm erst um 1555/56.

Auch das Jenenser *Rathaus* ist eine im Kern spätgotische Anlage. Es verfügte urspr. über zwei nebeneinanderliegende zweischiffige Hallen, was heute noch durch zwei steil aufsteigende Walmdächer belegt wird, in deren Vorderfront im 18. Jh. ein barocker Turm eingefügt wurde. Er trägt eine *Kunstuhr* mit einem Figurenspiel des 15. Jh. und mit dem berühmten Jenaer Schnapphans. Die Kellergewölbe des Rathauses, ehem. Studentenlokal »Die Zeise«, waren wie die anderen Wirtshäuser rund um den sogenannten Hanfried, das Standbild des Kurfürsten Johann Friedrich – etwa »Alt-Jena« oder die »Tanne« –, stets Stätten studentischer Geselligkeit.

Das Saaletal und seine Burgen und Schlösser

Lobdeburg · Burg Saaleck · Rudelsburg · Dornburger Schlösser
Leuchtenburg · Heidecksburg · Saalfeld

Vom früheren Hauptsitz der Herren von *Lobdeburg* sind nur Reste der Toranlage, des Wohnturmes und der Kapelle geblieben. Dieses Schicksal teilt auch die nahe Jena gelegene Anlage mit *Burg Saaleck* und mit der *Rudelsburg* (Abb. 147). Beide Burgen, noch als Ruinen von eigenwilligem Reiz, liegen an einem verkehrsmäßig fast unberührten Stück des Saaletales zwischen Großheringen und Bad Kösen. Burg Saaleck, deren Baugeschichte sich bis ins 9. Jh. zurückverfolgen läßt, ist seit dem 16. Jh. verfallen. Die Rudelsburg wurde während des Dreißigjährigen Krieges zerstört, nachdem sie urspr. wahrscheinlich zum Schutz der sog. Frankenstraße gedient hatte, zeitweilig aber als Raubritterburg genutzt worden war.

Ab Camburg bereisen wir das Saaletal aufwärts auf der F 88. Nächste Station ist Dornburg, wo sich auf vorspringenden Kalkfelsen steil über der Saale die *Dornburger Schlösser* erheben. Man ist sicher, daß der erstmals 937 in einer Urkunde Ottos I. erwähnte Platz eine als Grenzbefestigung gegen die Slawen ausgebaute Königspfalz gewesen ist.

Heute steht dort das nördliche der drei Schlösser, das *Alte Schloß*. Es ist eine unregelmäßige Dreiflügelanlage mit Bauteilen aus dem 13. Jh.

Das mittlere ist das *Rokokoschloß* (Abb. 238/239). Es ist von dem Weimarer Baumeister G. H. Krohne geprägt, von dem die schönsten Barock- und Rokokobauten in und um Weimar stammen. Herzog Ernst August ließ das Gebäude zwischen 1736 und 1747 errichten. Die meisterhafte architektonische Leistung Krohnes kommt besonders durch die gekonnte Eingliederung des Schlosses in das umliegende Landschaftsbild zum Ausdruck. In den mit reichen Stuckdekorationen versehenen Räumen werden wertvolle Porzellane aufbewahrt.

Das südlichste der Schlösser wird *Goetheschloß* genannt, nachdem sich im Jahre 1828 der Weimarer Dichterfürst längere Zeit hier aufgehalten hatte. Der zweigeschossige ehem. Gutsherrenbau mit den Renaissancegiebeln beherbergt die Goethegedenkstätte.

Rokoko- und Goetheschloß, den Nationalen Forschungs- und Gedenkstätten der klassischen deutschen Literatur in Weimar angeschlossen, wurden großzügig restauriert.

Die Perle des mittleren Saaletales wird die *Leuchtenburg* bei Kahla genannt. Sie ist als Sitz der Herren von Lobdeburg im 12. Jh. erbaut worden und hat als Wohn- und Wehrburg gedient. Ein gewaltiges Ringmauersystem umgibt den runden spätromanischen Bergfried. Die Anlage ist gut erhalten, zum Teil modern überbaut; sie wird heute als Jugendherberge und Heimatmuseum genutzt (Abb. 242).

Eine weitere Station unserer Burgen- und Schlösserfahrt durchs Saaletal ist Schloß *Heidecksburg* in *Rudolstadt.* Auf dem gratigen Bergrücken oberhalb der Stadt befand sich schon im 13. Jh. eine Burg. Auf den Grundmauern dieser alten Anlage und eines 1735 durch Brand vernichteten Renaissanceschlosses steht jetzt die Heidecksburg. In ihrer heutigen Gestalt wurde sie von dem Dresdener Baumeister J. Chr. Knöffel entworfen. Ab 1743 übernahm die Bauleitung G. H. Krohne, auf ihn geht die Raumgestaltung im Stile des Rokoko zurück. Weitere Ausbauarbeiten erfolgten nach Krohnes Tod seit 1756 unter Leitung von P. C. Schellschläger und später von W. Thierry. Die Heidecksburg ist in allen Bauphasen ein Produkt des prachtliebenden 18. Jh. Die seit 1710 in den Reichsfürstenstand erhobenen Grafen von Schwarzburg-Rudolstadt wollten mit diesem Schloßbau ihren Kunstsinn beweisen. Beispiel für die großzügig-verspielte Raumgestaltung Krohnescher Prägung ist der im Westflügel gelegene, zwei Stockwerke hohe *Festsaal.* Die Räume beiderseits davon sind zu einheitlichen Appartements zusammengefaßt, die jeweils dem Grafen und der Gräfin zu Empfangs- und Geselligkeitszwecken dienten. Stukkaturen, Wandbilder und Supraporten stammen von verschiedenen Künstlern (Abb. 23).

Schon dieses kurze Streiflicht auf die Sehenswürdigkeiten des Saaletales macht deutlich, daß die Burgenfahrt ihre besonderen Reize besitzt. Sie endet schließlich in *Saalfeld,* einer im 12. Jh. gegründeten Stadt, die im 15. und 16. Jh. eine besondere Blütezeit erlebte. In der 1. Hälfte des 16. Jh. entstand das reichgegliederte *Rathaus* mit vorspringendem polygonalen Treppenturm und stattlichen Zwerchhäusern (Abb. 245). Die *Stadtapotheke* (Saalstr. 11) und das *Haus Höhn* (Saalstr. 17) sind weitere bemerkenswerte Renaissancegebäude aus dem frühen 17. Jh. Die *Stadtkirche St. Johannis* am Markt wurde um 1380 begonnen und im Laufe des 15. Jh. als dreischiffige gotische Hallenkirche errichtet. Der einschiffige Chor war 1514 vollendet. Die plastische Innenausstattung der Kirche ist z. T. der Prager Parlerplastik verwandt, was durch Saalfelds Lehensverhältnis zu Prag und die engen kirchlichen Beziehungen zur böhmischen Hauptstadt begründet ist. Das vielfigürliche Tympanon mit der Darstellung des Jüngsten Gerichtes und wahrscheinlich auch die Außenempore über dem Westportal sind auf diesen Einfluß zurückzuführen.

Ein spätgotisches Heiliges Grab an der nördlichen Innenwand des Langhauses, eine lebensgroße hölzerne Johannisfigur von 1505 und der Mittelschrein eines gotischen Flügelaltares aus dem letzten Viertel des 15. Jh. sind weitere bedeutende Stücke der Innenausstattung.

Neben der Burgruine *Hoher Schwarm,* dem Sitz der Saalfelder Vögte, verdienen das zierliche spätgotische Schloß *Kitzerstein* und das barocke dreiflügelige *Stadtschloß* (heute

Rat des Kreises) unsere Aufmerksamkeit. Während das Stadtschloß erst 1720 mit dem Anbau der beiden Seitenflügel vollendet war (der Mitteltrakt stammt aus den Jahren 1676–1679 und ruht auf den Mauern eines abgerissenen Benediktinerklosters), geht das Schlößchen Kitzerstein auf ein Baudatum von 1435 zurück. Es wechselte oft seine Herrschaft, da es vom Landesherrn zeitweilig als Lehen an hohe Adelsfamilien vergeben wurde. Der Hohe Schwarm, so vermuten einige Quellen, soll gar bis auf die staufische Zeit zurückgehen, als Saalfeld seine Bedeutung als Stadt vergrößern konnte und in der 2. Hälfte des 12. Jh. hier sogar einige Hoftage abgehalten wurden.

Ein bedeutendes romanisches Baudenkmal

Die Klosterkirche Paulinzella

»Einsam steh'n des öden Tempels Säulen, Efeu rankt am unverschloßnen Tor... Nichts ist bleibend, alles eilt von hinnen.« Das schrieb im Jahre 1788 Friedrich Schiller in das Gästebuch des kleinen Ortes Paulinzella. Zu diesen Zeilen hatten ihn die Ruinen der Klosterkirche angeregt, deren Monumentalität jährlich von vielen Besuchern bewundert wird. Das kostbare Denkmal romanischer Architektur liegt in einem Waldtal auf dem Wege von Bad Blankenburg nach Stadtilm. Die Klöster wurden oftmals in abgelegenen Gebieten errichtet, da das dem Streben nach Askese und Verinnerlichung entgegenkam und sich die Mönche oftmals bei der Kultivierung von Waldgebieten betätigten. Das Kloster Paulinzella wurde etwa zwischen 1102 und 1106 von Paulina, einer Adligen unbekannter Herkunft, gegründet; 1107 erfolgte sein Anschluß an die hirsauischen Reformklöster. Zur gleichen Zeit etwa wurde mit dem Bau der dreischiffigen Basilika begonnen, deren Weihe 1124 stattfand. Der Chor endet in drei Apsiden, und auch die Ostseiten des kurzen Querhauses sind zu Altarnischen ausgeformt, so daß eine reich gestaffelte Chorpartie mit fünf Apsiden entsteht. Das Langhaus erreicht seine ungewöhnliche Raumdimension durch die langgestreckte Säulenreihung (einige Säulen wurden bei der denkmalpflegerischen Sicherung der Ruine erneuert). Überhaupt entspricht dieser Bau in fast allen Bauteilen und im Grundriß seinem südwestlichen Vorbild, der Peter-und-Pauls-Kirche in Hirsau. Das gleichzeitig mit dem Langhaus entstandene Westportal ist das erste mehrstufige (vierfach abgetreppte) Säulenportal in Deutschland. Es steht in der Tradition der dritten Klosterkirche von Cluny. Davor liegt eine erst nach 1125 hinzugebaute zweigeschossige Vorkirche, die mit einer Doppelturmfront im Westen abschloß (Abb. 26).

Die Kirche, ein Bau von klassischer Würde und Herbheit, verfiel mit der Säkularisation des ehem. Benediktinerklosters im Jahre 1542, nachdem die letzten Mönche die Gründung 1541 verlassen hatten. Teile davon wurden abgetragen und das Material für einen Schloßbau in Gehren verwendet. 1622 erfolgte nochmals ein großangelegter Restaurationsversuch. Er blieb ohne Erfolg, die Ostpartie wurde dann 1679/80 zerstört, und erst die romantische Besinnung auf das Mittelalter brachte wenigstens die Ruine im Jahre 1811 in denkmalpflegerische Obhut. Ein Bild von den monumentalen Formen des urspr. Baues, der für die konsequente Realisierung einer Bauidee von Bedeutung wurde, vermittelt das im ehem. *Zinsboden* aufgestellte Modell der Klosterkirche. Der alte Zinsboden steht selbst noch auf romanischen Fundamenten; er hat eine Heimatstube aufgenommen, in der die Klostergeschichte dokumentiert wird. In unmittelbarer Nähe der Kirchenruine befindet sich auch das frühere *Amtshaus,* ein langgestreckter gedrungener Fachwerkbau aus dem 17. Jh. Westlich davon steht das kleine zweigeschossige *Renaissanceschlößchen* vom Anfang des 17. Jh., das die Schwarzburg-Rudolstädter Fürsten im 18. Jh. zum Jagdschloß verändern ließen. Es soll auf den Mauern des ehem. Abtshauses errichtet sein.

Neben Friedrich Schiller besuchte auch Johann Wolfgang von Goethe den stillen Platz unweit des Ilmtales; hier in den Arkaden der Klosterruine verlebte er seinen 68. Geburtstag.

Nicht weit von Paulinzella entfernt, in nordöstlicher Richtung, ist ein anderer Lieblingsort Goethes wieder restauriert worden. Es ist das Wasserschloß von *Großkochberg* (Abb. 25), in dem Charlotte von Stein mehrfach die Sommermonate in den von Barockbaumeister G. H. Krohne 1732/33 erneuerten Räumen verbrachte und dort oft von Goethe besucht wurde. In entgegengesetzter Richtung erreicht man von Paulinzella aus schnell das Ilmtal, wo in *Ilmenau* und Umgebung weitere Gedenkstätten, wie das *Amtshaus,* das *Goethehäuschen* auf dem Kickelhahn, das *Jagdhaus Gabelbach* u. a., nicht nur an den großen Dichter, sondern auch an den rührigen Weimarer Regierungsbeamten Goethe erinnern. Die Fahrt auf der F 87 ilmabwärts nach Weimar hält noch manch bemerkenswerte Begegnung mit der Vergangenheit bereit. Nicht achtlos vorübergehen sollte man an der guterhaltenen *Stadtilmer Stadtbefestigung* und dem beeindruckenden frühgotischen Bau der *Stadtkirche* mit reich verzierten Türmen sowie an der auf hohem Fels stehenden *Ruine* des Kranichfelder Oberschlosses.

Elmar Faber

219 *Eisenach* Lutherhaus. Dieser Fachwerkbau mit spätgotischen Elementen beherbergt eine Sammlung von Bibeldrucken und geistlichen Büchern.

220 *Eisenach* Wartburg. Die Lutherstube befindet sich im ehem. Wohnabteil der Burgvögte, hier übersetzte Luther das Neue Testament.

221 *Eisenach* Wartburg. Die unregelmäßige Höhenburg – im 11. Jh. von den Ludowingern gegründet – erstreckt sich in Nord-Süd-Richtung auf dem Gipfel des Wartberges. Die Luftaufnahme zeigt deutlich die Trennung in Vor- und Hauptburg.

222 *Erfurt* Dom und St. Severi nach der Restaurierung. Die An- und Umbauten des 19. Jh. wurden entfernt und die Form des gotischen Walmdaches rekonstruiert

223 *Erfurt* St.-Severi-Kirche. Deckplatte des Severisarkophags.

224 *Erfurt* Schottenkirche. Blick in das südliche Seitenschiff.

225 *Erfurt* Statthalterei. Der ehem. Wohn- und Amtsplatz des kurmainzischen Statthalters, 1711–1720 erbaut; bemerkenswert die in mehreren Räumen vorhandenen Stuckarbeiten des Italieners J. P. Castelli.

226 *Erfurt* Dominikanerkirche. Kalvarienberg an der Westwand der Chorschranken, um 1350 datiert. Die vielfigurige Szene der Kreuzigung geht wahrscheinlich auf italienische Vorbilder zurück.

227 *Gotha*
Schloß Friedenstein.
Die Dreiflügelanlage mit niedrigem Verbindungstrakt an der Gartenseite war der erste Schloßbau, der nach dem Dreißigjährigen Krieg in Deutschland entstand.

228 *Gotha* Das Tivoli.
Die traditionsreiche Gothaer Versammlungsstätte in der Cosmarstr. 10 wurde in ihrer historischen Gestalt wiederhergestellt, darunter auch der Tagungsraum des Vereinigungsparteitages von 1875.

229 *Gotha*
Schloß Friedenstein. Das Ekhoftheater präsentiert sich wieder im urspr. Zustand als ältestes thüringisches Schloßtheater, zu dem das bürgerliche Publikum erst spät Zugang fand.

230 *Oberhof* Interhotel Panorama. Erbaut 1969 nach Plänen jugoslawischer Architekten; die landschaftsbezogene Konstruktion läßt an zwei nebeneinander verlaufende Sprungschanzen denken.

231 *Weimar*
Nationaltheater mit dem Goethe-Schiller-Denkmal.

232 *Weimar* Schillerhaus mit Gänsemännchenbrunnen.

233 *Weimar* Goethehaus am Frauenplan. Arbeitszimmer J. W. Goethes.

234 *Weimar* Schloß Belvedere.

235 *Weimar* Landesbibliothek. Zentralbibliothek der deutschen Klassik. Rokokosaal; die Bibliothek beherbergt mit mehr als 11 000 Bänden die größte Sammlung der Welt zum Faust-Thema.

236 *Weimar* Mahn- und Gedenkstätte Buchenwald. Blick vom Glockenturm auf die Figurengruppe von Fritz Cremer und auf eines der drei mächtigen Ringgräber.

237 *Weimar* Denkmal der Märzgefallenen. Von Walter Gropius geschaffen.
1933 zerstört,
1945 wiederhergestellt.

238 *Dornburg*
Die Dornburger Schlösser. Von hier hat man einen schönen Blick ins Saaletal; im Vordergrund das Rokokoschloß.

239 *Dornburg*
Rokokoschloß. Salon.

240 *Jena* Universität. Wandbild von Ferdinand Hodler in der Friedrich-Schiller-Universität.

241 *Rudolstadt* Heidecksburg. Ehem. Stammsitz der Fürsten von Schwarzburg-Rudolstadt.

242 *Kahla* Leuchtenburg.

243 *Mühlhausen* Blick über die Stadt auf die Westfassade der Marienkirche.

244 *Mühlhausen* Marienkirche. Detail der südlichen Querschiffassade mit dem Scheinaltan.

245 *Saalfeld* Der Marktplatz mit dem 1537 vollendeten Rathaus.

246 *Meiningen*
Schloß Landsberg.

247 *Schmalkalden* Schloß Wilhelmsburg. Ein Blick auf die charakteristischen Fresken der Türumrahmungen.

248 *Suhl* Rathaus von Suhl-Heinrichs.
Ein beeindruckender Fachwerkbau mit filigranen Arbeiten am Holz.

Praktische Reiseinformationen von A–Z

Lage: Mitteleuropa
Angrenzende Länder:
im Osten – Volksrepublik Polen
im Süden – ČSSR
im Westen – Bundesrepublik Deutschland
im Norden – Ostsee als natürliche Grenze

Hauptstadt: Berlin
Einwohner: ca. 17 Millionen
Fläche: 108 333 km²
Politische Gliederung:
15 Bezirke, die im wesentlichen das Territorium der nachfolgend genannten ehemaligen Länder einnehmen:
Mecklenburg: Bezirke Rostock, Schwerin, Neubrandenburg
Mark Brandenburg: Bezirke Cottbus, Frankfurt/Oder, Potsdam
Sachsen: Bezirke Dresden, Leipzig, Karl-Marx-Stadt
Sachsen-Anhalt: Bezirke Halle, Magdeburg
Thüringen: Bezirke Erfurt, Gera, Suhl

Touristische Zentren: Berlin, Dresden, Leipzig, Erfurt, Weimar, Potsdam

Apotheken

Die meisten Medikamente sind aus Gründen des Gesundheitsschutzes rezeptpflichtig und können nur vom Arzt verordnet werden. Leichte Medikamente, z. B. gegen Kopfschmerzen, Magenverstimmungen oder Erkältungen gibt es auch rezeptfrei.

Siehe *Verhalten im Krankheitsfall.*

Ausgewählte kulturelle Höhepunkte

DDR-Musiktage

Im jährlichen Wechsel mit der Musik-Biennale Berlin finden jeweils im Februar die DDR-Musiktage in Berlin statt. Dieses ebenfalls vom Verband der Komponisten und Musikwissenschaftler der DDR veranstaltete Musikfest schafft Hörern, Interpreten und Komponisten Möglichkeiten der Begegnung und der schöpferischen Diskussion über Neugeschaffenes und bereits Bewährtes aus der DDR-Musikgeschichte. Die Palette des Gebotenen umfaßt Sinfonik und Oper, Kammermusik, Song und Chanson, Tanz- und Unterhaltungsmusik sowie Jazz, und dies in der Interpretation hervorragender Solisten und Klangkörper des Landes.

Festival des politischen Liedes

Das Festival des politischen Liedes in Berlin ist das wichtigste internationale Podium des progressiven Liedschaffens. Es wird von der Freien Deutschen Jugend organisiert und findet seit 1970 mit Solisten und Gruppen aus rund dreißig Ländern statt. Liedermacher, Chanconsänger, Song-, Folklore-, Rock- und Theatergruppen treten hier auf. Das Festival vereint Konzerte, politische Kundgebung und Erfahrungsaustausch. Neben Konzertveranstaltungen finden Foren, Werkstätten, Begegnungen und Betriebsbesichtigungen statt.

Thüringer Bach-Tage

Alljährlich werden in mehreren Thüringer Städten zum Gedenken an den Geburtstag des großen deutschen Komponisten die Thüringer Bach-Tage durchgeführt. Zentren für die zahlreichen Konzerte sind die Städte Erfurt, Weimar, Arnstadt, Gotha und Bachs Geburtsstadt Eisenach. Die Veranstaltungen finden jährlich in der 2. Märzhälfte statt.

Vogtländische Musiktage

Im Süden der DDR, im oberen Vogtland, liegen Klingenthal und Markneukirchen. In diesen traditionsreichen Städten des Musikinstrumentenbaus finden seit 1975 die Vogtländischen Musiktage statt. Sie vereinen zwei internationale Veranstaltungen: die Klingenthaler Harmonikatage und die Markneukirchener Musiktage. Beide sind verbunden mit internationalen Instrumentalwettbewerben.

Internationales Dixieland-Festival Dresden

Jährlich im Mai pilgern unzählige Liebhaber des Dixieland nach Dresden, das sich als Treffpunkt erstklassiger Formationen, die sich dieser Jazzrichtung verschrieben haben, mittlerweile einen Namen gemacht hat. Das Programm des Festivals bietet eine abwechslungsreiche Palette von Veranstaltungen bis hin zum Freiluftjazz in der Prager Straße.

Dresdener Musikfestspiele

Die Dresdener Musikfestspiele sind das Zentrale Kulturereignis dieser an kulturellen Traditionen reichen Stadt. Mit ihrem vielfältigen Angebot aus fast allen Gattungen und Genres der Musik sowie den verschiedenen Konzertformen und Aufführungspraktiken sind die Festspiele für ein großes Publikum interessant. Namhafte Solisten, Ensembles und Orchester bürgen für hohe künstlerische Leistungen. Die Musikfestspiele werden zu einem besonderen Erlebnis, da neben der 1985 wiedereröffneten Semperoper, dem Kulturpalast und den Staatstheatern auch Schlösser, Gärten und Naturbühnen von Dresden und Umgebung als Spielstätten genutzt werden. Die Veranstaltungen finden jährlich von Mai bis Juni statt.

Händel-Festspiele

Seit 1952 werden in Halle jährlich im Juni von der Georg-Friedrich-Händel-Gesellschaft und dem Rat der Stadt die Händel-Festspiele der DDR veranstaltet. Die Pflege des musikalischen Erbes von Händel besitzt in seiner Geburtsstadt Halle einen hohen Stellenwert. Solisten und Ensembles aus dem In- und Ausland tragen in Verbindung mit dem Konzert, durch neue interpretatorische Wege die stilistische Eigentümlichkeit der Händelschen Musik und ihre Popularisierung besser erlebbar zu machen, zur Attraktivität der Festspiele bei.

Robert-Schumann-Tage

Seit 1847 werden in Zwickau zu Ehren Robert Schumanns Musikfeste organisiert. Aus den jährlichen Schumann-Tagen der Stadt Zwickau, dem Geburtsort des Komponisten, sind 1976 die Robert-Schumann-Tage des Bezirkes Karl-Marx-Stadt hervorgegangen. Das Programm umfaßt Veranstaltungen in mehreren Städten, konzentriert sich aber auf die Geburtsstadt Schumanns, Zwickau.

Greifswalder Bach-Woche

In Greifswald wird das kirchenmusikalische Erbe des großen Komponisten besonders gepflegt, obwohl die über 700 Jahre alte Universitätsstadt nicht den Ruhm beanspruchen kann, eine der Stätten von Bachs Leben und Wirken gewesen zu sein. Von Jahr zu Jahr wächst die Ausstrahlungskraft der vom Domchor getragenen Greifswalder Bach-Woche, die durch die Gegenüberstellung der Musik Bachs mit dem Schaffen von Komponisten des 20. Jahrhunderts ein besonderes Profil besitzt. Jährlich Mitte Juni.

Parkfestspiele Sanssouci

Die Schlösser und Gärten von Sanssouci bei Potsdam bilden eine reizvolle Kulisse für die jährlich im Juni stattfindenden Parkfestspiele. In die Synthese von Architektur und Gartengestaltung des weltberühmten Schlosses Sanssouci fügen sich die zahlreichen Musikveranstaltungen mit ihren erlesenen Programmen harmonisch ein. Hervorragende Solisten und Orchester aus der DDR und aus dem Ausland bürgen für ein hohes künstlerisches Niveau.

Internationaler Bach-Wettbewerb der DDR

Alle vier Jahre treffen sich im Sommer junge Musiker aus aller Welt in der Musikstadt Leipzig. Veranstalter dieses Wettbewerbs sind das Bach-Komitee der DDR und die Nationalen Forschungs- und Gedenkstätten J. S. Bach mit Unterstützung der Räte des Bezirkes und der Stadt Leipzig sowie der Leipziger Musikhochschule. Zu den Standardfächern gehören Klavier, Orgel, Violine, Violoncello und Gesang. Ein fünftes, variables Fach wird jeweils im Wechsel ausgeschrieben.

Choriner Musiksommer

1968 vom Berliner Sinfonie-Orchester mitbegründet, entwickelte sich der Choriner Musiksommer mit seinen Konzerten im Kirchenschiff der Klosterruine und im Klosterinnenhof zu einem Höhepunkt sommerlicher Konzertveranstaltungen. Die 700 Jahre alten Gemäuer des ehemaligen Zisterzienser-Bauwerks bieten alljährlich in der Sommersaison eine reizvolle Umgebung für die Konzerte. Jährlich von Juni bis August.

Internationales Musikseminar Weimar

Seit seiner Gründung im Jahre 1960 erweist sich das jährlich Mitte Juni stattfindende Musikseminar Weimar für junge Künstler aus aller Welt als eine Bildungsveranstaltung von hohem Rang. In etwa zwanzig verschiedenen Kursen haben junge Instrumentalisten und Sänger Gelegenheit zur Vertiefung ihrer interpretatorischen Fähigkeiten und zum anregenden Vergleich unterschiedlicher Gestaltungskonzeptionen. Im Programm des zweiwöchigen Seminars sind auch Konzerte der in- und ausländischen Gastprofessoren sowie der besten Seminarteilnehmer vorgesehen.

Gottfried-Silbermann-Tage

Zu Ehren des berühmten sächsischen Orgelbauers Gottfried Silbermann finden seit 1978 Musikfestspiele statt. Neben bekannten Klangkörpern aus der DDR wirken namhafte Organisten des In- und Auslandes mit. In das Programm, das auch zeitgenössische Orgelwerke präsentiert, sind etwa zwanzig Veranstaltungsorte im Bezirk Karl-Marx-Stadt einbezogen. Jährlich 2. Septemberhälfte.

Gewandhaus-Festtage

Alljährlicher Höhepunkt im Neuen Gewandhaus zu Leipzig sind die im Oktober stattfindenden Gewandhaus-Festtage, die seit 1981 im jährlichen Wechsel unter dem Motto »Internationale Orchester« und »Junge Künstler international« stehen. Im Rahmen der Festtage findet ein wissenschaftliches Symposium statt, in dessen Mittelpunkt Leben, Werk, Interpretation und Rezeption einer bedeutenden Musikerpersönlichkeit steht, die auch mit der Musikgeschichte Leipzigs verbunden ist. Die Konzertprogramme beziehen diesen thematischen Schwerpunkt in die Gestaltung mit ein und berücksichtigen dabei sowohl das klassische Erbe als auch das zeitgenössische internationale Musikschaffen.

Berliner Festtage

Die Berliner Festtage des Theaters und der Musik, die seit 1957 durchgeführt werden, finden jährlich von Ende September bis Mitte Oktober statt. Sie sind ein Leistungsvergleich nationaler und internationaler Theater- und Musikkunst und präsentieren in Premieren und Gastspielen die besten Schöpfungen des Bühnenschaffens der DDR und des Auslands. Das Veranstaltungsprogramm umfaßt ferner Konzerte von Solisten und Ensembles aus aller Welt sowie Veranstaltungen des künstlerischen Volksschaffens.

Hallische Musiktage

Mit dem neuen Musikschaffen der DDR, insbesondere der Komponisten aus dem Bezirk Halle, wollen die zweijährig stattfindenden Hallischen Musiktage bekanntmachen. Seit der ersten Veranstaltung im Jahre 1963 haben sie sich immer mehr einen Platz im territorialen Musikleben erobert. Das vielfältige und abwechslungsreiche Programm reicht von Sinfonie- und Kammerkonzerten über Chorkonzerte bis hin zu Blasmusikestraden. Nächste Musiktage Oktober bis November 1990.

Weitere Veranstaltungen

Es gibt in Berlin jährlich den **Köpenicker Sommer.** Ende Juni beginnt er mit einem historischen Festumzug unter Beisein des legendären »Hauptmanns von Köpenick« und mündet in eine Vielzahl von Veranstaltungen im schönen Schloßpark.

Nicht zu vergessen ist der **Pankower Wochenmarkt,** der schon ca. 130 Jahre besteht. Hier verkaufen die sogenannten Laubenpieper ihre Produkte. Man kann dort schlechthin alles finden, von der Hühneraugentinktur bis zum Senfkorn, vor allem aber kann man dort den waschechten Berliner treffen.

Weit über Thüringen hinaus hat die jährlich im Juni/Juli stattfindende Internationale Gartenbauausstellung (iga) in Erfurt einen guten Ruf.

Berühmt sind die Weimarer **Festabende zu Goethes Geburtstag,** die jährlich um den 28. August stattfinden.

Bekannt ist der **Eisenacher Sommergewinn.** Am dritten Sonntag vor Ostern wird der Sieg von Frau Sonne über den Winter gefeiert. Berühmt ist der **Wasunger Karneval.** Es gibt den **Römhilder kalten Markt** (letzter Donnerstag im Januar) und den **Kaltennordheimer Heiratsmarkt.** Jedes Jahr im Mai findet das **Holzhauer- und Fuhrmannsfest** in Finsterbergen statt, ein Sammelpunkt volkskünstlerischer und volksmusikalischer Thüringer Traditionen.

Jährlich findet Anfang März in **Leipzig** die **Internationale Frühjahrsmesse** und Anfang September die **Internationale Herbstmesse** statt.

Größtes Interesse in der internationalen Fachwelt finden die jährlich viermal stattfindenden **Leipziger Pelzauktionen:** im Februar, April (mit großer Pelzmodenschau für alle Aussteller und Wareneigner), Juni und Oktober.

Im Vierjahresrhythmus wird in **Leipzig** das **Turn- und Sportfest** mit einer großen Sportschau und zahlreichen Wettkämpfen in verschiedensten Disziplinen durchgeführt. 1991 findet das IX. Sportfest statt.

Alle fünf Jahre bietet eine internationale Ausstellung auf dem **AGRA-**Gelände in Leipzig-Markkleeberg einen Überblick über die Entwicklung in der Land-, Forst- und Nahrungsgüterwirtschaft. Zwischenzeitlich finden kleinere Ausstellungen oder Kolloquien zu speziellen Themen statt.

Alljährlich im Oktober lädt Leipzig die Filmschaffenden aus aller Welt zur **Internationalen Dokumentar- und Kurzfilmwoche** ein. Eine Jury aus namhaften Vertretern von Film und Journalistik verleiht die begehrten Trophäen.

Freyburg lädt jedes Jahr am letzten Septemberwochenende zum **Winzerfest** ein.

Der immer am dritten Juniwochenende stattfindende **Kohrener Töpfermarkt** bietet Keramiksammlern und -liebhabern sicherlich Interessantes.

Auskunft

Alle für Reisen in die und in der DDR wichtigen Auskünfte erteilen vor Reiseantritt die Reisebüros in den Heimatländern und in Berlin (West) sowie die Generaldirektion des Reisebüros der DDR und International Sales. Sie stellen Informationsmaterial zur Verfügung und nehmen Buchungen für verschiedenste Leistungen vor.

Reisebüro der DDR
Generaldirektion
Alexanderplatz 5
DDR-1020 Berlin
✆ 2150, Tx. 114648
114651
114652

Interhotel der DDR
International Sales
Friedrichstraße 150/153
(Hotel Metropol)
DDR-1080 Berlin
✆ 2204207, 2204327
Tx. 114143

Verbindliche Auskünfte über Ein- und Ausreisebestimmungen, Aufenthaltsbedingungen sowie Zollbestimmungen erteilen auch die Dienststellen der Volkspolizei und die Zollverwaltung der DDR.

Konkrete Hinweise über Veranstaltungen, Architektur- und Kunstdenkmäler usw. in einzelnen Orten erteilen die zuständigen Informationsbüros.

Siehe *Informationsbüros.*

Bibliotheken und Archive

Die DDR hat ein weit verzweigtes Netz von Bibliotheken und Archiven. Bei Forschungsarbeiten ist eine vorherige Anmeldung bzw. die Genehmigung zum Arbeiten in der betreffenden Institution erforderlich.

Camping

Für Bewohner der Bundesrepublik Deutschland sind im Rahmen von Touristikreisen Campingfahrten in die DDR möglich. Die Campingplätze sind vom 1. Mai bis zum 30. September geöffnet. Eine Reservierung sollte mindestens 40 Tage vor Reisebeginn bei einem Reisebüro, das Campingreisen vermittelt, gebucht werden. Der Preis beträgt pro Person ab 16 Jahren 25 DM und 10 DM für Kinder von 6 bis 15 Jahren. Für diesen Betrag wird ein Gutschein ausgestellt, der bei der Einreise in die DDR in voller Höhe gegen Mark der DDR eingelöst wird. Die Einreise für Campingaufenthalte mit Wohnwagen kann über alle zugelassenen Grenzübergänge erfolgen.

Camping-Touristen aus dem nichtsozialistischen Ausland wenden sich bei direkter Anreise an die Grenz-Servicestellen des Reisebüros der DDR oder auch direkt an das

Reisebüro der DDR
Generaldirektion Direktionsbereich AAT
Alexanderplatz 5
1020 Berlin

Folgende Campingplätze können von Reisenden aus der Bundesrepublik Deutschland und Berlin (West) besucht werden:

PLZ	Campingplatz	Lage
8242	Altenberg	Am Kahleberg
2254	Bansin	Am Strand
1186	Berlin-Schmöckwitz	Am Krossinsee
4802	Bad Bibra, Krs. Nebra	Am Waldschwimmbad
2051	Dahmen/Rothenmoor	Am Malchiner See
8000	Dresden-Mockritz	Am Luftbad
9373	Ehrensfriedersdorf, Krs. Zschopau	Greifenbachstauweiher
1202	Finkenheerd	Am Nordufer des Helenensees
6309	Großbreitenbach, Krs. Ilmenau	Am Schwimmbad
7701	Groß-Särchen, Krs. Hoyerswerda	Am Südufer des Knappensees
9251	Höfchen	An der Kriebstein-Talsperre
4712	Kelbra/Kyffhäuser, Krs. Sangerhausen	Talsperre Kelbra
9424	Langenhessen, Krs. Werdau	Koberbachtalsperre
7026	Leipzig-Nord	Am Auensee
6313	Manebach, Krs. Ilmenau	Meyersgrund
8015	Moritzburg, Krs. Dresden-Land	Am Mittelteichbad
4301	Neudorf, Krs. Quedlinburg	Am Birnbaumteich
8231	Paulsdorf, Krs. Dippoldiswalde	An der Talsperre Malter
2864	Plau am See, Krs. Lübz	Am Westufer des Plauer Sees
2321	Reinberg	Am Greifswalder Bodden
1242	Bad Saarow-Pieskow	Am Westufer des Scharmützelsees
8251	Scharfenberg, Krs. Meißen	Rehbocktal
4251	Seeburg, Krs. Eisleben	Am Nordstrand des Süßen Sees

2711	Seehof, Krs. Schwerin	Westufer des Schweriner Sees
2236	Ueckeritz	Am Strand
2131	Warnitz, Krs. Prenzlau	Am Ostufer des Ober-Uecker-Sees
5237	Weißensee, Krs. Sömmerda	Am Terrassenbad
1512	Werder/Havel, Krs. Potsdam-Land	Riegelspitze
1903	Wusterhausen/Dosse	Am Klempowsee
2401	Zierow	In der Wismar-Bucht

Ein- und Ausfuhrbestimmungen

Siehe *Zollbestimmungen.*

Einreisebestimmungen

Es gibt verschiedene Möglichkeiten, von der Bundesrepublik Deutschland in die DDR zu reisen:

- Besuch von Verwandten und Bekannten
- Touristenreisen
- Tagesbesuche in Berlin (Hauptstadt der DDR) und in den grenznahen Kreisen
- Reisen aus kommerziellen, kulturellen, sportlichen und religiösen Gründen
- Transitreisen.

Die Einreise mit dem privaten Pkw wird auf Antrag gestattet, Motorräder sind nur für Transitreisen zugelassen. Die Wahl des Grenzübergangs ist frei, für die Ein- und Ausreise bei mehrtägigen Aufenthalten (außer im grenznahen Verkehr) in der DDR muß nicht derselbe Übergang gewählt werden. Für eine Reise in oder durch die DDR ist ein gültiger Reisepaß erforderlich, der nicht vor Beendigung der Reise ablaufen darf. Kinder bis 16 Jahre müssen im Besitz eines Kinderausweises sein oder im Paß eines Elternteils eingetragen sein. Gegen Vorlage des Berechtigungsscheins zum Empfang eines Visums wird an der Grenze das Visum erteilt. Über abweichende Vorschriften für Bewohner von Berlin (West) informiert die **Zentrale Melde- und Beratungsstelle für den West-Ost-Verkehr,** Fehrbelliner Platz 2, Berlin (West) 31, ∅ 8 67 67 42, 8 67 69 63, 8 67 58 21 und 8 67 44 46.

Besuch von Verwandten und Bekannten

Auf Antrag von Verwandten und Bekannten in der DDR erlauben die zuständigen DDR-Behörden jährlich einmal oder mehrmals die besuchsweise Einreise bis zu einer Dauer von insgesamt 45 Tagen. Der Berechtigungsschein zum Empfang eines Visums wird von den Verwandten oder Bekannten bei den dafür zuständigen Behörden beantragt und dem Besucher übersandt. Telegramme mit Todesnachrichten oder Mitteilungen über akute Lebensgefahr von Angehörigen oder Bekannten in der DDR berechtigen ebenfalls zum Empfang des Visums, wenn sie von dem zuständigen Volkspolizei-Kreisamt bestätigt sind. Die Erteilung des Visums ist für Erwachsene gebührenpflichtig: bei mehrtägigen Reisen 15,– DM, bei eintägigen Reisen 5,– DM. Reisenden aus der Bundesrepublik Deutschland, die 60 Jahre und älter sind, werden die Visagebühren auf Antrag aus Bundesmitteln zurückerstattet (außer bei Tagesaufenthalten in Berlin, Hauptstadt der DDR).

Touristenreisen

Bei Touristenreisen ist der Berechtigungsschein zum Empfang eines Visums bei den Reisebüros in der Bundesrepublik Deutschland zu beantragen, die DDR-Reisen vermitteln. Das touristische Angebot umfaßt:

- Mehrtägige Rundreisen durch die DDR mit Führungen (Verkehrsmittel: Reisebus)
- Einzelreisen und Hotelreservierung in vielen Städten (Verkehrsmittel: Bahn oder privater Pkw)
- Gruppenfahrten zu besonderen Ereignissen, wie Festspiele, Messen, Ausstellungen, Sportveranstaltungen u. a. (Verkehrsmittel: Reisebus oder Bahn)
- Urlaubsaufenthalte an der Ostsee oder im Thüringer Wald (Verkehrsmittel: Bahn oder Pkw)

Tagesbesuche in Berlin (Hauptstadt der DDR) und in den grenznahen Kreisen

Berlin (Hauptstadt der DDR): Einwohner der Bundesrepublik Deutschland können gegen Vorlage des Reisepasses für einen Tag (ohne Übernachtung) einreisen, Vorgeschriebene Übergänge für die Einreise von Berlin (West) sind Bornholmer Straße und Heinrich-Heine-Straße (für Kfz und Fußgänger) sowie der Bahnhof Friedrichstraße (für Reisende mit S- und U-Bahn). Die Übergänge sind von 7 bis 24 Uhr geöffnet (Einreise bis 20 Uhr). Die Visagebühren betragen 5,– DM. Mindestumtausch siehe unter *Geld und Devisenbestimmungen.*

Die Übergänge Dreilinden-Drewitz, Heerstraße-Staaken und Heiligensee/Stolpe dienen nur für Reisen in die DDR, nicht für Tagesbesuche in Berlin (Hauptstadt der DDR).

Grenznaher Verkehr: Einwohner der Bundesrepublik Deutschland aus den grenznahen Stadt- und Landkreisen können im Rahmen des 45-Tage-Kontingents mit Mehrfach-Berechtigungsscheinen der DDR zu Tages- oder Zweitagesaufenthalten in die grenznahen Kreise der DDR einreisen. Hierbei ist grundsätzlich die dem Besuchsort nächstgelegene Übergangsstelle für die Ein- und Ausreise zu benutzen. Mindestumtausch siehe unter *Geld und Devisenbestimmungen.*

Reisen aus kommerziellen, kulturellen, sportlichen und religiösen Gründen

Besuch der Leipziger Messe siehe *Sonderregelungen zur Leipziger Messe.*

Auf Einladung von Organisationen in der DDR (z. B. Sportverbände, Kirchen, gesellschaftliche Gruppen) oder wissenschaftlichen Institutionen ist eine Einreise ebenfalls möglich.

Transitreisen

Von den Transitreisen nach Berlin (West) sind die Transitreisen durch die DDR in andere Staaten zu unterscheiden.

Transitreisen nach Berlin (West): Bei der Transitreise durch die DDR nach Berlin (West), die nicht unterbrochen werden darf, entstehen keine Straßenbenutzungs- und Visagebühren. Auf den Transitstrecken befinden sich Tankstellen, an denen man gegen DM tanken kann, sowie ein Unfall- und Pannendienst. Die Transitstrecke darf nicht verlassen und es dürfen keine Personen während der Durchfahrt aufgenommen werden, gehalten werden darf nur an den gekennzeichneten Parkplätzen.

Transitreisen durch die DDR in andere Länder: Beim Transit nach dritten Staaten gelten nicht die besonderen Erleichterungen des Verkehrs nach und von Berlin (West).

Für den Durchreiseverkehr durch die DDR in andere Länder können alle für den Transitverkehr zugelassenen Grenzübergänge benutzt werden. Die auf den Transitstraßen bisher geltenden Routenbeschränkungen entfallen. Es muß aber die kürzeste Verbindung gewählt werden (auch im Eisenbahnverkehr).

Wird vor Antritt der Reise über ein Reisebüro in der Bundesrepublik Deutschland oder in Berlin (West) oder an einem Grenzübergang zur DDR eine Übernachtung (in Interhotels oder auf Intercampingplätzen) gebucht, so ist eine Unterbrechung der Transitreise bis zu 72 Stunden (2 Übernachtungen) möglich. Aus anderen Gründen darf von der Transitstrecke nicht abgewichen werden. Das Transitvisum wird an den Grenzübergangsstellen erteilt und kostet 5,– DM.

Essen und Trinken

Berlin und die Mark Brandenburg werden schlechthin nicht für paradiesische Flecken im Lande der Eß- und Trinkkultur gehalten. Dennoch kann ein Gourmet an ein paar typischen Speisen und Getränken sicher auch Gefallen finden, am Berliner Eisbein mit Sauerkraut, den vielgerühmten Bouletten, den Schusterjungen, einfachen Roggenbrötchen mit Fett oder Harzer Käse, und an den feinen Fischgerichten aus den märkischen Gewässern, Zander in Dillsoße oder Karpfen polnisch. Beliebt ist die »Berliner Weiße«, ein obergäriges Bier mit Schuß (einem Waldmeisterschnaps o.ä.). Die folgenden Landesgerichte darf man in Thüringen nicht versäumen: Thüringer Klöße (grüne Kartoffelklöße) mit Sauerbraten, Wild oder Kaninchen, dann die sogenannte Erdapfelsuppe, eine Kartoffelsuppe mit vielen Gewürzen und die originale Thüringer Rostbratwurst, gegen die alles, was in deutschen Ländern unter gleichem Namen angeboten wird, nur ein ärmlicher Ersatz ist.

Dem Kenner werden die trockenen Weine des Saale-Unstrut-Gebietes (nördlichstes Weinbaugebiet Europas) ebenso munden wie die Meißener Weine, vielleicht sogar in der historischen Weinstube Winzenz Richter verkostet.

Allerorten gelobt werden verschiedene Biersorten, seien es das Radeberger, das Wernesgrüner, das Krostitzer oder anderes.

Feiertage

Gesetzlich festgelegte Feiertage in der DDR sind:

- Neujahr
- Karfreitag
- Ostersonntag
- 1. Mai, Internationaler Kampf- und Feiertag der Werktätigen
- Pfingstsonntag, Pfingstmontag
- 7. Oktober, Nationalfeiertag der DDR
- 25./26. Dezember, Weihnachten

Ferienreisen

Das Reisebüro der DDR vermittelt Pauschalaufenthalte in den schönsten Erholungsgebieten der DDR. Die Preise umfassen jeweils 7 Tage mit Übernachtung (auf der Basis von Zweibettzimmern) und Vollpension. Eine Verlängerung um weitere 7 Tage ist möglich.

Der Anreisetag ist jeweils sonnabends, im Hotel Neptun und im Hotel Schloß Cecilienhof täglich.

Folgende Reiseziele sind zu empfehlen:

	Preis pro Person/Woche in DM für Übernachtung und Vollpension
Potsdam	
Potsdam, Hotel Schloß Cecilienhof	590,–
Ostsee	
Rostock-Warnemünde, Hotel Neptun	675,–
Sellin, Hotel Frieden	390,–
Zinnowitz, Hotel Philipp Müller	320,–
Kühlungsborn, Union Hotel	350,–
Thüringer Wald	
Reinhardsbrunn, Hotel Schlößchen	420,–
Parkhotel	380,–
Sächsische Schweiz	
Bad Schandau, Elbhotel	450,–

Harz	
Wernigerode, Hotel zur Post	270,–
Der Zuschlag für Einbettzimmer	
beträgt pro Woche	105,–
im Hotel Neptun	210,–

Mitreisende Kinder von 2 bis 5 Jahren erhalten eine Ermäßigung von 50 % bei Aufbettung und halben Verpflegungsleistungen, Kinder über 6 Jahre bis zu 12 Jahren 25 % bei Aufbettung und voller Verpflegung. In staatlich anerkannter Kur- und Erholungsorten ist von den Reisenden nach Ankunft eine Gebühr (Kurtaxe) zu entrichten. Es gelten die allgemeinen **Buchungsbedingungen** für Einzelreisen (siehe *Einreisebestimmungen*), allerdings sollte der Auftrag spätestens 3 Wochen vor Reiseantritt beim Reisebüro der DDR vorliegen.

Die **Stornierung** gebuchter Leistungen ist bis 14 Tage vor der geplanten Anreise beim Reisebüro der DDR möglich. Bei Einhaltung der Frist werden keine Kosten berechnet. Für später eingehende Stornierungen werden 50 % des bestätigten Preises pro Person für die 1. Woche berechnet.

Fotografieren und Filmen

Mitgenommen werden können ein Fotoapparat und eine Amateur-Schmalfilmkamera mit Zubehör einschließlich der Filme (ohne Tonspur) für den Eigenbedarf (Videokameras sind nicht zugelassen). Die wichtigsten Fotografierverbote gelten für Bahnanlagen und Bahnhöfe, Brücken und Viadukte, Industrie- und Grenzsicherungsanlagen, militärische Einrichtungen (Anlagen, Waffen, Geräte, Marschkolonnen, Kasernen, diensttuende Soldaten und militärische Sperrgebiete in der Landschaft), Flughäfen (Luftaufnahmen) und Hafenanlagen.

Geld und Devisenbestimmungen

Für Reisende, die die DDR besuchen, ist je Person und Aufenthaltstag ein Mindestumtausch von Zahlungsmitteln vorgeschrieben. DM werden in Mark der DDR im Verhältnis 1:1 umgetauscht. Der Mindestumtausch kann auch in einer anderen frei konvertierbaren Währung vorgenommen werden.

Der **Mindestumtausch** beträgt: 25,– DM pro Tag und Person ab vollendetem 15. Lebensjahr bei Besuchen in der DDR und in Berlin. Das gilt auch für den grenznahen Verkehr und für Tagesbesuche von Berlin (West) aus.

Ausnahmen: Für Kinder bis zum vollendeten 14. Lebensjahr ist kein Mindestumtauschbetrag zu zahlen. Für Jugendliche vom vollendeten 14. bis zum vollendeten 15. Lebensjahr sind 7,50 DM pro Tag und Person zu zahlen. Rentner zahlen 15,– DM pro Person und Tag. Als Rentner gelten Altersrentner (Frauen ab 60., Männer ab

65. Lebensjahr), Invaliden- und Unfallvollrentner. Es gelten die rentenrechtlichen Begriffe der DDR. Danach sind Invaliden- und Unfallvollrentner Personen mit einem Körperschaden von 66⅔ %. Dieser Begriff ist dem Rentenrecht in der Bundesrepublik Deutschland fremd. Die Berechtigten, die in die DDR fahren wollen, erhalten bei Nachweis der Vorausetzungen von ihren örtlichen Versorgungsämtern kostenlos eine Bescheinigung über ihren Körperschaden, die zusammen mit einer Kopie des Rentenbescheides in der DDR vorgelegt werden muß. – Begleitpersonen von Blinden und Schwerstbeschädigten sind vom Mindestumtausch befreit, sofern im amtlichen Ausweis des Betroffenen vermerkt ist, daß er auf eine Begleitung angewiesen ist; die Betroffenen selbst, also die Blinden und Schwerstbeschädigten, sind nicht vom Mindestumtausch befreit.

Bei Touristenreisen, die über ein Reisebüro gebucht worden sind, wird zu den Kosten, die das Reisebüro für die Reise berechnet, kein zusätzlicher Mindestumtausch erhoben. Die für den Mindestumtausch erforderlichen Beträge sind vor der polizeilichen Anmeldung (bei Tagesbesuchen bei Erhalt des Visums) umzuwechseln. Die DDR-Behörden empfehlen, den Umtausch bei den Wechselstellen der Staatsbank der DDR auf den größeren Umsteigebahnhöfen oder am Besuchsort vorzunehmen.

Auskunft über die nächste Wechselstelle geben alle Bankinstitute sowie der Rat der Stadt oder Gemeinde des Besuchsortes. In der Regel kann bei der Einreise auch im Zug umgetauscht werden.

Das durch den Mindestumtausch erhaltene Geld muß in der DDR ausgegeben werden; nicht verbrauchte Beträge werden nicht zurückgetauscht.

Mindestumtauschbeträge können z. B. für den Erwerb von Fahrkarten innerhalb der DDR (nicht für Fahrten zwischen Grenze und Zielort und zurück) und für Einkäufe verwendet werden. Soweit Beträge aus dem Mindestumtausch nicht verbraucht werden, können sie bei einer Grenzwechselstelle der Staatsbank der DDR hinterlegt werden. Bitte beachten Sie die Bedingungen auf der Depotbescheinigung, die Sie erhalten, insbesondere über angegebene Einlösungsfristen. Es besteht auch die Möglichkeit, bei einer Filiale der Staatsbank der DDR (in Berlin, Hauptstadt der DDR, ist das das Stadtkontor) ein »Devisenausländerkonto A« einzurichten, über das innerhalb der DDR nahezu unbegrenzt verfügt werden kann. Ordnungsstrafen können aus einem »Devisenausländerkonto A« überwiesen werden.

Jeder Reisende kann außer den zum Mindestumtausch erforderlichen DM-Beträgen weitere DM-Beträge bei der Reise in die DDR mitnehmen. (Entsprechendes gilt für Beträge anderer frei konvertierbarer Währungen.) Nach den in der Bundesrepublik Deutschland geltenden Devisenbestimmungen darf das zur Durchführung der Reise und zum Erwerb von Ge- und Verbrauchsartikeln für den persönlichen Bedarf in der DDR erforderliche Bargeld mitgenommen werden. Ferner ist es allgemein genehmigt, Bargeld bis zum Betrag oder Gegenwert von insgesamt 2 000,– DM für Geldgeschenke oder für Gegenstände mitzunehmen, die in der DDR gekauft und verschenkt werden sollen. Die über den

Mindestumtausch hinaus mitgeführten DM können ganz oder teilweise bei den zuständigen Kreditinstituten und Wechselstellen der DDR im Verhältnis 1:1 in Mark der DDR umgetauscht werden. Interhotels, Intershops, Intertank sowie bestimmte Geschäfte sind berechtigt, Zahlungen in DM anzunehmen. Es empfiehlt sich, die Umtausch- und Einkaufsquittungen aufzubewahren, damit sie bei der Ausreise ggf. vorgelegt werden können.

Grenzübergänge

Vom Gebiet der Bundesrepublik Deutschland aus können folgende Grenzübergänge frei gewählt werden:

Grenzübergangsstellen	**Ein-/Ausreisen**		**Transit**	
	Bahn	Straße	Bahn	Straße
Saßnitz (Fährschiff von/nach Trelleborg, Schweden, u. Ronne, Dänemark)	x	x	x	x
Rostock-Warnemünde (Fährschiff von/nach Gedser, Dänemark)	x	x	x	x
Selmsdorf		x		nicht nach/von Berlin (West)
Zarrentin		x		x
Herrnburg	x		x nicht nach/von Berlin (West)	
Schwanheide	x		x	
Horst		x		nicht nach/von Berlin (West)
Oebisfelde	x		nicht nach/von Berlin (West)	
Salzwedel		x		
Marienborn	x		x	x
Worbis		x		
Wartha		x		x
Gerstungen	x		x	
Meiningen		x		

Eisfeld (Kreis Hildburghausen)		x		
Probstzella	x		x	
Hirschberg		x		x
Gutenfürst	x		x	
Seifhennersdorf (Kreis Zittau)		x		x
Bad Brambach	x		x	
Schönberg (Kreis Oelsnitz)			x	
Zinnwald (Kreis Dippoldiswalde)		x		x
Bad Schandau	x		x	
Schmilka		x		x
Zittau			x	
Görlitz	x	x	x	x
Frankfurt/Oder	x	x Autobahn	x	x
Forst	x	x Autobahn	x	x
Pomellen		x		x
Grambow	x		x	
Tantow (Kreis Angermünde)	x		x	
Wilhelm-Pieck-Stadt Guben	x		x	
Stolpe		x		x nicht nach/von der BRD
Drewitz		x		x
Staaken		x	x	x
Berlin – Friedrich-/Zimmerstr.		x		
Berlin – Bahnhof Friedrichstr.	x		x	
Berlin-Schönefeld – Rudower Chaussee		nur für Personen mit ständigem Wohnsitz in Berlin (West)	nur für Flugreisende von und nach Berlin (West)	
Flughafen Berlin-Schönefeld				
Flughafen Erfurt				
Flughafen Leipzig				

Hinweise für Kraftfahrer

Kraftfahrzeugpapiere: Führerschein und Kraftfahrzeugpapiere müssen mitgeführt werden, eine grüne Versicherungskarte wird nicht benötigt.

Schadenersatzansprüche gegen Kraftfahrer aus der DDR werden vom HUK-Verband, Glockengießerwall 1, 2000 Hamburg 1, ✆ 321071, reguliert.

Kraftstoff im eingebauten Benzintank des Kraftfahrzeuges und bis zu einer Menge von 20 l im Kanister kann ohne besondere Genehmigung mitgeführt werden. Bei Kurzreisen bis zu 2 Tagen ist lediglich die Einfuhr der Benzinmenge gestattet, die der Benzintank faßt. Kraftstoffe (Normal 88 Oktan, Spezial 84 Oktan, Super 98 Oktan, Dieselkraftstoff sowie bleifreies Benzin an einigen Tankstellen) und Öl (u. a. BP, Esso, Shell) können gegen konvertierbare Währung oder gegen Tankgutscheine zu besonders günstigen Preisen gekauft werden. Tankgutscheine können in den Zweigstellen des Reisebüros der DDR, an den Grenzübergangsstellen, in den Servicebüros des Reisebüros der DDR und an den internationalen Tankstellen zu folgenden Werten gekauft werden: 5,– DM, 10,– DM, 20,– DM.

Die Gültigkeitsdauer der Tankgutscheine ist unbegrenzt. Eine Rückgabe ist nicht möglich.

Intertankstellen, die Tag und Nacht geöffnet sind, befinden sich in nachfolgend genannten Orten:

Alt-Landsberg (Seeberg)
Berlin^x
Brandenburg
Bückowsee^x
Cottbus
Dallgow
Dessau
Dresden^x
Eichelborn^x
Eisleben
Erfurt
Frankfurt (Oder)^x
Freienhufen
Gera
Hermsdorfer Kreuz^x
Karl-Marx-Stadt
Köckern^x
Leipzig^x
Löbau
Magdeburg^x
Michendorf^x
Neubrandenburg^x
Neustrelitz
Niemegk
Oranienburg
Osterfeld^x
Potsdam
Rangsdorf
Röhrsdorf
Rostock^x
Saßnitz
Schwerin^x
Stendal
Stolpe^x
Stralsund^x
Suhl
Walsleben^x
Wilsdruff^x
Wismar
Ziesar^x
Zwickau

^x Verkauf von bleifreiem Benzin

Verkehrsvorschriften: Im großen und ganzen gelten die gleichen Verkehrsvorschriften wie in der Bundesrepublik Deutschland. Die wichtigste Ausnahme ist das absolute Alkoholverbot (0,0 Promille). Die Höchstgeschwindigkeiten für Pkw (sofern nicht anders ausgewiesen) betragen auf der Autobahn 100 km/h, auf anderen Straßen außerhalb geschlossener Ortschaften 80 km/h und innerhalb geschlossener Ortschaften 50 km/h. Die Geschwindigkeit muß 80 m vor Bahnübergängen auf 50 km/h vermindert werden, auf dieser Strecke besteht Überholverbot. Bei der Verkehrsregelung durch Verkehrsposten bedeutet das Ausstrecken des rechten Armes nach vorn die sog. »Drei-Seiten-Sperrung« – d. h. nur die links vom Verkehrsposten ankommenden Fahrzeuge dürfen weiterfahren. Die Straßenbahnen haben immer Vorfahrt.

Das Parken ist auf Fahrbahnen von Fernverkehrsstraßen verboten (auch innerorts). In Einbahnstraßen ist das Parken rechts und links erlaubt. Das Halten und Parken ist bis an Kreuzungen, Einmündungen und Fußgängerüberwege heran erlaubt, sofern dadurch der Verkehr nicht beeinträchtigt wird. Das Rechtsabbiegen bei Rot ist erlaubt, wenn durch einen zusätzlichen grünen Pfeil darauf hingewiesen wird. Es besteht Anschnallpflicht. Ordnungswidrigkeiten werden mit Ordnungsstrafen bis zu 1 000,– DM (nicht Mark der DDR) geahndet.

Pannendienst: Für Reisende auf den Straßen der DDR ist ein Abschlepp- und Bergungsdienst sowie ein mobiler Hilfsbereitschaftsdienst über 24 Stunden am Tag eingerichtet. Die Auslösung der Hilfeleistung erfolgt über eine ständig besetzte Dispatcherzentrale im jeweiligen Bezirk. Die Telefonnummer erfahren sie bei Tankstellen, über die Autobahnfernsprecher, in Raststätten und über den Kundendienst der Deutschen Post.

Hotels

An dieser Stelle sollen einige ausgewählte Hotels mit guten Restaurants empfohlen werden.

Berlin

Grand Hotel *****
Friedrichstraße 158/164
✆ 2 09 20, Tx. 115 198, Tfax. 2 294 094/2 294 095

Palasthotel *****
Karl-Liebknecht-Straße
✆ 24 10, Tx. 115 050

Hotel Metropol *****
Friedrichstraße 150/153
✆ 2 20 40, Tx. 114 141, Tfax. 2 204 209

Hotel Stadt Berlin ****
Alexanderplatz
✆ 21 90, Tx. 114 113

Hotel Unter den Linden ****
Unter den Linden 14
✆ 2 20 03, Tx. 112 109

Dresden

Hotel Bellevue *****
Köpckestraße 15
✆ 5 66 20, Tx. 26 271

Hotel Newa ****
Leningrader Straße 34
∅ 4967112, Tx. 26067

Erfurt

Hotel Erfurter Hof ****
Am Bahnhofsvorplatz 1/2
∅ 51151, Tx. 61283

Frankfurt/Oder:

Hotel Stadt Frankfurt ****
Karl-Marx-Straße 193
∅ 26390, Tx. 16249

Gera

Hotel Gera ****
Straße der Republik
∅ 22991, Tx. 58144

Halle

Hotel Stadt Halle ****
Ernst-Thälmann-Platz 17
∅ 38041, Tx. 4401

Karl-Marx-Stadt

Hotel Kongreß ****
Karl-Marx-Allee
∅ 6830, Tx. 7240

Hotel Chemnitzer Hof ****
Theaterplatz 4
∅ 6840, Tx. 7310

Leipzig

Hotel Merkur *****
Gerberstraße 15
∅ 7990, Tx. 512609, Tfax. 7991229

Hotel Astoria ****
Platz der Republik 2
∅ 72220, Tx. 51535

Hotel am Ring ****
Karl-Marx-Platz 5/6
∅ 79520, Tx. 51559

Hotel Stadt Leipzig ****
Richard-Wanger Straße 1/5
∅ 288814, Tx. 51426

Magdeburg

Hotel International ****
Otto-von-Guericke-Straße 87
∅ 3840, Tx. 8375

Neubrandenburg

Hotel Vier Tore ****
Ernst-Thälmann-Straße
∅ 5141, Tx. 33176

Oberhof

Hotel Panorama *****
Theodor-Neubauer-Str.
∅ 501, Tx. 62321

Potsdam

Hotel Potsdam *****
Lange Brücke
∅ 4631, Tx. 15416

Rostock

Hotel Warnow ****
Hermann-Duncker-Platz 4
∅ 37381, Tx. 31127

Rostock-Warnemünde

Hotel Neptun *****
Seepromenade
∅ 53 71/53 81, Tx. 13 351

Saßnitz

Rügenhotel ****
Seestraße 1
∅ 31 41, Tx. 318 434

Schwerin

Hotel Stadt Schwerin ****
Grunthalplatz 5–7
∅ 52 61, Tx. 32 350

Suhl

Hotel Thüringentourist ****
Ernst-Thälmann-Platz 2
∅ 56 05, Tx. 62 265

Weimar

Hotel Elephant ***
Am Markt
∅ 6 14 71, Tx. 618 961

Hunde und Katzen

Für das Mitführen von Hunden (auch Blindenführhunden) und Katzen ist ein amtstierärztliches Zeugnis erforderlich, das laut Ausstellungsdatum nicht länger als 5 Tage vor dem Reisetermin ausgefertigt wurde. Hunde und Katzen dürfen nur mitgenommen werden, wenn der Aufenthalt in der DDR nicht länger als 4 Wochen dauert; diese Beschränkung gilt nicht für Blindenführhunde.

Informationsbüros

ALTENBURG-INFORMATION
Markt/Ecke Weibermarkt 17
Altenburg
7400
∅ 31 11 45

ARNSTADT-INFORMATION
Markt 3
Arnstadt
5120
∅ 20 49

ASCHERSLEBEN-INFORMATION
Poststraße 6
Aschersleben
4320
∅ 28 11

BAD FRANKENHAUSEN-INFORMATION
Anger 14
Bad Frankenhausen
4732
∅ 2 33

BAD LANGENSALZA-INFORMATION
Neumarkt 9
Bad Langensalza
5820
∅ 25 68

BAUTZEN-INFORMATION
Hauptmarkt 5
Bautzen
8600
∅ 53 42 42

BERLIN-INFORMATION
Informationszentrum am Fernsehturm
Berlin
1020
✆ 2 12 45 12 Gruppenanmeldung
2 12 46 75 Auskunft

BERNBURG-INFORMATION
Karl-Liebknecht-Platz 1
Bernburg
4350
✆ 20 31

COTTBUS-INFORMATION
Altmarkt 29
Cottbus
7500
✆ 2 42 54

DESSAU-INFORMATION
Friedrich-Naumann-Straße 12
Dessau
4500
✆ 46 61

DRESDEN-INFORMATION
Prager Straße 10/11
Dresden
8010
✆ 495 50 25

EBERSWALDE-FINOW-INFORMATION
Wilhelm-Pieck-Straße 26
Eberswalde-Finow
1300
✆ 2 31 68

EISENACH-INFORMATION
Bahnhofstraße 3/5
Eisenach
5900
✆ 48 95, 61 61

EISLEBEN-INFORMATION
Hallesche Straße 6
Lutherstadt Eisleben
4250
✆ 26 34

ERFURT-INFORMATION
Bahnhofstraße 37
Erfurt
5020
✆ 2 62 67

FRANKFURT-INFORMATION
Karl-Marx-Straße 8 a
Frankfurt/Oder
1200
✆ 2 22 49

FREIBERG-INFORMATION
Weingasse 9
Freiberg
9200
✆ 36 02

GARDELEGEN-INFORMATION
Bahnhofstraße 1
Gardelegen
3570
✆ 20 43

GERA-INFORMATION
Dr.-Rudolf-Breitscheid-Str. 1
Gera
6500
✆ 2 64 32

GOTHA-INFORMATION
Hauptmarkt 2
Gotha
5800
✆ 40 36

GÖRLITZ-INFORMATION
Leninplatz 29
Görlitz
8900
✆ 53 91/92

GREIFSWALD-INFORMATION
Straße der Freundschaft 126
Greifswald
2200
✆ 34 60

GREIZ-INFORMATION
Markt 13
Greiz
6600
✆ 65 37

GÜSTROW-INFORMATION
Gleviner Straße 33
Güstrow
2600
✆ 6 10 23

HALLE-INFORMATION
Kleinschmieden 6
Halle
4020
✆ 2 33 40/2 47 00

HALLE-NEUSTADT-INFORMATION
Wohnkomplex VIII Pavillon
Halle-Neustadt
4090
✆ 65 63 98

HALBERSTADT-INFORMATION
Spiegelstraße 12
Halberstadt
3600
✆ 2 18 03

ILMENAU-INFORMATION
Ernst-Thälmann-Straße 2
Ilmenau
6300
✆ 23 58

JENA-INFORMATION
Neugasse 7
Jena
6900
✆ 2 46 71

KARL-MARX-STADT-INFORMATION
Straße der Nationen 3
Karl-Marx-Stadt
9010
✆ 6 20 51

KÖTHEN-INFORMATION
Ernst-Thälmann-Straße 8
Köthen
4370
✆ 37 67

LEIPZIG-INFORMATION
Sachsenplatz 1

Leipzig
7010
Ø 7 95 90
Tx. 0 512 134

LÖBAU-INFORMATION
Rittergasse 9
Löbau
8700
Ø 7 11 76

MAGDEBURG-INFORMATION
Alter Markt 9
Magdeburg
3010
Ø 3 16 67

MEISSEN-INFORMATION
Willy-Anker-Straße 32
Meißen
8250
Ø 44 70

MERSEBURG-INFORMATION
Bahnhofstraße 17
Merseburg
4200
Ø 21 41 70

MORITZBURG-INFORMATION
Moritzburg
8105
Ø 3 56

MÜHLHAUSEN-INFORMATION
Görmarstraße 57
Mühlhausen
5700
Ø 29 12

NAUMBURG-INFORMATION
Lindenring 38
Naumburg
4800
Ø 25 14

NEUBRANDENBURG-INFORMATION
Ernst-Thälmann-Straße 35
Neubrandenburg
2000
Ø 61 87

NORDHAUSEN-INFORMATION
Rautenstraße 2
Nordhausen
5500
Ø 49 38

PLAUEN-INFORMATION
Rädelstraße 2
Plauen
9900
Ø 2 49 45

POTSDAM-INFORMATION
Friedrich-Ebert-Straße 5
Potsdam
1560
Ø 2 30 12

QUEDLINBURG-INFORMATION
Markt 12
Quedlinburg
4300
Ø 28 66

ROSSLAU-INFORMATION
Hauptstraße 16

Roßlau
4530
∅ 28 31

ROSTOCK-INFORMATION
Schnickmannstraße 13/14
Rostock
2500
∅ 2 26 19/3 46 02

SAALFELD-INFORMATION
Blankenburger Straße 4
Saalfeld
6800
∅ 39 50

SÄCHSISCHE-SCHWEIZ-INFORMATION
Jacobäerstraße 5
Pirna
8300
∅ 8 52 35

SANGERHAUSEN-INFORMATION
Göpenstraße 19
Sangerhausen
4700
∅ 25 75

SCHWERIN-INFORMATION
Markt 11
Schwerin
2750
∅ 86 45 09

STENDAL-INFORMATION
Kornmarkt 8
Stendal
3500
∅ 21 61 86

SONDERSHAUSEN-INFORMATION
Ferdinand-Schlufter-Straße 20
Sondershausen
5400
∅ 81 11

SUHL-INFORMATION
Steinweg 1
Suhl
6000
∅ 2 00 52

THALE-INFORMATION
Rathausstraße 1
Thale (Harz)
4308
∅ 25 97

WAREN-INFORMATION
Friedensstraße 37
Waren (Müritz)
2060
∅ 41 72

WEIMAR-INFORMATION
Marktstraße 4
Weimar
5300
∅ 21 73

WEISSENFELS-INFORMATION
Nikolaistraße 37
Weißenfels
4850
∅ 21 73

WERNIGERODE-INFORMATION
Breite Straße 12
Wernigerode
3700
∅ 30 35

WISMAR-INFORMATION
Lübeschestraße 44
Wismar
2400
✆ 29 58

WITTENBERG-INFORMATION
Collegienstraße 8
Lutherstadt Wittenberg
4600
✆ 22 39

WÖRLITZ-INFORMATION
Angergasse 131
Wörlitz
4414
✆ 216

ZEITZ-INFORMATION
Friedensplatz 5
Zeitz
4900
✆ 29 13/29 14

ZITTAU-INFORMATION
Rathausplatz 6
Zittau
8800
✆ 39 86

ZWICKAU-INFORMATION
Hauptstraße 46
Zwickau
9540
✆ 60 07

Kurreisen

Kuraufenthalte in der Deutschen Demokratischen Republik zeichnen sich durch ihre hervorragende Kurbehandlung aus. Für ausländische Kurgäste werden folgende Kurorte und Sanatorien besonders empfohlen:

Staatliches Radonbad Bad Brambach
Staatsbad Bad Elster
Herzheilbad Bad Liebenstein
Diätsanatorium Potsdam-Neufahrland
Sanatorium Ostseebad Heiligendamm
Sanatorium Graal-Müritz
Volkssolbad Bad Salzungen

Kuraufenthalte werden während des ganzen Jahres vermittelt. Zur Erzielung einer guten Wirkung auf den Gesundheitszustand des Patienten sollte die Kur mindestens 21 Tage dauern, Verlängerungen sind möglich. Bei Antritt der Kur ist es erforderlich, daß der Kurpatient ein medizinisches Gutachten seines behandelnden Arztes vorlegt.

Die nachfolgenden Preise enthalten:
- Unterkunft in einem Sanatorium
- Vollpension (Diät nach ärztlicher Verordnung)
- ärztliche Betreuung und mindestens eine Untersuchung pro Woche
- alle für die Kur erforderlichen Laboruntersuchungen und Kurmittel
- Kurtaxe
- Badewäsche und Bedienung

Die Preise enthalten nicht:
ärztliche Leistungen, die über die vorgenannten Regelleistungen der Kur hinausgehen. Hierbei entstehende Kosten sind vom Patienten direkt an die Kureinrichtung zu zahlen.

	Ab-Preis pro Tag und Person in DM
Bad Brambach, Bad Elster, Bad Liebenstein	
Hauptsaison: 01. 05.–30. 09.	
Einbettzimmer mit Bad/Dusche	150,–
ohne Bad/Dusche	120,–
Zweibettzimmer mit Bad/Dusche	130,–
ohne Bad/Dusche	105,–
Vor- und Nachsaison:	
Einbettzimmer mit Bad/Dusche	130,–
ohne Bad/Dusche	105,–
Zweibettzimmer mit Bad/Dusche	115,–
ohne Bad/Dusche	90,–
Bad Salzungen, Potsdam-Neufahrland, Heiligendamm, Graal-Müritz	
Haupsaison: 01. 05.–30. 09.	
Einbettzimmer	105,–
Zweibettzimmer	90,–
Vor- und Nachsaison:	
Einbettzimmer	90,–
Zweibettzimmer	75,–
Alle Zimmer ohne Bad oder Dusche, jedoch sind Etagenbäder vorhanden.	

Buchung von Kurreisen

Für das Bestellverfahren gelten die Einreisebestimmungen für Einzeltouristen (siehe dort), allerdings sollte der Auftrag spätestens 6 Wochen vor Kurbeginn beim Reisebüro der DDR vorliegen.

Kinder unter 15 Jahren können in den Kurorten nicht aufgenommen werden.

Stornierungsbedingungen

Die Stornierung bestellter Kuraufenthalte muß spätestens 25 Tage vor Beginn der geplanten Kur beim Reisebüro der DDR eingegangen sein. Für später eingehende Stornierungen werden Effektivkosten in Höhe von 170,00 DM pro Person berechnet.

Das Reisebüro der DDR vermittelt Sauerstoff-Mehrschritt-Kuren im Palasthotel in Berlin, im Hotel Bellevue in Dresden sowie im Hotel Neptun in Rostock. Diese Kuren dienen der allgemeinen Konditionierung und werden nach einem Verfahren, entwickelt von Prof. Dr. Manfred von Ardenne, durchgeführt.

Meldepflicht

In der DDR besteht für jeden Besucher aus einem nichtsozialistischen Land eine grundsätzliche Meldepflicht bei den Behörden der Volkspolizei, die die Aufenthaltsgenehmigung erteilen. Die Anmeldung hat innerhalb von 24 Stunden nach der Einreise zu erfolgen. Dabei ist neben den Reisedokumenten die Bescheinigung über den vorher erledigten Mindestumtausch vorzulegen. Vor der Ausreise hat sich der Besucher abzumelden, bei kürzeren Aufenthalten werden An- und Abmeldung zugleich vorgenommen. Besucher aus Berlin (West) brauchen sich bei Kurzaufenthalten bis zu drei Tagen nicht anzumelden. Bei organisierten Touristenreisen (Individual- oder Gruppenreisen) erledigen die Hotels die Anmeldung. Die Aufenthaltsgenehmigung ist bei Hotelbuchungen im allgemeinen auf den Bezirk bzw. die Bezirke beschränkt, wo das gebuchte Hotel bzw. die Hotels liegen. Bei Buchungen von Campingplätzen verhält es sich analog. Beim Besuch von Bekannten und Verwandten gilt die Aufenthaltsgenehmigung für die ganze DDR.

Museen

Für Interessenten an Museumsbesuchen gibt es ein weitgefächertes Angebot. »Tourist-Führer« des Tourist-Verlages Berlin, meist für weniger als 20,– Mark zu erwerben, thematisieren die musealen Möglichkeiten in differenzierter Form, so daß Sie sich schnell einen Überblick über Museen, Galerien, Sammlungen, historische oder literarische Gedenkstätten, aber auch über Naturdenkmale wie einmalige Bäume, Felsen, Wasserfälle etc. verschaffen können. Oder haben Sie schon einmal etwas von der Gletschersteinpyramide in Leipzig oder der 350jährigen Tanzlinde im thüringischen Sachsenbrunn gehört?

Im allgemeinen sind die Museen montags geschlossen. Der Schließtag der meisten Abteilungen der Staatlichen Kunstsammlungen Dresden ist auf den Donnerstag gelegt.

Öffnungszeiten

Die Geschäfte sind in der Regel von 9 bis 18 Uhr geöffnet (teilweise zwischen 12 und 14 Uhr geschlossen), freitags bis 19 Uhr und samstags von 9 bis 12 Uhr. In kleineren Orten liegen die Öffnungszeiten häufig zwischen 8 und 18 Uhr und die Schließzeiten zwischen 12 und 14 Uhr.

Für die Sprechtage von Behörden liegen nicht so feste Öffnungszeiten vor. Jedoch gilt der Dienstag als sogenannter Behördentag, während mittwochs fast alle Ämter geschlossen sind.

Siehe auch *Museen*.

Post und Telefon

Tarife für Postsendungen

- Briefe bis 20 g innerhalb der DDR und in sozialistische Staaten: 0,20 M
- in die Bundesrepublik Deutschland, nach Berlin (West), Österreich, in die Schweiz und andere nichtsozialistische Staaten: 0,35 M
- Postkarten innerhalb der DDR und in sozialistische Staaten: 0,10 M
- in die Bundesrepublik Deutschland, nach Berlin (West), Österreich, in die Schweiz und in andere nichtsozialistische Staaten: 0,25 M
- Zusatzgebühren für Eilsendungen und Einschreiben: 0,50 M
- Die Luftpostzuschläge innerhalb Europas betragen bei Briefen bis 20 g und Postkarten: 0,05 M. Über Luftpostgebühren nach außereuropäischen Staaten erteilen die Postämter Auskunft.

Telefon: Die meisten Orte der DDR sind im Selbstwählferndienst zu erreichen, die Ortsnetzkennzahlen sind dem Telefonbuch zu entnehmen oder bei der Auskunft zu erfragen.

Fernsprechgebühren für ein Ortsgespräch: 0,20 M.

Fernsprechgebühren für Selbstwählferndienst innerhalb der DDR pro Gesprächsminute: Zone I 0,15 M, ermäßigt (von 22–7 Uhr) 0,10 M; Zone II 0,45 M, ermäßigt 0,30 M; Zone III 0,90 M, ermäßigt 0,60 M (werktags 17–7 Uhr, Sa. ab 14 Uhr, So. und Feiertags ganztätig bis jeweils 7 Uhr des nächsten Tages).

Gespräche in die Bundesrepublik Deutschland und nach Berlin (West) sind außer von Berlin aus nur über den handvermittelten Ferndienst möglich und müssen angemeldet werden.

Für Gespräche nach Österreich und in die Schweiz besteht Selbstwählferndienst. Die Gebühr für eine Gesprächsminute beträgt 1,90 M.

Die jeweiligen Ortsnetzkennzahlen sind dem Telefonbuch zu entnehmen oder bei der Fernauskunft international zu erfragen.

Ortsauskunft:
✆ 1 80

Fernauskunft:
✆ 1 81

Telegramme können auf den Postämtern, telefonisch oder per Fernschreiber aufgegeben werden. Die Übermittlung von Schmuckblatt-Telegrammen ist möglich.

Die Nummer der telefonischen Telegrammaufnahme lautet: ✆ 0 13

Reisebüro

Siehe *Auskunft*.

Reisen für Jugendliche und Studenten

Die Vermittlung touristischer Leistungen in die Deutsche Demokratische Republik für Jugendliche und Studenten erledigt das Jugendreisebüro der DDR:

Reisebüro der FDJ
Jugendtourist
Alexanderplatz 5
DDR-Berlin
1026
Tx. 114641/114657
✆ 21 50
Telegrammanschrift: jugendtourist berlin

Rent a car

Bestellungen von Mietwagen ohne Fahrer mit Angabe des Übernachtungsortes und der voraussichtlichen Nutzungsdauer sind schriftlich an das
Reisebüro der DDR, Generaldirektion, oder an
Interhotel DDR, Central Service (Adressen siehe *Auskunft*) zu richten.

Mietbedingungen sind den Veröffentlichungen des Central Service Rent a car – DDR zu entnehmen bzw. beim Reisebüro der DDR zu erfragen.

Sonderregelungen zur Leipziger Messe

Der Messeausweis ersetzt den Berechtigungsschein. Er ist bei Reisebüros im Bundesgebiet, denen vom Leipziger Messeamt der Ausweisvorverkauf übertragen wurde, und bei den Wechselstellen an den Übergangsstellen der DDR ohne besondere Formalitäten erhältlich. Im Vorverkauf ist der Messeausweis allerdings billiger als an den Grenzübergangsstellen.

Visa werden gegen Vorlage des Messeausweises und des gültigen Reisepasses an allen Übergangsstellen kostenlos erteilt. Das Visum berechtigt zur einmaligen Ein- und Wiederausreise.

Die Fahrt mit dem Pkw ist Besuchern der Leipziger Messe ohne besondere Genehmigung erlaubt.

Ständige Flugverbindungen bestehen über Berlin (West)/Berlin-Schönefeld, Brüssel, Wien, Kopenhagen, Zürich und Prag.

Von verschiedenen Städten des Bundesgebietes aus werden regelmäßig Messeflüge durchgeführt.

Der Messeflugplan ist bei den Ausgabestellen für Messeausweise erhältlich.

Für jeden Aufenthaltstag ist ein Mindestbetrag von 25,– DM einzutauschen. Diese Beträge sind nicht rücktauschbar.

Ständige Vertretung

Die Ständige Vertretung der Bundesrepublik Deutschland in der DDR, Hannoversche Straße 30, 1040 Berlin, ✆ 2 80 51 01, hat u. a. die Aufgabe, bei unerwartet auftauchenden Schwierigkeiten den Reisenden aus der Bundesrepublik Deutschland Beistand zu leisten. Bei Telefonanrufen ist zu beachten, daß die Vorwahlnummer für Berlin (Hauptstadt der DDR) von den einzelnen Orten der DDR aus unterschiedlich ist.

Tanken

Siehe *Hinweise für Kraftfahrer*.

Taxi

Taxis fahren regelmäßig von den mit einem weißen T auf blauem Grund gekennzeichneten Haltepunkten, können aber auch an der Strecke abgewunken und vorbestellt werden.

Der Fahrpreis beträgt je nach Wagentyp und Tageszeit zwischen 0,65 M und 1,– Mark pro Kilometer.

Verhalten im Krankheitsfall

Aufgrund eines Abkommens mit der DDR wird den Besuchern während des Aufenthaltes in der DDR bei akuter Erkrankung oder Unfall kostenlose ärztliche Behandlung zugesichert (Bescheinigung einer Krankenkasse ist nicht erforderlich). Sofern wegen eines Krankenhausaufenthaltes der Aufenthalt in der DDR über den genehmigten Zeitraum hinaus ausgedehnt werden muß, verzichten die DDR-Behörden für die zusätzliche Aufenthaltsdauer auf den vorgeschriebenen Mindestumtausch. Im Notfall werden die Angehörigen in der Bundesrepublik Deutschland telefonisch unterrichtet und können dann unter Vorlage des Telegramms an der Grenze ein Visum zum Krankenbesuch beantragen.

Verkehrsunfall

Bei einem Verkehrsunfall muß jeder beteiligte Verkehrsteilnehmer unverzüglich anhalten und sich über die Unfallfolgen vergewissern. Die notwendigen Hilfs- und Sicherungsmaßnahmen am Unfallort sind zu treffen, die Volkspolizei zu verständigen und anderen Geschädigten die zur Schadensregulierung erforderlichen Angaben zu machen bzw. zu hinterlassen.

Schadenersatzansprüche aus Verkehrsunfällen von Reisenden aus der Bundesrepublik Deutschland und aus Berlin (West) gegen Halter von Kraftfahrzeugen, die im Geschäftsbereich der Staatlichen Versicherung der DDR zugelassen bzw. registriert sind, werden vom HUK-Verband reguliert. Der Geschädigte kann sich – eventuell über seine Versicherung – an den HUK-Verband, Glockengießerwall 1, 2000 Hamburg 1, ✆ 32 10 71, wenden.

In anderen Schadensfällen, bei denen eine Ersatzleistung durch die Staatliche Versicherung der DDR in Betracht kommt, ist der HUK-Verband zu Vermittlungsdiensten bereit. In jedem Fall sind möglichst genaue Angaben über den Unfallzeitpunkt und den Unfallort zu machen.

Zollbestimmungen

Mitnahme von Geschenken: Zum Verbleib in der DDR bestimmte Gegenstände müssen in die »Erklärung über mitgeführte Gegenstände und Zahlungsmittel« eingetragen werden. Bei der Einreise ist die Mitnahme von Geschenken bis zu einem Gesamtwert von 200,– Mark der DDR je Person und Aufenthaltstag bei Kurzreisen bis zu 5 Tagen oder 1 000,– Mark der DDR je Person bei längeren Reisen genehmigungs- und gebührenfrei zulässig. Darüber hinaus

dürfen Geschenke gegen Zollgebühren eingeführt werden. Ohne Mengenbegrenzung können zusätzlich gebührenfrei eingeführt werden: Kaffee, Kakao, Schokolade, Tabakwaren, Spirituosen, Wein, Sekt und sonstige Genußmittel (keine Handelsware).
Einfuhrverbot: Nicht genehmigt wird die Einfuhr von Schußwaffen und Zubehör, Funk- und Sendeanlagen (einschließlich Ersatz- und Zubehörteile), Tonbändern und Tonkassetten, Schallplatten, sofern sie nicht Werke des kulturellen Erbes oder des kulturellen Gegenwartsschaffens betreffen, Kinderspielzeug militärischen Charakters, Arzneimitteln (außer für den Eigenbedarf oder mit ärztlicher Genehmigung), Briefmarkenkatalogen, Zeitungen und Zeitschriften, sofern sie nicht als Fachliteratur angesehen werden können, Adressenverzeichnissen, Jahrbüchern, Schmutz- und Schundliteratur, antikommunistischer Literatur, Sparkassenbüchern und Wertpapieren, Fernsehgeräten (einschließlich Ersatz- und Zubehörteile).

Mitnahme von Gegenständen bei der Rückkehr: Bei der Rückreise aus der DDR ist die Mitnahme von Geschenken und gekauften Gegenständen bis zu einem Gesamtwert von

- 100,– Mark der DDR je Person bei Eintagsreisen oder
- 200,– Mark der DDR je Person bei Reisen von 2 Tagen und länger genehmigungs- und gebührenfrei zulässig.

Über die angegebenen Wertgrenzen hinaus dürfen Geschenke gegen Zollgebühren ausgeführt werden. Gegenstände für den persönlichen Bedarf, die in der DDR mit DM oder ordnungsgemäß eingetauschter Mark der DDR gekauft sind, können genehmigungs- und gebührenfrei mitgenommen werden. Umtauschbescheinigung und Einkaufsquittung müssen auf Verlangen bei der Rückreise vorgelegt werden.

Ausfuhrverbote: Die wichtigsten Ausfuhrverbote der DDR betreffen Schußwaffen und Munition, Patent-, Erfindungs- und Forschungsunterlagen sowie technische Zeichnungen, Funk- und Sendeanlagen (einschließlich Ersatz- und Zubehörteile), ungültige Zahlungsmittel und Münzen, Sparkassenbücher und Wertpapiere, Arznei- und Betäubungsmittel, Kunstgegenstände, Antiquitäten und Archivgut (sofern keine Genehmigungen vorliegen), Edelmetalle, Edel- und Halbedelsteine sowie Perlen, Mineralien, Fossilien und Gesteine mit musealem und Sammlerwert, Arbeits-, Berufs- und Kinderkleidung, optische Geräte.

Raum für Ihre Reisenotizen

Raum für Ihre Reisenotizen

Ortsregister

Das Register bezieht sich nur auf den fließenden Text (Seitenzahlen geradstehend) und die Abbildungen (Nummern der Bildunterschriften kursiv). Es umfaßt nicht die Ortschaften, die in den Kartenerläuterungen zu den Seiten 42/43, 108/109, 170/171, 258/259 und 322/323 alphabetisch aufgelistet sind.

Personenregister

Bildnachweis

Alle nicht aufgeführten Aufnahmen stammen von Klaus G. Beyer, Weimar.

Otfried Birnbaum, Halle 120, 124, 129, 132, 137, 166
Deutsche Fotothek, Dresden 18, 115, 116, 121, 122, 123, 139, 142, 148, 154, 158, 159, 160, 165, 174, 175, 177, 185, 186, 188, 190, 193, 198, 209, 212, 214
Egon Fischer, Rostock 77, 92
Ulrich Frewel, Potsdam 117
Joachim Fritz, Basdorf 2, 42, 43
Christoph Georgi, Schneeberg 202
Walter Hahn, Dresden 172, 221
Fritz Hege, Naumburg 144, 145
Thomas Helms, Schwerin 10, 12, 13, 72, 74, 75, 76, 78, 80, 83, 86, 88, 90, 91, 95, 97, 98, 102, 104
Volkmar Herre, Stralsund 9
Hochschul-Film- und Bildstelle der Martin-Luther-Universität, Halle / Birnbaum 146, 149 / Brandt 171
Gerhard Hoyer, Leipzig 161, 168
Institut für Denkmalpflege (Meßbildarchiv), Berlin 37, 125, 126, 163 / Fritz 43, 218, 226, 228 / Leßmann 68
Institut für Denkmalpflege, Halle 119, 169
Institut für Denkmalpflege, Schwerin / Schmidt 96
Fotohaus Keßler, Oschatz 216
Karl-Heinz Kraemer, Berlin 31, 36
Wolfgang Krammisch, Dresden Einbandfotos, 20
Peter Kühn, Dessau 15
J. Laurentius, Berlin 64
Dieter Möller, Bestensee 67, 219
Heinrich Nickel, Halle 131, 134
Hermann Oemler, Wernigerode 30
Werner Popp, Berlin 1
Werner Remd, Gräfinau-Angstedt 230, 243
Renate und Roger Rössing, Leipzig 3, 4, 5, 11, 17, 22, 27, 155, 173, 178, 180, 181, 182, 184, 187, 191, 196, 197, 199, 201, 203, 205, 206, 208, 215, 232, 238
Ernst Schäfer, Weimar 147, 231, 233, 236, 239, 245
Uwe Seemann, Güstrow 105
Staatliche Museen zu Berlin 118
Barbara Stroff, Leipzig 207
Thienel, Dresden 19
Verlagsarchiv 152
Gudrun Vogel, Leipzig 16
Lothar Willmann, Berlin 101